ヤマケイ文庫

# ビヨンド・リスク

## 世界のクライマー17人が語る冒険の思想

Nicholas O'Connell
ニコラス・オコネル 著

Tezuka Isao
手塚 勲 訳

Yamakei Library

BEYOND RISK  Conversations with Climbers
by Nicholas O'Connell.
First published in U.S.A. in 1993 by The Mountaineers, Seattle.

Japanese edition in 1996 by Yama-Kei Publishers Co., Ltd.

ビヨンド・リスク　**目次**

序文　グレッグ・チャイルド……7
はじめに……11
ラインホルト・メスナー……29
リカルド・カシン……57
エドマンド・ヒラリー卿……83
クルト・ディームベルガー……111
ヴァルテル・ボナッティ……143
ロイヤル・ロビンズ……163
ウォレン・ハーディング……203
クリス・ボニントン……231
ダグ・スコット……267
ヴォイテク・クルティカ……299

ジャン＝クロード・ドロワイエ……329
ジェフ・ロウ……361
ヴォルフガング・ギュリッヒ……393
カトリーヌ・デスティヴェル……431
リン・ヒル……459
ピーター・クロフト……491
トモ・チェセン……521

あとがき……565
解説　池田常道……569

装丁＝朝倉久美子
イラスト＝長場　雄
組版＝千秋社

＊本書は一九九六年に山と溪谷社より刊行された『ビヨンド・リスク』を文庫版にあらためたものです。
＊記述内容は当時のもので、現在とは異なる場合があります。

凡例

1　本文中の〔　〕内は原注ないし訳注を示す。
2　日本の読者にとって背景説明が必要と思われる箇所およびその後の情勢解説を後注として加えた。（1）、（2）……で示してある。一部、文庫化の際に追記している。
3　原著のフィート表示は一部を除いてメートル表示に改めた。
4　岩登りのグレード表記は、北米大陸や日本で用いられているデシマル方式（5・10、5・11……）を基準にしているが、他の表記法を用いた箇所もある。すなわち、アルプスやドイツ語圏で使われているUIAA方式は五級、六級……と書き、フランスの岩場で用いられている方式は7a、8a……とした。またローマ数字のV、VI……は北米大陸で用いられているルートの長さを示すグレードで、登攀の技術的難しさを表すものではない。
5　各章の冒頭にある引用文の出典名は原著の表記（英文）を直訳した。原題および邦訳書名は巻末の引用文献一覧に示した。

# 序文

グレッグ・チャイルド

この百年間にクライミングは急速な発展を遂げた。一九三〇年代、あるいはそれ以前のクライマーが一九九〇年代のクライミング形式を見たら、きっと驚くことだろう。グレード5・14の厳しいスポーツクライミング、岩場をよじ登る人の群、人工壁のクライミング・コンペティションなどは、三〇年代のベテランクライマーには思いもよらぬ眺めである。登山倫理、ボルトの使用、登る権利にかかわる議論や、エヴェレストの登山料が五万ドルなどという話を聞けば、目を白黒させるに違いない。世界の高峰に酸素ボンベなしで登頂するという発想や、クラックにはめ込むスプリングつきのカム類、氷点下の気温から足を守る合成素材の登山靴、突進する犀でもつなぎとめられそうな丈夫なロープといった現代の発明品は、三〇年代のクライマーから見ればH・G・ウェルズのSFの世界のように思えるだろう。

クライミングのこうした進歩の歩みは、フリークライミングのグレードをあげることであれ、八千メートル峰をアルパインスタイルで登ることであれ、個々のクライマーがビジョンを持って行動してはじめて実現する。それはクライマーの心と体が行為とぴったり同調してなされるもので、その成果は偶然に達成されるものではない。ときにはクライミングに全人生を打ち込んだクライマーが現れる。その経歴は、当時だけでなく将来も規範となる輝かしい記念碑でいっぱいだ。クライミングのある特定の分野はこうしたクライマーの成果が開いたものである。クライマーの名前が特定のクライミングスタイルを意味していることもある。

たとえば、アルピニズムといえばヨーロッパ・アルプスで登攀の限界をおしひろげていったヴァルテル・ボナッティを思い起こす。ヒマラヤ登山を論じようとすればラインホルト・メスナーだ。高峰の単独登山となればトモ・チェセンにふれないわけにいかない。リン・ヒルの名はスポーツクライミングと同意語だ。ヴォルフガング・ギュリッヒと聞けばフリークライミングの能力とはどんなものかはっきりする。ヨセミテのビッグウォールに名を残したロイヤル・ロビンズのようなクライマーは伝統的なアメリカのロッククライミングを代表している。

クライミングというものがどこから来てどこへ行くのかを理解したければ、まずこのスポーツをリードしてきた人たちから何かを学ぶことだ。著者ニコラス・オコネルは今日見るようなクライミングを形成した大勢のクライマーのうちから十七人にインタビューをして、クライミングという多面性を持つスポーツのいろいろな分野からの発言を集めた。話を聞いたのは、出身国も年代もさまざまだがいずれも中心的な人物である。その経歴は千差万別だ。このスポーツに対する彼らの貢献を合わせたら莫大なものになる。

著者は世界各地を飛び回ってインタビューし、クライマーたちに心のうちを語らせているが、自分の個人的な解釈はまじえていない。その結果、本書は世界で最も実績のあるクライマーたちの気取りのない、正直な自画像となった。ニコラスの穏和な誘いにのって、十七人のクライマーたちは率直に個性をあらわにし、それぞれの生涯の最も重要な瞬間を語っている。形式的な雑誌の人物紹介ではこうはいかなかっただろう。

インタビューを受けたクライマーたちは、クライミングの行く末を決めるような意図的な計画をもっていたわけではなかった。新しい難度のクライミングをするとか、本にして評判をとるようなとてつもない体験をするといった、何か偉大なことを成し遂げるためにクライマーになったのではない。何よりもまず、このスポーツにのめり込まざるを得なかったのだ。彼らがクライミングを形づくったように、クライミングが彼らを形づくったのである。

ニコラスが、クライマーたちを駆り立てているものは何かという尽きない好奇心を抱いているのは明らかで、クライマーがいちばん嫌がる「なぜ登るのか」という質問を臆面もなく向けている。この「なぜ」はだれも本当に解くことができなかったクライミング・

ゲーム唯一のパラメーターである。「なぜ」という質問に対する答えは、驚いたことに、高度に対する恐怖、生と死に対する恐怖に耐えるという特殊技術をマスターしてきたクライマーには欠けていたと思われる。

クライミングは通常つらく、また多くの場合ここち悪く、さらに危険この上ない面を持っているのに、クライマーはなぜ受け入れることができるのかという疑問には、簡潔で納得できる答えなどありはしないだろうが、この本を読み終えて、クライミングに関する最大の真実はクライマーの発言の中に——ふだん着のままの無造作な言葉や飾り気のない思い出話の中にあるという印象を受けた。

（グレッグ・チャイルド　登山家・著述家）

一九九三年

# はじめに

　本書の執筆中に、クライマーには実は死の願望があるのではないかという質問をときどき受けた。そう決めてかかるのは、あのように危険で、あり得ないような目標に挑む人間はある意味で精神的に不安定にちがいない、登山は意識裡あるいは無意識裡の自殺行為、つまりロシア式ルーレットの類にちがいないと考えるからであろう。ロシア式ルーレットでは負けは死を意味し、勝ちは——何を意味するのだろうか。

　世界をリードするクライマーの何人かにインタビューし、彼らが選んだ活動の意味を考えてみて正直に言えるのは、そういう推測は真実にはほど遠いということだ。クライマーたちを駆り立てるのは死の願望ではなく、生の願望——せいいっぱいに、激しく、完全に生きたいという願望である。私は彼らほど誠実に——肉体的にも、情緒的にも、知性の面でも、精神的にも、誠実に生きている人たちに会ったことがない。彼らは危険そのものを求めるというより、自らの人生体験を深め、豊かにするための手段として危険を求めているのである。

であるから、クライマーはスリルを求める者でなく、真実を求める者と見るべきだ。彼らはアドレナリンや運動のために山に登っているのではなく、自分自身と、自分を取り巻く世界に対する洞察力を得る機会を求めて登っているのだ。長く、体力を消耗し、神経を使うルートは彼らの人格を試し、完成させるために通らなければならない煉獄の役目をしている。

クライミングとは難しいルートを完成させることだけでなく、自分自身を完成させることでもある。数あるスポーツや娯楽のひとつというよりも自己認識の道であり、自然と接して成長し再生する手段である。せいいっぱい生きているときのただならぬ喜びと大きな危険に立ち向かうときのむき出しの恐怖という人間の感情の両極端を短い間に集中的に体験し、人間の生命の本質を垣間見るひとつの方法と見ることができる。

クライミングには人間の経験がこのように見事に凝縮されているので、人生の縮図といえる。逆境にあっても勇気を、プレッシャーを受けながらも優雅さを、腹立たしいような状況のもとでも寛大さと忍耐を要求される。これらはすべて適度に正気を保ちつつ毎日を送るのに必要な資質である。またクライミングはその数知れない面で人間ドラマを表しているので、人生のさまざまな面にあてはまる比喩として利用されている。

登山がクライマーだけでなく一般の人たちにも訴える力があるのは、おそらくこの比喩性のためだろう。階段を上るのにも苦労する人が、登山の世界の話に興味を示すことは多い。たとえば、ラインホルト・メスナーが絶望的な思いに襲われながらナンガ・パルバットの雪崩跡で弟を捜索した話、ダグ・スコットがオーガを這って下ってきた有名な話、ヴォイテク・クルティカとロベルト・シャウアーがガッシャブルム4峰の悲惨な登山で交わしたテレパシーの話、ジュリー・タリスの死にうちひしがれてK2を下るクルト・ディームベルガーの話、トモ・チェセンがジャヌー北壁とローツェ南壁を登ったときのドラマチックな話などだ。これらはいずれも本書の伝えるたくさんの感動的な話の一部をなしていて、クライマーだけでなく、人間の生命の大きなドラマに興味を持つ者ならだれにでも有意義なものである。それはグレードとか評価とかルートの描写などにとどまらず、クライミングがさまざまな形をとる人間の熱望すべての強力な象徴となり得ることを示しており、人間の精神の神秘な地形を描きだしている。

私がクライマーのインタビューをはじめたのは、登山にはこのように大きな意義があると感じたからだった。私自身もクライマーなので、こうしたクライマーたちにじかに会って彼らがこのスポーツをどう見ているか、ぜひ突っ込んだ質問をしてみたかった。特に話を聞きたかったのは、登山史上で明瞭な役割を演じた人たちだった。私は、歴史的に重要な人物だけでなく特定の時期や特定のクライミングスタイルを代表する人物を選ぶなど注意深く進めれば、この本で今世紀の登山の全体像を示すことができるのではないかと思った。

インタビュー中の前後関係をわかりやすくし、クライマーたちが近代クライミングの範囲をどうとらえているかを明らかにするために、簡単な登山史を次に掲げた。それにつづくインタビューでは、世界のトップクライマーたちが味わった勝利と悲劇、登ったピークや失ったパートナー、人間の感情が極限まで追い込まれたことによって試練を受け、変えられてしまった人格など、信じられないような話を自らの言葉で語っている。

山は人間の想像力をいつもとりこにしてきた。まわりの谷や丘陵の上に険しくそびえ立つ山は長いこと清浄、理想、精神的な熱望といったもののシンボルだった。ギリシャ人にとっては神々の住む場所であり、ユダヤ人にはヤハウェの神が現れて人間に語りかける場所であった。古代の人間にとって山は人間界と神界が交わる所であり、神々が天の御座から下りてくる所、人間がこの世の神秘的な仕組みについて神々に質問しに上っていく所だった。山にかかわるものには何にでも神秘的要素がつきまとい、それが今日までつづいているのは別に驚くことではない。

人々は山が魅力的な所だと知ったが、同時に山を恐れてもいた。人々はためらいがちに、敬意をこめて近づいていき、登ることは特に急がなかった。十戒を受けるためにモーセが行ったシナイ山の無酸素単独登攀は初期のクライミングスタイルの基準になったかもしれないが、神学上の重要性はともかく、登山そのものを推し進め、発展させるには何の役にも立たなかった。人々が体系的に登りはじめたのは、ヨーロッパではやっと十八世紀になってからだった。

四八〇七メートルのモン・ブランは西ヨーロッパの最高峰である。一七八六年にミシェル＝ガブリエル・パッカールとガイドのジャック・バルマが登頂に成功したが、この登攀はクライマーたちの心理的な壁を打ち破る大きな出来事であり、登山がスポーツとしての第一歩を踏み出すきっかけになった。それ以来クライマーたちは、必ずしもより易しいというわけではないが、もっと低いユングフラウ、モンテ・ローザ、マッターホルン、グレポンなどの山に目を向けはじめた。ピークハントの黄金時代がはじまり、最も易しいルートからではあったが、この時代にアルプスの高峰のほとんどが初登頂された。

その後、登山家たちは山頂に達するためのもっと技術の要るルートを見つけるのに熱中した。そのようなルートは急峻な岩壁についているので、なんらかの人工的なエイド〔補助具〕を使わなければ登るのが難しいことがしばしばだった。そこで今世紀初頭の東部アルプスでは、イタリア人のティタ・ピアツやオーストリア人のオットー・ヘルツォーク、ハンス・フィーヒトルなどのクライマーが、まず自分が転落するのを防ぐために、のちには難しい箇所をよじ登るためにピトンその他の器具を使いはじめた。

しかし、すべてのクライマーが器具の使用を支持したわけではなかった。オーストリア人のパウル・プロイスは人工的なエイド器具をアルピニズムを堕落させるものとして非難した。彼は一九一一年のカンパニーレ・バッソ東壁初登をはじめ、難しいテクニカル・ルートをいくつもエイドなしで単独登攀し、持論を実践してみせた。プロイスは一九一三年にマントルコーゲル北壁を登攀中に死んでしまったが、ラインホルト・メスナーなど、あとにつづく大勢のフリークライマーたちに刺激を与えた。

プロイスらの反対にもかかわらず、特に東部アルプスではエイド器具や確保用具（プロテクション）への依存がつづいた。クライマーたちは傾斜が増す岩壁やオーバーハングした部分を克服するのにピトンやあぶみ、ダブルロープを使った。この新しいエイドクライミング技術の主唱者はイタリア人クライマーのエミリオ・コミチで、一九三三年のチマ・グランデ北壁を含む何百という新ルートを開いた人物である。コミチはこのチマ・グランデをはじめとする登攀で、地表から山頂までできるかぎり垂直な線を描くディレッティシマが好きなことを表明した。

もしコミチがディレッティシマの理念を十二分に把握していたら、あれほど熱心に執着しなかっただろう。というのは、ドイツ人クライマーのアンデルル・ヘックマイアが指摘したように、文字どおりに極端な解釈をすると、岩壁の自然な特徴や弱点を無視したボルトの過剰使用につながるからである。その後の登攀はヘックマイアの批判を裏づけていて、一九六三年のチマ・グランデ北壁のカウシュケ、ジーゲルト、ウーナーによるスーパー・

ダイレクトのような、登攀というより工学技術の業に近いルートが開かれた。

それにもかかわらずコミチの示した模範に従う者は多く、そのなかには若き日のリカルド・カシンのような優秀な人材もいた。コミチからエイドクライミングの基礎を学んだのち、カシンは実地に試みることにした。まずコミチの登った非常に難しいルートをたくさん再登し、次に一九三五年のチマ・オヴェスト北壁をはじめとする独自の難しい新ルートを開いた。カシンは東部アルプスのドロミテの石灰岩で成功しただけでは満足せず、西部アルプスの、特にいくつかの大北壁を挑戦の目標に定めた。

第二次世界大戦前の時代では、こうした北壁は新しいフロンティアを意味していた。最初に征服されたのはマッターホルン北壁で、一九三一年、フランツ・シュミットとトニー・シュミットのドイツ人兄弟が登った。アイガー北壁はもっと手ごわく、多くの命が失われたが、ついに一九三八年、ドイツ人のアンデルル・ヘックマイアとルートヴィッヒ・フェルク、オーストリア人のフリッツ・カスパレクとハインリッヒ・ハラーが初登に成功した。グランド・ジョラスのウォーカー側稜もあまたの挑戦をはねつけていたが、やはり一九三八年、イタリア人のカシン、ジノ・エスポジート、ウゴ・ティツォーニによって初登された。

第二次大戦後もアルプス登山では発展がつづいた。大北壁は征服され、クライマーたちはさらに難しい目標を探していた。大戦後の傑出した人物はなんといってもイタリア人ヴアルテル・ボナッティである。一九五一年にグラン・カピュサン東壁に開いたルートはアルプスの連続的なエイドクライミングの新しい規範となり、一九五五年のプティ・ドリュ南西岩稜の単独登攀はこれまでの最も偉大な功績のうちに入ると認められている。この大胆なアルピニストは一九六五年の冬、マッターホルン北壁の新ルートを単独登攀し、ドラマチックなことをやってのける才能を示した。彼はその後登山から身を引き、ほかの冒険に走った。

ボナッティの残した前例は多くのアルピニストを活気づけた。その結果、英国人クライマーのクリス・ボニントン、ドン・ウィランズ、イアン・クラフ、ポーランド人のヤン・ドルゴシュは一九六一年、モン・ブランのフレネイ中央岩稜の登攀に成功した。ボナッティがその著『大いなる山の日々』を捧げた南チロルの鬼才ラインホルイト・メスナーは師の志を継ぎ、一九六九年のドロワット北東壁をはじめとする難しいルートを単独登攀した。フランス人アルピニストのルネ・デメゾンは最も困難なルートを多数冬季に再登し、一九七三年の冬にはグランド・ジョラスの北壁に新ルートを開いた。そのほかにも多くのめざましい登攀が行われ、大きな課題が着実に解決されていったので、アルプスにおける探検は大フィナーレを迎えることになった。一九七〇年代以後は、クライマーたちはルートからあふれるほどスピード登攀に殺到し、またもっと高い山や岩壁でのスポーツクライミングに没頭するようになった。

アメリカのクライマーたちは一九六〇年の初め、ヨセミテ国立公園その他の大岩壁で大きな技術的進歩を見せ、名を知られはじめた。一九五七年にハーフ・ドームでロイヤル・ロビンズが、また一九五八年にエル・キャピタンでウォレン・ハーディングが発展させたビッグウォールのエイドクライミングのテクニックによって、アメリカ人クライマーたちはアルプスで初めて大登攀を成し遂げることができた。たとえば一九六二年のロビンズとゲイリー・ヘミングによるプティ・ドリュ西壁、一九六三年のジョン・ハーリン、トム・フロスト、ヘミング、ステュアート・フルトンによるエギーユ・デュ・フー南壁などである。

アメリカ人クライマーたちはビッグウォール技術を発展させただけでなく、フリークライミングの原則に戻ろう、エイドはフリークライミングでは不可能と立証されたところだけで使おうと唱えた。フランク・スマイス、ジョー・ブラウン、ドン・ウィランズら英国人ロッククライマーたちのスーパークリーンな倫理観に影響され、ヨセミテをはじめとする全米のクライミング地域の険しい花崗岩の岩壁にフリークライミングの原則を適用した。ロイヤル・ロビンズ、チャック・プラット、イヴォン・シュイナード、ジョン・ギル、レイトン・コアほかのクライマーはグレードを5・11まで押し上げてつづく世代に道を開き、ジム・ブリッドウェルやレイ・ジャーディンらが5・12、5・13へとレベルを上げ、ソロイストのヘンリー・バーバー、ジョン・バーカー、ピーター・クロフトが大胆さとスピード、技術的な難度の限界を広げた。まもなくヨセミテがロッククライミングの世界的中心地になったという話が伝わり、ヨーロッパのクライマーたちがこの新しいメッカに巡礼するようになった。

ヨセミテの影響はただちにヨーロッパにはね返り、アルピニズムを主体としていた登山界は再び活気づいた。ジャン＝クロード・ドロワイエは一九七八年にチマ・グランデ北壁のコミチ・ルートをはじめとするアルプスの諸ルートからエイドを取り除き、ヴェルドン・ゴルジュのようなアルプス以外の岩場に難しい新フリールートを開いた。ドイツ人フリークライマーのラインハルト・カール、クルト・アルベルト、ヴォルフガング・ギュリッヒはベルント・アルノルトが5・13クラスのルートを開いたドイツのザクセン地域ばかりでなく、ヨセミテからも着想を得た。彼らは山頂をきわめるよりも、短い極限の「スポーツ」ルートに傾倒していった。その結果、一九八〇年代半ばと九〇年代初めにギュリッヒ、ジャン＝バティスト・トリブ、ベン・ムーンを筆頭にしてフリークライミングが爆発的に躍進した。

ヨセミテのフリークライマーが主としてクラックに焦点を合わせていたのにひきかえ、ヨーロッパのスポーツクライマーはフェイス・クライミングに目を向けていて、彼らが好んで選んだのはオーバーハングした石灰岩だった。ところが石灰岩にはプロテクションをセットできる連続したクラックラインが少ないうえ、リードしながらボルトを打てるスタンスがほとんどないので、クライマーはボルトを広範囲に、しかもしばしば懸垂下降しながら打ち込んでいた。この懸垂《ラップ》ボルト方式は地表からプロテクションをとって登りはじめる伝統的なグラウンドアップ方式と決定的に訣別するものだとしてアメリカのクライミング界の激怒を買い、残ったのは苦い思いと殴り合い、そしてクライミング界を今なおゆさぶる根の深い意見の分裂であった。英国ではクライマーたちが新旧両スタイルの和解の道を探ったが、感情的なものはおさまっていない。

このような争いがあるにもかかわらずスポーツクライミングを支持する者は後を絶たず、特に初めてクライミングに取り組む人に多い。数字で表されるグレードに重きを置いた結果、スポーツクライミングはまもなく組織化されたコンペティションを生み出し、クライマーたちは審判員や観客の前で人工壁上の闘いを繰り広げるようになった。これは伝統的なクライミングから遠くかけ離れたことで、クライミング界の分裂をさらに深くしかねない進展ぶりである。しかし、このようなイベントは一般の人々の人気を得てきており、クライマーの生計の手段ともなってきているので、その範囲も数も増加している。

初のコンペティションは一九八五年にイタリアのバルドネッキアで開かれたが、すぐに続々と多くのコンペが開催された。この分野ではフランス人が群を抜いていて、パトリック・エトランジェ、ディディエ・ラブトゥ、ジャン＝バティスト・トリブなどがいるが、男子クライミングでは一九八〇年代半ばから今日までフランソワ・ルグランが他を圧倒しており、時折ジェリー・モファット、サイモン・ナディンらがそれに肉薄している。女子ではカトリーヌ・デスティヴェルとリン・ヒルが二、三年の間しのぎをけずっていたが、一九八九年にデスティヴェルがアルパインクライミングに専念することにしたので、ヒルがコンペティション・クライミングの女王の座を占めるようになった。近年はイザベル・パティシエとロビン・アーベスフィールドが女王の座に挑戦している。

デスティヴェルは一九九二年、アイガー北壁を冬季単独登攀して再び脚光を浴びた。この偉業によって彼女は史上最高の女性オールラウンドクライマーになるだろうという評価を得た。スポーツクライミングがもたらしたフリークライミングのレベルの向上と、以前は断然男性優位だった分野に進出する女性の増加からして、アルプスだけでなく世界中でクライミングの様相が変化するのは必至である。

一方、ヒマラヤやその他の高山地帯では、登山の発展をつづけたもののそのスピードはアルプスでのそれよりは遅かった。今世紀初めのアルプスではクライマーたちはテクニカルルートに照準を合わせていたのに、ヒマラヤでは高山の前山を探りはじめたばかりだった。

一八九五年、アルバート・ママリーはナンガ・パルバットに挑んだ。初期の試登として重要な登山であったが、彼は跡も残さずに消えてしまった。一九〇七年にはトム・ロングスタッフ、アンリ・プロシュレル、C・G・ブルースがトリスルに登ったが、七一二〇メートルのこの山はそれまでに登られた最高峰となった。一九〇九年、アブルッツィ公爵がスポンサーになったイタリアの遠征隊が今日アブルッツィ稜と呼ばれているK2の南東稜に挑み、失敗に終わった。一九二二年、ジョージ・マロリーとE・F・ノートンほかの英国遠征隊はエヴェレストに挑戦し、八三〇〇メートルに達した。一九二四年に再度挑戦したが、マロリーとアンドリュー・アーヴィンが北稜登攀中に姿を消してしまった。

ドイツ人クライマーは当初カンチェンジュンガに集中した。一九二九年と三一年にパウル・バウアーが強力な遠征隊を率いて挑戦したが、不成功に終わった。次いでナンガ・パルバットに転じ、一九三二年と三四年にヴィリー・メルクルが遠征隊を編成した。二度目の遠征は悲劇に終わり、メルクルほか八人がジルバーザッテル（七四五一メートル）から下降中にブリザードに襲われて命を失った。

カメット（七七五六メートル）に挑んだ英国人クライマーのフランク・スマイスとエリック・シプトンははるかに幸運に恵まれ、一九三一年にその山頂をきわめることができた。シプトンはのちにH・W・ティルマンと協力してヒマラヤ奥地の多くの谷の地図を作った。一九三六年、ティルマンとN・E・オーデルは難峰ナンダ・デヴィ（七八一六メートル）にかろうじて登頂した。しかし、第二次世界大戦前の最も驚嘆すべき業績は一九三九年、アメリカ隊のK2挑戦であることには異論はないだろう。そのときフリッツ・ヴィースナーは八六一一メートルの山頂まであと二三〇メートルに迫っている。この偉業は残念なことに一人のクライマーと三人のシェルパを失うという暗雲に覆われてしまった。

第二次大戦後、クライマーたちはヒマラヤ挑戦を再開し、特に八千メートルを超える高峰に集中した。モーリス・エルゾーグの率いるフランス隊は一九五〇年に八〇九一メートルのアンナプルナに登り、八千メートル級登攀成功の一番乗りを果たした。八千メートルの壁が破られると、クライマーたちは世界の最高峰、従って登山史上最高の栄誉となるエヴェレストに登ろうと努力を倍加した。大きなエネルギーと関心が注がれていたので、一九五三年にエドマンド・ヒラリーとシェルパのテンジン・ノルゲイが英国隊の一員として登頂に成功すると世界中が喝采を送った。

エヴェレスト登頂が成功すると、高所クライミングは急速に進歩した。アルプスでもそうであったように、最高峰の登頂成功は、それよりも低いが往々にしてもっと難しい山に登る道を開いた。エヴェレスト登頂後まもなくK2、カンチェンジュンガ、ガッシャブルム2峰などの八千メートル級がつぎつぎに初登されたが、通常はいちばん易しいルートを大パーティで押し登ったものだった。こうした遠征隊の大多数は酸素ボンベと固定ロープを使って段階的に登っていくエクスペディション・スタイルの戦法を用いた。この戦法は大規模なチームと複雑な補給組織を要するが、きわめて危険な山でも比較的安全に登ることができるので、高所登山では必要なやり方であることが実証された。

しかし、すべての登山者がこの戦法を選んだわけではない。オーストリア人のヘルマン・ブールは一九五三年、ナンガ・パルバットを最終キャンプから無酸素で単独登頂し、アルパインスタイルの戦法は高所登山でも有効であることを示した。一九五七年に彼が行ったブロード・ピーク遠征では高所でのアルパインスタイルをさらに推し進め、ブール、クルト・ディームベルガー、マルクス・シュムック、フリッツ・ヴィンターシュテラーのチーム全員が酸素も高所ポーターも用いずに山頂に達した。このようなアルパインスタイル登攀は次の世代が発展させるであろうものにひとつの基盤を築いた。

エヴェレストと他の八千メートル峰がすべて最も易しいルートから登頂されてしまうと、次は頂上に達するもっと難しいルートを探す段階になった。ラインホルト・メスナーは一九七〇年、ドイツ＝オーストリア隊の一員として弟のギュンターとともにナンガ・パルバットのルパール壁を登り、大きな前進を見せた。その一カ月ほど前、クリス・ボニントンの率いる英国隊が恐るべきアンナプルナ南壁を登った。ボニントンにつづいて一九七五年、エヴェレスト南西壁に挑む英国隊を成功に導いた。アレシュ・クナヴェルが組織したユーゴスラヴィア隊は一九七五年、威圧的なマカルー南壁を征服し、数人の隊員が酸素補給なしで山頂に達した。ポーランド人クライマーのアンジェイ・ザヴァダはさらに一歩踏み込んでヒマラヤの冬季登攀に初挑戦し、一九八〇年にエヴェレスト、八五年にはチョー・オユー南東壁の冬季遠征を成功させた。

このようなルートはほとんどのチームがエクスペディション・スタイルで試みたが、切り詰めたアルパインスタイルを選んだクライマーもいた。メスナーはこの伝統における偉大な革新者であることを実証した。彼は一九七五年、ペーター・ハーベラーとともにポーターも固定キャンプも酸素ボンベも使わずにヒドン・ピークに新ルートを開き、高所アルピニズムを実践してみせた。二人はこれにとどまらず、一九七八年には無酸素でエヴェレストに登るという、もっと印象に残る偉業を成し遂げた。同年、メスナーはナンガ・パルバットの無酸素単独登攀に成功し、限界をさらにおしひろげた。アルプスでやったように、メスナーはヒマラヤでの登山を驚くべきレベルに引き上げ、近代最高のクライマーの名を確立した。

すぐに何人かがメスナーにつづいた。スペイン人クライマーのニル・ボイガスとエンリク・ルカスは一九八四年、並みはずれたアルパインスタイル登攀でアンナプルナ南壁に新ルートを開いた。ポーランドの登山家イェジ・ククチカとヴォイテク・クルティカは一九八三年にヒドン・ピークとガッシャブルム2峰で、また八四年にはブロード・ピークで特筆に価する縦走をやってのけた。その直後、二人は袂を分かってそれぞれの方向へ進んだ。ククチカは八千メートル峰全座の登攀レースに加わり、一九八九年にローツェで命を落とした。クルティカはそれほど有名でないピークに芸術的な新ルートを開くことに打ち込んでいった。一九八五年、オーストリア人のロベルト・シャウアーとともにガッシャブルム4峰に開いたルートは、その大胆さと厳しさで新しい基準となった、近年、彼はスイス人クライマーのエアハルト・ロレタン、ジャン・トロワイエと組んで一九九〇年のチョー・オユー南西壁やシシャパンマ南西壁のような巨大な壁の一日登攀を行っている。

アルパインスタイルは他の大勢のクライマーにも、それもしばしば極度にテクニカルなルートを登るのに魅力的な戦法であることを示した。アメリカのジェフ・ロウは、一九八二年にデイヴィッド・ブリーシャーズと登った一五〇〇メートルに及ぶクワンデ北壁のようなグレードの高いアイスルートと、一九八九年にアメリカ人クライマーのジョン・ロスケリーと登ったタウチェのようなテクニカルなロックルートを専門にしている。英国人のダグ・スコットはマルチピーク・スタイルの高所順応法を編み出した。一九八二年にアレックス・マッキンタイア、ロジャー・バクスター＝ジョーンズとシシャパンマに登ったときのように、まずやや低い山をいくつも登って準備を整えたのち、電光石火に高峰を登るのである。

しかし、高所クライミングをまったく新しいレベルに引き上げたのはスロヴェニア人のトモ・チェセンである。一九九〇年のローツェ南壁単独フリークライミングは高所クライミングにおける量子的飛躍であっただけでなく、登山というスポーツが持つ多様な専門分野すべてを新たに統合したものであった。彼のルートを見ると、すべての分野で熟練していることが登山を冒険と熱意に満ちたものにする秘訣であることがわかる。この夢のような登攀は、枝分かれしてしまったこのスポーツの流れを一つに縒り戻し、未来におけるクライミングの針路をはっきりと示したのだった。

ローツェ南壁のチェセンのルートとそのほかの最近の重要な登攀に照らしてみて、登山は将来どういう方向に進むのだろうか。解決されないでいる新しい「大きな問題」とは何だろうか。クライマーが限界をおしひろげ、登山に興奮と冒険、熱意を発見するにはどうしたらよいだろうか。

その答えを見つけるには本書を読み進んでいただきたい。世界最高のクライマー十七人が、登山が過去に歩んだ道と将来進みそうな方向を生き生きと、かつ人を引き込まずにおかない詳細さで説明しつつ、この問いとそのほかたくさんの問題に対する見解を述べてくれている。

# ラインホルト・メスナー

Reinhold Messner

クライミングの真の技術とは生き延びることだ。それが最も難しくなるのは、従来行動の限度と考えられていたところまで到達してしまい、さらにもう一歩踏み出そうとするときである。だれも行ったことのないところ、だれも行きたいと思わないところ——あるいは自分がしようとすることをだれも理解してくれないようなところへ乗り出すときである。そういった未知の領域では、感覚と経験は「踏みならされた」世界で得られるよりもはるかに強烈である。

ラインホルト・メスナー『生還——八千メートル峰全十四座』

現代で最も影響力のある高所クライマーとしてラインホルト・メスナーは、可能性の限界を容赦なく追求する一方、工学的なエイド器具を使いすぎるスポーツを退け、それまでの半世紀の間になされた登山の進歩すべてに結実をもたらした。最盛期の一九七〇年代と八〇年代には、ポーカーの賭け金を釣り上げるような登山をつづけた。つまり、つぎつぎにより難しいルートに取り組んだばかりか、そのたびにより少ない装備で登攀したのである。装備と補給物資を最小限に切り詰め、酸素ボンベや埋め込みボルトなどの人工的エイドを遠ざけることで、メスナーはアルプスではスピードクライミングの、高山ではアルパインスタイルと単独登攀の先導者になった。彼の登攀は他の登攀を評価する基準となった。

新たな、より困難な目標に一途に――人によっては憑《つ》かれていると評するかもしれないが――立ち向かっていくメスナーは、称賛と同時に誤解と批判も受けている。彼は一度ならず狂人と呼ばれてきたが、その登攀をよく調べてみると無謀ではなく、細かい計算と大きな自信、大胆な実行ぶりが見て取れる。彼が生き延びてきたことがその証明だ。メスナーは限界に挑戦しつづけただけでなく、生還してその限界の向こうに何があるかを語ってくれた数少ない高所クライマーの一人である。彼はこの生還する才能を、山で暮らし、山に登る人生から得た経験の賜物としている。

メスナーは一九四四年にイタリア領南チロルの町ブリクセンで生まれ、そこから遠くない山村、感動的な岩塔や峰々に囲まれたフィルネスで育った。歩けるようになって数年後、山に登りはじめた。初めて登ったのは両親に連れられていった近くのザース・リガイスで、その後は父と行ったクライネ・フェルメダ東壁のようなもっとテクニカルなルートを登った。そのうちに弟のギュンターなどと組んで、アルプスで最も難しい登攀に取り組むようになった。一九六五年にはギュンターと西部アルプスのクルト北壁ダイレクトとトリオレ北壁ダイレクトを再登、一九六六年にはハイニ・ホルツァーとドロミテにあるチヴェッタの悪名高いフィリップ＝フラム・ルートのほか、腕試しにいくつかの困難なルートを登った。一九六九年にはドロワット北壁、チヴェッタのフィリップ＝フラム・ルート、マルモラーダ南壁の新ルートを単独登攀した。同じ六九年にエーリッヒ・ラックナーとモン・ブランのフレネイ中央岩稜を一日で登攀したが、これは彼自身がペーター・ハーベラーと一九七四年に記録したアイガー北壁十時間登攀のようなスピードクライミングに先鞭をつけた偉業であった。二十五歳までにメスナーはアルプスで最も難しいルートのほとんどを、しかもその多くを単独で登ってしまっており、高所登山へ目標を移す準備は整っていた。

メスナーが高所クライミングを初めて味わったのは一九六九年、チロル隊の一員としてペルーのイェルパハー・グランデ（六六三四メートル）に挑んだときだった。翌年にはカール・ヘルリヒコッファー博士の率いる遠征隊に加わってナンガ・パルバットに行った。彼は弟のギュンターとともにルパール壁の登攀に成功したが、下山の際、勝利は悲劇に一転して、ギュンターが雪崩に命を奪われてしまった。悲しみにうちひしがれ、気が狂ったようになって下りてきたメスナーは、結局、悲嘆に暮れる家族に報告するため家に帰っていった。

この悲劇から精神的、肉体的に立ち直るのには時間がかかったが（凍傷で足の指を六本失った）、メスナーはマナスル南西壁に登るために一九七二年、チロル隊に加わってヒマラヤに戻った。チームで頂上に達したのは彼だけだった。フランツ・イェーガーとアンディ・シュリックは下降中に自分たちのテントを探しあてることができず、ブリザードの中に消えてしまった。どういうわけかヨーロッパの報道記者の何人かが、二人の死を防ぐ努力が足りなかったとメスナーを責めた。メスナーはこの非難を本気にとらなかったが、気持ちは傷ついた。

批判に傷つき、大編成のチームにうんざりして、メスナーは小規模で経験豊かな、緊密なチームがよいと考え、大規模な遠征隊に参加するのはやめることにした。この方針に沿った最初の実験は一九七四年に実現し、アルゼンチンのアコンカグア南壁を単独登攀した。一九七五年には短期間、遠征登山に復帰し、リカルド・カシンの率いるイタリア隊に加わってローツェ南壁に向かった。遠征隊は雪崩のために退却せざるを得なかったが、その年の後半にメスナーはペーター・ハーベラーと組み、大遠征隊なら当然使う固定キャンプ、酸素ボンベ、支援隊といった安全網なしでヒドン・ピーク（ガッシャブルム1峰）北西壁を長距離の攻撃一回で登った。二人はこの大成功に乗じてさらに大胆な追い打ちをかけ、一九七八年、サウス・コルからエヴェレストに無酸素で登った。これにも満足せず、メスナーは一九七九年、無酸素でK2に登頂し、翌年、彼の究極の目標のひとつであったエヴェレスト北面の無酸素単独登攀に成功した。

驚くべき偉業はさらにつづいた。一九八二年、メスナーはハンス・カマーランダーとガッシャブルム1峰と2峰を縦走し、一九八六年にはマカルーとローツェを登って世界の八千メートル峰全十四座登攀という探究を完結した。この目標が達成されると、彼は高所クライミングから極地探検などのプロジェクトに焦点を移した。一九八九年、彼はアルフエト・フックスと補給物資を積んだそりを曳いてスキーで南極を横断した。メスナーは、たいていは遠隔地の山の新ルートを標的に選んで、今も登山をつづけている。

メスナーは一度、一九七二年にウシ・デメターと結婚している。一九七七年に離婚したが、メスナーに言わせると、「結局は私があまりにも山にのめり込んでいて、結婚生活がそれに耐えきれなかった」からである。一九八一年にはガールフレンドのニーナ・ホルグインとの間に娘をもうけた。現在はザビーネ・シュテーレとの間にできた二人の子供とともに南チロルの城に住んでいる。

一九七九年以来、メスナーは講演や数多くの著作の執筆、ガイド、指導、製品の保証などで生計を立ててきた。その間にドイツ、オーストリア、イタリアをはじめとするヨーロッパの国々では映画スターに匹敵する存在になった。このインタビューには合衆国での講演旅行の途中、ユタ州スノーバードのリゾートホテルのロビーで時間を割いてくれた。メスナーは背が高く、がっしりした体つきで、茶色の髪は乱れがち、ひげもじゃで、目は野性の輝きを帯びていた。並みはずれたスポーツマンであるだけでなく、登山から原生自然、哲学から映画製作にいたるまで、あらゆることに関するアイデアと意見、主張ではち切れんばかりの男であった。

**——危険とはクライミングに必要なものでしょうか。**

必要です。死の危険がなかったら、クライミングはもはやクライミングではありません。山に登っているとき、私は死を求めているのではなく、それとは正反対に、なんとか生き延びようとしています。しかし、死の危険がなければ生き延びるのは実に簡単です。クライミングとは死の危険をはらんだきわめて困難な状況のもとで生き延びる術です。最高のクライマーとは途方もないことを一、二度やってのけ、その次には死んでしまうような人間ではありません。最高のレベルのことをたくさん成し遂げ、しかも生き残る人間です。

**——あなたの場合、これほど多くの登攀でどのようにして生き延びてこられたのですか。**

豊富な経験です。万全の準備です。大量のエネルギーです。山に対するすぐれた直観です。これらはみな、何年も山に登ってはじめて身につくものです。

また、運にも恵まれることです。自分の運を過信すべきではありません。ですから私の場合、一年に十回も遠征に出かけるようなことはありません。二、三回です。そして、まだザックに運が残っていると感じたら、もう一回行きます。しかし、ひとつの遠征を終えたらすぐ次にかかるようなことは私にはできません。そんなことをしたら誤りを犯してしまうでしょう。墜落してしまうでしょう。私は今までにたくさんの誤りを犯してきましたが、幸運に救われたことが何回かありました。でも、いつも命を危険にさらしていれば、そのうちに必ず死にます。

心得ておくべきは、「これは自分にはできる。しかし、これはできない」ということです。「これは自分の限界だ。これ以上は上に行けない。もう少し低いところにいよう」ということを時々刻々心得ていることはクライミングの基礎の一部です。しかし、何回も限界を超えて登っていると、必ず死にます。登山術とは生き残ることで、死ぬことではありません。

**――ということは、あなたは自分の限界をよく知っているのですね。**

でも、私はそれを毎回改めて学びなおさなければなりません。自分の限界は正確にはわからないし、あっという間に忘れてしまいます。数年も山に登らないでいると、体力がなくなってしまうばかりか、自分の限界もわからなくなってしまいます。それで、自分には何ができるのかを知るには、やってみるしかありません。走り高跳びの選手がまず二メートル二〇を跳び、次に二メートル二一に挑むようなものです。やってみて感触をつかむことです。
私は非常に用心深い男です。「これは自分にはできないな」と感じれば、できるという確信を得られるまで長いこと待ちます。いちかばちかということはしません。

**――クライミングをはじめたのはどういうきっかけからですか。**

父といっしょに登ったことです。父は家族を連れて山へ行きました。私は五歳のときから山に登っていました。

**――登るのは初めから好きでしたか。**

そうです。とても好きでした。まだ小さい子供だったころは、山よりも十五、六メートルの高さのボルダー（岩塊）のほうが好きでした。山に登るのを好むようになったのは十四歳ぐらいのときでした。十五、六歳のときには中程度のソロクライミングをしていました。村から山に出かけていって、その日のうちに帰ってきたものです。

**――だれが登るのを教えてくれたのですか。**

いちばん簡単なことは父が教えてくれました。それから、ゼップ・マイヤールやハイニ・ホルツァーといった非常に優秀なクライマーたちと出会いました。この人たちから学んだことは多く、二十歳か二十一歳のころには技術的な問題のさばき方はもう知っていました。

**――身につけるのがとても早かったということですね。**

ええ、かなり高いレベルに達しました。十八、九歳のときにはアルプスで最も難しい登攀に興味を持ち、最高のクライマーの仲間入りをしたいと思っていました。初めは岩を登り、のちには氷もやりました。二十歳のころにはアルプスの難しい登攀の八〇パーセントか九〇パーセントを終えていました。もうアルプスには何も残っていないと思ったので、ヒマラヤに向かいました。

**――そういうアルプスの難しいルートで成功をおさめた理由は何でしょう。**

アイガー北壁やアルプスのクラシックな大登攀のためにはトレーニングをしましたし、そのときすでに十五年もの登山歴を積んでいたので経験が豊富でした。この経験のおかげでよいルートを自分で見つけたり、天候をすばやく把握したり、どの岩がよくてどの岩がだめかを見分けたり、山や岩の構造を知ることができました。十分に経験を積んでいれば、ガリーひとつをとっても、右へ行くのか左へ向かうのか当てられます。岩や地形から直観でわかるのです。この直観は子供のときに、考えることもなく身につけました。これが今、特に私の力になっています。

**――若いころに経験を積んだから、より困難な登攀を速く、安全にやれたというのですね。**

そうです。ヒマラヤに行ったとき私はチームで最年少でしたが、自分は年上の人たちよりもずっと経験を積んでいるとすぐに察知しました。私はそれまでに長い年数登っていたのに、ほかの人たちは五年かせいぜい十年でした。そのとき私には二十年の経験がありました。

**――高所クライミングをはじめたのはいつですか。**

一九六九年に南アメリカ遠征に招かれましたが、そこで初めて高所クライミングに首を突っ込みました。そこで〔イェルパハー・グランデ北東壁で〕私たちは非常によい登攀をしました。帰国してからはアルプスに何回も登りました。一九六九年中にアルプスの最も難しいルートをいくつも単独登攀しました。いちばん難しいロッククライミングや、いちばん難しいアイスクライミングをです。その後今度はナンガ・パルバット遠征隊の隊長に呼ばれ、ルパール壁を登りました。

**――なぜ、あの壁に引かれたのですか。**

一九六三年以来、大勢のクライマーが挑んできたので、ルパール壁は私にはとても重要なものでした。みんな失敗に終わりました。ヨーロッパの、特にドイツ語圏の国々の名だたるクライマーたちが挑戦していたのです。この壁は高山にある実に難しい岩壁で、アイガーの壁よりはるかに大きいものです。アイガー北壁の三倍、マッターホルン北壁の四倍はあります。それで、そこはどうなっているのだろうと興味を持ったわけです。

**――ナンガ・パルバットから戻ってきて、弟さんの死をご両親に説明するのは難しいことでしたか。**

両親や兄弟たちに実際に起こったことをわかってもらうのにとても苦労しました。高所登山の何たるかを知らない人たちですし、私たちの家族はとても結びつきが強いからです。今もそうです。

弟と私は、夏には週末になると決まって山に登っていました。私たちは不死身であるかのように登っていました。だれかがここで死んだ、あそこで死んだという話は聞いていたし、ときには遭難救助の手伝いもしましたが、私たちはクライミングで死ぬことはないという気持ちがありました。気違いじみたことをやっても墜落することはないと思っていました。

そういう気持ちで私たちはナンガ・パルバットに向かったのです。西壁を下ることにしたものの、最初の数時間はたいへんでした。あの岩壁をこなせるかどうかわからなかったけれど、「ここで死んでしまう」とは考えませんでした。私たちは下降をつづけたのですが、悲劇は数秒のうちに襲ってきました。私は数秒のうちに人生には、クライミングには死もあるのだということを理解しなければなりませんでした。

しばらくの間、私は弟が死んだという事実を実際には受け入れていませんでした。弟がまだ生きているかのような気持ちで暮らしていました。この十年というもの、山登りをしていても、山で暮らしているときも、また夢の中でも、弟がまだ生きているような感じがしています。

その感じを自分に向かって表現するより、母に向かって表現するほうが明らかにずっと難しいことでした。私は実際に経験したし、現場にいたし、体験したのです。しかし、母は同じ体験をすることはできないだろうし、ナンガ・パルバットとはどういうところか決して理解できないでしょう。地図の上で見つけることはできますが、そこまでです。

**——クライマーは愛する家族をそういう目に遭わせてもいいのでしょうか。**

いいと思います。クライマーにはそうする権利があると思います。私は二十歳で死のうと六十歳で死のうと、違いはないと思っています。クライマー自身にはそれがわかっていても、妻や子供や母親には理解しがたいことでしょう。死ぬ本人にとっては、死は悲劇ではありません。本人が生きていて悲劇を味わうわけではないからです。悲劇は後に残された者だけのものです。しかし結婚しているクライマーや家族からまだ独立していないクライマーがこのように考えを進めていけば、家族はそれを見て、耐えることができます。

**——翌年、ナンガ・パルバットに戻ったのはどうしてですか。**

弟を探すために戻りました。もう一度現場を見て、起こったことを理解するためです。一九七三年には単独登攀を試みるためにナンガ・パルバットに戻りました。しかし、私はまだ熟していませんでした。たぶん、すべてがまだ熟していなかったのでしょう。八千メートル峰をひとりで登ろうと考える者はだれもいませんでした。のちに〔一九七八年に〕私はナンガ・パルバットで八千メートル峰の単独登攀を初体験しました。ナンガ・パルバットをその舞台に選んだのは、私が登った最初の八千メートル峰だからだし、弟がそこで死んだからだし、私にとって重要な山だったからです。いまだにこの山は私にとっていちばん大切な八千メートル峰です。

**——なぜ高所登山で限界に挑戦しつづけたのですか。**

私はいつも何かもっと難しいことをしたいと思っていました。一九七〇年に私をひきつけたのはルパール壁でした。弟の死という忌まわしい体験から一年が経過して私は回復し、もっとやれるぞ、と思いました。

一九七二年にはもう一度、固定ロープを使うクラシックなマナスル遠征に参加しました。マナスルのあとで批評家たちはこう言いました。「彼の責任だ」「アンディ・シュリックとフランツ・イェーガーの遭難死について」。この登山は危険すぎる」。あの二人は私がそこにいたから死んだのではなく、あのように難しいことをする準備ができていなかったから死んだのです。ある程度はこの批判のせいで、私はこう考えるようになりました。「結構だ。将来はだれに責任をとらなくてもいいようにひとりでやろう」

こうした圧力のおかげで、また、そのうちに固定ロープなしでも登れるはずだとわかってきて、一九七三年にナンガ・パルバットの単独登攀をやってみました。しかし、あのような難しい状況のもとでひとりで生きていくことは、私にはまだできませんでした。一九七八年より七三年のときのほうが登ることにかけてはまさっていたでしょう——一九七三年には体力的にとても強かったのです——けれども話をする相手もなく、だれの顔も見ずに高所にひとりでいることができなかったのです。実に困難なことでした。これを身につけるのには時間がかかりました。こうしたことは私の特に弱い点でした。

**――ヒドン・ピークのアルパインスタイル登攀はナンガ・パルバット単独登攀の助けになりましたか。**

なりました。ヒドン・ピーク〔一九七五年〕に登ってから、ヒマラヤでもアルプスでやったのと同じように難しい登攀をすることができること、次にすべきは単独登攀だということを知りました。ヒドン・ピークはひとつの新しい登山にちがいありませんが、私たち〔メスナーとペーター・ハーベラー〕は「もしできなかったら、山を下りて、それでやめだ」と考えながらやったのです。ところが実に運がよく、天候にも恵まれてやり遂げることができました。

ヒドン・ピークが成功したとき、これはヒマラヤのクライミングに大きな変化をもたらすぞ、とすぐに思いました。というのは、二人のクライマーで登るなら遠征費用は五千ドルしかかからないからです。五千ドルなら集められる人はたくさんいます。

**――エヴェレストを無酸素で登ったとき、心理的な壁を打ち破るのは難しかったですか。**

出発前に人は「不可能なことだ。命にかかわる。脳が壊れてしまうだろう」と言っていたので、これは難しいことでした。私たちはオーストリアの大遠征隊の一員だったのですが、最初のチームが戻ってきて、「やってもむだだ。できっこない」と言っていました。

エヴェレストにまた来られるかどうかわからなかったし、何といってもエヴェレストはエヴェレストなので、難しい決断でした。そのとき私はもう心を決めていて、「成功しなくてもいいから、できるだけ高いところまで行こう。やってみようじゃないか」と考えていました。

天候は中程度で、絶好の天気とはいえませんでした。私たちはサウス・コルから八時間ちょっとで山頂に達しました。速い登攀でした。ということは、それほど難しくなかったという意味です。あれ以来、大勢の人が無酸素登攀をやっています。二十人ほどでしょうか。二十年もすれば、たいていの人が無酸素で登るようになるでしょう。

**——登山は無酸素ですべきだと思いますか。**

私はそれをルールにしたくありません。酸素ボンベを使おうが使うまいが、だれも自由です。ただ酸素を使った場合、ボンベはベースキャンプまで持ち帰るべきです。

私はみなが同じことをしろとは決して言いません。長い間、特に六〇年代には、私は「山はボルトなしで登るべきだ。自分はそうしている。ボルトは岩をだいなしにしている」といつもお説教していました。

今は、「私はボルトを使わずに登っている。これは私自身のルールだ。でも、あなたがボルトを使いたければ、どうぞ」と言っています。酸素についても同様です。

**——ペーター・ハーベラーと組まなくなったのはどうしてですか。**

一九七八年に私たちのパートナーシップは終わり、それっきりになりました。彼は非常に優秀なクライマーです。しかし、私は彼に対する信頼感を失いました。彼はある本の出版契約をしましたが、その本はジャーナリストが書いたものでした。内容はたわごとで、私は受け入れることができませんでした。契約書にサインするなら本の内容に責任を負うべきです。

この本についての質問に少なくとも千回は答えてきました。もううんざりです。私たちのパートナーシップは終わったということを世間は了解しました。もし、だれかに対して信頼感を失ったら、もし、その人との間に何か正しくないことが起きたら、私はその人との関係を打ち切ります。ロープを永遠に切り離します。

**——人生のほかの面でもそうですか。**

それが正常な人生です。私はものの見方が厳しいので、私によい友人がいるとすれば、それは間違いなくよい友人なのです。よい友人は決してこういうことはしません。ペーター・ハーベラーと私はよいパートナーでしたが、よい友人ではありませんでした。私たちは年に一、二回会い、いっしょにすばらしい登山をしました。彼とやった登攀は全部、私が組織し、資金集めをしました。それなのに、この本で彼がヒドン・ピーク遠征を組織し、資金を集めたという話を読むのは気持ちのよいものではありませんでした。彼は一シリングも出していないのです。あの遠征を組織し、資金調達をするために、私は一年間働かなければならなかったのです〔ハーベラーはこれを否定し、遠征の組織と資金調達に協力したと主張している。メスナーは、ハーベラーがこの本によって注目を浴びたのを恨んでいるだけなのだと反論している〕。

**――最近の登攀の多くはハンス・カマーランダーとやっていますね。彼はよいパートナーですか。**

よいパートナーです。彼と会ったのは一九七〇年でした。私のクライミングスクールで働いたのです。非常に力強いクライマーで、私と同じように子供のときから山に登っていました。一九八三年にチョー・オユーへ誘ったのですが、そのとき、「これからの登山に私が必要とするのは、たぶんこの男だ」と思いました。

**――ガッシャブルム1峰と2峰の縦走はいつ思いついたのですか。**

八〇年代の初めです。ナンガ・パルバット単独登攀のあと、次の冒険のことを考えはじめていました。エヴェレスト単独登攀の夢はまだ持っていましたが、八千メートル峰二座の初縦走はだれかがやるだろうから自分には機会がないだろうと思っていました。次の段階としては筋の通る冒険なのに、一九八四年になってもまだだれもやりませんでした。私にチャンスがきたので、出かけていって〔カマーランダーと〕やってみて、成功したのです。それまでに私がやったうちでいちばん難しいことだったでしょう。いまだに再縦走されていません。八千メートル峰二座をサポートなし、固定ロープなし、デポなし、途中で会う人だれもなしという条件でこなせる人物がまだ現れないのです。今となっては、これは困難なことでしょう。だれにも会わない八千メートル峰二つを見つけることはできないでしょうからね。たくさんのチームが登っていれば純粋で正当な形での縦走はできません。ローツェとエヴェレストの縦走なら可能といえます。ローツェの南面か東面を登り、サウス・コルに下り、エヴェレストに登って反対側に下りるのです。ガッシャブルムの縦走よりはるかに難しく、一九七五年のヒドン・ピーク北西壁より十倍は難しいでしょう。しかしできるはずで、この十年のうちにだれかがやるでしょう。

**——八千メートル峰全十四座挑戦は競争になりましたか。**

私にとっては競争になったことは一度もありません。ほかの人にとっては競争でしたが、私の場合は違います。

**——イェジ・ククチカにとっては競争だったと思いますか。**

彼は競争と言っているときもあったし、競争ではないと言っているときもありました。おそらく終盤ではマスコミにあおられて競争になったのでしょうが、それもひとつの遊びとしてであって、張り合ってのことではありません。

彼とは何回も会ったことがあるし、とてもよい友達で、何もいざこざはありませんでした。でもマスコミは競争に仕立てるのが好きなのです。「彼は十三座征服、勝利はだれの手に？」と書きたいのです。

**――ヒマラヤにはまだ挑戦すべきものが残っていますか。**

マカルー西壁、ダウラギリ南壁の直登ルート、そのほかたくさんの岩壁があります。とても難しいルートを擁する六千メートル峰、七千メートル峰は多数あるし、縦走コース、特に複数の山の連結縦走がまだたくさん考えられます。

**――若いころに登山史を勉強しましたか。**

十六、七歳のころからしていますが、今も好きです。登山に関する蔵書はおそらく二千冊ぐらい、特に昔からのものがそろっています。極地に関する本も集めはじめましたが、山の歴史のほうもつづけていて、たぶん六十歳か七十歳になったら登山の歴史を書くのではないでしょうか。そうしたいと思っていますが、最低十年はかかるでしょうね。

**――登山の歴史をたいへん意識しているようですが。**

ええ、好きなのです。十年か十五年の間、私はヒマラヤのクライミングで他の人々に先んじていましたが、それは歴史をよく知っていたからです。登山で他人より先へ行こうと思うなら、まず歴史全体に目を向けるべきです。そうすれば自分はどちらに進めばよいかわかります。

**――クライマーの道案内になるわけですね。**

ええ、今もです。フリークライミングには百年を超える歴史があります。史上初のフリークライミングは一八九〇年でした。フリークライミングの発展の話は実に面白いのです。はじまったのはドロミテでした〔イギリスでもはじまった。クライマーたちは「不自然な」テクニックだとしてボルト、ピトン、ときにはナットすらも使うのを避けた〕。一九一一年にウィーンのクライマー、パウル・プロイスはフリークライミングのルールを本に著しました。フリークライミングは一九五〇年代、六〇年代に発明されたのではなく、前世紀にはじまったのです。現在は一八九〇年代にくらべてはるかに難しい岩壁を登っていますが、考え方と基本的な方法は昔と同じです。プロイスは、私たちの必要に合わせて岩を変えてはいけない、その岩に適応できるように私たち自身を鍛えなければいけないと言っています。これは実に理にかなったことです。クライミングの何たるかを本当に知っていれば、これが唯一の答えです。

第二次世界大戦後、人は徐々にまた山に登りはじめましたが、ドロミテと西部アルプスでは正反対の方向に進みました。岩壁をまっすぐなラインで登るためにますます多くの技術的なエイドを使うようになったのです。フリーで登ることなど考えず、どうやってでも登ろうとしました。フェアな手段ではなく、どんな手段を使ってもというわけです。

イヴォン・シュイナードとロイヤル・ロビンズによるヨセミテ革命と、それにつづくロン・カウクを待ってはじめてフリークライミングはヨーロッパに戻ってきました〔シュイナードとロビンズは人工的エイドを最小限に減らし、できるだけフリークライミングのテクニックに頼ることによって、フリークライミングの基準に革命を起こす道を開いた。

一九六〇年代の半ばに彼らはピトンのかわりにクラックにセットするナットをプロテクションに使いはじめた。それは彼らがイギリスのクライマーたちから得たアイデアである。カウクもその先例にならったが、そのうちにボルトをルートに事前にセットすることをはじめた。これは先輩たちの地表から登るという倫理からの過激な離脱であった〕。アメリ人クライマーたちはこの考えでは先んじていましたが、この間ヨーロッパのクライマーはそれを忘れていたので、大回りの末に取り戻さなければなりませんでした。今、この十年の間に、ロッククライミングは再び限界をつぎつぎに高いところへ進めていくスポーツになりました。これは人工的エイドを墜落防止だけに使うことによってはじめて可能になります〔体を引き上げるためには使わない〕。今日のクライマーたちは百年前と同じように本当のフリークライミングをしています。

**——なぜクライミングにはルールが重要なのですか。**

ルールは重要ではありません。クライミングは初めから自然に従うアナーキーな生き方でした。クライマーたちは自分たちでルールを作っていました。でも、もし私たちがてんでに「そこにボルトを打てる、あそこには固定ロープを残しておける」と言っていたら、私たちの遊び場はだんだん破壊されていきます。だから一つぐらいはルールがあるべきです。山は入った状態のままにして出ていこう、と。

**——初めのころ、あなたが争っていたのはその点ですね。**

そうです。私は終始クラシックな純粋フリークライミングを支持してきました。私自身は5・13を登れるクライマーではありませんでした。一九六八年、六九年の最盛期にはたぶん5・10を登っていたと思います。当時はそれが限界で、それ以上を登る者はいませんでした。5・13を登る者が現れようとは思いもしませんでしたが、今では5・14が登られています。

**――フリークライミングを擁護したために、あなたは気が狂っていると思われたのではないですか。**

ええ、特にヨーロッパではそうでした。一九六五年に初めて「不可能性の抹殺」という記事を書き、私たちがテクニカルな器具を使えば使うほど不可能性をつぶすことになり、不可能性がなくなってしまったらクライミングはその最も重要な動機を失うという考えを述べました。不可能なことはだれにもできないけれど、近づくことはできます。ボルトやテクニカルな器具類で不可能性を破壊すれば、クライミングも破壊されてしまいます。

**――ボルトの使用についてもう少し話してください。**

私はこれまでに一本もボルトを使っていません。酸素ボンベも同様です。これはいまだに私の哲学になっています。酸素ボンベなしで登れないのなら、その山には登りません。ボルトなしで登れないのなら、その岩壁には登りません。私は岩壁や山を強姦したくないのです。今はレベルの高いスポーツクライミングでボルトが使われています。しかし私は、それなら人工壁でやればいいのにと思っています。

自然の岩壁は、あるがままにしておくべきです。クラックに普通のピトンかナットを入れるのは妥協できます。入れたあとではずせるので、ナットのほうがよいでしょう。ハンマーでたたき込まないかぎり岩を破壊しません。しかし、ピトンは何回も打ち込んでいるうちに岩を徐々に破壊していきます。

私自身はビレイ用に〈墜落のプロテクションにも〉ピトンをたくさん使いました。しかし、九九％は上に進むために使っていません。かなり優秀なロッククライマーになった一九六〇年代半ばには、ピトンはビレイ用〈およびプロテクション用〉であって梯子用ではないといつも言っていました。フリーで登る方法を見つけるか、さもなければ手をつけないかです。「不可能性の抹殺」の考え方はだいたい以上のようなものです。

**――登山とは、他のクライマーとの闘いというよりも山との闘いですか。**

山との闘いですらありません。私は山とともに生きようとしています。山と争ってはいません。しかし、それは山と私の間柄であって、私とだれかとの関係ではありません。パートナーなりグループなりがいれば、いっしょにやっていこうとするし、私が率いていくのならメンバー同士に闘いが起きないようにします。私は山をひとつの動機、または岩壁、ルートとしてメンバーに供するように努めます。他のクライマーと張り合うような気持ちを抱いたことは一度もありません。

**――クライミングが宗教的な体験になったことはありますか。**

広い意味ではあります。祈り方はたくさんあります。祈りは瞑想です。仏教徒にとって祈りとは、すべてを忘れること、空になること、新しい体験に向かって開放された状態でいること以外のなにものでもありません。

そういう瞑想は私たち西洋人のやり方ではありません。私たちにはできないことです。私たちの人生に対する態度は能動的です。しかし、私はクライミングを通じて瞑想のめざすところに達することができると思います。そういう意味でクライミングは私にとって祈りです。登っているときは非常に集中しているので、私は空になり、新しい体験に向かって開放されています。

**――それが山に登る理由のひとつですか。**

いまだに働いている動機のひとつです。何年にもわたって競争に明け暮れたあげく、慈しむような気持ちでそれを見ています。

**――まだ登る必要があるでしょうか。**

あります。今でも登攀に興味がありますが、もうエヴェレストやK2といった八千メートル峰のような高山には登りません。でも、いまだにチベットや南アメリカで登山するのを夢見ています。

**――山に登るのはどうしてですか。**

その質問への答えはありません。もしあなたに「なぜ生きているのですか」と訊ねたら、何と答えますか。私にとって山に登ることと生きることとの間に違いはありません。登山は私の人生の中心点のひとつです。つまり私は「なぜ自分は生きているのか」という質問に答えることになります。人生とは自分を表現し、自分自身を知り、世界を知り、人々とともに暮らすのに計り知れない可能性を持っているという気がします。でも私は、なぜ自分が生きているのかということと、なぜ山に登るのかということを区別しません。私には同じことです。別々にすることはできません。山に登ることは私の人生の一部です。

同じように答えるのが難しいのは、なぜお前は本を書くのか、なぜ農作業をするのか、なぜ映画をつくろうとするのかという質問です。これもやはり自分の知っていること、感じること、できることを表現する新しい可能性を試しているわけです。私は創造的でありたいのです。

**――クライミングは肉体的にはどういう影響を及ぼしましたか。**

足の指を何本か失いました。これは最悪の出来事でした。膝の故障にも長い間悩んでいたので、十年か十五年前から毎年三、四カ月は休んで何もしないことにしました。それが効いて、今では膝は大丈夫です。

**――酸素欠乏に影響されたことがありますか。**

ありません。これはまったく問題ではありません。あるスイスの大学が高所に登ったあとの体、特に脳の研究をしているので、それに協力しています。この研究は毎年行われるので、私は自分の脳に起きたことは全部知っています。今のところ、まったく正常です。

**――クライミングはデカダンなものだと思いますか。**

思います。根本的に必要事でないという点でデカダンです。住む家があり、飲むもの、食べるものが十分にあって――基本的な生活必需品がそろっていて――はじめて人は山に登ることや劇場へ出かけること、芸術作品を創作することを考えます。私はこれを否定的でなく肯定的に見ています。

**――クライミングを創造と見るわけですね。**

そうです。私はクライミングをスポーツという面でなく、創造活動という面で見ています。私のクライミングに自分の能力も恐れも表現したいのです。私のクライミングは実際に芸術活動です。ルートは残り、だれかがそこへ行って、同じ体験をすることができます。

タウチェ〔ネパールのソル・クーンブ地方にある山〕の麓に座って、ジョン・ロスケリーとジェフ・ロウの北東壁冬季登攀〔一九八九年〕に思いをはせれば、彼らが体験した何かが感じられるはずです。彼らの登攀を見ることは、絵画を見ることから得られる体験と同じような体験を与えてくれます。

よい岩壁のよいルートは芸術作品です。人生のようなものです。私たちは人生を送り、やがてその人生は消え失せますが、何かが残ります。残るのはルートです。

# リカルド・カシン

Riccardo Cassin

ビバークの準備は長くかかる。迫る闇との競争になることもよくある。すべてを整え、いちばん寝心地のよい場所を探す——どういうわけか、たいていは寝心地が悪いものだ——そのとき、いわば山全体が自分の中に入り込む。自分が山の一部であるような感じがする。それは詩でもある。おのおのの習慣や願望や個性によって感じ方は違うが、本物のクライマーではあっても千差万別なこの連中のひとりひとりは、思うところを言葉で表現するすべを知らないにしても、心の底では——特に若いときは照れてしまって認めはしないが——詩人なのである。

リカルド・カシン『アルピニズムの五十年』

リカルド・カシンは彼のクライミングの根底にある詩について語りたがらないかもしれないが、彼が登った厳しい、クラシックなルートを観察した者は詩に比することをためらわない。トッレ・トリエステ南東稜のカシンの登攀を眺めていた人が言った。「君はあの七百メートルの岩に詩を書いたね」

カシンは長い歳月、こうした印象深い詩を書いてきた。イタリアのクライミング界の長老ともいえるカシンは、並みはずれた運動能力と驚くほど長い現役生活によって、伝説的な地位を築き上げた。五十年以上にわたって極限の登攀に力をふるい、同年代のクライマーたちがとっくに引退して揺り椅子でくつろぐようになってからも、岩や雪や氷の上で限界に挑戦しつづけていた。そればかりか、最も高名な門弟であるラインホルト・メスナーをはじめたくさんの若いクライマーの手本となり、よき師の役を務めてきた。

この偉大なクライミングの先輩の経歴は、いくつかの時期に分けられる。一九〇八年、イタリアのフリウリ南部にあるサヴォルガーニョに生まれ、一九二六年に北イタリアのレッコの近くにあるロッククライミングの中心地グリーニャの石灰岩の岩塔を登りはじめた。マリオ・デロッロ（ボガ）やマリー・ヴァラーレらをパートナーにして、めまいがするほど輝かしい初登攀リストを繰り広げ、のちに世界で最も難しい高山で危機を救うことになる技術と勇気、大胆さをみがいた。

一九三三年にイタリア人クライマーのエミリオ・コミチがグリーニャを訪れたのがきっ

かけになって、カシンはドロミテで発達したエイドクライミングやその他の技術を知った。コミチのグリーニャ訪問はカシンの熱情を刺激し、学んだ技術をグリーニャだけでなく、ドロミテの大岩壁でも応用してみることにした。一九三四年、不屈の努力は実を結んだ。ボガとジジ・ヴィターリとともにチマ・グランデ北壁コミチ・ルートの第二登を成し遂げたのだった。

実習を終えたカシンは歩を進め、ヴィットリオ・ラッティとやったチマ・オヴェスト北壁初登をはじめ、ドロミテで新しいエイドルートを多数開いた。ドロミテでのこうした登攀でカシンは技術と決断力、大胆さが一体となったところを見せ、きわめて険しく厳しいルートを乗り切った。やむを得ない場合以外は絶対に退却しない意志力で、最悪の気象条件下でも何度も突破口を開いた。一九三七年、ラッティ、ジノ・エスポジートとともに嵐をものともせずにピッツ・バディィレ北東壁を初登攀したが、このときは二人のクライマー（マリオ・モルテーニとジュゼッペ・ヴァルゼッキ）が疲労凍死している。

カシンはロッククライミングを専門にしたが、雪と氷にも腕をみがき、アルプスのミックスルートに自分の世界を広げていった。同世代の多くのクライマーと同様、カシンもアイガー北壁の初登をねらっていた。しかしアンデルル・ヘックマイア、ルートヴィッヒ・フェルク、フリッツ・カスパレク、ハインリッヒ・ハラーが一九三八年に達成してしまったので、カシンは当時アルプスに残っていた最後の大きな課題であるグランド・ジョラスのウォーカー側稜に目を向けた。天候は絶好というにはほど遠かったが、カシンとジノ・エスポジート、ウゴ・ティッツォーニはルートに取り付いた。それまでの挑戦をことごとくはねつけてきたこの岩壁も、カシンが巧みな技でデリケートなトラバースをこなし、核心部のピッチを越えたので、初登攀を許すことになった。

これについでアルプスでいくつもの成功をおさめたのち、カシンはもっと大規模な登山に転じようとしたが、人と相容れない個性がときどき妨げになった。カシンが一九五四年のK2イタリア遠征隊からはずされたのは健康上の理由といわれているが、その強い個性のせいだというのが真相に近いらしい。冷遇にもめげず、一九五八年、イタリア隊を率いてガッシャブルム4峰に向かい、まだまだ引退するつもりはないことを示した。この遠征ではヴァルテル・ボナッティとカルロ・マウリが山頂に達した。

この登山で経歴をしめくくることもできたのに、カシンは終わりにしなかった。一九六一年、若いイタリア人クライマーのチームを率いて、今日ではクラシックな腕試しルートのひとつになっているアラスカのマッキンリーのカシン稜〔南壁中央稜。彼の初登後、その名を冠してこう呼ばれるようになった〕へ向かった。登攀中は終始風に襲われたが、カシンの不屈の意志が勝ち、七月半ばに山頂に達した。しかし天候が悪化し、壮烈な下降を経験しなければならなかった。チームのメンバー数人は凍傷にかかったが、全員なんとか山を下りることができた。

それでもなお引退を納得せず、一九六九年、カシンは新しい極限のルートを求めて南アメリカをめざした。遠征隊長の役に味をしめたカシンは、別の若いクライマーのグループを引き連れてペルー・アンデスのヒリシャンカ西壁に挑んだ。この神経にさわる氷壁の登攀はカシンの冒険欲をしばらくの間満足させてくれた。

一九七五年、カシンは彼の経歴中で最も野心的な目標といっていいローツェの巨大な南壁に着手した。そのために、ラインホルト・メスナーという若いクライマーを含むすばらしいチームを結成した。初めのうち遠征は順調に進んだが、二つの大雪崩がベースキャンプを直撃し、ポーターとクライマーを数人負傷させ、テントと補給物資に大損害を与えた。カシンは遠征を断念するほかなかった。生涯で初めて山は彼に下山を強要したのだった。

この遠征のあと、カシンは極限の登攀から身を引いた。クライミングをやめたわけではない。貪欲さを控えたのだ。そして家族のためと、ピトンやクランポン、アイスアックスなどの用具を作る自分の小さな工場の監督に時間を割くようになった。

カシンと妻のイルマは一九四〇年に結婚し、息子が三人、孫が数人いる。現在、カシン夫妻はレッコの上の丘陵地帯に住み、グリーニャの堂々たる石灰岩の岩塔の下に建つシャレーで暮らしている。インタビューは真夏のある気持ちのよい夕方、そのシャレーで行われた。友人であり、隣人でもあるミレッラ・テンデリーニが同席し、通訳してくれた。カシンは背は高くはないが、堂々たる風采の人である。その長い腕は筋肉で盛り上がり、澄んだ青い目は鋭い、有能な知性に輝いている。何かを主張するときには大きな角張ったあごが力強く、果断に動いた。八十五歳という年齢にもかかわらず、カシンはまだ自然現象のようなエネルギーとダイナミズムを保っていた。

**——危険を冒すことは好きですか。**

危険とされていることをするのは好きだが、私は技術を身につけ、準備を整えてその危険に打ち勝つのだ。計算したうえで危険を冒すわけだ。そうすれば、どんなに難しいクライミングだって散歩よりも危険じゃないさ。

**——危険は山に登る理由のひとつですか。**

いいや、危険だけが理由ではない。クライミングはスポーツだからだ。ランニング、バスケットボール、スキー、ボクシング、私はスポーツならなんでも好きだ。私が本当に好きなのは、スポーツと競争だと思う。クライミングには競争はないという人がいるが、もちろんある。ほかのクライマーとの競争はなくても、いつも自分自身との猛烈な競争がある。

**——クライミングとほかのスポーツとの違いはどこですか。**

クライミングにはほかのスポーツより冒険が多いし、クライミングで自分自身と競争するのはほかの選手と競うより胸が躍るよ。

**——でも、ボクシングのようなほかのスポーツでなく、クライミングを選んだのはなぜで**

**すか。**

ボクシングよりずっと心に訴えるものがあるからクライミングを選んだのだ。ボクシングをやっていたときは五十試合に出て、イタリア選手権に手が届くところまで行った。そのときトレーナーが言ったんだ。「どちらかひとつにしろ」ってね。ボクシングとクライミングはまったく違うもので、トレーニングでもまったく違うことをやらなければならない。登山には着実な、長時間にわたる努力が要るが、ボクシングにはスピードが要求される。それぞれに必要なトレーニングは両立しないのだ。私は山登りのほうがずっと好きなので、ボクシングはあきらめた。

クライミングはいつも楽しめた。私は石灰岩の登攀を好んだが、ドロミテの石灰岩を登るのはほかの岩や氷の登攀よりずっと優雅で技術が要ったし、安全でもあったからだ。でも、原則として私はどんな種類のクライミングでも楽しんでいる。クライミングだけが好きなのではない。犬を連れて山を長時間歩くのも大好きだ。私は山の何もかもが好きなのだ。

**――クライミングに夢中になったのは、どういうきっかけからですか。**

私が生まれたのはイタリア北東部のフリウリ地方で、高くそびえる山々をいつも眺めていた。一九二六年にレッコへ働きにいったが、レッコに着くなり、仕事を見つけてくれた友人がコモ湖へ連れていってくれた。あんなに大きな湖は見たことがなかったので、海だと思った。「きれいだなあ、ここは天国だ」と言って湖に惚れ込んでしまい、そこに住むことに決めた。

レッコでは石工の徒弟として働いたが、最初の週末に友人たちとモンテ・レゼゴーネへ行った。二週間後、初めてグリーニャへ行ったが、それからは週末になると山へ行った。最初はクライミングでなく、観光客として歩きまわっていた。

十八歳のときに岩登りをはじめた。セガンティーニ稜を登ったが、とても易しいにしても空中にむき出しになるんだ。少しめまいがしたので、自分に言い聞かせた。「おい、カシン、これはお前のやるスポーツじゃないよ」

だが、次の週末には五十メートルの岩壁がいくつもあるアンジェリーナ岩塔群へ出かけた。持っていったのは五十メートルのロープだけだった。八人で行ったので全員に行きわたらず、結んではほどき、ほどいては結ばなければならなかった。二ピッチ目で仲間のボガ〈マリオ・デロッロ〉がルートをはずしてしまい、「どう行けばいいのかわからない」と言うので、私は「待ってろ、そこへ行くから」とロープをほどいて登り、正しいルートに戻してやった。難しいところに来ると私がボガの肩に乗って登り、登り切るとベルトをはずして彼が登るのを助けてやった。あのころはそうやって登っていたんだ。

苦労して登った難しいところを、ボガはうまく下ることができた。ほかの連中も登ってくることはできたが、アンジェリーナを下山するには二ピッチ下らなければならず、第一ピッチと第二ピッチの間には人がひとり立てるだけの小さな岩棚しかなかった。その岩棚になんとか確保して立ち、私が最後に下ったが、懸垂下降はしなかった。そのころはまだ知らなかったのだ。のちにコミチがグリーニャに来てから、私たちは懸垂下降技術をちゃんとやれるようになった。当時はロープにつかまって降りていくだけだった。でも、なんとか全員を無事に下ろすことができた。

しかし、こんなやり方は賢い登り方ではないことがわかった。私たちは二人ずつのチームに分かれることにした。ロープが二本しかなかったので、交代で使うことにした。私はボガと組んだが、短い間にグリーニャの岩塔をみな登ってしまった。

一九三二年に友人とコルナ・ディ・メダーレ〔南々東壁〕を登りにいった。難しくてデリケートなトラバースをしているとき、石が頭の上に落ちてきて転び、膝に軽い怪我をした。三週間後に回復すると私はボガとメダーレへ出かけ、登り切ってきた。

それ以来、私は事前の試登なしの初登攀ばかりやってきた。私のルールは一回の挑戦で成功することだった。初登頂、初登攀に出かければ、私か、チームのだれかが必ず頂上に立った。唯一成功しなかったのは一九七五年のローツェだが、私の生涯ではこの一度だけだった。

**――初登攀では、どのようなルートを探したのですか。**

たいていは双眼鏡を使って、いちばん筋道の立つ正しいルートを選んだ。間違いはほとんどなかった。いちばん筋道の立つ線をたどることは自然なのだ。

あるルートを再登するときは、説明どおりに登ろうとするのだが、いつもいくつか間違いを犯してしまう。そこで唯一の方法は、ガイドブックをルックサックにしまって、あとは直感で登るんだ。そうやっていつも正しいルートを見つけることができた。

私たちはひとつの岩壁に一本のルートをつけることにしか関心がなかった。ある岩壁が登られてしまえば、私もたいていのクライマーも関心をなくしてしまった。すでに登られたルートのある岩壁に、もっと難しいルートを探しにいくようになったのはずっとあとのことだ。

**——人工的なエイドを使ったために非難されましたか。**

おおいに非難された。手厳しくやられた。でも実際には、私が五十本のピトンを使ったルートで、ほかの人たちは七十本使っていた。だから私はほかのクライマーより少ないエイドで登ったことになる。

**——フリークライミングの偉大な主唱者、パウル・プロイスの考えに同意しますか。**

もちろんだとも。偉大なクライマーとして尊敬していた。しかし彼は〔登攀中に〕死んでしまったので、彼の考えは生命の支持を受けていない、と言わなければならない。命を失うより一本のピトンを使うほうがはるかによいというのが私の持論だ。

チマ・グランデのコミチ・ルートを登りにいったとき、当時の大クライマーだったラファエーレ・カルレッソとハンス・フィナッツァーに会ったことがある。あちらは二人、こちらは三人だったので、彼らのほうが速いだろうからお先にどうぞと言った。しかし彼らの登り方は遅く、私はすぐ後ろでリードしていった。ちょいちょい彼らが登るのを待たなければならなかったので、私は暇つぶしにピトンを抜いていた。このルートには多すぎると思ったのでね。

**——ピッツ・バディレ北東壁はこれまででいちばん難しいクライミングでしたか。**

いや、いちばん難しいものではなかったが、最もドラマチックな登攀のひとつだった。二人のクライマー〔マリオ・マルテーニとジュゼッペ・ヴァルゼッキ〕に出会うという不幸があったからね。私たちが取り付いたとき、二人はもうルートを登っていて、しかもかなり疲れていた。あとで思ったことだが、二人が私たちに合流するのを承知すべきではなかった。断っていたら彼らはおそらく下山して、今でも生きていられただろう〔二人は疲労凍死した〕。かくしてすばらしい登攀は悲劇に一変してしまった。あれは私といっしょにいた人間が死んだ唯一の例だが、それもルート上で偶然出会った人たちだった。私はパートナーを死なせて帰ってきたことはないんだよ。

**——二人の死でクライミングの価値を疑いましたか。**

そういう気持ちにもなったが、彼らはあれだけ難しいクライミングをする立場になかったから死んだのだと言わねばなるまい。彼らはまだ準備ができていなかったのだ。

**――初登攀するまではウォーカー側稜で大勢の人が張り合っていたのですか。**

みんながね。だが、ウォーカー側稜をねらっていたのはほとんどが西部アルプスの人たちで、私以外のだれもが登れなかったピッチは、ドロミテのクライミングを専門にしている者のためにあるようなものだった。難関のピッチは二十メートルにわたってまったくプロテクションのとれないトラバースだった。そこに着いてみると、クラックの基部に数本のマッチとたばこの吸殻が落ちていた。「おやおや、もうだれかがやってしまったな」と思った。だれもそこを越えられなかったことは、あとで知った。プロテクションなしであのクラックを登るのはとても怖いからね。

私はクラックを最後まで登り、オーバーハングした氷のピッチも越えた。その後、氷が崩れて、このピッチは前より易しくなった。第二登は十年後だったが、そのときはクラックを通らずにまっすぐ登っている。これはオーバーハングした氷が崩れなければ不可能なルートだ。私の知るかぎり、あのクラックを登った者はその後もいないことになる。

**――ウォーカー側稜初登攀の背後には国家主義の力が強く働いていましたか。**

私は反独感情が強かったから、クライミングでもいつもドイツ人と競っていた。わかってほしいのは私はフリウリ出身で、この地方は長い間オーストリアの支配下にあったということだ。私たちは親伊反独感情のもとで育った。ドイツ語を話す人はみな同じに思えたし、ドイツ人に気を許さないのが伝統だったからね。

これはまた第二次世界大戦中、ドイツと戦う決心を固めるのに大きく働いている。戦争の初期は、イタリア人ならみなそうであったように、私もファシスト党のメンバーだったが、政治には興味がなかったので、どういう情勢になっているのかまるでわからなかった。だが一九三九年にイタリアがドイツ側について参戦したとき、私は強く反対して党員章を破り捨て、ドイツ軍に抵抗して組織されはじめていたパルチザンに加わった。

**——それは非常に危険なことではなかったのですか。**

そうだ。危険なのは私だけではなくて、家族や周囲の人たちもそうだった。私は武器や弾薬を家に隠していたから、ドイツ人が見つけたらみなが危ない目に遭っていただろう。でも戦争中の生活はどちらにしろ危険だらけなものだ。パルチザンに加わってまもなく、私はリーダーになったので、あらゆる危険を負わなければならなかった。アメリカ人が弾薬や食糧、衣類を九回、グリーニャ山中に空中投下してくれた。私のグループがその物資を回収して隠したんだ。

**——それは戦局に影響をもたらしましたか。**

したとも。ドイツ人とイタリアのファシストは私たちと戦っている間、イタリア南部から攻め上ってくる連合軍に集中できなかったからね。

**——もともと指導者のタイプだと思いますか。**

うん。望もうと望むまいと、助言が欲しいとか決断してもらいたいと言って人がよくやってきた。戦争中は兵役につかなかったのに、いつの間にかパルチザンのグループの指揮官になっていた。

**――遠征隊の隊長役は楽しめましたか。**

私は隊の一員でいるほうが好きなのだが、ちょいちょい頼まれるので隊長を引き受けたんだ。義務を果たしただけさ。

**――隊長自ら手本を示したのですか。**

ああ、率先して手本を見せるのがいいと信じている。結果を出したければ、口だけじゃなくて自らやらなければいけない。ガッシャブルム4峰では八日間、ポーターより重い荷物を背負って毎日何往復もした。私が率先してやったので、隊員たちも同じようにやらざるを得なかった。ポーターにも他の連中にもよいお手本を示したというわけだ。

**――ガッシャブルム4峰遠征隊のクライマーはどのようにして選んだのですか。**

みな私の知っている連中だが、当時最高のクライマーだった。ガッシャブルム4峰のわがチームはすばらしいというほかなかった。ヴァルテル・ボナッティ、カルロ・マウリ、とりわけベピ・デ・フランチェスク。実に骨惜しみしない連中で、ポーターが上がれなくなった地点から上部では自ら荷上げしてくれた。

何度も登り下りした末、第四キャンプに着いたとき、私は気分が悪くなってしまった。チームのドクターは、「これ以上は無理だ。山を下りて、もう上がってきてはいけない」

と言った。私は下ったが、気分がよくなったのでまた登っていった。ひとりで、うんうんいいながら七五〇〇メートルに達してしまった。山頂まであと四五〇メートルしかないとわかったが、頭上にはオーバーハングしたピッチが待ち構えていた。ピトンとハンマーを翌日使う場所に残して、その日は下りた。だが残念ながらモンスーンが来て、私が登る機会はなくなってしまった〔結局ボナッティとマウリが初登頂した〕。

**――アルプスのクライミングからヒマラヤに移るのは難しかったですか。**

高さを除けばまったく同じだ。高所順応には時間がかかる。六五〇〇メートル以上ではとどまって慣れようとしてもご利益はないから、うんと速く登ることが大切だ。とどまっていても慣れるどころか、病気になってしまう。できるのは速く登ることしかない。経験を積んだクライマーはそれを知っているから、この高度より上ではすばやく行動しようと努める。酸素ボンベを使えば別だ。あれは人工的高所順応だ。

**――いちばん誇りに思うのはどのクライミングですか。**

全部だね。だが、いちばん楽しかったのはマッキンリーだ。すばらしい若者グループで、私はみんなの父親であり母親だった。実にすばらしかった。

**――マッキンリーでは南壁でなく、リッジを登ったのはなぜですか。**

あの側稜が最も理にかなったルートだった。マッキンリーを詳細に研究し、上空を飛んでみて、あのリッジが頂上にいたる最も美しいルートであることを発見したのだ。

**――美しいからルートに選んだのですか。**

そうだ。高度とルートの状態のせいで難しくはあるけれど、今でもマッキンリーで最も美しいルートとされている。だれでも登りたくなるルートだよ。

**――あのリッジをエクスペディション・スタイル〈攻囲法〉でなくアルパインスタイルで登りたいという誘惑にかられませんでしたか。**

いや、当時、あのようなルートをアルパインスタイルで登ろうと考える者はいなかった。

**――エクスペディション・スタイルの登山の長所は何ですか。**

より安全なことだ。それに、難しさの評価がしやすい。ルート工作をしてから登ることができる。マッキンリーではアルパインスタイルでやるにはパーティが大きすぎた。アルパインスタイルで登るなら三、四人以下でなければだめだ。

**――エクスペディション登山は過去のものになりましたか。**

いろいろな意味でたいへんな進歩があったから、昔、私がやったような遠征は今では意味がない。ガッシャブルム4峰をめざしてバルトロ氷河を進むときはスカルドから出発しなければならなかったので、ポーターが五百人要った。今ならもっと高いところまで〈アスコーレまで〉道路があるがね。装備も食糧も当時はもっと重かった。そのころは一日あたり二キロの食糧を運ばなければならなかった。今の食糧はずっと軽くなっている。現代のクライマーははるかに用意が整っているから、アルパインスタイルで行けるよ。小グループのクライマーが自分たちだけの小さな遠征隊を組めるんだ。多人数の大遠征隊は必要ない。

**――エクスペディション・タイプの登山が直面する問題は何ですか。**

大遠征隊の抱えている主な問題は、性格も信条もまちまちな大勢の人間を抱えていることだ。私の経験では、これがいちばん難しい問題だ。ガッシャブルム4峰は九人だったが、ローツェでは十三人だった。幸い私には工場のマネージャーだった経験があって工員を扱うのに慣れていたので、怒鳴りつけなければならない者もいれば、やさしくしてやらなければいけない者もいることはわかっていた。まったくのところ、個性のぶつかり合いは大遠征隊の最も難しい問題だ。

**――一九七五年のローツェ南壁挑戦は時代に先駆けていたと思いますか。**

明らかに先駆けていたね。一九八一年に二十二人編成のユーゴスラヴィア隊がやってだめだったことを考えてみるといい。七五年に私たちといっしょに行ったメスナーでさえ、一九八九年にもう一度出かけたときは私たちの最高到達地点より上には行けなかった。トモ・チェセンが初登攀に成功したのは一九九〇年になってからだ。

**――ローツェで敗北と認めるのは難しい判断でしたか。**

うん、難しかった。でも、ほかにはどうすることもできなかったので、引き返さなければならなかった。雪崩が二つもベースキャンプを襲ったからね。だれかの命を危険にさらすよりは、あきらめるほうがましだった。

私の登山人生は幸運だった。ねらった山の頂上には私かチームのだれかが必ず登ったからね。唯一の不成功はローツェだが、もちろんがっかりしたよ。

**――それは心理的な打撃でしたか。**

敗北を受け入れるのはいつも難しいことだが、受け入れなければならなかったし、私は受け入れた。

**――あなたは運命論者ですか。**

いや、運命論者ではないが、運命があることは信じている。でも、それは自分の心の中にあるんだ。

**――では、運命を操れるのですか。**

そう、自分で操れる運命がある。幸運なんかがそれだ。幸運といったものがあって、それが手の届くところにあるときは、しっかりつかまえるべきだ。人生でも山登りでも幸運は必要で、それをつかむにはすばやくやらなければいけない。

**――強い意志も同じように必要ですね。**

強い意志は成功の原動力だが、それを持っている人もいれば持っていない人もいる。強い意志があれば犠牲を耐え忍ぶことができる。強い意志があれば仕事にも難しい役目にも楽しみを見つけることができる。仕事にも犠牲にも楽しみはあるもので、それがあればこそ努力して完成させることができるのだ。

**——そういうことを体験したのですか。**

そうだ。私には強い意志があるし、それに大きな価値を認めているので、人生を初めからやりなおさなければならないとしたら、喜んでやりなおすよ。カナダの鉱山で死んだ移民の子で、とても貧しい家に生まれたのだがね。ただし、ただひとつ、強い意志という資質をいただけるならという条件つきだ。

**——あなたは頑固な人間ですか。**

うん、意志力は強い。それは認めるよ。競争が好きなのも確かだ。競争相手がいないときは自分自身と競争しているからね。人生はある程度競争だというのが私の意見だ。あとは自分に特別なものが備わっているとは思わないね。ほかの人と同じ普通の人間だと思っている。

**——その頑固さでもう一度ローツェへ行こうとしたのですか。**

うん。だが登山許可をとるのも資金を集めるのも難しかった。そのために行けなくなってしまった。私は六十六歳になっていたし、もう遠征には行かないことにしたんだ。

**——トモ・チェセンのローツェ南壁登攀をどう思いますか。**

非凡なことだ。あのような登攀は山登りに完全に打ち込んでいる者にしかできない。トモはまた非常にレベルの高いフリークライマーでありアイスクライマーだ。よく調子を整えているし、とても高いレベルのクライミングをする。

イェジ・ククチカも非凡な登山家だが、トモ・チェセンほどの腕前のフリークライマーではないから、トモがやったようなことはできなかった。力強くて、果断で、登山家としてよい資質を備えていたが、トモと違って偉大なフリークライマーではなかった。

**――トモ・チェセンのローツェ南壁登攀でいちばん感銘したのはどういう点ですか。**

非常に危険な壁だから、夜に登ったのは賢明なアイデアだった。私はローツェを歩く山と呼んだが、雪が降っているときは実際に山が動くのが見えるんだ。昼間登ったら氷や石が落ちてくるのは避けられるもんじゃない。

トモは聡明な男で、一九八一年にユーゴスラヴィア隊が挑戦したルートを研究した。遠征隊の日記を手に入れて詳細に調べあげ、技術面、運動面、心理面、それに歴史の面からも周到に準備を整えた。登るための動作のひとつひとつ、下降するための動作のひとつひとつを頭に入れた。そうしたうえで、南壁そのものを登った。ほかの隊はローツェ・シャールの方向に向かって登り、それから縦走するルートをとっていた。

**――将来はトモがやったようなクライミングになるのでしょうか。**

私の知るかぎり、あれほど難しい未登の壁はほかにない。あるとすればマカルー西壁かな。でも、ローツェ南壁がとても危険なのに反してマカルー西壁は安全だ。

**――クライミングの技術と装備は大きく変わりましたか。**

うん、たいへんな変わりようだ。それは簡単にわかる。昔は自転車に乗っていたのが、今じゃ月に行けるんだから。登山でも同じことだ。登山技術と科学技術のおかげで、クライマーたちはたいへんな進歩を遂げた。装備がよくなったので、クライミングは前より安全で易しくなった。昔の装備はかさばって重かったね。ピトンなんか五百グラムもあって、小さなクラックには入らなかった。今のピトンにはいろいろな形と寸法があって、おかげでクライミングは以前よりはるかに容易になっている。

私が登りはじめたとき、山に登るのは生来のものと思っていたが、今はクライミングがおおいに進歩したので、当時より易しく登れる。靴も用具もよくなったし知識も進んだので、六十年前はとても難しかったところが、八十歳を越えた今の私でも易しく登れるくらいだ。

**——今日のクライマーは先輩たちよりもうまくなっていますか。**

技術はずっと洗練されて、前より難しいクライミングでもやってのける。でも、それは登攀技術と科学技術のおかげだ。昔とは比較できないよ。

**——用具や技術が変わっても、クライミングには変わらぬ原則というものがありますか。**

基本的には昔も今も同じだと思う。クライマーを山に引きつけるのは冒険だ。そして冒険は各人の期待に比例するので、いろいろな種類の冒険がある。ある人にとって冒険とはヒマラヤの難しいクライミングだし、ある人にはグリーニャの頂上に登ることだ。そうやって各人が自分の冒険を見つけるのだが、その誘因はいつも新しい冒険を求めているからだ。つまるところ常に興奮を求め、冒険を求めているということになる。

**――クライミング・コンペティションはクライミングをどう変えたでしょうか。**

コンペティションはクライミングの一面にすぎない。コンペティション・クライミングはクライミングのすべてではなく、単なる競技スポーツだ。もちろんクライミングのレベルを引き上げているし、コンペティション・クライミングをする人たちは本物のクライミングや山登りをする備えを積んでいく。今日のクライマーたちはよく練習しているから、以前より高いレベルの登攀を見せるのは当然だし、そう期待されてもいる。

私たちも若いときにはよく練習をした。グリーニャの一角にある〔コルノ・デル・〕ニッビオに行って、岩山を登って練習した。だから昔と今はつながっていて、事はあまり変わっていないわけだ。私が二十歳だったらコンペティション・クライミングをやっているだろうね。

**――山に向かう姿勢は、このところ変化しましたか。**

前より柔らかくなった。技術と経験のおかげで若いときより山に登るのが易しくなったし、苦痛も減ってきたからだ。今、私はセカンドで登っているが、若いときほど骨が折れない。私の大きな悩みは膝で、以前のように動いてくれないのだ。でも幸い腕にはまだたっぷり力が残っているので、やっていけるよ。

クライミングと他のスポーツとの違いは、他のスポーツではある時点で肉体の能力が衰えると、普通はそのスポーツをあきらめて、人生から大切なものが奪われてしまうのに、クライミングにはつづけていく可能性がいつもあるということだ。やれることは減っても十分に楽しむことができるから、五十歳、六十歳、八十歳になっても山登りに行けるのだ。

**――なぜ山に登りつづけるのですか。**

〔笑い〕好きだからだよ。もう年だから以前やったようなことはできない。もっと低いレベルで登らなければならないけれど、それで満足している。好きだから登るのさ。満足できる方法で登れなくなっても、山でほかのことをすることができる。

一所懸命働けば健康でいられると思う。私は朝起きたときに、今日は何をしようかと考えるのが好きだ。それはいつも運動になるような、何か力の要ること、一所懸命やることになってしまう。私は働くのを楽しみ、骨の折れる運動を楽しんでいる。疲れて帰ってくるのは幸せなことだ。

**――あなたの最後の大登攀はどれでしたか。**

一九八七年〔自身の初登から五十年後〕のピッツ・バディレだ。その翌年にはウォーカー側稜に行く準備をすませ、体もできていた。ところが現地に着いたら病気になってしまい、あきらめざるを得なかった。その後もいくつかのクライミングをしたが、膝のせいであのときのレベルには及ばなくなった。

**——すばらしい健康と長寿は何のおかげでしょう。**

よく体を動かして、酒をあまり飲まないことだ。食べすぎないこと、体調をよく保つことだ。

**——将来、どういう計画がありますか。**

八十五歳にもなって、特に計画なんてないよ。でも、まだ山に登るつもりでいる。

# エドマンド・ヒラリー卿

Sir Edmund Hillary

若いころ尊敬していた英雄たちは、普通の人の理解を超えた能力と美徳を備えているように見えた。見習いたいという気持ちは強かったが、どうやってもそんな高い水準に達することはできなかった。危険に瀕すれば心は恐怖でいっぱいになり、英雄並みの勇気をふるいおこすのは困難なことだと悟った……ある意味で恐怖は友になった——そのときは恐怖を憎んだが、恐怖は挑戦に風味を加え、征服に満足感を添えてくれた。私は成功を手に入れてほどほどに安らかさと落ち着きを身につけた人たちをうらやましく思った——私ときたらいつも落ち着かず、人生は退屈との絶えざる闘いだった。しかし報いは大きかった——確かにもったいないほどだ。私は世界を自分の不格好な登山靴の下に踏みつけ、暗い南極の冬が終わって地平線に滑り出す赤い太陽を見た。興奮、美、笑い、友情を身に余るほど与えられた。

エドマンド・ヒラリー卿『冒険なければ勝利なし』

一九五三年、エドマンド・ヒラリー卿はエヴェレストに初登頂して登山史上の最大懸案を解決し、世界で最も有名なクライマーになった。ニュージーランドの田舎出の社交べたなこの養蜂家は、趣味として登山をはじめたのだが、一夜明けると突然、大評判になっていた。ヒラリーは世間の詮索好きな視線を浴びても萎縮することなく、注目されながらもいっそう大きな人物になっていった。その知名度を利用して、その後の冒険行の資金を調達したばかりでなく、ネパールのソル・クーンブ地方に建設する学校や病院、その他の開発プロジェクトに資金を出した。謙虚で気取りのない青年はたちまちのうちに二十世紀で一流の冒険家になり、ついには尊敬のあまり神話的な存在になっていった。

青年時代のヒラリーは大冒険の本を読み、夢見ることが好きだった。十六歳の冬休みにニュージーランドのマウント・ルアペフで過ごしたときが人生の転機だった。そこでスキーを覚え、雪の斜面をよじ登り、冷たく、すがすがしい山の空気に酔いしれた。この旅行で彼は山での冒険欲に目覚めたが、それは終生消えていない。

第二次世界大戦中はカタリナ飛行艇の航法士を務めたのち、ニュージーランドで養蜂を営む父親のもとに戻ったが、暇があれば地元の丘陵地帯を歩きまわっていた。一九四七年、ニュージーランドのすぐれたクライマー、ハリー・エアーズと出会い、二人でチームを組んで、一九四八年のマウント・クック南稜初登をはじめニュージーランド南アルプスで多くの登攀を行った。

ニュージーランドの雪と氷のクライミングで見習い期間を終えたヒラリーは新たな方向に進んでいった。一九五〇年、ヨーロッパに行ってユングフラウ、モンテ・ローザのほか、中程度の難しさの山をいくつか登った。一九五一年、ヒラリーとジョージ・ロウ、アール・リディフォード、エド・コッターはガルワール・ヒマラヤのムクト・パルバット（七二四二メートル）ほかの初登頂をやってのけ、新天地を開いた。有名な英国の探検家エリック・シプトンはこの遠征の成果を耳にすると、一九五一年のエヴェレスト踏査行にヒラリーとリディフォードを招いた。

このエヴェレスト踏査は、ヒラリーにとっていろいろな意味で非常に重要なものになった。遠征中、彼はクライマーとしての本領を発揮した。高所順応が早いばかりか、体調が良好でスタミナのあるところを見せた。こうした資質を買われてシプトンのクライミング・パートナーになり、エヴェレスト南東稜をよく観察するため彼に同行してプモ・リの中腹まで登った。そこから彼らは、危険なクーンブ・アイスフォールを抜けてウェスタン・クウムを登り、サウス・コルから南東稜沿いに山頂に達するルートを見つけ、これが登頂可能なルートだと確信して下りてきた。

二年後の一九五三年、ヒラリーは英国エヴェレスト遠征隊の一員としてこのルートに挑むため戻ってきた。エヴェレスト委員会は計画が進捗しないことを言い立てて即座にシプトンを首にしたので、英国陸軍大佐ジョン・ハントが遠征隊を率いていた。隊長の変更を命じたエヴェレスト委員会に対する悪感情があったにもかかわらず、遠征隊は天性の優秀な指導者であることを証明したハントを中心に結束した。ハントは遠征を円滑に能率よく進め、山頂征服をめざして人員と資材を配置した。チャールズ・エヴァンズとトム・ボーディロンが第一隊として八七五四メートルまで登って引き返してきたあと、ヒラリーとシェルパのテンジン・ノルゲイが第二隊に選ばれた。一九五三年五月二十九日、長くて骨の折れる南東稜を登った二人は山頂（八八四八メートル）に達し、世界の最高地点に立った最初の人間になったのだった。

この登攀が巻き起こした大騒ぎがおさまると（英女王はこの業績によりヒラリーとハントをナイトに叙した）、ヒラリーはまた山登りをつづけ、新たな冒険に向かった。一九五八年には遠征隊を率いて南極大陸を横断し、南極点に達した。一九五九年には雪男捜索隊を組織したが、その存在を信じさせるに足る有力な物的証拠はあまり得られなかった。一九六一年には（八四六三メートルの）マカルー無酸素遠征隊の隊長を務め、ピーター・マルグルーが山頂まで二五〇〇メートルの地点に到達した。一九六三年にはチームを率いてカンテガ（六七九九メートル）に登った。翌年、やはり彼の率いるチームはタムセルク（六六二三メートル）に登った。一九七七年には、インドの最も長く最も聖なる川ガンジスをジェットボートでさかのぼった。

ヒラリーはあいかわらず探検や冒険にかかわっているが、近年はシェルパ族やそのほかのヒマラヤ山岳民族の境遇改善に多くの時間を捧げてきた。一九六一年にはソル・クーンブ地方のクムジュンに学校を建てるための資金を集めた。するとすぐにほかのシェルパ部族が同じように学校、病院、道路、橋、その他の改善事業を求めてきた。ヒラリーはニュージーランド、合衆国、カナダ、その他の国々を講演してまわり、そうした事業に資金援助をした。一九六二年、彼は集めた資金の分配と諸事業の監督のためヒマラヤン・トラストを設立した。

年月の経過とともにトラストの役割は大きくなり、変化した。近年はヒマラヤを訪れるクライマーやトレッカーの増加によってもたらされる森林伐採などの問題に取り組んでいる。たきぎ用にますます大量の樹木が切り倒され、あちこちの山腹が侵食されて荒廃してしまった。それを防ぐためにトラストはソル・クーンブの大部分を含むサガルマータ国立公園の設立に力を貸した。この公園内では、たきぎのために木を切り倒すのは禁じられている。トレッカーやクライマーは料理に灯油その他の燃料を使うよう要請されている。公園は積極的な植林計画にも着手した。初めのうちは抵抗するシェルパもいたが、多くのシェルパが自分たちの王と見なしているヒラリーが公園の設立に助力したとあって、支持を得られるようになった。

ヒラリーは一九一九年七月二十日、ニュージーランドのオークランドで生まれ、その南約六十五キロにある小さな田舎町トゥアカウで育った。地元の学校を普通より二年早く十一歳で卒業すると、名門校のオークランド・グラマースクールに進んだ。卒業後、地元の大学で数年学んだが、大学生活に飽きて軍隊に入った。第二次世界大戦後は、クライマー、冒険家として知られるようになるまで父親の養蜂業の手伝いをしていた。エヴェレスト以後は講演をしたり、本を書いたり、アウトドア用品のデザインをしたり、投機ビジネスの経営などで生計を立ててきた。

一九五三年、ルイーズ・ローズと結婚し、ピーター、サラ、ベリンダの三児をもうけたが、妻とベリンダは一九七五年にエヴェレスト山麓のルクラで飛行機事故のために死んだ。一九八九年、ヒラリーは南極の飛行機事故で死んだ親友ピーター・マルグルーの未亡人ジューン・マルグルーと再婚した。二人は現在、オークランドに住んでいる。

インタビューをしたのはインドのニューデリーで、ヒラリーが駐インド高等弁務官として勤めていたニュージーランド高等弁務局であった。ダークスーツにワイシャツ、赤いネクタイという装いは、どこから見ても西洋の外交官だったが、力感あふれる体躯と無骨な頑健さは隠せなかった。手はがっしりと大きく、ふさふさした白髪は乱れ、太い眉毛はぼさぼさしていて、まるで大きな、やさしいライオンのようだった。

ヒラリーは飾り気のない、正直でくだけた物腰で相手を気楽な気分にさせてくれるが、この人物の多面性には感銘を受けざるを得ない。世界最高峰を初登頂したエネルギーと野心、外交官の世界で成功するだけの風采と沈着さ、ソル・クーンブの開発事業のため何百万ドルも集めるのに時間を割くのを惜しまない熱心さと寛大さ、これらすべてを兼ね備えた人が目の前にいるのである。ヒラリーと話していると、彼は単なるクライマーでも外交官でもなく、人類で最も稀な種類——正真正銘の現代の英雄であることがすぐにわかってくる。

——**エヴェレストに登ることは生涯の野望でしたか。**

エヴェレストへの野望をずっと抱いていたとは言えませんね。徐々にふくらんできたのです。最初は初心者として登山をはじめ、やがて有能なクライマーになり、それから初登頂をしたのです。エヴェレストに挑戦する機会が来たとき、これはいいもくろみだと思いました。野望はその人が力をつけるにしたがって育っていくものです。ある目標に達すると、次の目標はもっと難しいものになるのです。

——**いかに多くの人が最初にエヴェレストに登る人間になりたいと思っていたか、驚くほどですね。**

まあね。そう思っていたという人にはしょっちゅう会いますが、たいていの場合、そのためにたいしたことはしていないのです。本当のところは、ただ夢見ていただけですよ。

——**登っているとき、エヴェレストが怖かったですか。**

ええ、怖がるのも事の一部ですからね。山が怖かったことはよくありました。恐怖が刺激になって、ほかの方法では解けない問題を解決してくれることがあります。それに、恐怖感に襲われながら乗り越えなければならない場合は満足感が増します。恐怖に打ち勝ったという満足感がなかったら、やる価値のないクライミングもあります。高所での生活はとてもみじめですから、何か満足させてくれるものが要るのです。

――**初めから成功する自信がありましたか。**

いいえ、計画の当初から成功を確信できるのなら、なぜ実行するのか私にはわかりません。それは目標が自分の能力より低いからでしょう。私は体調を整え、体を強くし、最善をつくす準備はしておきますが、登れるという絶対の確信を持ったことは一度もありません。仮に大きな挑戦目標があって成功するかどうかわからない場合、自分の持てる力を出しきって成功したとすれば、究極の満足感を味わうことができます。

――**エヴェレスト登頂にいたる歩みのそもそもは、どんなでしたか。**

十六歳のとき、ハイスクールのパーティに加わってニュージーランド北島の中ほどにあるオークランドから約三七〇キロ離れたマウント・ルアペフに行きました。季節は冬で、そのとき初めて雪を見ました。スキーをしたり、山に登ったりして、実に楽しかった。十日間過ごしたのですが、それまでで最も心が躍る体験でした。

――**山登りはどのようにして覚えたのですか。**

自分より経験を積んだ人と丘陵地帯のトレッキングをかなりやっていました。そのうちに、ごく易しいクライミングに興味を持つようになったのです。経験を積むにしたがって、より難しいものに手を染めるようになり、だんだん腕が上がってきたのです。

その後ハリー・エアーズと親しくなりました。彼はニュージーランドの最もすぐれたガイドで、私は能力の点でも技術にしても、彼をお手本にしたのです。

**――ほかにも手本にした人がいましたか。**

何といってもエヴェレストの偉人、ジョージ・マロリーです。私を感化してくれました。彼はエヴェレストの存在を世界に知らしめたのです。彼はエヴェレストにとりつかれていました。一九二一年に行った踏査は、それまでに行われたこの種の仕事としては実にりっぱなものでした。

**――あなたは若くして技術的に練達したクライマーになったのですか。**

二十代の初めには、雪と氷のクライミングにかけては、かなりうまくなっていました。マウント・クック南稜初登をはじめ、ニュージーランド南アルプスの雪と氷のルートをたくさん初登攀しました。ニュージーランド登山界の最先端を行く一ダースばかりのクライマーの中に入っていました。

**――若いときの登山はヒマラヤへの準備になりましたか。**

もちろん。特にニュージーランドの山で豊富な経験を積んだおかげで、雪と氷のクライミングを得意とする、かなり有能なオールラウンドの登山家になっていました。ヒマラヤに行ってみて自分にぴったりだと思ったのは、クレバスの技術やアイスフォール、雪崩など、クライミングの性質がとてもよく似ていたからです。

**――初めてヒマラヤに行ったのはいつですか。**

一九五一年、ニュージーランドの小規模で低予算の遠征隊で行きました。個人の経費で行ったので貧乏旅行でした。インドのガルワール・ヒマラヤへ行って、六千メートルを超える山を半ダースほど初登頂しました。当時、その地域には私たちしかいなかったので、とても興奮しました。どの山にも登山者がいなかったのです。

**――ヒマラヤ山脈の印象はどうでしたか。**

まあ、たっぷり楽しみましたね。朝、テントから出て四方の山を見わたしても、みんな未踏なんですよ。「よし、この数日であの山に登ろう」と言ったって、まだだれも登っていないのはわかっているのです。すばらしい時代でしたね。

**――初めてソル・クーンブに行ったのはいつですか。**

一九五一年のエヴェレスト踏査のときです。エリック・シプトンと私でウェスタン・クウムを見るためにプモ・リの途中まで登ったのですが、登頂ルートの可能性を実感したのはそのときの私たちが初めてでした。マロリーはあのルートを認めていなかったし、ティルマンもそうでした。でも、エリック・シプトンと私はプモ・リの南稜に登ってみて、〔クーンブ・〕アイスフォールは危険だが、あのルートはいけると踏んだのです。

**――一九五一年の踏査は招待されて行ったのですか。**

一九三〇年代にシプトンはエヴェレスト踏査の先頭に立っていましたが、そのメンバーにダン・ブライアントというニュージーランド人がいました。シプトンは彼の雪と氷のクライマーとしての能力にとても感心したのです。一九五一年にシプトンは優秀な英国人ロッククライマーからなるチームを選出したのですが、雪と氷に対する腕前にはあまり信を置いていませんでした。私たちのガルワール遠征の話を聞いて、そのときのメンバーから二人――アール・リディフォードと私を招いたのですが、ダン・ブライアントを見てニュージーランド人の印象がよかったことが大きかったようです。

**――シプトンは遠征隊長としてどうでしたか。**

私は彼がとても好きだし、尊敬しています。彼は偉大な探検家ですが、大遠征隊を編成することには関心がありませんでした。その複雑さが嫌いで、小グループを率いて辺地へ向かうほうを好んでいました。ですから彼が大遠征隊の隊長になることに熱心だったとか、特にすぐれた隊長だったとは言いません。

**――あの遠征で、ご自分はどうでしたか。**

よくやったと思います。体調もよく、体がよく動き、高所順応もたいへんうまくいきました。シプトンは私を山仲間にしてくれました。私はおおいに楽しんだし、私たちはすばらしい体験をしました。

**——あの踏査の成功で一九五三年の遠征のお膳立てができたのですか。**

そうです。ほかのスポーツと同じですよ。前にいい成績をおさめた者は、次のときにも招かれるというわけです。

**——シプトンがジョン・ハントと替えられたのはどうしてですか。**

それはまあ、ロンドンのエヴェレスト委員会が遠征計画の進行が遅いと思ったからでしょうね。エリックは大規模な遠征を計画したり組織したりするのを楽しんでやっていませんでしたから、委員会は遠征メンバーの多くが不愉快に思ったにもかかわらず、勝手に交替させてしまったのです。

**——シプトンは失望したでしょう。**

もちろん、とてもがっかりしていました。

**——交替はまずかったと思いましたか。**

ええ、替わりのジョン・ハントは大遠征隊を動かすには確かにずっとすぐれていましたが、もしエリックが隊長だったら、あの遠征はもっと成功するチャンスがあったのにと、つい考えてしまいます。

**——シプトンとくらべて隊長としてのハントはどうでしたか。**

彼は軍人ですよ。戦時中は陸軍の上級将校で、組織力はすぐれていましたが、いばりちらすタイプではありませんでした。いちいち指図することもなかった。わかりきったことですが、遠征隊のメンバーはかなり独立心が強い。ジョン・ハントはそういう連中を扱うのが上手でした。

**――遠征というより軍隊の作戦みたいでしたか。**

いや、そうとは言いませんが、組織は能率よく運営され、おそらくそれまでの遠征隊にくらべてずっと細かいところまで統制されていたでしょう。

**――チームとしては強力でしたか。**

強力でした。団結力も強く、最終目的を達成しようという意気込みがありました。

**――一九五三年の遠征では、なぜエクスペディション・スタイルの戦法をとったのですか。**

あのころは、ぜんぜん違うやり方があるなんて知らなかったのです。それまでの大遠征隊がとってきた方法でやっただけで、アルパインスタイルというのはずっと後になって発達したものです。エクスペディション・スタイルは巨峰に登る方法だったのです。

**――では、クラシックなエクスペディション・スタイルだったのですか。**

そうです。でも実際には小さな遠征隊でした。クライミングメンバーは十人だけで、それにテンジン・ノルゲイを加えて十一人。テンジンはこの遠征ではサーダー〔シェルパ頭〕だったのですが、私たちは彼をクライミングチームのメンバーと見なしたのです。荷を運ぶために二十五人のシェルパがいましたが、その後の遠征隊にくらべれば比較的小規模でした。その後の日本やイタリアの遠征隊にはとてつもなく大規模なものがありますからね。

**――シェルパはかなりの荷を上まで運んだのですか。**

そう、たくさん運びました。しかし、〔クーンブ・〕アイスフォールや高所へ荷上げするポーターには必ず私たちが付き添っていました。シェルパだけにやらせることはありませんでした。いっしょに行く責任、正しく安全なルートを使うのを見届ける責任を感じていました。もちろん今日では、シェルパが荷を全部高いところに運び上げるまでテントから動こうとしない遠征隊員が多いですけどね。

**――テンジンとペアを組んだのはどういういきさつからですか。**

テンジンとはバランスのとれた組み合わせに思えたので、よく考えたうえでチームを組むことに決めたのです。私との共通点がいちばん多かったのは、もうひとりのニュージーランド人であるジョージ・ロウでした。ジョージも適任だったので、私としては彼と登りたかったのですが、二人とも特に雪と氷に経験が深いという理由で、ジョン・ハントは私たちを別々にしておいたのです。テンジンもふさわしい人物だったので、私は彼と組んだのです。私たちはいっしょに登り、互いに非常にうまくいきました。

**――テンジンはどんな人でしたか。**

笑顔がよい、とても楽しい人物でした。彼には頂上に達しようという意欲がありました。これは当時のシェルパとしてはまったく珍しいことでしたし、またすばらしいクライマーでもあったのです。あの遠征隊にはひとりとして大物はいなかったと思います。今日言われるような意味での大物はね——時代がずいぶん変わりましたから。けれども彼は高所順応がよくできており、やる気満々で、しかも実に強かった。

**——テンジンとともに頂上攻撃に選ばれたいきさつはどうでしたか。**

サウス・コルまでのルートと南東稜を登るルートをつけ終わると〈エヴァンズとボーディロンが八七五四メートル地点まで達した〉、私たちはみないったん一日か二日の予定で山を下りました。だれが何をするかということが最終的に決定されたのはそのときでした。その時点ではテンジンと私がいちばん準備の整ったチームだということは疑いありませんでした。それで頂上に挑戦する役目が与えられたのです。

**——英国の遠征隊なのにニュージーランド人が主役になるということに不平は出ませんでしたか。**

そういうことはありませんでした。当時、ニュージーランドは英国ときわめて緊密な関係にあって、私たちはニュージーランド市民であると同時に英国臣民でもあったのです。今では大きく変わってしまいましたが、そのころはまさしくニュージーランド人でありながら自分は英国遠征隊に参加するに足る英国人だという気持ちがありました。

**——最初に頂上に立ったのはあなたでしたか、テンジンでしたか。**

どちらが最初だったかは、まったく取るに足らないことです。チームとしての成果です。

私たちはいっしょに頂上に達しました。

**――頂上ではどんな気持ちがしましたか。**

ある程度の満足感はありましたが、人が考えるほど有頂天にはなりませんでしたね。二人とも疲れていました。私がいちばん興奮したのは、山を下りて役目が終わったときでした。でも、すばらしい山でした。

**――楽しみましたか。**

楽しみましたよ。でも、七六〇〇メートルを超えるともう楽しんでなんかいられませんね。体力も元気も、低いところのようには保てないのです。三、四千メートルのアルプス登山のほうがずっと楽しい。ヨーロッパ・アルプスなら頂上に着いたら岩の上に寝ころがって昼寝することができますが、ヒマラヤではそんな話は聞いたことがない。すぐに下りてきてしまいます。長居しすぎたら下りてこられなくなることがわかっていますからね。

**――あの登頂が世界にどんな影響を及ぼすか、わかっていましたか。**

そういうことはまったく頭にありませんでした。実際、山登りなんかに世間一般は興味がないだろうと思っていました。私はそういうことに少しうとかったのかもしれません。あのような強い衝撃になるとは思ってもみませんでした。

**――エヴェレスト登山によって人生はどう変わりましたか。**

エヴェレストに登ったあとも、反動で無気力になることはありませんでした――あいかわらず登ることに熱中していました。エヴェレストは終わりではなく、まさに始まりでした。エヴェレストに登ってからは、遠征資金の援助が得やすくなりました。宣伝効果があったのですね。

**――その後の遠征ではアルパインスタイルを取り入れたのですか。**

ええ、確かにアマ・ダブラム〔一九六一年〕、カンテガ、タムセルクといった部類の山に登ったときは小人数でした。アマ・ダブラムは四人だけ、タムセルクは六人でした。かなりアルパインスタイルに近いやり方でしたが、今のクライマーのように単独とか二人きりの登攀というところまではいきませんでした。

**――一九六一年のマカルー無酸素登山が最後の本格的登山でしたか。**

いろいろな意味でそうだったと思います。その後もたくさんの遠征の隊長を務めましたが、私自身は登頂していませんから。しかし、そのあとニュージーランドで実に面白い山登りをいくつかしています。

**――酸素なしでマカルーに登るということは当時、野心的な目標でしたか。**

ええ、計画全体がとても広範囲にわたっていて、登山だけでなく高所での生理の研究もありました[1]。マカルーに入るアプローチはとても精力的なコースでした。クーンブから荷物を全部担いで高い峠を二つ越え、バルン谷に入りました。あれ以来、このアプローチをとった者はいません。

**——マカルー遠征はなぜ意義深かったのですか。**

高所生理学に関する非常に広範囲な実験計画があったからです。私たちが実施した計画は、このテーマ〔高所順応〕のその後の研究の基礎になったと思います。

**——いつかはだれかがエヴェレストを無酸素で登ると思いましたか。**

ええ、いずれそうなると思っていました。

**——ラインホルト・メスナーとペーター・ハーベラーが無酸素登頂を達成したとき、どういう気持ちがしましたか。**

称賛の気持ちでいっぱいでした。メスナーとハーベラーが下りてきたとき、私はクンデに登っていく途中でした。あの二人はまさしく適任だったし、とても頑強なチームです。メスナーは当代きっての高所登山家だと思います。彼は驚くべきことをやってきました。極度に技術的なクライミングではもっと達者なクライマーがいるかもしれませんが、高所で非常に高い水準を保って行動することでは、メスナーは別格だと思います。

また、彼が引き返すのを恐れないことに私はいつも感心していました。たとえばローツェに挑戦したときも、ルートの状態が好ましくないと引き返してしまって、翌年に残しています。だからこそ彼は生き残れたのです。

**——あなたのエヴェレスト登頂はメスナーをはじめとする他のクライマーに道を開いたことになりますか。**

ええ、世界の登山界一般にたいへんな刺激を与えたと思います。登山の進歩の速度がそれまでとまったく変わりましたものね。その多くは私たちの登山がよく知られたせいでしょう。登山に対する関心が大幅に広がったことに疑いはなく、その結果、登山自体が大きく前進しました。

**――あなたの時代とくらべて、クライマーの数は著しく増えたでしょうか。**

とても増えました。最近、クーンブに行ってきたのですが、ベースキャンプには遠征隊が八つもいて、同時にエヴェレストに登ろうとしていました。私が登ったときはだれもいませんでした。いろいろな意味で私たちは運がよかったと思います。初期のころで、手をつけていないことがたくさんあったし、遠征隊で込み合うこともありませんでした。

**――当時のソル・クーンブ地方はどうでしたか。**

すばらしかった。美しい所でした。クーンブ谷の灌木はまだ厚く茂っていたし、木も傷めつけられていませんでした。すべてが非常に魅力にあふれていて、土地の人々もまだすれておらず、とても人なつこかった。あそこではすばらしい時を過ごせました。

**――たぶん西洋人にはあまり会ったことがなかったのでしょうね。**

でも、シェルパはもともとよく旅をする人たちで、交易のため特にチベットへ越えたり、インドへ下ったりしていました。外国人を見た者は多かったでしょうが、それは自分の土地以外でですね。

**――あの遠征のとき、地元の人たちはあなたがたをどう扱いましたか。**

シェルパたちはとても友好的で、寛大な態度で私たちに接してくれました。私たちは初めから彼らが気に入っていました。

**――クライマーやトレッカーが入り込みはじめてから、ソル・クーンブはどう変わりましたか。**

地元の人たちの生活水準がとてもよくなりました。ソル・クーンブの家屋は今ではずっと快適になりました。窓にガラスが入っていますからね。雇用も増えました。反面、環境破壊は相当なものです。森林はずいぶん伐採されてしまいました。私たちはクーンブ地方でおおいに植林に努めてきましたが、私が初めて行ったころの森林地帯とはまったく変わってしまいました。

**――現在、人口は増えていますか。**

増えていません。シェルパの人口増加率はそれほど大きくないのです。しかし、山岳地帯からの出稼ぎが増えています。今日ではシェルパはあまり荷物運びをせず、トレッカーやクライマーの世話をする仕事をしています。低地での荷物運びはたいていタマンなど、概してシェルパより貧しい山岳地帯の人々がやっています。

**――学校や病院の建設はシェルパの生活をどのように変えましたか。**

学校についていうと、今は子供たちの大部分が通学しています。学校に行った子供のほうがうまく社会の変化についていけて、ずっとよい仕事につけます。それで、そのへんで日雇いとして働くのはやめて、トレッキング、ホテル、国立公園の運営などに多く従事しています。そうした生活ができるのは学校のおかげです。病気になれば診てくれる病院もあるのです。

**――シェルパたちはそのような変化にうまく適応しましたか。**

しましたよ。彼らは西洋人の遠征隊からあまり好ましくない習慣を学んでしまいましたが、自分たちの風習、習慣もまだしっかりと保っています。経験を積んだシェルパの多くは下のカトマンズに住んでいます。でも、モンスーンの季節になるとみなクーンブに戻ってきて、重要な社会的、宗教的行事に参加しています。ということは、彼らにはいまだに古い習慣との強いつながりがあるのです。彼らは共同体と宗教に驚くほど忠実です。

**――ソル・クーンブの開発にかかわるようになったきっかけは何でしたか。**

私は大勢のシェルパと友達になりました。彼らの家に住んでみて、私たちの社会では当然のこととして受けている教育や医療など、いろいろなものが欠けているのに気づきました。気づいてはいたものの、一九六一年までは実際には何もできませんでした。そのころ私は何人かのシェルパと話をしていて、彼らのために私たちができることがあるだろうかと尋ねたところ、異口同音に、何よりも子供たちが教育を受けられるようにクムジュンに学校が欲しいというのです。それはとてもいい考えに思えたので、合衆国で資金を集め、学校を建てました。そこからすべてがはじまったのです。

するとほかの村も学校や病院などを建ててくれないかと頼んできました。この二十五年の間、そのためにニュージーランド、合衆国、カナダ、その他の国で資金集めにかなりの時間を割いてきました。ロータリークラブ、ライオンズクラブ、学校、晩餐会などで資金集めの講演を数えきれないほどやりました。できることはたいていやったつもりです。かなりつらい仕事でしたが、とてもやりがいのあることでもありました。

**――学校や病院はシェルパの伝統的な文化とうまく調和しましたか。**

調和するように努力しました。地元の人たちと密接に協力してきたので、うまくいっています。相手が順応性のある人たちだったのは運がよかったと思います。カルカッタのスラムのようなところだったら、そこの人たちのために何かするのはとても難しいということはあり得ますが、シェルパといっしょに仕事をするのは大きな満足感が得られるので、私は楽しくやれました。

**――ヒマラヤン・トラストを設けたのはどうしてですか。**

トラストの目的はヒマラヤの山岳民族の助けになるさまざまな活動を支援することです。私は何人かのニュージーランド人と一九六二年にこれを設けました。のちに合衆国とカナダにも基金を設立し、今ではドイツにもひとつあります。現在、大勢の人が組織的に資金集めをしています。

**――ソル・クーンブがかかえている緊急の問題は何ですか。**

何といっても環境問題です。あまりにも多くのトレッカーや観光客、登山家が、あまりにも短期間にこの地域に入ってきました。一九九二年にクーンブ地方を訪れたトレッカーと観光客は一万一〇〇〇人ほどになります。そこに住んでいるシェルパは三千人ですよ。ということは、いろいろな面で地元の人に大きな負担をかけているのです。

**――サガルマータ国立公園が設けられた理由は何ですか。**

観光旅行が盛んになるにつれてますます多くの木が切り倒され、乱伐の被害はひどいものでした。国立公園はそれを管理するために立案されました。初めのうちはシェルパの反対を受けましたが、今では大多数が公園をよいことだとして受け入れています。

**――公園ができてからは問題は軽減されましたか。**

そうです。実質的に助けになっていると思います。公園内では遠征隊がたきぎ用に木を伐るのを禁止しようと努めています。灯油やガスを使うよう義務づけていますが、このルールは必ずしも守られていないようです。とても時間のかかることでしょうが、公園設立は正しい方向に進むための一歩です。

**――植林もしているのですか。**

ヒマラヤン・トラストは長年にわたって植林を実施してきました。毎年、六万本から十万本の苗木を植えています。計画は進めていますが、木は育つまでとても時間がかかりますからね。

**――エヴェレストは二年ほど登山禁止にすべきだと考えますか。**

実際にそうするよう数年前に提案しました。エヴェレストに対してどういう仕打ちをしてしまったかをもっと考えてもらう一手段と思ったからです。いちばん大事なことは、エヴェレストに行く遠征隊が運び上げたごみを責任をもって全部持ち帰るということです。サウス・コルには五、六百本の空の酸素ボンベがあるでしょう。エヴェレストにしろ他の高山にしろ、遠征隊は登頂と同じくらいに山をきれいにすることを計画し、組織し、それにお金を使うべきだと考えます。

**――それを登山許可に組み入れるのですか。**(2)

いや、人々にそうする気持ちがないことにはなかなか難しいことです。きれいになっているかどうかを調べるために、国立公園の係員をサウス・コルまで行かせるわけにはいきませんしね。

**――ソル・クーンブをはじめ世界の山岳地帯の何に引かれるのですか。**

山には美しさ、挑戦してくる感じ、きれいでおいしい空気があります。それに、山にいるときはたいていよい仲間が共にいます。山は精力的な人間にたくさんのものを与えてくれます。

**――だから何年にもわたって山に登りつづけてきたのですか。**

そうです。それに危険も魅力のひとつでした。恐怖には刺激的な要素がありました。恐怖は、私が何かやったときの理由のなかでかなり重要な部分を占めていました。もし何か難しくて危険で、少々恐怖心を抱かせるものに直面しても、辛抱して成し遂げればとても大きな満足感を得られます。

**——山にはまだ登っているのですか。**

あまり登っていませんが。いまだに冒険は楽しんでいますが、以前にくらべればずっとおとなしい冒険です。数年前ですが、ニール・アームストロング〔元宇宙飛行士〕と北極に飛びました。デリーを出たときの気温は摂氏四五度でしたが、北極に着いてみるとマイナス四五度でした。飛行機は雪の上に着陸しました。氷の海に足を踏み出すのはすばらしい経験でした。周囲一面に広がる氷を見て、かなり強い孤独感を感じましたが、同時に冒険心も覚えました。今日では宇宙は大いなる挑戦のひとつですが、地球上にもまだなすべきことがたくさんあります。

**——クライマーに残されている挑戦は何でしょう。**

現代のクライマーたちはますます難しいことを見つけていますね。信じがたいほどの問題に取り組んでいます。昔、私たちがやったことより困難なことをして、そこに挑戦を感じています。しかし、エヴェレストはいまだにたやすい相手ではありません。私たちのルート〔サウス・コル・ルート〕ですら、死ぬ人は後を絶たないのですからね。

**――これまでに見てこられた登山界の変化をどう考えますか。**

いろいろな意味でまったく信じられないような変化があります。装備は非常に洗練され、クライマーも使い方に熟達してきました。ですから、さらに発展はつづくでしょう。極度に難しいところを登るクライマーの能力はますます伸びるでしょう。

**――その中にもまだ冒険があると考えますか。**

そう、しばらくは非常に困難で危険なルートが残っていると思いますよ。そういうルートをこなすには、現代のクライマーのすばやく行動する能力はとても重要です。彼らは昔の私たちよりはるかに速く危険な地域を通り抜けられます。彼らの冒す危険はずっと大きいけれど、速く動くことで危険度を減らしているわけです。

**――もう高山に登れなくなって失望していますか。**

そういうことはありません。爆発的な体力がなくなって肉体的には活気が衰えても、経験や知識によって計画したり指揮したりすることはできます。遠征隊を指揮することは、山頂に立つ人間になるのと同じくらい満足感を与えてくれます。私はまた、シェルパを援助することにも大きな満足を覚えています。それは大きな挑戦です。私にとっていちばん困難なのは資金を集めることですからね。

（1）一九六一年春のマカルー無酸素登山は、前年秋から連続九カ月にわたる大プロジェクトであった。一万九〇〇〇フィート（約五八〇〇メートル）の高所で一隊を越冬させ、十分な高所順応を獲得させてからマカルーに挑もうとしたのである。ミンボー谷の銀の小屋（五七九〇メートル）と緑の小屋（四〇〇〇メートル台）の二カ所を基地に冬を越した一行は、三月にアマ・ダブラム（六八一二メートル）に初登頂、返す刀でマカルーに向かった。しかし、長期間の高所滞在はかえって体力の減退を招き、マカルー登山で実際に活躍したのは、新しくやってきて通常の順応過程を踏んだ隊員たちのほうだった。マカルー登頂に失敗したとはいえ、英国の生理学者グリフィス・ピュー博士をリーダーとする研究チームが収集したおびただしいデータは、高山病と高所順応の研究に重要な貢献をした。

(2) ソル・クーンブ地方の環境汚染に目覚めたネパール政府は、一九九二年秋から登山隊の出すごみの分別処理規定を登山規則に盛り込んだ。各登山隊は所定の金額（エヴェレストは四千ドル）を入山前に供託することが義務づけられ、規定どおりに処理しなかった場合は全額没収されることになった。

# クルト・ディームベルガー

Kurt Diemberger

暗闇、全身をおしつつむ陰鬱、それはK2から生還したあとも長い間つづいた――まるで風が、呪いのように、完全にはおさまりきっていないかのようだった。記憶は途切れ途切れで……幻想だらけだった。英雄的な物語だったが……それも型どおりのものだった。架空の「救助隊」も現れた――実際には自力で下山できない者はひとりとして生き残れなかったのだ。両極端の意見がぶつかり合った。だが、あのときはもう終わった。それは闘いだった。しかし必要だったのだ――真実のために、将来登るすべての人のために。

クルト・ディームベルガー『永遠の結び目』

何年もの間、K2の光り輝くピラミッドはクルト・ディームベルガーの上にずっとそびえ立っていた。遠く、冷たく、彼にとってはどの山よりも美しく、手に入れることのできないもの、永遠の誘惑というべきものの象徴であった。この巨大な黒い水晶のきらきらと輝く断面は、昼は彼を手招きし、夜は彼を悩ませた。登ってみたいという気まぐれが高じて、燃えるような強迫観念になっていった。八千メートル峰をいくつも征服した男、ヒマラヤでアルパインスタイル戦法の先駆けとなった男にとって、八六一一メートルのこの山の頂に立つことは長いこと抱いてきた夢を実現し、長年の輝かしい経歴に華を添えるものであった。数回試みた末、一九八六年の夏にディームベルガーはとうとう夢を現実のものとした。しかし、予想以上の代償を払わなければならなかった。下山の際、パートナーのジュリー・タリスが死に、ディームベルガーはかろうじて生還した。あの運命の夏、全部で十三人のクライマーがK2で死んだが、その多くが彼の友人だった。彼の究極の夢は究極の悪夢となった。

K2に登りたいというディームベルガーの願いをたどると、子供のころにまでさかのぼる。少年時代、彼は生地オーストリアのオーバーズルツバッハタールで水晶を採っていた。石英、緑簾石《りょくれん》、エメラルドなどを探しに遠くまで足を延ばし、いつも山を探り歩いて、山の秘密を知るようになっていった。十六歳のとき、祖父の自転車を借りてザルツブルクの南の山岳地帯ホーエ・タウエルンに行ったことがあった。そこで水晶を探しているうちに、たまたま近くの山頂に登ってしまい、頂上に立ったときの登山家の喜びを初めて味わった。それ以来、クライマーになることが彼の野望になった。

祖父の自転車は新たに発見した情熱を燃やす手段となってくれた。彼はペダルを踏んでアルプス中を走りまわり、田舎を探り歩いたり、マルモラーダやマッターホルンなどの山に登ったりした。こうした登山が彼の野心に油をそそぎ、さらなる冒険に駆り立てた。それからまもなく、彼は友人のエリッヒ・ヴァルタ、ペーター・ハイルマイヤー、ヴォルフガング・シュテファンとモン・ブランのイタリア側からダン・デュ・ジェアンに挑んだ。しかし、頂上はきわめられなかった。半分ほど登ったところで雪の斜面をトラバース中にエリッヒがスリップし、墜死してしまった。この事故はディームベルガーの記憶に深く刻み込まれ、彼をますます用心深い慎重な人間にしたものの、登山をやめさせることはできなかった。そのときから彼は「ヴォルフィ」ことシュテファンとチームを組み、アルプスの難しい北壁の登攀に向かった。

ひとつまたひとつと北壁はこのチームのクランポンとアイスハンマーのもとに陥落していった。一九五〇年代の初めにはダン・デラン、オーバーガーベルホルン、ブライトホルン、リスカム、エギーユ・ブランシュ、グラン・シャルモ、モン・ブランの巨大なブレンヴァ壁などの氷壁に集中的に取り組んだ。五〇年代の中ごろにはミックスのルートに転じ、マッターホルン北壁を登攀して、アルプスで最も偉大な北壁ルートのひとつをものにした。

それからほどなくして、ディームベルガーは登攀不可能とされていたケーニッヒスシュピッツェのオーバーハングした巨大な雪庇、ジャイアント・メレンゲの登攀に成功した。この偉業が知れわたると、一九五七年のブロード・ピーク遠征に参加するアイスクライマーを探していたオーストリアの有名な登山家ヘルマン・ブールの目にとまった。この印象的な登攀によって、ディームベルガーはチームに招かれた。

ブールの計画はブロード・ピークで「ヴェストアルペンシュティル」（西部アルプス・スタイル）戦法による八千メートル峰初登頂を成し遂げることだった。ブール、ディームベルガー、マルクス・シュムック、フリッツ・ヴィンターシュテラーの四人からなる遠征隊は高所ポーターも酸素ボンベも使わずに攻撃を開始した。西稜をじりじりと登っていき、一九五七年六月九日、全員がブロード・ピークの頂上に達した。アルパインスタイルがヒマラヤに到来したのだった。

ブロード・ピークの頂上から、ディームベルガーは初めて肉眼でK２を見た。その黒い側面は周囲の高峰の上に高々とそびえていた。それは彼に深い印象を与えたものの、登りたいとは思わなかった。そう考えるにはあまりにも大きく、近寄りがたかった。むしろ彼はカラコルムを形づくる驚くべき高峰の海のただなかにあって、大きな喜びにひたっていた。清浄な空気に包まれて気分はよく、力があふれてくるような感じがして、彼はいつの日にか戻ってくることを誓った。

翌年、ヨーロッパに戻ったディームベルガーはアルプスに登ったり、映画製作をはじめたりして日々を送っていた。彼は再びシュテファンとチームを組み、アイガー北壁とグランド・ジョラスのウォーカー側稜を登った。これで二人はアルプスの三大北壁をすべて征服したことになった。それにとどまらず、彼はフランツ・リントナーとモン・ブランのプトレイ山稜を完全縦走し、フィルムにおさめた。これはおそらくアルプスで最もすばらしい山稜縦走であろう。ディームベルガーはひと夏、登山をあきらめてフィルムの編集に没頭したが、その努力は報われた。映画製作者としての手腕のおかげで、ヒマラヤへの切符を手に入れることになった。

一九六〇年、マックス・アイゼリンはネパールの「白い山」ダウラギリへのスイス遠征隊にディームベルガーを招いた。ディームベルガーはカメラマン兼クライマーとして遠征に加わり、高所での撮影をこなしながら登頂にも成功した。遠征記録映画の製作者としての道も開けはじめていた。

その後はアルプスの登山もつづけていたが、ヒマラヤへも頻繁に足を運んだ。一九六五年、妻のトーナや友人たちとともに出かけ、ヒンズークシュのデルトナ・ピークの初登頂をはじめ、いくつかの登攀をした。二年後、再びヒンズークシュに行き、ティリチ・ミールなどの六、七千メートル峰をアルパインスタイルで登った。冒険を愛するままに彼はヒマラヤの奥地へ、グリーンランドへ、あるいは新たな地域の探検や新しい冒険の撮影に、どこであろうと出かけていった。

同時代の登山家の多くがクランポンやアイスアックスをしまい込んで久しいというのに、ディームベルガーの登山は四十歳を過ぎてから勢いを増した。一九七四年、四十二歳でシャールツェの初登頂に成功し、一九七八年は春にマカルー、秋にはエヴェレストに登った。一九七九年にはガッシャブルム2峰にも登った。このような登攀のほかに、ディームベルガーはいろいろな遠征の撮影をたくさんこなした。八千メートル峰のカメラマンとしての評価も定まってきた。

それからは撮影と山登りのために毎年ヒマラヤを訪れた。一九八二年、ディームベルガーはピエール・マゾーの率いるフランス隊とナンガ・パルバットのディアミール壁ルートに挑んだ。英国人女流クライマーのジュリー・タリスが助手を務めた。どちらも登頂はできなかったが、二人の撮った映画『ディアミール――ナンガ・パルバットに魅せられて』はスペインのサン・セバスティアン映画祭で一九八三年度の大賞をとった。二人は『タシガング――人間の世界と神々の世界のはざまで』（一九八六年）など、その後の映画でも協力し、ついに「世界最高の撮影隊」となった。

彼らの撮影の多くは巨大な黒いピラミッド、K2の見える場所で行われてきた。K2をいろいろな角度から、特に北から見た二人は、それを登ろうと心に決めるようになった。一九八三年、中国側から挑戦したが悪天候に阻まれ、約七九三〇メートル地点で引き返さざるを得なかった。一九八四年にはアブルッツィ稜を登ったが、またも悪天候のために退けられた。一九八六年、今度は登頂に成功したものの、下山中に嵐に襲われた。ほかの五人とともに八千メートルの高所キャンプに閉じ込められたまま嵐がおさまるのを待とうとしたが、すぐに食糧と雪を解かす燃料が切れてしまった。タリスは数日後に死んでしまい、ディームベルガーはかろうじて命をとりとめた。そのときの体験を描いた、心を引きちぎるような彼の映画『K2——夢と運命』は一九八九年のトレント国際映画祭で大賞を得た。また『永遠の結び目』という本も書いたが、これは同じ映画祭で高く評価され、英国では権威あるボードマン＝タスカー賞の次点にあげられた。

近年もディームベルガーは映画撮影と登山をつづけている。一九八七年にはエヴェレストとK2の標高を測定するイタリア遠征隊に参加し、一九九一年と九二年にはブロード・ピーク東壁遠征を推進し、自らも加わった。このときは彼以外の四人が登頂に成功している。

ディームベルガーは一九三二年、オーストリアのフィルラッハで生まれた。生地とザルツブルクで育ったのちウィーンに移り、商科大学に通った。学位を得て卒業し、すぐに実務の教師になった。五年間の教師生活ののち、退職してフリーランスのライター、映画製作者、講師、クライマーとして立つことにした。ディームベルガーは二回結婚している。最初の妻トーナとはヒルデガルトとカレンという二人の娘をもうけ、二番目の妻テレザとの間にはチェチという息子がいる。現在、彼らはイタリアのボローニャを見下ろす丘の家に住んでいる。

インタビューは八月にそこで行われた。うだるような暑さだった。ディームベルガーは庭の手入れをしたり桃やリンゴの木に水をやったりしながら、大きな愛嬌のある熊のように歩きまわっていた。頭は禿げていて、頑丈な体つきをしているが、指が何本かない右手はあの恐ろしい夏のK2の忌まわしい証言をしているようだった。流暢なドイツ語、イタリア語、英語を話し、魅力にあふれた愉快な洗練された人物だが、自分の登山歴、映画歴のハイライトを語るとき、とりわけ究極の夢を実現したものの悪夢に悩まされるきっかけになった一九八六年のあの終局の夏を語るとき、今も彼の声に悲しみの影が忍び込んでくるのは否めなかった。

**――ヒマラヤの高峰はなぜそんなに危険なのですか。**

ほかの山と同じ意味で危険な部分もありますよ。雪崩、クレバス、嵐などがそれです。ヒマラヤの山がもっと危険なのは、危険の規模がアルプスよりもはるかに大きいからです。具体例をあげると、雪崩は非常に遠くまで達します。山頂に立つにははるかに高くまで登らなければならないし、ベースキャンプに下るにしてもその距離はたいへんなものです。それにヘリコプターで救助してもらうわけにもいきません。ヘリコプターは最高の条件下でも五八〇〇メートルまでしか飛べないからです。だから高く登れば登るほど救助はますます不可能に近づくのです。

それから、登っている人はもっと低い山での経験をもとに判断をしていますから、危険の実際の規模とはずれているかもしれません。何年も高所で経験を積んで、やっとヒマラヤでの危険を正しく判断できます。高所ではいわば自動操縦装置で行動しているようなものですから、ヒマラヤで何年もかけて判断力を養えば、正しい判断ができるようになります。

しかし経験を積んでいても、どうしても避けられないことがひとつあります。それは、高所では人間の心と体は制約を受けるということです。人間の体内の余力には限りがあって、それが正確にどれくらいなのかを予測するのは非常に難しいのです。八千メートルの高さには人は三十時間ぐらいしかいられないという説があります。ある人にはこの説が当てはまるかもしれないし、ある人には当てはまらないかもしれません。飲料水をつくる燃料が十分にあるか、高所順応の程度はどのくらいかによってもずいぶん違います。結論としては、たとえ経験を積んでいても、高所で判断力が落ちるのはだれでも同じだといえます。

総合的に考えて、ヒマラヤの高山の環境は登る人間の限界すれすれか、ときには限界を超えているので、とても危険だと言いたい。登る人の多くはしかるべき経験、装備、体調といったものを欠いています。そういう状態でヒマラヤの高山を登るのはロシア式ルーレットをやるようなものです。

**——どうしてそんな山のとりこになったのですか。**

どうしてだか、よくわかりませんね。大きな水晶のように見えたからかもしれないな。あるいは単純に好奇心が強く、山の秘密を見つけたいと思ったからかもしれないし、高いところで生活するように生まれついたような気がしたからかもしれません。何年も前、私はいつも疲れていて、山にいるとき以外は眠ってばかりいました。そこでイタリアの血液の専門医に診てもらいました。医者は私の血液を調べると、「三千メートル以上の高いところで暮らしなさい。あなたにはそういうところが向いています」と言うのです。これは当たっています。下にいるのが長すぎると、私は冬眠中のマーモットみたいになってしまうのです。おかしいけれど、そのとおりなのだからしかたがない。この点では私はヤク同然ですね。ヤクは三千メートル以下だとあまり長生きできません。高地でなければだめなのです。私もそうなんですよ。

**——登山はどういうきっかけではじめたのですか。**

男の子はみなそうですが、私も探検したり、物を見つけたりするのが好きでした。あるとき、父が水晶の採れる山に連れていってくれました。見つけた水晶はあまり美しくなかったけれど、私は興味がわいて、もっと見つけたいと思いました。そして水晶を探しに山に登っていったとき、「この登山者たちは何をしに登ってくるのだろう。持って帰るものを何も見つけないなんて」と、ときどき考えていました。

そのことを不思議に思っていましたが、ある日、ザルツブルク南方の山岳地帯ホーエ・タウエルンで水晶を探していたとき、高いコルに着いてしまいました。そこからラルムコーゲル〔三〇一三メートル〕はあまり遠くなかったので、「あのてっぺんに登ってみよう」と考えたのです。水晶をそこに置いて登り、頂上に達しました。そこにいるのは私と雲だけ。ときどき雲に包まれて、私はその雲が流れ去らないうちに手を伸ばして触ることができました。はるか遠くまで見えたし、反対側の谷も見えました。とてもいい気分でした。私はその日、山頂の登山家がどう感じるかを体験したわけです。その感じがとても気に入ったので、きっとまたやりたくなるだろうと思いました。

そのときから私は登山家になりました。十六歳でしたが、山から下りてくると両親に、ぼくはクライマーになりたいと言ったのです。両親はいろいろと助力してくれました。父がロープとアイスアックスを買ってくれた日を覚えています。とてもうれしかったなあ。

**――アイスアックスとロープの使い方はどうやって覚えたのですか。**

ウィーンで学生だったころ、やはり学生のライリという男に会ったのですが、彼がウィーンの近くに岩場があると教えてくれました。二人で見にいったところ、非常に切り立った六十メートルから九十メートルの高さの壁に、すでに数人が取り付いていました。ライリが「ここを登ろう」と言いました。

彼につづいて登っていくと、小さなホールドが二つしかないスラブに出ました。三十メートルほどすっぱり落ち込んでいる岩場を見下ろして、「あまりいい気持ちじゃないね」と言うと、彼は「なに、何でもないよ。ホールドにしっかりつかまっていれば大丈夫さ」と言うのです。

言われたとおりにしても不安感は消えませんでした。あとで彼に言ったんです。「ロープなしで行くのは嫌だよ」

それで次の日はロープを使って登りました。彼は私を五級〔5・6〕のルートに連れていって言うのです。「君がリードして登りなよ。あの難場の下にピトンがあるんだ」

私は登っていってピトンにカラビナをかけたものの、それ以上はどうやったら登れるのか見当もつきませんでした。でも彼がしきりに励ますので、登りつづけました。ピトンから二メートルほど登ったところで私は墜落しました。彼は体にロープを巻きつけていたけれど、それが緩かった。ビレイとしてはよくありませんね。かなり落ちてからやっと止めてくれましたが、墜落の力がかなり強かったので、彼の体は腰掛けていたくぼみの縁から浮いて下へ投げ出されました。二人とも大ショックでした。

これで私のクライミングはしばらく中断。その後はもっとまともな方法でやったので、まったく安全でした。でも、初めは悲惨だったね。

**――当時、クライマーに英雄はいましたか。**

いましたよ。特にヘルマン・ブールを尊敬していました。彼がナンガ・パルバットについて講演したのを聞きにいったのを覚えています。終わってからサインをもらいに行きました。山岳会の会員証に「ベルク・ハイル！」と書いてくれました。「よい山に恵まれますように」とか「山ゆえに祝福されますように」という意味です。そのカードを宝物のようにしていました。

**――どうしてヴォルフガング・シュテファンとチームを組んだのですか。**

初めていっしょに登ったのはダン・デュ・ジェアンでした。彼は私の友人のエリッヒ・ヴァルタと先行していて、私はその後から、まだ経験が少なくて登るのもずっと遅いもうひとりの友人ペーター・ハイルマイヤーと登っていました。エリッヒは経験豊富で、ロッククライミングもたくさんこなしていました。ヴォルフィもね。でも人は易しいところでよく落ちるものです。そのときがそうでした。エリッヒが墜落して死んでしまったのです。

その後、ヴォルフィと私はチームを組んで、何年もいっしょに登りました。ヴォルフィが遠くに住んでいなければ、今でもいっしょに登るでしょうね。私が〔一九八六年に〕K2から帰ってきてインスブルックの病院にいたとき、ヴォルフィはすぐに駆けつけてくれました。はるばるとスイスからですよ。本当に感激したね。

**――二人がよいチームになったのはなぜでしょう。**

互いに理解しあい、頼りあえたからです。相手がギャンブルをしていないと感じていました。だれかといっしょに登り、その相手といっしょにいるのを幸せに思う、それが長くなればなるほどますます強く結ばれます。

学生時代、ヴォルフィと私は空いた時間は全部、山で過ごしてきました。二人ともお金がなく、ポレンタ〔トウモロコシがゆ〕とジャガイモばかり食べながら狂ったように山登りをしていました。アルプスは実によく登りました。全部の山に登りたかったのですが、しばらくしてそんなことはできないと悟り、ビッグクライムに集中することにしました。

そのころ、ガストン・レビュファの『星と嵐』が出版されました。この本はアルプスの六大北壁を登るべきものとして特筆しています。これを読んだ私たちは、「登ってやろうじゃないか」と言いました。そしてアイガー、グランド・ジョラス、マッターホルンなどの大岩壁を登りはじめました。レビュファが書いた岩壁を全部は覚えていませんが、私たちはそのほとんどを登りましたよ。

**――アイガーにもう一度登ってみたいと思いますか。**

いや、よほど気に入らないかぎり、同じルートは何度も登らないことにしています。気に入れば何回でも登りますがね。エギーユ・ノワールの南稜はすばらしい登攀なので、三回も登りました。モン・ブランのプトレイ山稜も数回登っています。

モン・ブランにはいろいろな方角から登りました。あれは驚くべき山で、アルプスでヒマラヤと比較できるのはこの山だけです。一般ルートは別ですよ。人で込んでいますからね。しかし、ブレンヴァ壁とプトレイ山稜とフレネイ側の岩稜は実にすばらしい。ヒマラヤにあるやつみたいだ。

**——アルプスのクラシックな北壁ルートになぜ魅力を感じたのですか。**

非常に荒涼として野性的なところが好きです。それをひとつひとつ登っていった結果、私はオーストリア随一のアイスクライマーとして知られるようになりました。それから、ケーニッヒスシュピッツェのジャイアント・メレンゲに挑戦しました。あのときヴォルフィはいっしょに行かなかったけれど、あれはドロミテの女の子を好きになっていたからで、私のせいじゃない。

**——アイスクライミングに引かれていったのはなぜでしょう。**

氷には水晶のような要素があって、私はもともと登山を水晶からはじめたからでしょうね。大きな水晶のような山がいちばん好きでした。登山家ならずとも、そびえ立つ白い山を見ればだれでも魅了されますよ。

**——ヘルマン・ブールがあなたをブロード・ピーク遠征に招いた理由は何ですか。**

私がジャイアント・メレンゲを登ったのを聞いたからです。

**——彼はどういう人でしたか。**

華奢で繊細、まじめで感受性の鋭い人でした。計画と行動は非常に注意深く、精確でした。ソロクライマーならそうでなくてはいけない。きわめて精確で注意深くなければ長生きは望めません。

**――ブロード・ピークの登攀では何を学びましたか。**

カラコルムの高峰の世界に身を置くのはすばらしいことだという発見をしました。まさしく、険しく尖った山々の海なのです。また孤独というものを見なおしたし、あの地域の広大なことも知りました。私自身も気分がよく、力がみなぎるのを覚えました。自分がヒマラヤのために生まれてきたことを知りました。

**――あのとき、どうして二回も登頂したのですか。**

最初、ヘルマン・ブールは七九〇〇メートル以上まで登れるようには見えませんでした。そこで私は別れて登りつづけ、頂上に着きました。下山の途中でブールに会いました。彼は気が変わって登頂することにしたので、私も方向転換していっしょに山頂へ向かったわけです。天気が悪くなるおそれはなかったし、ほかの二人――マルクス・シュムックとフリッツ・ヴィンターシュテラーも下りてしまっていましたしね。

**――八千メートル峰に登って何か変化が生じましたか。**

しばらくの間は変化が生じます。高度から受ける影響はちょっとショックに似ていて、正常に戻るまでに少々時間がかかります。でも、それは一様ではなく、ある人はすぐ消えるし、ある人は時間がかかります。高い所にしばらくいた人もいれば、少ししかいなかった人もいます。高所順応がうまくいく人もいれば、いかない人もいる。必ずなんらかの影響を受けますが、いつも同一ではありません。同じ人でも毎回同じとは限りません。

**――そのすぐあとチョゴリザで起きたヘルマン・ブールの死[1]から、どういう影響を受けましたか。**

彼の死については、とても考えさせられました。心から離れませんでした。でも、登ることはやめませんでした。

**――ヒマラヤにはまた来るつもりでしたか。**

今は時代が違うのですね。あのころはヒマラヤにもう一度来る機会があろうとは考えませんでした。一度は登ることになるだろうけれど、それだけでも運がいいと思っていました。運がとてもよければもう一度行けるだろうという程度で、次の年には行くことになるなど想像もしていませんでした。ブロード・ピークに登ったのが一九五七年、翌年はヴォルフィとアルプスを登っていました。ヘルマンとヒマラヤを登ったことを思い出しながら、アイガー、グランド・ジョラス、プトレイ山稜を登っていました。

スイスのマックス・アイゼリンが一九六〇年のダウラギリに呼んでくれたので、一九五九年はあまり登りませんでした。私は彼と資金集めと遠征の組織に何カ月も働きました。たいへんな仕事だった。今よりずっとたいへんでした。

それに、マックスは北東の鞍部に飛行機で着陸しようというアイデアを持っていました。

初めのうちは気違いじみたアイデアだと思いました。なぜ飛ばなければならないんだ、歩いていけるのにと言っても、むだでした。彼はこのアイデアに凝り固まっていたのです。それで飛行機探しを手伝いました。なまやさしいことではなかったけれど、とにかく見つけました。純粋な登山のルールからすれば、谷をいくつも飛び越えて山の鞍部に着陸するなんてとんでもないことだが、大冒険ではありました。何マイルも歩くのは節約できたけれど、高所順応ができていなかったので、その分だけ頭痛で待機しなければならず、登れるかどうかぎりぎりでした。あそこにもう一度行くとなったら、ぞっとしますよ。

**――八千メートル峰の魅力は何ですか。**

八千メートル峰は実に大きな山で、まったく別の世界です。でも、それは七千メートル以上の山でも同じです。ガッシャブルム4峰（七九二五メートル）やマッシャブルム（七八二〇メートル）の前に立ってみると、非常に高くて印象的です。八千メートル峰と変わりありません。

八千メートル峰は頭の中でひとつの分類になっています。でもイギリス人やアメリカ人にとってはそれほどではありません。彼らは山の高さをフィートで表していて、二万六〇〇〇フィートというのは八千メートルほど数字として明瞭ではないからです。八千メートルというカテゴリーはだれがつくりだしたのか知らないけれど、とにかくひとつのカテゴリーとして定着してしまい、今では多くの人が八千メートル峰に登りたがっています。

登山という観点からすれば、空気の薄さという点でガッシャブルム2峰とヒドン・ピークとマッシャブルムの間にはたいした差はありません。どれもすばらしい山で、高さに数メートルの差があっても大きな違いは生まれません。八千メートルの山のほうが遠征隊を組織し、資金を調達するのが容易かもしれません。そういう意味で八千メートルという数字は呼び物になります。しかし大きさという点では架空のカテゴリーです。

その代わりに、七五〇〇メートルから八二〇〇メートルまでの山と、それ以上の山というカテゴリーに分けるべきだと思います。エヴェレスト、K2、カンチェンジュンガ、ローツェ、マカルーをその他の八千メートル峰といっしょにするのは誤解のもとです。というのは、こうした山はほかより高いカテゴリーに属していて、同じやり方では取り組めないからです。ほかの山よりひとつ抜きんでているこの五つの山には、別個のカテゴリーを設けるべきです。それが現実のカテゴリーです。

**――こういう高山は霊的な場所だと思いますか。**

思います。山だけでなく、山麓も霊的であることがよくあります。本当に霊力の強い場所があるのです。一九七八年にマカルーへ行ったとき、偶然そういう場所のひとつを見つけました。私はそのときまで十八年間も八千メートル峰に登っていなかったので、登っているうちにひどく咳をするようになり、そのうちに何もできなくなってしまいました。これは悪い徴候だと思いました。

それで私は下のシャクナゲの林まで下りていきました。知らなかったけれど、シャクナゲの花が咲き、ヒマラヤ樅の大木が生えているその林は霊力の強い場所でした。私は魔法の森と呼びました。そこに一週間近くいて、瞑想したり、こういう高い山がなかったら私の人生はどうなっていただろうなどと考えたりしていました。そんな人生は考えられませんがね。しかし、高山に登ることはもうないだろうということを受け入れるようになったころ、咳がおさまりはじめ、非常に元気になったのを感じました。私の中にはすごいエネルギーがあったのです。

ベースキャンプに登っていくと、私がすっかり元気になったのでみなとても驚いていました。「明日はマカルーに登るぞ」と言いましたが、それほど元気になったのです。そしてそのとおり、私はマカルーに登ってしまいました。

このすばらしい感触はその後もつづきました。数カ月後にエヴェレストを登り、翌年はガッシャブルム2峰に登りました。その次の年には楽々とローツェに登れたのでしょうが、映画製作者としての仕事が登山の邪魔になりだしました。気分はよく、天候にも恵まれ、遠征隊はローツェの登攀許可も持っていたのですが、私にはエヴェレスト登攀を撮影するという仕事がありました。

私は隊長に尋ねました。「三日だけ休みをもらって、ローツェを登ってはいけませんか」ところが隊長は、「ローツェに行ってもいいが、まずエヴェレストの撮影を完了してからだ」

それで私はエヴェレストのサウス・コルへ撮影に行きましたが、そろそろ終わりというころ、猛烈な嵐になってしまいました。嵐は一週間もつづき、私はサウス・コルに何日もとどまる羽目になりました。もしチャンスに恵まれていたら、ローツェに登っていたでしょうね。たいていは最適の日を選べるかどうかの問題になりますが、必ずしも選べるとは限らないものです。

**――映画の製作はどんな具合にはじまったのですか。**

一九五八年にフランツ・リントナーと最初の映画を製作しました。モン・ブランのプトレイ山稜の全長を五日かけて登りました。あの山稜の縦走を映画に撮るのはすばらしい仕事でした。あれは自分がやった最高のもののひとつだと今でも思っています。

あの山行で自分が映像の世界で創造するのが好きなことを知りました。冒険を人々のところに持っていってあげられる点が気に入りました。自分の味わった経験を固定化するのが気に入りました。だから私は物を書いたり映画を作ったりするのです。

それから一九六〇年にノーマン・ディレンファースとダウラギリ遠征を撮影しました。こうして徐々に私は八千メートル峰のカメラマンとして知られるようになりました。その後、ジュリーに出会って彼女をよく知るようになり、一九八三年に世界最高の撮影チームを組んだわけです。一九八六年に私たちはK2に行って、チームはそこで終わりました。

私はあいかわらず撮影をつづけていますけどね。

**――映画撮影が自分の登山の妨げになることはよくありましたか。**

ありましたよ。映画を撮影しているとペースが落ちます。遠征で映画製作と登山を同時にやることがよくありますが、必ずしもうまくいくとは限らない。ときには登山から手を引かなければならない。それで私はローツェを逃したのです。一九八三年、ジュリーと私の最初の遠征でK2を逸したのも同じ理由からです。

**――映画製作と講演で何年暮らしてきましたか。**

フリーランスの映画製作者、登山家、講師、ライターとして二十年以上もやってきたことになります。その前は教師でしたが、なんとか五年勤めただけでした。規則が多すぎたし、何から何まで統制されていました。何をするにも恩給が気になるんです。私は自由でいたい。自由でいるのは安全ではないし、確実でもない。でも私はこういう生き方のほうが好きなのです。

**――そういう生き方を結婚生活や家庭生活と調和させるのは難しくありませんでしたか。**

確かに難しいことでした。でも結婚し、子供がいることで私は幸せです。人間は矛盾しているもの同士をなんらかの方法でまとめなければなりません。もし、ひとつの道を歩いていて、それだけにこだわっていると、偏狭になってしまいます。志に従うのが多少難しくなっても、包容力のある総体的な生活を創造するほうがよいと思います。

**――登山をとるか、ガールフレンドないし奥さんをとるか、という選択を迫られたことがありますか。**

ジュリーに関してはありませんでした。二人とも山に登っていましたからね。でも事情がそれぞれ違うから、場合によりけりです。最初の妻のトーナはいっしょに登っていました。エギーユ・ノワールの南稜のような難しいルートを登りました。今の妻のテレザは山登りをしないので、私がひとりで出かけるのに慣れています。私はこうしてなんとかまとめてはいるけれど、私にちょいちょい会えない相手には迷惑をかけていることになります。ジュリーとは大きな山にたくさん登りました。K2だけでなく、ナンガ・パルバット、エヴェレスト、そのほかにもね。

**――ジュリーとの結びつきはどんなでしたか。**

二人とも完全に理解しあっていました。私たちには物事を発見する性癖があり、高いところにいるととても気分がよく、創造することに非常な満足感を覚えていました。これが映画製作チームを組んだ理由です。創造する生活、山の上の生活をとても愛していました。

**――K2はなぜ気に入ったのですか。**

一九五七年に初めてK2を見たときは、大きくて均整がとれた山だなと思っただけで、登りたいとは思いませんでした。いつだったか正確には覚えていませんが、シプトンの『地図の空白部』を読んだところ、K2の魅力が実によく描かれていて、私は心を奪われてしまいました。Ｋ２だけでなく、Ｋ２の北に巨大な氷河を擁してひろがるシャクスガムの山々の描写もそうでした。一九七九年にガッシャブルム２峰の頂上からシプトンが書いた地域を見下ろしたとき、「あそこに行きたい」と思いました。一九八二年になんとか行くことができましたが、そこからＫ２を眺めたとき、私はうっとりしてしまいました。あの山が水晶の形をしているのが見えました。四キロに及ぶ北稜を眺めて、あれはすばらしい登攀ルートになるなと考えました。

翌年はジュリーと出かけたのですが、二人ともあの山のとりこになってしまいました。こちら側から見たあの山は信じられないほどでした。写真で見ても息をのむほどですが、実際に行ってみると、それどころではないのです。あそこから見たら最後、とりこにならざるを得ません。山につかまったら、もう離してくれませんからね。

一九八六年にほかの人たちと〈南側から〉Ｋ２に向かったとき、ジュリーと私は北側のことを考えていました。北側はとても静かでしたからね。でも、「この人は好きだけれど、それは前から見るときだけで、後ろから見るのは嫌いだ」とは言えません。そこで、こう言いました。「こちら側はあまり面白くないけれど、登る機会があったら登ろう。今回はこちら側にするが、将来はもっと静かなところを探そう」

**――Ｋ２には何回挑戦したのですか。**

一九八三年に私たちは中国側から一回挑戦しています。一九八四年にはパキスタン側から数回登ったものの、天候が悪かったので高いところまでは登れませんでした。一九八六年は二回で、一回目は七月六日でした。天気は申し分なく、チームのメンバーのうち六人が山頂に達しました。しかし、私たちは映画撮影のためにみなよりも一日遅れていました。頂上まであと三五〇メートルまで行きましたが、ビバークする羽目になりたくなかったので、下山しました。その後、天気は悪化しました。もう一日あったら頂上に着けたし、あとで嵐に遭うこともなかったでしょう。

二回目は八月の初めで、このときは頂上に登れました。――でも、一日遅かった。

**――遭難の予感のようなものはありましたか。**

Ｋ２に登頂する数カ月前、私たちはチベットの村に住み込んで土地の宗教を研究している私の娘を訪ねました。その村でもほかの村でも、ヒマラヤは神々の住む場所だと信じられています。そして、たいていは年老いた女性のシャーマンがいて、山の神の声でお告げをするのです。娘が住んでいた村にもそういう女性がいて、手相を見せてくれたら大事なことを教えてあげようと言うのです。そこで手相を見てもらうと、女はトランス状態になり、とても奇妙な声で語りはじめました。ジュリーはいつかマカルーに登れるだろうかと尋ねました。ジュリーはマカルーが大好きでしたからね。女はしばらくの間、物を言いませんでした。たぶん何かを感じていたのだろうけれど、ジュリーがマカルーのことしか聞かなかったので、何も言いたくなかったのだと思います。やっと言ったのは、「あなたは非常に高いところに行くというお告げがあった」ということでした。そのとおりになったけれど、ジュリーはそのすぐ後に死んでしまいました。

**――あの年、あのルートを登る人が多かったために登山に危険が増えましたか。**(2)

ええ、でも二つの面がありました。ひとつはよい面で、ベースキャンプで国際理解や交友、会話が得られること。これはよい面で、もっと上まで登ってもつづくことがあります。助け合ってロープを固定したり、テントを張ったり、トレイルをつけたりできるでしょう。しかしベースキャンプで協力するのは易しくても、高所ではずっと難しくなります。うまくいくときもあるし、いかないときもある。高所はここととは違う世界ですからね。

ルート上に人がたくさんいると危険な面もあります。たとえば、ゆっくり、こつこつと行く遠征隊もあればアルパインスタイルで行くのを好む遠征隊もあります。時間がたっぷりある隊もあれば急いでいる隊もある。ほかの隊がトレイルをつけてくれたので速く進める隊もある。高所順応がうまくいっていない隊があるかもしれないし、ヒマラヤでの経験がない隊もあるかもしれない。アルプスにいるかのように振る舞う隊もあるかもしれない。こうしたことがすべて重なると混乱状態になりかねないし、言葉の障壁も加わって非常に危険な状態が発生し得ます。K2での体験を踏まえると、山に大勢の人がいることの否定的な面は肯定的な面を上回るといえます。

それから、互いに助け合うべきだという倫理があります。緊急事態で助け合うことに疑問の余地はありませんが、登山の初めから他人の援助を当てにするのはまったく倫理的ではありません。

たとえば、オーストリア隊は最終キャンプ地のテントが破壊されたと知らされていたのに、替わりを持っていかずに韓国隊のテントを借りました。韓国隊は断れないと感じました——断れたのに、いや、断るべきだったのに、よい山仲間ではないと言われるのではないかと考えたのです。このように倫理的な気兼ねが圧力になって人を危険にさらすのです。倫理のおかげでそうなってはいけません。緊急時の援助に異論はないが、登るときは自分の手段を使って登るべきだ。それが問題の核心です。酸素ボンベを使おうと使うまいと、大パーティだろうと小パーティだろうと、自分自身の手段で。重装備でも軽装備でも、快速でも鈍速でも、どんな登り方でもいい、しかし人に頼ってはいけません。

**——高さの影響でそういう問題がいっそうひどくなったのではないでしょうか。**

下でこうしたことを考えていると、高く登るほど心理的な限界が低くなることを忘れがちです。人はみな自分の心理的な壁の内側で行動しているのです。互いをよく知っていれば、そういう壁のうち、あるものは崩れます。しかし、一九八六年のあのとき、みな互いに知り合ってはいなかった。登りながら協力しましたが、状況が複雑になると、心理的な限界がはっきり見えてきました。緊急事態が最初に発生していれば、私たちはみないっしょに下山していたでしょう。だが、それは後になって——まったく予期しないうちに発生し、相互に理解できないまま、私たちはそこにとどまることになりました。高所でときに変な決断が下されたりするのは、こうした理由からです。高いところに登るなら、本当に気心の知れた人と行くべきです。

**――どうして下りてこられなかったのですか。**

私たちは嵐の囚人でした。逃げ出せたら逃げていたでしょう。全員がね。

ひとつの問題は、下山に必要な標識用のポールが十分になかったことです。アラン・ラウスと私は七七〇〇メートルまで登るのに全部使いきっていました。ホワイトアウトになったとき、標識なしで下りようとすれば必ず迷います。何も見えないのですからね。あの嵐は強烈で、私たちは吹き倒されそうでした。モン・ブランで同じ目に遭ったら、コンパスを出して静かに落ち着いて下りていけるでしょうが、K2でそんなことをやったら凍死します。そこで待つことになる。天気が好転すればこちらの勝ちで、山を下りることができます。しかし例外的な状況下では、好転しないことがあります。

以前、似たような状況に何回も出くわしたことがありますが、普通は二、三日でおさまりました。ところが、あのときは例外でした。ジュリーが死んだのですから。山頂に登って高所キャンプに下りてきたあとでジュリーは死んだのです。頂上に着いたのは八月四日で、テントに下りてきたときはもう雲に包まれていました。それから嵐になった。彼女が死んだのは八月七日でした。〔泣きそうになりながら〕長すぎた、あまりに長すぎた……。

どのようにして死んだかは言いたくありません。たぶん、それはどうでもいいことです。彼女は頂上から下りる途中で一度墜落しましたが、死因はおそらく血栓症か何かでしょう。ほかとくらべようのない状況でした。実に異常な状況で、それを語っても何の役にも立たないくらいです。この話はしたくありません。でも、ひとつだけ確かなことがあります。もし八月三日を逸していなかったら、そして嵐が来る前に固定ロープのあるところまで下りていたら、うまくいったはずです。ところが、八月三日に私たちは行動しませんでした。あの日を逃していなかったら、私たちはともに生きていられたのに。これが遭難の本当の原因です。

この遭難についてはたくさんの意見が出ましたが、常に高山であることを念頭に置いて分析してほしいと思います。アルプスのルールを単純にあの高さに当てはめることはできません。牧場かどこかの平地に座ったまま批判してくれては困ります。高山は別の世界なのですから。

**――高山にはまだ登りつづけますか。**

そのつもりですよ。年齢的な限界はまだ感じませんが、そのうちにわかるでしょう。荷物を運ぶのは少しつらくなったかもしれませんが、空身で登るぶんにはたいして変わりません。

**――ゆっくりしたペースでですか。**

ええ、私はゆっくり歩きます。山岳ガイドの古い金言に、「ゆっくり行く者はしっかりと遠くまで行ける」というのがあります。とても古い諺で、子供のころに初めて聞きました。高所ではゆっくり行ったほうがいいと思います。私にはそれが向いている。

**――なぜ山を登りつづけるのですか。**

何かを見つけるため、というのが私の理由です。水晶採りからはじめたのも同じ理由でした。それ以来、どの遠征にも発見がありました。ときには挑戦もありましたが、その場合でも発見こそ至上のものでした。

登山は単なるスポーツだという見方はしたくありません。まあ、何回かヴォルフィと私は「われわれはそれを八時間でやったよ」なんて言ったことがありますが、最短時間で登るために取り付いたことはありません。そういう考え方はしたことがない。私は時間をかけるほうで、登っていても次の曲がり角であたりを見まわすのを楽しみにしています。

**――なぜ登るのかはわかっていますか。**

わかりません。この質問に答えるのは不可能です。答えは、あなたのしていることの中にあります。創造する、考える、幸せを覚える、他人の友情を感じる。つまりこれは人生です。あなたは答えを体験しているわけです。

**――あのK2登攀のダメージからもう回復しましたか。**

ええ、回復しました。しかし、あれは私の人生をすっかり変えてしまいました。私はよい友であり、よいパートナーであった人を失ったのです——これが最大のことです——何もかも、ほとんどすべてが変わりました。ただひとつ変わらなかったのは、私の性格とまた高峰に行きたいという願いです。創造の好きな人間ならば創造をつづけるでしょう。ひとたび山に生きたことがあれば、また山に生きるものです。

(1) ディームベルガーとブールは、ブロード・ピークの余勢を駆ってチョゴリザ北東峰(七六五四メートル)をめざした。悪化する天候のもと、七三〇〇メートルあたりまで迫ったが断念、視界不良の中を下降中に雪庇を踏み抜いたブールが転落、行方不明となってしまった。

(2) 一九八六年の夏、K2のアブルッツィ稜には六隊が集中した。七月下旬の時点でまだ登頂に成功していなかった韓国隊と、ディームベルガー、タリスを含むヨーロッパ勢七人が最後の攻撃にかかり、八月二日までに八〇〇〇メートル地点の最終キャンプに上がった。翌日、韓国隊は登頂を果たして下っていったが、ヨーロッパ勢は登頂日を一日ずらして四日に頂上を往復した。ディームベルガーとタリスの組は転落事故のためキャンプまで帰れず、途中でビバークして五日に帰幕した。このため、その夜からはじまった嵐に全員が巻き込まれ、九日までそこに足止めされる結果となった。天候が回復した十日、すでに死亡したタリスと、衰弱して動けなくなったアラン・ラウスを除く五人が脱出を開始したが、途中でつぎつぎに倒れ、ディームベルガーとオーストリア隊のヴィリ・バウアーの二人だけが生還できた。この年のK2では、ほかに八人が転落、雪崩などで亡くなっており、「ブラック・サマー」と呼ばれた。

# ヴァルテル・ボナッティ

Walter Bonatti

真の登山とは……何といっても闘いであり、自己克服であり、山という理想的で壮大な環境のもとで行われる精神鍛練と享楽であることに尽きる。だからこそ苦労や困難、登山につきものの窮乏は、登山家が自分の力と性格を鍛えるための確かな試練になる。闘いの雰囲気、山の持つ予期せぬ困難や無数の危険と隣合わせているという雰囲気の中で、登山家は本性をあらわにされ、長所も欠点も仮借なく自他にさらされる。私の考えではそれだけでも、山は登る者にとって最も美しく高揚した感情の源泉であり、進歩の根源をなすある資質の完成に役立つ最高の試練であることを人に信じさせるのに十分である。

ヴァルテル・ボナッティ『わが山々へ』

おそらく第二次世界大戦後の世代では最もすぐれた登山家であるヴァルテル・ボナッティは、プティ・ドリュ南西岩稜の単独登攀（一九五五年）、マッターホルン北壁の冬季単独登攀（一九六五年）をはじめアルプス、アンデス、ヒマラヤで衆目を集める数多くの登攀をやってのけ、極限のアルピニズムという新時代の到来を告げた。彼は卓越したスタミナと技術の冴えで名声を博したが、アルピニズムの伝統に最大の貢献をしたのは登山の心理学を発達させたことであろう。彼は登山を山頂の征服というよりも自分自身の征服と見るようになった。彼にとって極限のアルピニズムとは自己認識の道、自然との接触を通じて成長し再生する手段であり、過度に複雑化し、ひとりよがりになった社会にあって心の平静と正気を保つための方法であった。

ボナッティは一九三〇年六月二十二日、イタリアのベルガモで生まれた。十九歳のとき、北イタリアのグリーニャの岩塔群を登りはじめた。進歩はめざましく、ほどなくアルプスで最も難しいいくつかのルート、特にグランド・ジョラスのウォーカー側稜にねらいを定めるようになった。この厳しいクライミングに備えて、彼はまずアダメッロという山に登り、クロツ・デッラルティッシモ南西壁ダイレクト・ルートの第二登をし、さらに南スイスのブレガリア山群に出かけて訓練を積み、仕上げには下山ルートになじむためにグランド・ジョラスの一般ルートを登った。それからやっと目標に向かった。

最初の挑戦では、パートナーのカミッロ・バルザギが退却を主張したので不成功に終わった。落胆したものの決心は揺るがず、アンドレア・オッジョーニ、エミリオ・ヴィッラと組んで再度挑戦した。まずプトレイのエギーユ・ノワール西壁ダイレクト・ルートを登り、それからおもむろにウォーカー側稜で仕上げをした。こうした極限のアルピニズムの洗礼を受けて、彼はアルプスで最も頑強なルートにいつでも取り組む覚悟ができた。

ボナッティは険しい未登の壁に強烈な魅力を感じていたが、グラン・カピュサンの東壁をひと目見たとき、これにルートをつけてやろうと決めた。岩壁にはさまざまな難しさがあったが、なかでも難題はアルプスのこの地方の天気が予測できないことであった。嵐に二回退けられたが、一九五一年七月、ルチアーノ・ギーゴと三回目に挑んでついに成功した。

ボナッティは平野部で育ったが、次第にそこでの生活に幻滅を感じはじめ、一九五三年、安定した会計係の仕事をやめて山に住み、クライミングに打ち込むことにした。翌年、山岳ガイドの免許を受けてからは登山者のガイドをして生計を立てるようになった。

一九五四年のイタリアK2遠征隊のメンバーに選ばれたときが人生の転機であった。彼は二十三歳で、最年少隊員だった。隊長のアルディート・デジオは厳しい規律を課し、そのような規律はボナッティの気性にそぐわなかったにもかかわらず、ボナッティは成功の軸となる働きをした。困難をものともせず、彼は数本の酸素ボンベを最終キャンプ近くまでなんとか運び上げた。この離れ業のおかげでアキッレ・コンパニョーニとリノ・ラチェデッリはアブルッツィ稜から山頂に達することができたが、ボナッティと相棒のフンザ人ポーター、マディはもう少しで死ぬところだった。登頂隊員のテントを見つけることができず、テントも寝袋もなしで八〇〇〇メートル地点で一夜を過ごさなければならなかったのである。登山史上最も悲惨なビバークのひとつといえる夜を二人はかろうじて切り抜けた。意識を麻痺させるような寒気と荒れ狂うブリザードを耐え抜き、翌日、酸素ボンベをビバーク地に置いて、よろめき下りてきたのだった。ボナッティはこのときのビバークとK2登攀の模様を『K2の試練』(一九八五年)に書き記している。

K2で抜群の働きをしたにもかかわらず、ボナッティは酸素ボンベを最終キャンプまで運び上げられず、遠征隊の成功を危うくしたと責められた。ボナッティは高所キャンプが約束どおりの場所に設営されていなかったし、酸素ボンベを登頂隊員の手の届くところまで運び上げるだけでも尋常な仕事ではなかったと、すかさず反撃した。こうした批判に心が傷み、しばらくはクライミングの楽しさも半減してしまったが、プティ・ドリュ南西岩稜の単独登攀に挑むことでこのスポーツへの情熱を取り戻そうと努めた。一九五五年、彼はこの登攀に成功して自信を回復し、クライミングへの情熱を再燃させることができた。

遠征登山は嫌っていたが、一九五八年、リカルド・カシンからガッシャブルム4峰遠征に招かれると、これに応じた。山頂に二回挑んで失敗したあと、彼はカルロ・マウリともう一度挑戦し、北東稜から山頂に達した。

ボナッティはアルプスと南アメリカでいくつかの初登攀に成功した。しかし、どの登攀でも勝利をおさめたわけではなかった。一九六一年、モン・ブランのフレネイ中央岩稜で仲間とともに嵐につかまってしまった。下山の途中、アンドレア・オッジョーニら四人のクライマーが疲労凍死したが、ボナッティとロベルト・ガリエーニ、ピエール・マゾーはなんとか生き延びた。ボナッティは仲間たちを救おうとできるだけのことをしたのに、死を防ぐ手だてを惜しんだと責めるジャーナリストもいた。事実はボナッティの努力いかんにかかわりなく、この六人は死んでいたであろう。フランス政府は「劇的な状況下で勇気と団結を示した」として最高の勲章レジョン・ドヌールを授け、決着をつけた。

フレネイ中央岩稜の悲劇の余波がおさまったあと、ボナッティは極限のアルピニズムから引退する前にもうひとつのルートを完成させることにした。一九六五年、マッターホルン初登頂百周年をねらって、奇抜な行動を好む面目躍如たるところを見せ、大胆にもマッターホルン北壁の冬季単独登攀をやってのけた。三十四歳でこの度肝を抜く偉業を成し遂げたのち、彼は極限のアルピニズムから身を引いて別の世界へ向かった。

それからのボナッティは世界を旅してまわり、最も未開で遠隔の辺境に冒険を求めてきた。こうした旅についての本を書き、講演をするのが彼の仕事である。旅に出ていないときはイタリアの元映画女優ロッサナ・ポデスタとミラノで暮らしている。

インタビューは、通訳を務めたボナッティの友人ミレッラ・テンデリーニのミラノにある事務所で行われた。実物のボナッティは魅力あふれる歯切れのよい人物で、しゃれたリゾート・タウンのポルトフィーノのことでもモン・ブランのルートについても、同じように豊富な知識をもって語ることができる人だった。髪は白く、六十三歳という年齢にもかかわらず、青年のような精力と活力がにじみ出ている。強くひきしまった体はアルプス登山史上で最も悲惨な場面をいくつもくぐり抜けてきた頑健さを今もとどめ、まっすぐ見つめる鋭い眼差しは、この人物が探究する者、単調な毎日の生活を後にして知的精神的啓発に向かって舞い上がろうとする者であることを示していた。

**――モン・ブラン山塊のルートをあんなにたくさん登ったのはなぜですか。**

返事に困るね。だが、私が今モン・ブランをどう思っているかは言える。モン・ブランは私にたくさんのことを教えてくれ、厳しく叱りつけてくれた父親だと思っている。父親のところへ話をしに行くように、あるいは何か聞きたいことがあって行くように、私は今でもモン・ブランに出かけていくんだ。

モン・ブランは私に過去のすべてを思い出させてくれる。人生には自分のルーツに戻るときがあるものだが、私のルーツはモン・ブランだから、私はそこへ戻るんだ。

**――モン・ブランの秘密は全部学びましたか。**

いいや、全部を知ることはなかった。モン・ブランの秘密は無限だし、私が学びたいと思っていたのは秘密を知ることではなかったからね。しかし自分の限界、自分の弱点は学んだ。私はモン・ブランが教えてくれるものすべてを学んでしまってから、同じものを求めて別の世界へ行った。北極、深海、野生動物がいっぱいのジャングルなどだ。

**——フレネイ中央岩稜でのビバークのような苦しい試練はどのようにして切り抜けてきたのですか。**

それまでの体験のおかげだね。体験が、普通の人には耐えられないような試練でも乗り越えられるように私を頑丈にしてくれた。毎日毎日、何年も経験を積み重ねてきたおかげで生き延びられたんだ。それに私はいつも運命を甘んじて受け入れることができず、死ぬことを絶えず拒んできた。それで私は生き延びてきたのだ。

**——あの体験の跡は残りましたか。**

深く残った。恐ろしい体験そのもののためでなく、私に対する人の無理解のせいだった。

**——クライミングで死はどんな役をしているのでしょう。**

価値あるものすべてと同じように、登山には危険という要素がある。しかし私は死の危険を冒すときはいつも自分がその危険を支配できるようにしてきた。経験と準備によって危険を最小限に減らす努力をするわけだ。むろん最小限の危険はないといけない。さもないと自分のやっていることが魅力のないものになってしまう。

**——クライミングをはじめたきっかけは何ですか。**

私は生まれながらのアルピニストではないが、冒険魂を持って生まれてきた。平地で生活していたので、高い山は私の想像力をとらえて離さなかった。山は荒々しい自然の代表として私を魅了したんだ。初めは山に登ることを夢見てクライマーたちをよく観察し、それからまねをしてみた。

**——うまくできましたか。**

うん、すぐにね。まずレッコのグリーニャに登った。それから六カ月後にグランド・ジョラスのウォーカー側稜、ピッツ・バディレの北東壁、プトレイのエギーユ・ノワール西壁、クロツ・デッラルティッシモを登った。当時、これらはみな世界で最も刺激的なルートだった。

**——影響を受けたクライミングの英雄はいましたか。**

今あげたルートを登ったのは十九歳のときだが、その年齢では英雄がいて当然だ。年を取るにつれ、こうした英雄は私の尊敬する人たちではあっても、私とは違う人たちだということに気がついた。彼らの中に私自身を見つけることはできなかった。

**——どういう人たちが英雄だったのですか。**

ヘルマン・ブール、リカルド・カシン、リオネル・テレイ。私自身を彼らと同一線上に見なかったのは、彼らを尊敬しなかったという意味ではない。おおいに尊敬していたのだが、私の個性、私の内なる探究は登山とあまり関係がなかったのだ。登山は手段であって目的ではなかった。登山は私を男にした。美徳と欠点を備えた完全な男にした。そうなるには登山を経なければならなかった。

**——何かに駆り立てられて山に登ったのですか。**

自分自身に駆り立てられたのさ。自分以外の者ではなく、自分の衝動に耳をかすことが必要だよ。そういう衝動は内なる自己から来るもので、外部の世界からではない。

**——クライミングは自己認識の手段だったのですか。**

そうだ。自己認識の手段、自己挑戦の手段だ。おまけにすばらしい環境がある。

**——ひとりで登るほうが好きでしたか。**

冒険家には孤独は本質的な条件だ。いつもひとりでやったわけではないけれど、山にしても世界をまわるにしても、なるべくひとりで行くのを好んだね。孤独の価値は大きい。感受性を鋭くし、感情を増幅させるからだ。

**——プティ・ドリュ南西岩稜の登攀をひとりでやったのはどういう理由からですか。**

K2登攀のあとの一種の買い戻し行為だ。抗議だったんだよ。同時に将来のクライミングを見越した行動だった。もっとも、そのときそうとわかった者はいなかったがね。あの登攀で私は、集団主義に基づいた社会にあって個人主義を主張することができた。集団主義の社会に対する反抗としてあの登攀をしたんだ。

私の次の世代は、私がドリュの登攀でやってしまったことをなぞって自慢しているのさ。

六〇年代の連中はそうした登攀をやって、自分で発見したかのように言い張っている。彼らは私のドリュ単独登攀を単なる技術上の業績、体操としての業績としか考えていないからだ。ところが私の内では、あれは私が個人であることの主張なのだ。

**――というと、登攀を通じてほかの人たちに語りかけていたのですか。**

模範を示してやろうとか、だれかにメッセージを送ろうというつもりはなかった。自己主張としてやったのだ。メッセージでもお手本でもなく、ひとつの価値基準だよ。「こういう生き方、こういうアルピニズムもある」と言っているのだ。もし人がそこに自分を認めることができれば、その人にとってひとつの価値基準になる。

**――買い戻しという行為がなぜ必要だったのですか。**

とても嫌な経験をしたK2遠征に対する反発さ。K2遠征は登山という観点からは失敗ではなかったが、人間という観点からは失敗だった。私はずっと信じてきた価値に幻滅した。たとえば友情というものにね。一時期、私は自分の個性や性格が影響を受けるほど幻滅に沈んでいた。だからドリュで自分自身を買い戻したんだ。

**――K2遠征はあなたのクライミングにどういう影響を及ぼしましたか。**

登山の面では私の経験に何のプラスにもならなかったが、人間という観点ではとても重要だった。私は不幸にも他人はあまり信用できないことを悟り、自分の最上の友は自分自身だということを学んだ。また、自分ひとりで何でもできることも知った。K2は単独登攀とひとり旅のはじまりになった。

**——どうしてほかのクライマーに幻滅を感じたのですか。**

手短に言うのは難しい。そのことはあれから三十年後に『K2の試練』という本に書いたが、ビバークの件も説明してある。私は仲間を助けるために高所キャンプまで酸素ボンベを運び上げるという奇跡を行っているんだ。その途中で私とフンザ人の仲間は死の危険を冒している。私たちは、〔八〇〇〇メートル地点で〕ビバークに耐えたんだ。〔イタリア山岳会の〕公式声明ではこの事実を認めていない。それどころか、彼らは正反対のことを受け入れた。私はアルピニストとしてではなく、人間として非難され、侮辱された。山岳会の役員は虚偽の声明を訂正していない。だから私は意見を述べるためでなく記録と目撃者の証言として『K2の試練』を書いたのだ。

**——その非難の内容をかいつまんで話してください。**

簡単に言えばこうだ。私は登頂チームに選ばれた人たちより先んじたかったというんだ。フンザ人の仲間が手足に凍傷を負ったのは私のせいだ。事実は正反対なのに、彼を見捨てたというんだ。登頂チームに酸素ボンベを渡し損なったというのだが、私は打ち合わせてあった場所より高いところにボンベを置いてきている。というのも、登頂チームは打ち合わせ地点とは違うところにテントを移動してしまっていたからだ。かくかくしかじかで、私は遠征の成功を危うくしたと非難されたのだ。酸素を吸ったとも非難されたが、私は酸素マスクを持っていなかったのだから実にばかげた話だ。
　私はこうした非難は全部間違っていることを示してやった。だが、審理では私の冤罪は晴れたのに、この件を解決すべき人たちは軟弱で、はっきりした態度をとらなかった。審理では私の説明が承認されたのに、イタリアの登山団体の役員たちが真実の訂正を怠っているので、記録文書はいまだに虚偽のままだ。彼らはこれをなんとかすべきだ。事を正すべきだよ。私のためだけでなく、彼ら自身の尊厳のためにもだ。

**――K2で失望を体験したのに、どうしてガッシャブルム4峰に行ったのですか。**

　K2で幻滅したのに、大遠征隊に加わるという間違いをもう一度犯してしまった。ガッシャブルム4峰の遠征隊は、K2遠征隊が犯した誤りを考慮に入れなかった。ガッシャブルムでは、私たちはしばしば運まかせでやらざるを得なかった。これでは頂上に登るのはたやすくないし、人の命が危うくなる。

**――どうしてヒマラヤをもっと登らなかったのですか。**

　五〇年代に私はできるだけのことをした。一九五四年にK2に行き、五八年にはガッシャブルム4峰に行った。ヒマラヤへは国家的大遠征隊しか行けなかったから、これでせいいっぱいだった。今日のヒマラヤ登山と二十年前、三十年前の遠征とではまったく違うんだ。あのころヒマラヤへ行くには、資金の面でも組織の面でも、とてつもない努力が必要だった。それができる人はごくわずかだった。それに、選ばれて行けるかどうかは長所や能力の問題ではなかった。ときには運だった。

**――どうして初登攀に魅力を覚えるのですか。**

初登攀に成功すれば自己主張ができたように感じるし、自分を試し、自分の限界を克服できた感じが得られる。自分を試すことができるように、私は自分が守らなければならない特定のルールをいくつか定めていた。そのルールはクラシックなアルピニストから借用した〈まっすぐなルート、厳正なスタイル〉。こうしたルールや登山の形式に私と通じるものを認めたからだった。一種のグリニッチ子午線のようなものを持ったわけだ。

**――初登攀に何を求めていたのですか。**

私に挑戦してくるようなルートを探していた。どんなに難しい岩壁にも最も論理的なルートがあるものだ。

**――引退したのにマッターホルン北壁の冬季単独初登攀をしたのはなぜですか。**

一九六四年に私は極限のアルピニズムはやめたと言った。しかし、ロマンチックな衝動にかられて〈一九六五年に〉マッターホルンに行ったんだ。マッターホルンの初登頂から百年目に当たっていたので、自分なりのやり方でお祝いしたんだ。

**――そのあとで引退したのはなぜですか。**

一九六五年に引退したとき、もはや同じことを繰り返すことしか残っていないと感じた。ある時点で、従来のアルピニズムは私にとってあまりにも窮屈になってしまった。私は山の頂上に登るのを目的にしていたのではなく、自分を評価するために山を使っていたのだ。山自体は岩石の積み重なりで、クライミングというものは人間を考えに入れてはじめて意味を持つ。クライマーにとって山の頂は物質的なものではなく、精神的なものだ。山は手段で、人間が目的だ。つまり人間が向上するためであって、山の頂上に達するためではないという考えだ。

だから私は自然探検に向かったのだ。登山に探し求めていたものを冒険に求める新しい方法に置き換えたのだ。クライミングはつづけたが、私の競争心は旅という新しいものに移ってしまったので、極限のクライミングはやめた。旅は極限のクライミングほど派手ではないが、私には同じ意味を持っていたし、似たような挑戦をしかけてきたよ。

**——人はどうして山に登る必要があるのでしょうか。**

人間はどうして月へ行ったり深海にもぐったりする必要があるのかね。昔、オデュッセウスは既知の世界の境界を越えて向こう側に行きたいと望んだが、それも人間にはいつも限界を超えていきたいという願いがあるからだ。それが人間の条件だ。好奇心と空想がサルを木から下ろしてヒトにしたのだ。

**——登山にはこれまでにどのような変化を見てきましたか。**

私の意見を言うと、今世紀のアルピニズムは精神面ではたいして発展していない。登山でもロッククライミングでも工業技術は大きく進歩している。しかし、精神に関するかぎりアルピニズムそのものはあまり進歩していない。前世紀の登山と比較すると工業技術の進歩はめざましいが、登山の価値は場合によっては低下している。

**——若い世代のクライマーでアルピニズムのクラシックな伝統を継承したのはだれですか。**

ラインホルト・メスナーだね。最初に非凡なことを成し遂げた。イェジ・ククチカは、〔一九八九年に〕死ぬ前に、私の時代には不可能と思われていたことをやってのけた。ダグ・スコットも今日の手段を用いて人間に可能な限界を探っているクライマーだ。

**——よいクライマーになる条件は何ですか。**

よいクライマーの資質はよい人間の資質と同じだよ。夢を見、空想できることだ。クライミングを人生の目的とせず、手段として使うことだ。自分自身を山に閉じ込めずに、山を使うことだ。

クライミングでは不可能という概念を壊さないことが大切だ。不可能という考えを壊さないためには、ルールをつくり、それを尊重することが大切だ。たとえばポーカーをするのにエースを八枚持っていたら勝つのは当たり前だが、ゲームとしてはフェアでないし、勝っても意味はない。今日のクライミングのようなテクニック過剰はエースを八枚持ってポーカーをやるようなものだ。不可能なものが可能にされてしまったら、その不可能は破壊されたことになり、征服しても価値はない。つまり問題を克服しただけで、真の勝利をおさめてはいないのだ。

**――埋め込みボルトのことを言っているのですか。**

そうだ。ピトンの時代にはクライマーは論理的なルートを見つけるために頭を使ったものだ。しかしボルトを使ったら、あとは筋肉の問題だ。登攀の動作はあっても冒険はない。ボルトを使うのは正しいこと、よいこと、美しいことでさえあるかもしれないが、冒険じゃない。私にとって登山は常に冒険だった。冒険がなかったら登山じゃない。

**――筋肉を使うだけのクライマーと冒険を求めるクライマーはどうやって見分けるのですか。死の危険を冒すかどうかですか。**

危険の問題ではない。アルピニストとして第一歩を踏み出すとき、山に何を求めるかを知っていなければいけない。登攀の動作をしたいだけなら、それでいい。でも冒険をしたいのなら、動作だけのルールとはまったく違う冒険のルールに従わなければならない。冒険には未知の要素がなければいけない。

**――どうして冒険に高い価値を置くのですか。**

前にも言ったように、冒険は人生で最大の経験だからだ。だれにとっても大切なものだ。人は冒険心を持って生まれてくる。だからこそ人は何世紀にもわたって進歩してきた。死という不確定なものがあるから人生は冒険なのだ。死はだれのところにも来るが、いつ来るかはだれも知らない。これは恐ろしいことだが、同時に魅力的なことでもある。

**――自分は信心深いと思いますか。**

そう思う。私なりのやり方でね。私の考えでは宗教とは教義を意味しない。教義には反対だ。私にとっての宗教はとても広い意味を持っていて、私たちを創造し、宇宙を支配する偉大で神秘的な力に敬意を払うことを意味している。

**――とても困難な瞬間を経験してきたわけですが、それは超越的、宗教的体験でしたか。**

私が恵みの状態と呼ぶ体験はしたことがある。それは歓喜と活発な反応が混じり合ったものだ。そういう体験によって、私は何でもできる、何でも可能だと信じるようになった。私たちは自分の能力をほんのわずかしか使っていないが、ごく稀に自分の可能性をいつもより多く使う羽目になったとき、ふだんなら奇跡と思われるようなことをやってのけるのだ。

**――そのような体験を登山以外の分野でしたことがありますか。**

野生の動物と暮らしていたときに同じ状態を体験したよ。登山から転向する時期で、ライオンや虎などの危険な動物に会うために銃を持たずに生息地へ出かけていったことがある。動物たちと話をするのが不可能なことは知っていたが、誤解なしで接触したかった。私の結論は、人間が動物のルールを理解し、尊重するかぎり、動物を人間の論理で扱わないかぎり、人間に危険な動物はいないということだ。

そういう旅を二十年前に東アフリカでしたことがある。セレンゲティの近くに、自然公園ではないが人里から遠く離れた地域があった。こういうことを試してみるには理想的な場所だった。私は武器を持たずにひとりで横断したのだが、信じられないような体験をした。

あるところで数頭のライオンに出会った。私はまっすぐ歩いていった。ライオンはよけてくれたが、また別のライオンたちがやってきた。そのとき突然、二人の自分がいるような気がした。ひとりは現在の自分で、心配でいっぱいだった——子供のライオンがいたから危険だった。だがもうひとり、おそらく私たちの祖先の名残と思われる自分がいて、私に好奇心と確信を授けてくれ、私を前に押し出した。私は二人目の自分に従ったが、それは本能的な判断だった。私は音を立てないよう、粗雑な動きをしないように気をつけながらゆっくりと、しっかりした足取りで歩きつづけた。するとライオンが立ち上がってくれて、私はその間を通り抜けていった。

一人目の私は怖がっていたが、二人目は大丈夫だと思っていた。この状況は正確に説明できないが、私はその場を切り抜けてこうして生きている。この経験がさっき話した恵みの状態のひとつなのだ。私は、自然と接触していると本能が目覚めて、今ではほとんど失われてしまった遠い昔のルールを取り戻してくれるのだと信じている。

本能はよく非難されるが、本能は私たちの意識の一部をなしていて、ひとりひとりの内側に存在していると私は信じている。動物が本能に従って何かをするとき、そこには論理がある。人間にも本能があるが、文明に窒息させられて死にかかっている。それで私たちの論理はもう原始の論理に反応しないんだ。

**――ヒロイズムは今日でもあり得ますか。**

ヒーローとは何かね。この世界の真の英雄とは、自分自身を信じ、自分の個性を信じ、自分は何者であるかを信じている者だ。しかしそれは実に難しいことで、不可能ですらある。私たちが住んでいるのは妥協の社会だからだ。

**――まだ冒険を求めつづけますか。**

私はいつも新しい経験を求めてはいるけれど、必ずしも何らかの危険を冒さなければいけないとは思っていない。この町にいても新しい経験はできる。知的経験でもいいんだ。知的経験は肉体的経験と同じくらい刺激的だし、肉体的経験が終わったあとでも目標になり得る。

私は人生を階段と見ている。そして知的経験とは次の一段に過ぎない。私は自分の人生を冒険を軸にして築き上げてきた。それは登山からはじまって、ほかのほうへ移っていった。世間では私をアルピニストと思っているが、私は自分をアルピニストだった男と見ている。登山は私の人生の一部でしかない。私のことを書くときはたいてい、私があるときに登山をやめたと述べている。唐突にやめたように書いているが、そうじゃないんだ。登山はつづけたよ。アルピニズムのうちのあるやり方はやめたが、私はアルピニズムの中で成長しつづけていた。登山は階段の一段目だと考えている。私はいまだにその階段を登りつづけているんだ。

# ロイヤル・ロビンズ

Royal Robbins

少年がはだしで木に登る。登るのがただ楽しいから登る。理由はどうでもいい。わくわくするのだ。新しい経験なのだ。ちょっぴり危険でもある。行ったことのないところへ行く冒険の快感だ。少年は建物や易しい岩の崖を登ってしまうかもしれない。この子供っぽい遊びから、もっと険しく、もっと滑らかな岩壁に取り組みたいという欲望が生まれてくる。だが出かけていっても、靴やロープやピトンなんかがなくては登れない。遊びは複雑になってくる。しかし肝心なことは変わらない。冒険だ。装備を持ち、技術が上達すれば、あのはだしの木登りはたわいのないものになり、禁断の王国に入ることができる。そして初めて木登りをしたときに味わった、わくわくするような新しい体験を楽しみつづけていけるのだ。

ロイヤル・ロビンズ『ベーシック・ロッククラフト』

ロイヤル・ロビンズはロッククライマーとしての長い、目を見張るような経歴を通じて終始、世界で最も頑強で威圧的な岩壁を舞台に自らの限界をおしひろげ、人工的エイドの使用を最小限に抑えるという考えのもとに、より長く難しいルートへと自分を駆り立てて、クライミングに冒険と新しさをはぐくみつづけてきた。この間に彼はビッグウォールのエイドクライミングを改革に導き、巨大な垂直の壁を軽装備ですばやく登る技術をみがきあげ、高所登山にも何にでもさまざまな可能性を解き放って、つづく世代に道を開いた。ヨセミテ国立公園はこうした技術をテストし完成させる巨大な自然の実験室と化し、ここで行った多くの登攀を通じてロビンズはヨセミテ渓谷を世界のロッククライミングの中心地に発展させただけでなく、このスポーツの歴史に残る傑出した人物のひとりという名声を確立した。

ロビンズは一九五〇年代にカリフォルニアのサン・フェルナンド渓谷にあるストーニー・ポイントでクライミングをはじめた。進歩はめざましく、一九五二年にはターキッツ・ロックのオープンブックをリードして登った。これは合衆国で初めてのグレード5・9のルートだった。

そのあとすぐ、彼はヨセミテ国立公園の花崗岩の岩壁にねらいを定めた。初めのうちは一九五三年のセンティネル・ロック北壁のような初期の腕試しルートをいくつか登った。それからロビンズとマイク・シェリック、ジェリー・ガルワスは一九五七年にハーフ・

ドーム北西壁の初登攀を仕上げて新天地を開いた。これはあの壮大な壁に刻まれた最初のルートだった。こうして広くはヨセミテ渓谷、とりわけハーフ・ドームとの灼熱の恋がはじまった。

ロビンズはヨセミテのクライミング史に巨像のように立ちはだかっている。一九五〇年代から七〇年代にわたるヨセミテ・クライミングの黄金時代にはイヴォン・シュイナード、チャック・プラット、トム・フロスト、T・M・ハーバートその他の著名なクライマーとチームを組んで、新しいルートをつぎからつぎに開いていった。世界最高のロッククライミングのひとつと評された一九六一年のエル・キャピタン、サラテ・ウォールの初登攀、一九六四年のエル・キャピタン、ノース・アメリカ・ウォール初登攀、一九六七年のエル・キャピタン、ウェスト・フェイス初登攀、一九六九年のハーフ・ドーム、ティサック・ルート初登攀などである。彼はまた、ヨセミテのルートを登るスタイルを改良し、一九六三年のすさまじくオーバーハングしたリーニング・タワー初登攀や一九六八年のエル・キャピタン、ミュア・ウォール単独初登攀などでそれを示した。

ロビンズは栄誉に甘んじることなく、世界のどこでもロッククライミングの限界を広げていった。一九六二年、ジョン・ハーリンとフランス・アルプスのプティ・ドリュ西壁のダイレクト・ルートをやってのけてセンセーションを巻き起こし、つづいて一九六五年に同じ西壁のスーパーダイレクト・ルートを登った。この二つのルートは、ヨセミテ・スタイルのテクニックが世界のほかの場所でも有効であり、クライミングの将来のあり方を表していることを、この上なくドラマチックな方法で見せつけた。自分たちの庭ともいえる山で大胆な新ルートを開かれるという不意打ちをくらったヨーロッパ人は、成り上がり者のアメリカ人たちが今やクライミングの最先端に立っていて、追いつくには彼らのテクニックを取り入れなければならないという事実に気がついた。

ヨーロッパ・アルプスでのこうした印象的なクライミングに加え、ロビンズは辺地の山の登攀もいくつかやりとげた。一九六四年、彼とジム・マッカーシー、レイトン・コア、ディック・マクラッケンはカナダの北西準州のアンクライマブルズ圏谷に出かけ、約五五〇メートルのプロボシス南東壁に新ルートを開いた。一九六八年にはミックスのルートに移り、カナダのイーディス・キャヴェル北壁の単独初登攀をものにした。こうしたクライミング経験は、フリークライミングとビッグウォール・エイドクライミングの初期のバイブルとされるロッククライミングの古典、『ベーシック・ロッククラフト』（一九七一年）と『アドヴァンスト・ロッククラフト』（一九七三年）を書くときにおおいに役立った。

ロビンズは今ではあまりヨセミテ渓谷でクライミングをしていないが、なお長老的な地位を保っており、近年起こった倫理論争、とりわけラップ・ボルティング〔懸垂下降して事前にボルトを打つこと〕問題にはかなりの影響力を及ぼしている。ロビンズはこうした行為には強い反対の立場をとっており、ラップ・ボルティングはクライミングから冒険をなくしてしまう、したがって彼がいちばん大切にしてきた楽しみを奪ってしまうと主張している。これに加え、以前ボルトの使用に関してウォレン・ハーディングに反対した論争などを通じて、ロビンズはグラウンドアップ・スタイル（懸垂下降でボルトを設置しない）とクリーンクライミング一般を擁護し、原則にのっとって意見を明確に言うスポークスマンであることをはっきりさせてきた。彼はボルトをできるだけ少なく使用すること、ナットと天然のプロテクションでは不十分なときだけに使うことを主張している。

ロビンズは一九三五年、ウェスト・ヴァージニア州のポイント・プレザントに生まれたが、家族はすぐロサンゼルスに移ったので、そこで育った。一九六三年にリズ・バークナーと結婚し、二十二歳のタマラと十四歳のデイモンの二人の子供がいる。

年がたつにつれ、ロビンズはクライミングの実績と同様に、事業での成功者としても知られるようになった。夫婦で経営するアウトドアウェアの会社「ロイヤル・ロビンズ」は年間一千万ドル以上の売上げをあげている。

繁盛している衣料ビジネスの経営現場にいないときは、ロビンズはあいかわらずクライミングに行っているか、あるいは最近アウトドアでのめり込んでいる渓流カヤックに出かけている。こうした活動が、五十八歳という年齢にもかかわらず、彼の体を見事に整え、鍛えあげている。ロビンズはごま塩のあごひげを生やした、もの静かで思慮深い男だが、ひとたび話題がクライミングに及ぶと情熱的になり、自説を主張する。カリフォルニアのモデストにあるロイヤル・ロビンズ本社で忙しいスケジュールから時間を割き、クライミングと人生に対する考えを確信と節度ある激しさをもって語ってくれた。

**――クライミングはどのようにしてはじめたのですか。**

子供のころ、私はロサンゼルスを離れてサン・ガブリエル山脈へ行くのが好きでした。あそこはとても気分のいい、快適なところでした。ロサンゼルスは私には楽しいところではありませんでした。社交的でなく、パーティにも行かず、まわりの人とは違ったことばかり考えているとしたら、あそこには何があるというんです。車、騒音、スモッグ、それに何かもっとよいものを求めているわけでもない人の群れだけでしょう。山では人は何かもっとよいものを探しています。それが山にあるかないかはどうでもよく、探し求めることが大事なのです。毎日の薄汚い生活に満足せず、よく見ることです。

というわけで、友達ともひとりででも山へ行きました。峡谷を下る道を探したり、川を遡ったりして、いつもこの先を曲がったら何があるのだろう、何か面白いこと、冒険があるのではないかと探していました。

**――どうしてロッククライミングに興味を持つようになったのですか。**

とにかく気に入っちゃったのですね。十五歳のときに『高山征服』という本で岩壁を登っている人から空中にロープが垂れ下がっている写真を見て、自分もやってみたくなりました。これはすごいや、と思いました。薄汚い毎日の生活のはるか彼方の、何かロマンチックな幻影のようでした。

その直後からクライミングをはじめたんです。たいていはサン・フェルナンド渓谷のストーニー・ポイントと呼ばれる岩場でした。のちにロサンゼルスの南東一二〇マイルにあるターキッツ・ロックで登りました。クライミングを覚えたのはこうしたところです。

ハイキングより冒険的なので、クライミングのほうが好きでした。危険があれば冒険の度合いが増します。ということは十分気をつけて行動しなければならないということです。さもないと、たいへんなことになる。クライミングは注意力や知覚力のレベル、つまり生きていることのレベルを引き上げてくれます。率直に言って、クライミングは危険だからこそ生きることを高め、奮い立たせてくれるのです。

それにクライミングは楽しかったですからね。明らかに大事なことは危険をしっかりととらえ、制御することです。といっても、クライミングには危険がなければなりません。これははっきり言っておきましょう。危険を冒すことを求められているのではなく、そこに危険があることが求められているのです。その危険を行動と思考力によってうまく回避するのです。

クライミングに引きつけられた理由のひとつはそこにありました。焦点を合わせるべきものを与えてくれたのです。焦点のない人生は無意味です。焦点を合わせるものがあって全身をそれに打ち込むとき、私たちは生き生きとして、この世でなすべきことをしていることになります。生を受けた目的を果たしているのです。私はクライミングに集中でき、ほかのくだらないことをすっかり忘れられるから、クライミングに引きつけられたのです。こう言ってはほかのことに気の毒かもしれないが、当時の私はそういう狭い見方をしていました。

**――クライミングはとても楽しかったですか。**

初めからね。岩を登っていくときの体の感覚が好きでした。たちまち惚れ込んでしまいました。たぶん私は半分、猿か何かなのでしょうね。あの感覚はいまだに私にとってクライミングのいちばんよい点のひとつです。岩を登っていくのはとても気持ちがいい。

クライミングをはじめたときから私には生まれつきの才能がありました。もっと天賦の才に恵まれたチャック・プラットのような連中には及ばないけれど、まあ、平均以上でした。私なんかよりずっと才能に恵まれた彼のようなクライマーはたくさんいましたが、私はいつも彼らに追いついていたか、場合によっては追い越していました。私には常に全力を尽くす燃えるような意欲がありましたが、彼らにはそういう特別の情熱がなかったからです。

初めて登りだすとき、「どうだ、おれにも初登攀ができるぞ」と思います。これはすばらしいことで、次には「よし、もうひとつやってみよう」と考えます。そのときは苦痛を忘れ、恐怖を忘れています。愉快なことなので、もう一度同じ体験をしたくなります。自分は有能なんだという気がしてきます。何でもできるという気がします。どんなことにもこんな気分を感じられるならクライミングに惚れ込んだりはしなかったでしょうがね。何でもやすやすと上手にやってしまう人がいますが、私はそういう人間でないことは確かでした。だから、自分に何かひとつすぐれたものがあるとわかったら、それを突っ込んでやりたかったのです。

**——ほかのスポーツではなく、クライミングだったのはなぜですか。**

クライミングは単なるスポーツではありません。ひとつの生き方です。テニスやスキーのダウンヒル競技以上のものです。今もそうだと思うけれど、特に昔はクライミングをしようとしたら周囲のことから自分を切り離す必要がありました。

最初のうちは学校の友達を誘ってパートナーにしました。でも彼らは一度行くと二度と行かないのです。それでシエラ・クラブのクライミングに行ったところドン・ウィルスンに出会い、彼を通じてジェリー・ガルワスとマイク・シェリックを知りました。みな私より少し年上で、大学生でした。頭がよく、教養があり、それまでつきあっていた友達とは違っていました。こういう選り抜きの人たちの仲間入りをするのは光栄だと思いました。

クライマーは珍しい人種でした。特殊な人間で、それまでに出会ったどんな人たちとも違っていました。とりわけ彼らは一般に他の人たちより無欲で、寛大で、精力的で、快活でした。生命があふれているように見えました。少々気違いじみているようにも思えました。世間が大事にしていることにはあまり興味がないようでした。世間が正気の沙汰でないと考えることに、持てるものすべてを注ぎ込むような愚かしいことを楽しんでいるように見えました。そんなことをしたり、そんなものの見方をするのは特殊な人間だけです。

ある意味でクライマーたちは自分をエリートだと思い、優越感を持っていました。私たちはみないろいろな面で、都会生活の面で劣等感を持っていたのは確かです。しかし自分たちはより高いものを求めているのだという、ある種の優越感があったといえるでしょう。今になって考えてみると、私たちはほかの人たちよりすぐれてもいないし劣ってもいなかったと思いますが、違ってはいましたね。私たちの意欲をかきたてたものは、平地の人たちの意欲をかきたてるものではありませんでした。

**——あなたがたは普通の生き方に満足できなかったのですか。**

そう、できませんでしたね。情熱を燃やせるものがなければ、私たちは満足できませんでした。クライミングであろうとほかのことであろうと、誰もがそうあるべきですね。燃えることなしに生きるなんて、死んだのも同然の人生です。そうではいけない。愛を注げるものを見つけて、それに人生を託さなければいけません。

**——クライミングに熱中しだしてからは、ほかのことをあきらめざるを得ませんでしたか。**

何かをあきらめるという考えを持ったことは一度もありませんよ。私はクライミングをはじめて、十六歳で高校をやめました。冬はスキー場で働いて、夏はいろいろなアルバイトをしていました。そうしながら、できるだけクライミングをしました。冬にはよくスキーをしましたが、滑っていないときはクライミングをしていました。ターキッツ・ロックで登っていた時期です。

二十三歳で陸軍に入りましたが、その間もよく登りました。除隊してから私は本当に好きなこと、つまりクライミングに生涯を捧げようと決心しました。夏になるとチャック・プラット、トム・フロスト、T・M・ハーバート、ディック・マクラッケン、グレン・デニーといった連中とテント生活をしました。残金と相談しながらの貧乏生活でした。あのころはよくヒッチハイクをしたな。金はあまりなかったが、自由はたっぷりありました。私たちはそういう暮らしを選択したのです。

**――クライミングに関しては野心的でしたか。**

「世界でも有名なクライマーになるんだ。いちばんすぐれたクライマーになるんだ」と自分に言って聞かせるほどの野心はなかったな。でも、やるとなったらできるだけ上達したいと思っていたという意味では野心的でした。実際のところ、クライミングにしろほかのことにしろ、私は夢見ていた以上の域に達しましたよ。

のちにアメリカのロッククライミングのリーダーとして知られるようになると、いい気分になっちゃって、野心が忍び込んできました。そういうときには気をつけなければいけませんね。野心のもとはうぬぼれで、よい仕事ができないように邪魔することがありますからね。

私は早くから普通の仕事はやめて、クライミングをすることに決めました。生きている実感が得られるからです。それは充足感を与えてくれました。私の知っているクライマーはみなそれが動機になっていました。なかには有名になりたい者もいましたが、クライミングが主な動機になっていないクライマーというのはあまりいませんね。

**――一九五〇年代のクライミングは競争が激しかったですか。**

五〇年代の初頭は激しかったですね。今でも覚えていますが、一九五〇年にストーニー・ポイントへ行って全部登ってしまったイヴォン・シュイナードという男がいると聞きました。私たちの仲間うちでは多少の競争はありましたが、彼はアウトサイダーとして初めて割り込んできたのです。きっと背が高くて金髪で、万能スポーツマンなんだろうと思っていたのですが、実際のイヴォンは背が低くて髪は黒っぽく、すぐれたスポーツマンではあっても、際立っていたのはスポーツマンとしての生来の才能ではなく、心の姿勢、取り組み方のためでした。

私が挑戦してきたことをイヴォンがやり、イヴォンが挑戦してきたことを私がやったのです。彼と出会う前にはそうした競争がありました。しかし私たちの競争はだいたいが面白がってのことで、楽しいものでした。トランプをやったり野球をやったりするときの競争ですね。

それからしばらくたって、特にヨセミテで新ルートを開こうというときなどには、競争が熱を帯びてきて、卑劣さが忍び込んでくる危険性が出てきました。よい競争というものは楽しいもので、互いに競い合うからよりよい成果があがり、卑劣さは締め出されているものです。競争には卑劣さがあってはいけません。他人より抜きんでられることをやればいいのです。だれかに負けたら、それを受け入れるのです。本当はピトンを踏み段に使ったのに、踏み段にしていないなんて言わないことです。

もちろん、こんなこともありますよ。ある連中がクライミングのスピード記録をつくったけれど、たとえばセカンドがロープをたぐって登ったというような、彼ら自身が否定した方法で登ったことがあとでわかる。そうなると、この記録は少々不名誉なものになりさがってしまうでしょう。

よくあることだけど、「うん、実に速く登ったな。でも……」と言わずにすませるのはなかなか難しいものです。この「でも」が核心をついていることもあれば、ごくくだらないことである場合もあって、口にしてしまえば人間関係がこじれたりします。これは不幸なことです。

使ったエイドはいつもはっきり言うべきですね。これは基本的なことです。自分がどういうエイドを使ったか、みなにはっきり知ってもらう努力を常にすべきです。もしピトンを踏み段に使ったら、言わずにすませてはいけません。以前は使われなかった器具を使って登ったら、それを使ったことを認めずに、自分は以前の者よりうまくやったふりをしてはいけません。そのへんをきちんとしておけば、人は「うん、でも……」なんて言わないし、自分も正直者でいられます。

場所によってはこれは安全性にもつながります。あるルートを登ったときにフックのようなものを使ったり、あるいはボルトを使ったあとでそれをはずし、自分はフリーで登ったと言えば、次に登る者を危険な目に遭わせることになります。これは正しいことではありません。正しいことをして、正直であること、それが守られるかぎり、競争はいいものです。

**——五〇年代初めにヨセミテに行ったとき、主なクライマーにはどういう人がいましたか。**

アレン・ステック、ジョン・サラテ、チャック・ウィルツ。たぶんステックがリーダー格だったでしょう。

**——彼らのスタイルはあなたが高く評価できるものでしたか。**

そう言っていいと思います。特にサラテはね。だから私たちは彼にちなんで、〈エル・キャピタンのルートに〉サラテ・ウォールという名をつけたのです。サラテは彼特有のスタイルの基準を本能的につくりました。彼はヨセミテのビッグウォールをつぎつぎと登っていくときも、使うボルトをできるだけ少なくしていました。私が評価したのは、そういうスタイルです。

**――それが独特なヨセミテ・スタイルのクライミングのはじまりでしたか。**

そうです。サラテは全部グラウンドアップでやって、ボルトの使用は極力少なくしていました。彼は初期の偉大なリーダーであり、私たちには光り輝く模範でした。私たちは彼のルートを登ったのですが、えらい苦労をしましたよ。彼が打ったボルトは全部利用したけれど、ボルトとボルトの間を登るのはたいへんでした。彼は非常に技術のすぐれたクライマーだったし、道義を守る人でした。

サラテは私がクライミング哲学を発展させる際のかなめの人物でした。この哲学は三人のお手本に基づいています。一人目はジョフリー・ウィンスロップ・ヤングで、クライミングをスポーツマンシップとしてとらえる哲学を持っていましたが、その中心は単に頂上に達することではなく、そのやり方にありました。二人目はサラテで、ジョフリーふうの哲学をヨセミテの近代クライミングに適用しました。三人目はジョン・ミュアで、原生自然の倫理を唱え、自然をそのままにしておくことを尊重した人です。

**――ヨセミテはクライミングの場としてなぜ魅力があったのですか。**

もし私がニューヨークに住んでいたらヨセミテに行くことはなかったでしょうが、カリフォルニアの人間にとってそれはごく自然のことに思えます。でも率直なところヨセミテを見て、「おっ、ここは世界のロッククライミングの中心地になるぞ。われわれの名をここに刻もうじゃないか」と言ったわけではありませんよ。振り返ってみると、私たちには想像力が少々欠けていましたね。ヨセミテがどうなるかわかっていたら、もっとたくさんクライミングをしておいたのに。

あのころ、合衆国ではクライミングはたいしたものと受け取られていませんでした。新しいルートを開いて、しかも見事にやってのけても、ごくわずかな人が耳にするだけでした。私たちの尊敬する人たちの尊敬を受けるだけでした。クライミングにかかわりのない人々は気にもかけていなかったでしょう。たいていは、「あの愚か者どもは何をやっているのだろう」ぐらいしか言いませんでした。私たちにはそれがふさわしかったし、それで十分でした。気違いじみていると人に思われて幸せでした。気にもしていませんでしたよ。

**——当時は新しいルートを開く可能性が驚くほどたくさんあったのではないですか。**

そう、黄金時代にそこにいたんだから、私たちは幸運でしたね。黄金時代とはすなわちたくさんの機会があるということです。ルートはそこらじゅうにある。やる気と技術とルートに取り組む想像力がありさえすればよかったのです。思い返すと面白いのだが、実際に取り付くまでにずいぶん長い時間をかけているのですよ。かなりおどおどしながら近づいていったのですね。

**——「黄金時代」とは、どういう意味で言うのですか。**

サラテとアントン・ネルスンのロスト・アロー・チムニー登攀〔一九四七年〕にはじまる時期をそう呼んだのです。あれが黄金時代のはじまりでした。あのルートとそれ以前に開かれたルートの間には大きな隔たりがあります。以前のルートには拘束時間も用具も技術も要りませんでしたが、サラテのルートはそれが全部必要でした。まず拘束時間が大問題です。登攀に何日もかかります。長くて難しくて、以前のルートとは本当に大違いなのです。

**――ヨセミテ渓谷で登った最初のルートにはどんなものがありますか。**

ヨセミテ渓谷に初めて行ったとき、センティネル・ロック北壁を見ながら、「いつかあのすばらしい壁のサラテ・ルートを登ってみたいな」と考えたのを覚えています。でも、その翌年〔一九五三年〕にジェリー・ガルワス、ドン・ウィルスンと時間をあまりかけずに〔二日〕いいスタイルで第二登をやってのけるとは夢にも思わなかったな。これに気をよくして、私たちにも初登攀ができないものかと思いはじめたのです。

それで一九五六年の夏に私たち〔ロビンズ、ウォレン・ハーディング、ドン・ウィルスン、ジェリー・ガルワス〕はハーフ・ドーム北西壁にあまり身の入らない挑戦をしたのですが、うまくいきませんでした。誤ったクラック・システムに取り付いて、ぶちのめされてしまいました。

私たちは肝をつぶして下りてきました。あのような場所と、あのような状況を経験したことのある者はひとりもいませんでした。私たちは未知の世界に漕ぎだしていたのです。上のほうに大きなオーバーハングがあったけれど、それを越えられるかどうかはわかりませんでした。サンク・ゴッド・レッジがあるとは知らなかったのです。全部懸垂下降で下りてこなければならないかもしれないというのに、あんな壁を懸垂下降で下りきった者はいませんでした。中間点にトラバースがありました。でも、トラバースで戻ってこられなかったらどうするのだろう。その他いろいろと疑問だらけでした。

一九五七年、ハーフ・ドームに真剣に挑む勇気がわいてきました。あとでわかったことですが、私たちはそんなにおびえる必要はなかったのです。でも、それがわかりませんでした。振り返ってみれば、あれは若い者にはいい冒険だったんだな。

**――どうしてエル・キャピタンでなくハーフ・ドームをねらったのですか。**

目立ったからですよ。ハーフ・ドームとエル・キャピタンは二大岩壁なので、どちらかをやりたかったのです。この二つにくらべたら、どれも見劣りしますからね。私たちはハーフ・ドームにはルートを見つけられる、それも三千フィートでなく二千フィートだと見ました。これこそ次の段階にふさわしいと思えました。そのあとでエル・キャップを考えることにしようというわけです。まだ二千フィートを登っていないのに三千フィートの一枚岩にとびつくのは理屈に合わないように思いました。ハーフ・ドームを登ったあとも、私たちはみなエル・キャップに萎縮していました。手に余るように見えたのです。見上げても連続するクラックが見つからない。私たちにはルートが見えませんでした。エル・キャプを見上げてはこう言ったものです。「だめだ、やめたほうがいい。埋め込みボルトをたくさん打つことになるのがオチさ」

私たちはそう自分に言い聞かせ、そう信じ込んでいました。しかし私たちは誤認していたので、やらない理由を探しだしていたというのが真相です。もし本当に登りたいのなら、登れる方法を探しはじめるものです。あまり登りたくないのなら、登れない理由を探しますよ。私たちがやっていたのはそれでした。

ところがウォレン・ハーディングは登れる方法を探していました。彼はハーフ・ドーム登攀には参加しておらず、それにヒーローになりたかったので、エル・キャピタンに立ち向かいました。そして私たちよりも想像力と気骨のあるところを見せ、あのすばらしいルート〔ノーズ、一九五八年〕の初登攀をやってのけたのです。彼は私たちが必要と考えた以上のボルトを使いました。もし私たちに本当に登る気があったら、ボルトはもっと少ししか使わないか、ほかの方法をとっていたでしょう。実際、私たちがサラテ・ウォールを登ったときは、ボルトは十三本しか使いませんでした。でも私たちは萎縮し、怖がっていたので、このときは機会がなかったのです。

ウォレンがやれることを示してくれたあと、私たちは第二登に成功しました。彼の残したボルトがあったので、七日で登れました。私たちは、「これ〔エル・キャプ〕は攻囲法を使わずに登れるぞ」と言い、大きな何も手がかりのない地帯を横切らずにもっと自然に頂上に登れるルートを探しはじめ、サラテ・ウォールに行き着きました。これは今日にいたるまで私がやった最高のロッククライミングでした。それは間違いなく最高の初登攀でした。実に美しいし、岩がとてもよく、エイドとフリーの課題があり、振り子トラバースも、夜を過ごすには格好のレッジもあって――つまり何から何まで備わっていたのです。それにこの三千フィートを登るのにたった十三本のボルトしか使っていません。ノーズは一二五本ですよ。

**――そのときからボルトの使いすぎを懸念していたのですね。**

倫理的にいって何本だったら多すぎるということを私たちが知っていたのかどうかわかりませんが、自分たちが使いたいと思っていたより多いかどうかということはわかっていました。私たちはボルトを打つのを嫌っていました。

私たちはボルトを打つことをクライミングと思っていませんでした。クライミングを連結する方法ではあっても、それ自体はクライミングではありませんでした。私たちはハーフ・ドームで二十本使いましたが、たいへんな労力でした。一二五本も打つのには耐えられそうもありませんでした。どこかおかしいような気がしました。ボルトを打つのはだれにもできるし、ボルトを打つのはクライミングではありませんから、絶対に必要なときだけに限るべきです。登攀不可能だがボルトがあれば登れるという場合にはボルトを打つのにやぶさかではありませんでした。私たちにはこれではボルトが多すぎるという一線は感じられましたが、それが何本なのかはわかりませんでした。ただ、できるだけボルトの使用は避けたいと思っていました。エル・キャプの三千フィートのルートをたった十三本のボルトで登れたのなら、それはよいことです。でも三百本使わなければならないとしたら登るのは考えなおしたでしょう。

**——「私たち」とはだれを指しているのですか。**

チャック・プラット、トム・フロスト、ディック・マクラッケン、グレン・デニー、スティーヴ・ロウパー、T・M・ハーバートです。当時はたいていこの連中と登っていました。

そのころイヴォンはあまりヨセミテ渓谷に姿を見せていなかったので、いっしょに登ってはいません。彼は主としてティートンにいました。その後イヴォンはクライミング・センターとしてのヨセミテの重要性を感じはじめ、よく現れるようになりました。そして、彼とこの渓谷の関係はいつも愛憎こもごもというところでした。どちらかといえば嫌っていたかな。もっとゆったりしているティートンとはぜんぜん違いますからね。ヨセミテ渓谷は激烈で競い合っているので、彼は寄りつかなかったのです。

**——みなさんはグループとしてその原則に合意していたのですか。**

合意に近いものがあったと思います。実際、ウォレン・ハーディングとエド・クーパーという男を除けば、異議を唱えた者はいませんでした。エドは北西沿岸地方からヨセミテに来て、この渓谷になじむ間も知る余裕もなくすぐにエル・キャプの新ルート〈ダイヒードラル・ウォール、一九六二年〉を登りはじめました。彼はボルトをやたらにたくさん使ってルートを攻囲法で登ったのですが、私たちには過去の戦法としか思えませんでした。

**――ウォレン・ハーディングとは仲がよかったのですか。**

二人ともクライミングについてはしんそこ情熱的だったので、すぐにそりが合いました。事実、初めのころはウォレンといっしょにハーフ・ドーム北西壁に挑んだことがあります。彼は典型的な燃えるクライマーで、知人のなかでもたいへん独特な性格の持ち主でした。わが道を行くタイプで、自分のやり方、考え方、取り組む姿勢を持っていました。他人がしたことをなぞるのはあまり好きではなかったですね。それが彼をして先駆者、一匹狼たらしめたのです。

私たちは方法論ではいつも意見が合っていたわけではないのですが、それがウォレンを気に入っている理由のひとつなんです。ウォレンと私はいつもいい友達でした。二人の哲学には大きな違いがあるので――私はモラリストだが彼はそうじゃない――人によっては仲が悪いと思われているようですが、それは本当ではありません。

**――二人の間の摩擦はいつはじまったのですか。**

彼がエル・キャプのドーン・ウォールを登った〈一九七〇年〉あとです。ノーズのときは落ち度が見つからなかったし、私はかかわりたくありませんでした。あれは彼のパーティだし、ひとつには攻囲法で、しかもあんなにたくさんのボルトを使って登りたくはありませんでした。今思うと、私はやかましすぎたね。エル・キャプを初登攀できたらすばらしかっただろうな。

その後、あれはドーン・ウォールの登攀からはじまったのですが、ハーディングが売名と宣伝に躍起になるのに嫌気がさしました。彼ら〔ハーディングとディーン・コールドウェル〕の登攀の質とやり方のせいで、世間はかなり注目しました。彼は受けをねらっているように見えたし、自分のためというより世間のためにクライミングをしているようでした。これが私たちの哲学に相違が出はじめた原因です。ハーディングの哲学はできるだけ手がかりのない部分を選んで必要なだけのボルトを打ち込むことなのに対して、私たちの哲学はボルトの使用を避けることでした。

**――ということは個性の問題とロッククライミング・テクニックの問題の両方なのですね。**

そうです。ハーディングのやり方は彼と山との間の精神的なことなんかではなかったのです。ある見方では、ルート中に手がかりもない部分があればあるほど挑戦しがいがあるし、集中力も献身度も努力もより多く要求されるでしょう。つまるところ、ボルトに要るのは腕前でなく単なる労力なのです。だからボルトのおかげで彼はその登攀に耐えるだけの粘り強さと闘争心を培いました。彼は技術レベルの質にはあまり関心がないのです。

私はもし彼のやり方が一般に受け入れられたら、ヨセミテとアメリカのクライミングにとって非常に悪いことだと心配になりました。それで、彼にとってはいいのかもしれませんが、岩にとってもクライミングの基準にとっても概して破壊的であるという考えにたって闘ったのです。

**――ドーン・ウォールのルートを消したことで、闘いは頂点に達したのですね。**

そうです。

**――あのルートを消したのはあなたの考えですか。**

そうです。そうしようとみなで話していたのですが、どちらかといえば私の考えでした。何かしなければならないのなら、ほかの連中は口だけだから私がやらなければと承知していました。

**――後悔しましたか。**

全部消せなかったので、はじめたことを後悔しました。半分以上行ったところで間違いだったと思いました。だからといって良心の呵責を覚えたわけではありません。私の見解は単純で、ボルトを打つ権利があるのなら、それを抜く権利もあるというものです。

**――それはヨセミテ渓谷のクライミングにどのような影響を及ぼしましたか。**

あれがよいことだったかどうかは議論の余地があります。その後あれ〔ドーン・ウォール〕ほどひどいことは起きていません。クライマーたちは全体としてハーディングのやり方よりも私のやり方、あるいは私がかかわっているやり方に向かっている傾向があります。私の知っているかぎりではドーン・ウォールのような例はほかにありませんね。

**——もしあなたがヨセミテ渓谷に行かなかったら、だれかがあなたのルートと似かよったルートを登ったと思いますか。**

自信を持っていうのは難しいですね。サラテ・ルートを途中でトラバースし、いったん下に降りて振り子トラバースをするあの方法をだれかが考えつくか、あるいは時間をかけてボルトをたくさん使い、いちばん下からまっすぐ登るかは、私にはわかりません。違う方法でやれることはいくつかあるでしょうが、ルートというものはだいたいそこにあるもので、それをだれかが登るのです。私たちの目標はルートを可能なかぎり最善のスタイルで——固定ロープは使わず、ボルトは最小限にとどめ、フリーで登れないときだけエイドを使って登ることでした。

**——ヨセミテで発展させたテクニックは何ですか。**

フリークライミングのテクニックではあまりありませんが、〔幅の広い〕オフウィドゥスのジャムクラックを登るためのアームロックとエルボーロックを編み出しました。チャック・プラットが登ったそういうクラックを私が登るには、そうしなければならなかったのです。彼はジャムクラック登りの名人で、私がオフウィドゥスのジャムクラックを克服するにはこの手しかありませんでした。私の腕は柔軟で、肘をかなり上げられるので、このテクニックを編み出せたのです。これが私の貢献かな。

もうひとつ、私の功とはあまりいえないけれど、荷上げ方法の開発があります。あまりに体力を消耗する従来の野蛮なやり方にはうんざりしていました。新しい方法はかなりよかったね。

登攀以外で私が大きく貢献したのは、クライミングのプロテクション用に人工的チョックストンを本格的に取り入れたことです。私はそれを強く勧めていましたが、シュイナードは早くからこれに改宗し、彼の会社のカタログで登攀思潮の変革に大影響を与えました。私たち二人は驚くべきことをやったのです。クライマー一世代を説得して、クライミングをいっそう難しくするクライミング術を採用させたというわけです。ナットを使うには〔ピトンのときよりも〕よく判断し、岩と親しみ、より軽いタッチでやることが必要です。

**——それに岩を傷つけませんしね。**

もちろん、それはとても大事なことです。スタイルの点でも環境保護の点でも、クライマーたちは科学技術を高めるより自分自身を高めるほうを選んだのです。

**——あなたの世代はヨセミテでクライミングの歴史にどのような貢献をしたのですか。**

エイドクライミングで高い水準に達したのが大きな貢献です。アメリカ人はビッグウォールのロッククライミングを世界のだれよりも高い点まで引き上げました。というのも私たちにはトレーニング場があり、それだけの値打ちがあり、また孤立していたので独自のやり方を発達させられたからです。

**――ビッグウォールのエイドクライミングを発達させる鍵となったのは何ですか。**

私たちが主導したビッグウォール・クライミングは主として二つのものから成り立っていました。ひとつは装備の開発と、特殊なピトンや叩けば変形するスマッシー、フックその他、ボルトを使わずに岩に固定できる手段を考えながら装備を上手に使いこなす能力です。私たちはボルトをとても嫌っていたので、ボルトを避けるためには何でもしました。

私たちがビッグウォールのロッククライミングの発展に力を貸したもうひとつの面は、物資の補給です。これには人とたくさんの道具を切り立った熱い岩の上を引き上げることが加わります。これは考えるよりはるかに厳しい仕事です。傾斜は険しいし、ピトンを打つのも難しい、それにピトンが抜けるのではないかという恐怖もあります。実際にこの種のクライミングでいちばん危険なのは、その複雑さなのです。特に、たとえば四人のチームだとすると、ロープはやたらに垂れ下がっているし、カラビナもむやみにある、バッグはあちこちにぶら下がっているし、ピトンはたくさん打ち込んであるという具合だから、誤りを犯す可能性はいくらでもあるわけです。

いつも確かめておかなければならないのは、たとえば自分の結び目がちゃんと自分のロープにつながっているかです。わかりきったことのようだけど、ピッチの半ばで自分のロープからはずれてしまっていた世界的クライマーを二人も知っていますよ。自分は本当にロープにつながっているか、つながっているロープは間違いなく確実か、なんらかの支点を通っているか、何かをはずしている最中にだれかがやってきて自分のロープをはずしてしまわないかといったことを確かめていなければなりません。これはえらく込み入っていて疲れることだけれど、間違えれば死につながるので、いつも頭を働かせていなければなりません。

**――ヨセミテ・クライミングの黄金時代はいつ終わりましたか。**

ビッグウォール初登攀の光栄に浴することがなくなったので、一九七〇年に黄金時代は終わった、あるいは形を変えたといっていいでしょう。それでも私は新しいルートを開いたり、それまでと同じ高い水準のクライミングをつづけていましたが、どこか焦点がずれてしまいました。ビッグルートをやることはあまり重要でなくなり、フリークライミングとスピード登攀が重要になってきました。

**――スピード登攀にはとても興味がありますか。**

ありますとも。ときどき出かけていって記録に挑戦しています。楽しみのため、競争のため、上手に能率よく登る快感を味わうためにね。こうしたことはあまり深刻に考えず、楽しめばいいのです。以前エイドで登ったルートをフリーでやろうとするようなものです。これもひとつの挑戦ですね。

一方、ルートを速く登るときは、すべてフェアにやること、理解されるものであること、正直であることを心しておきたいですね。

**――世界がヨセミテに注目しはじめたのはいつですか。**

一九六五年ごろです。私たちがノース・アメリカ・ウォールを初登した年でした。アウトドア指向という大きな流れの一部として、クライミングに対する興味が出てきたのです。世間の人がクライミングをアウトドア体験の正統な表現として見はじめたもので、シエラ・クラブにかかわっている変人のやることではなくなったということです。

私たちがクライミングをはじめたころは、世間はクライマーたちを変わり者と見ていました。シエラ・クラブに入っている連中も同様でした。世間の目にはどちらも暇さえあれば荒れ地の話ばかりしている狂信者、間抜け、変態といった類に映っていました。アウトドアに対する情熱を持っていたのはほんのわずかな人たちで、なかでもクライミングに情熱を抱いていたのはずっと少なかったのです。変人として、みないっしょくたにされていました。それが六〇年代に、不幸にもいろいろなくだらないものを巻き込んで、一般の人々の間にアウトドア体験指向がもりあがってきてから変わりはじめたのです。

**――それからほかの国のクライマーたちがヨセミテのようなところの可能性を理解しはじめたのですね。**

そうです。同じころにアメリカのクライマーたちがヨーロッパに行って、西部アルプスで新しいことをやってのけました。あれは確かに注目を引いたね。アメリカのテクニックと装備には学ぶべきものがあることを示したのです。それからヨーロッパから人がやってくるようになりました。

**――ヨーロッパではどんなルートを登ったのですか。**

シャモニ針峰群のひとつであるプティ・ドリュの西壁に新しいルートを開きました（一九六二年のダイレクト・ルート、一九六五年のスーパーダイレクト）。どちらも大ルートでした。一方は三、四日かかったし、もうひとつは五日かかりました。両方とも手ごわいルートでした。フランス・アルプスであの種のクライミングをあの気象条件下でやるのは並みたいていではありません。でも私たちはアルプスであの大初登攀をやれたのです。大成功でした。

**――大騒ぎになりましたか。**

多少の関心は呼びましたね。当然ですよ。彼らの関心は私たちの能力がまさっていたことではなく、アルプスに応用できるテクニックをヨセミテで発達させていた事実と、彼らの持っていない装備を持っていたという点にありました。こういうものをすべて合わせてこそ、私たちは彼らの思いも及ばなかったルートを登れたのです。しかし彼らがこなせるようになるまでにはあまり時間はかかりませんでした。今では自分たちでどんどんやっていますよ。

**――ヨセミテ渓谷を離れてほかのところで登りたくなったのはなぜですか。**

変化と挑戦を求めてです。私たちはもう大岩壁を恐れない段階に達していました。取り組み方が正しく、頭を使えば死ぬことはないと感じていました。ロッククライミングとはそういうものです。怪我をしたり死ぬようなことがあれば、それは百パーセント自分が悪い。責任は全部自分にあります。運が悪かったなんて言ってはいけない。決定的な瞬間に注意を払おうと払うまいと、自分の能力以上のことをやるかどうかは全部自分で選択することです。

堅い岩のクライミングならうまく支障なく登れても、天候や落石や雪崩を考えながら登る地域でのクライミングは、また大きな挑戦となって私たちを引きつけました。だからアルプスや南アメリカやロッキー山脈やアラスカなどに出かけたのです。より厳しい環境でもやれることを自分に証明したかったのです。

**――ということは、ヨセミテで開発したテクニックがほかのルート、たとえばアンナプルナ南壁の一九七〇年のクリス・ボニントンのルートにも使えたということですか。**

そうです。だからボニントンはあのクライミングにトム・フロストを連れていったのです。トムはヨセミテのテクニックを使ってみました。でも、それはちょっと大げさです。彼らがアンナプルナでやったヨセミテ・タイプのクライミングは量的にはたいしたものではありませんでした。大きな山をそれまでどおり主としてじわじわと登ったのです。

もっと小さい壁ですが、本当の意味での最初の実験は一九六四年でした。ジム・マッカーシー、レイトン・コア、ディック・マクラッケン、それに私は、アメリカ山岳会から五百ドルの援助をもらい、フォルクスワーゲンのかぶと虫に用具も全部積み込んで、アルカン・ハイウェイをとばしました。ティートンからカナダの北西準州までは車で行き、あとは飛行機でアンクライマブルズ〔登れない〕圏谷というところまで行きました。あの圏谷は実際には登れるんだけどね。私たちはプロボシスの南東壁を登りました。ハーフ・ドームのレプリカみたいで五五〇メートルあり、まったく垂直で、寒くて、風が強くて、雪が降っていました。

あれがアルプス的環境におけるヨセミテ・タイプのクライミングの第一幕でした。その後はちょいちょい見かけるようになりました。もちろん、ついにはヒマラヤでも見られました。でもヒマラヤではほかの問題が大きいので、あまり多くはありません。

**――ヨセミテでまだ解決されていない問題は何ですか。**

言ってしまっていいものかなあ。私自身、まだ考えている最中なんですよ。突飛なものだけど、年寄りにもやれそうなことが二つほどあります。一風変わったことなので、だれも考えつかなかったことです。それ以外は私は知りません。ヨセミテにいる若いクライマーに聞いてみなければ。ヨセミテのクライミングの未来を形づくるのは彼らのビジョンであって、私のではありませんからね。でも初登攀であれ何であれ、なすべき新しいことはたくさんあると思います。今までにだれも登っていないけれど、だれかが登れるところはたくさんあるはずだし、またいろいろな登り方があるはずです。

**――ヨセミテは伝統的なクライミングをする場所にしておくべきでしょうか。**

ええ、スポーツクライミングにはその場所があり、それはヨセミテではないというのが私の意見です。野放しのスポーツクライミングと野放しのラップ・ボルティングはクライミングの冒険倫理をだいなしにしてしまいます。ラップ・ボルティングでなければ登れないとされているルートにラップ・ボルティングを許してしまうと、今度はプロテクションはとれてもそれが非常に難しいルートにたちまちボルトが使われだし、次には申し分なく使えるクラックにボルトが並ぶことになります。

フランス、イタリア、スイスのアルプスではまさにこういう展開でしたが、ヨセミテでもはじまっています。クッキー・クリフにも例が二つあります。

ラップ・ボルティングをするクライマーのなかにはマーク・チャップマンのように、「私たちもあなたがたと同じ価値観を持っているんですよ。必要もないところにボルトを打つのは反対なのです」と言う人もいますが、これもその展開の一部で、彼らはそれに対して何をしているかというと何もしていないのです。左翼の行き過ぎに反対して立ち上がる気骨のないリベラル派みたいなものです。アドベンチャー・クライミングの資格証明書を持っていてラップ・ボルティングをする連中も、ドアは開けたもののどこに区域を定めていいかわからない連中も同じようなものです。彼らには価値基準を低下させるきっかけをつくったことと、そこから生ずるすべてのことに責任があります。

私たちの世代は、このゲームのやり方について明確な定義を持っていました。そのやり方とは、できるかぎりボルトは避ける、ボルトは自然な姿勢で打つ、岩は神聖だから変えてはいけない、〔岩を削って〕ホールドをつくってはいけないといったものです。このような基準が一九四〇年代以来、ヨセミテのクライマーたちの行動を導いてきたのですが、現在私たちが目にしているのはクライミングを体操として楽しむために起きた倫理の基準の破壊、スタイルの基準の破壊です。

**——それを防ぐにはどうすべきでしょうか。**

私たちはこれまでに何回も問題提起をしてきました。この分野のリーダーとおぼしき者を悪者呼ばわりしてきました。彼らをあざわらい、追放すべきだと思います。場合によってはボルトをぶった切ることも考えられます。でも、それをやるとクライマーの大半から反発を買うでしょう。今のところ闘いは大多数のクライマーの感情と心を味方にすることです。

**——これはクライミング界で解決されるべきことだと思いますか。**

そう思います。これについて登山雑誌は務めを果たしていないので大きな責任があると思います。雑誌は両方に責任を果たしたいからです。金を払ってくれる人たちを仲違いさせたくないからですが、一方では真実を語るという責任、雑誌を今日あらしめた価値観を支持する責任を果たしていません。それはアドベンチャー・クライミングの価値であり、それをアメリカのロッククライミングに息づかせておくことの大切さです。

**——この問題についてはすでに一致点があるのですか。**

いや、合意なんてぜんぜんありません。本質的に何が起きたのかというと、伝統がくつがえされたのです。伝統はあのままでよかったのです。そこには基準と倫理、アメリカ最高のアドベンチャー・クライミングが保存されていました。そこへスポーツクライミングが入ってきて、冒険より運動競技を優先させたのです。それはいいにしても、「われわれは何を失ったのだろう」と問いかけなければいけません。非常に大切なものを失ってしまったのです。勇気、自制心、恐怖との闘い、鍛練、判断力など、古い意味でのロッククライマーとして成功するのに培わなければならないあらゆる個人的な成長要素を必要とするもの、つまり冒険を失ったのです。このような資質をやたらにボルトを打って発達させる必要はないし、そんなことをすれば大切なものを失ってしまいます。アメリカのアドベンチャー・ロッククライミングはスポーツクライミングの波に深刻におびやかされているのです。

**——ヨセミテはあいかわらず現代クライミングの先端を行っていますか。**

分野によりますね。スポーツクライミングなら答えは躊躇なく否です。ここはスポーツクライミングをする場所ではありません——今のところはね。最も難しいスポーツクライミングはほかのところで行われています。しかし高度の技術で多様なクライミングをする、私が本当のロッククライミングと呼ぶところのものなら、ヨセミテは今もその中心地のひとつだと思います。ピーター・クロフトのような人たちは世界中の人々が仰天するようなことをやっています。彼の業績は私が見てきたうちでは最も高く評価できますが、それがヨセミテで行われているのです。彼は5・14をこなす連中よりはるかに抜きんでていますよ。彼に5・14ができるかどうか知りませんが、彼がやることは完全な人間の熟練した境地をはるかに超えているから、それはあまり関係ないことです。

**――彼は5・13を一発でこなしましたよ。**

それはすばらしい。でも肝心なことではありません。クライミング・コンテストで勝ったり、技術的に非常に高いレベルのクライミングをするのが彼の能力ではありません。そんなことは珍しくないし、世界中でやっているじゃないですか。しかし、アストロマンをソロで登る者はほかにいませんよ。エル・キャピタンを二十四時間以内に二回登る者もいない。熟練の技をさまざまなレベルで見せてくれるし、加えて彼の性格は私すら抜けきれない短気、反対癖、あら捜しなんてものを超越していますよ。

**――長年やってきたクライミングから何を学びましたか。**

そのひとつは粘り強さの大切さです。頑張りとおして本当に打ちのめされるまで死ぬと言わなければ勝利をおさめられることが多いものです。できないのではなかろうかと思っです。

ても、そういう努力がわずかでも差を生じるなら、そのわずかな差はかけがえのないものても努力しつづければ、成功する可能性が大きく増すことを学びました。大きく増さなく

**――それは衣料産業にも当てはまりますか。**

ええ、事業経営はクライミングのようなもので、非常に長時間なだけの違いです。ときには、「これはとても登り切れない。嵐がやってくるだろう。今のうちに懸垂下降をはじめたほうがいい」と言いたくなります。「もう一ピッチ登れる。嵐が間違いなくやってきて下る羽目になり、もっと困難でみじめな目に遭うことになっても無事に下りられる。もう一ピッチ登れる。もう一ピッチ登る間に嵐が来なければ頂上に達するチャンスがある」。そこに差が出てきます。

これは事業にも当てはまります。気落ちせず、求めているものは断固として追い求めるのです。それが差を生みます。頭脳でもない、知識でもない、金でも、経験でも、友人でもありません。粘り強さです。

ひとつはそれですが、もうひとつは信念です。自分のしていることを信じなければいけません。あるやり方が最善であること、それが自分の追い求めるものを手に入れる最良のチャンスを与えてくれることを信じなければいけません。たとえば私は、クライミングに打ち込めばほかのこともうまくいくという信念を持っていました。これに正当な理由をつ

けるのは容易ではなく、「六十歳になるころにはこれと、これと、これを達成しているだろう。それで老いぼれてしまっても経済的には大丈夫だ」とは言えませんでした――でも、かまわなかった。自分の好きなことに打ち込めば、ほかのことはなんとかなるという信念を持っていました。

# ウォレン・ハーディング

Warren Harding

人はなぜ山に登るのか。私が知っているわけがないじゃないか。何年も繰り返されてきたこの質問に対する答えは、マロリーのやや冗談じみた（と私は見る）「そこに山があるから」にはじまり、（同じく）マロリーの謎のような「そう聞かれても答えなんかありませんよ」にいたるまである。

私はといえば、マロリーの答えをちょっとひねって、「そこに山があって、おまけにわれわれは気違いだからさ！」というのが気に入っている。尻が凍えて落ちるほど寒い思いをし、灼熱や渇きと闘い、死ぬほど怖い思いをしながら岩壁や山頂に登っていくのを、ほかに説明のしようがあるだろうか。

……ある意味ではクライミングはゴルフに似ている。ひとつのゲームなのだ（基本的な考えは同じようにばかばかしい）。しかし、クライミングには個人的な危険にさらされるという要素がある。ゴルフをしていて怪我をしたり死んだりすることは事実上あり得ないだろう（ただし、プロになろうとして飢え死にしたり、ゴルフ・ウィドウになってしまった女房に殺されることはあり得る）。ところがクライマーの場合は、その身にとても気の毒なことが起きたという話を聞かないわけではない。逆にどんなに優秀であっても、クライマーがクライミングで大金儲けをした話なんて聞いたことがない。見返りもないのに生命や怪我の危険を冒すだって？　狂気の沙汰だよ。

ウォレン・ハーディング『下へ向かって』

ヨセミテ国立公園におけるビッグウォール・クライミングの先駆者のひとりウォレン・ハーディング、別名バッツォは、しばしば埋め込みボルトを使うのと、クライミングに対する因習打破主義者的態度のおかげでヨセミテ渓谷の「アウトロー」という定評を得た。その型破りなユーモアのセンスは著書『下へ向かって――ロッククライミングのおかしなガイド』と、ときたま発行して堅苦しいクライミング雑誌やクライミング界の自称「鉄人」たちをからかっているクライミング紙『ディセント』によく表れている。ハーディングは、クライミングは楽しむもので、あまりまじめにとるものではないと信じているのである。

クライマーとクライミングをからかって喜んではいるが、ハーディングをただの道化師と片づけるわけにはいかない。全盛時代にはヨセミテ渓谷のクライミング史上で最も印象に残る登攀をいくつかやっているのである。一九五八年十一月十二日、彼とジョージ・ウィットモア、ウェイン・メリーはヨセミテ渓谷にそびえる三千フィートの堂々たる花崗岩の一枚岩、エル・キャピタンの壁の初登攀を成し遂げた。ロープを固定し、金具類を引き上げるのに一年半、正味三十七日をかけてついにルートを完成し、ノーズと命名した。合計してピトンを六七五本、埋め込みボルトを一二五本使ったが、この大量の人工エイドは、ボルトは岩の表面を醜くしてしまうと主張するクライマーたちの非難を浴びた。しかし当時、これほど大胆で野心的なルートを登ろうという無鉄砲なクライマーはほかにひとりもいなかったし、このルートの長さと難しさを考えれば、彼のとった戦法は正当なように思われた。

一九五〇年代の初めから七〇年代の初めにかけて、ハーディングは人間が岩壁でできると考えられていたことの境界をおしひろげてきた。ヨセミテの切り立った花崗岩の岩壁に新しいルートを開くためには、執拗さと固い決意をもって、必要とあらば何日でも、何週間でも、何カ月でも費やした。エル・キャプ初登攀に加え、一九六四年にはチャック・プラット、イヴォン・シュイナードとマウント・ワトキンズ南壁を登り、一九六九年にはゲイラン・ラウエル、ジョー・フェイントとリバティ・キャップ南西壁初登、一九七〇年にはゲイラン・ラウエルとハーフ・ドーム南壁初登、そして一九七〇年にはディーン・コールドウェルとエル・キャプのドーン・ウォールを初登攀して、こうしたルートの開拓者になった。

ハーディングは背が低く、やせたクライマーだが、途方もないスタミナがあり、垂直ないしオーバーハングした岩壁で長期間にわたって生活し、作業できることを実証した。長く難しいルートにとどまったまま登ることを好んでやったので、ハーディングはほかのクライマーたちが失敗したところでも成功したのである。その体力と粘り強さはヨセミテ渓谷のクライミング界の称賛を集めたが、そのクライミングのスタイルは結局、批判の的になった。クライマーのなかには、彼は必要以上に埋め込みボルトを打った、あるいはアルパインスタイルでやれたのに攻囲法を用いたと考える者もいた。こうした人たちは、彼のテクニックはクライミングからスポーツと冒険を抜き取ってしまうと信じたのである。

こうした批判にもかかわらず、ハーディングは単純さのなかに優雅さがあるというクライミング哲学、すなわち麓から登りはじめて頂上へ行くということに終始忠実だった。言葉を換えれば、頂上に「どうやって」達するかはあまり問題ではなく、「達するかどうか」が問題なのである。ヨセミテ渓谷クライミング史の初期にハーディングがその登攀の大半を行って以来、こうした哲学はクライマーになにごとも不確定なのだということをつきつけた。ヨセミテが世界のロッククライミングの中心地として発展していくときに彼があれほど頭角を表したのは、まさしく不確定性に臆せず立ち向かった彼の能力のためだった。

長年にわたってハーディングは、クライマーは個人主義者で、自分とパートナーだけに責任を持ち、外部の慣例や規則にはしばられないものだということを示してきた。こうした態度は、エイドクライミングよりもフリークライミングを強調するヨセミテ渓谷の新クライミングスタイルの提唱者ロイヤル・ロビンズたちとの意見の相違に油を注ぐことになった。ハーディングはボルトを使いすぎていると考えて、ロビンズが抗議のためにハーディングのルートの一部を消すという前代未聞の手段をとったとき、この意見の相違は一触即発になった。

論争は一九七〇年の秋、ハーディングがヨセミテの究極のクライミングと考えたエル・

キャプのドーン・ウォールをめざしたときに噴出した。十月二十三日、ハーディングとディーン・コールドウェルは登りはじめたが、嵐にたたかれてたちまち予定より遅れてしまった。十一月十一日、国立公園事務所は二人のクライマーが登攀に十五日しか予定していないのを知って救助隊を派遣した。ハーディングとコールドウェルは完登するチャンスがまだあると信じて救助を拒絶したが、それが地元と全米のメディアで評判になった。二人はそのまま登りつづけてルートを完登し、頂上で待ちかまえていたレポーターとテレビカメラの大群に迎えられた。

この初登攀のあとまもなく、ロビンズはハーディングが完登したときのスタイルと、それに伴う宣伝行為に腹を立て、ドン・ローリアと再登した。その際、ロビンズは尋常ならざる道具を携帯した。それは二本の冷鉄たがねで、これでハーディングが打ち込んだボルトを取り除き、ルートを消そうと意図したのだった。ロビンズはルートの下のほうからボルトをたたき切っていったが、登っていくにつれ、ハーディングとコールドウェルがやったエイドクライミングの質に感銘を受けた。ついにルートを消すことはやめて、単に登るだけにした。

ハーディングもロビンズも過去の不和を丸くおさめるのに時間をかけなかった。しかし、彼らは相反するクライミング哲学を代表しており、それは今日でもまだ相容れない。埋め込みボルトはいつ、どこで、どう使うべきか、このボルトはピトンやほかの金具類よりも岩を傷つけるかどうか、ワンプッシュで登るべきか、場合によっては固定ロープは必要か。ハーディングとロビンズはこうした問題について論争したのだが、それは今日のクライマーにも問いかけているのである。

ハーディングは一九二四年六月十八日、カリフォルニアのオークランドに生まれた。機知に富んでいるが、自己軽視する人である。髪は白くなりかかっていて、意地悪げな微笑は気味悪いメフィストフェレスみたいだ。カリフォルニアのダウニーヴィル近辺で育ち、のちに家族とともに桃の名産地メアリーズヴィルに移った。第二次世界大戦中は航空整備士だったが、戦後は測量に転じた。

ハイスクール時代のハーディングはトラックとクロスカントリーの優秀な選手だった。のちに自動車レースに変わったが、身を捧げるほどでもないのに気がついた。結局は岩壁を登ることに興味を持ち、一九五二年からクライミングに熱を入れはじめた。それから間もなくヨセミテに行き、そこでクライマーとしての長く輝かしい生涯がはじまった。

ハーディングは一九四八年にコニー・フランクと結婚しているが、数年後に離婚した。一九六〇年代の終わりにベリル・クナウス、別名ビーストと交際をはじめた。彼女は『下へ向かって』のイラストを描いているが、有能なクライマーでもあった。現在、ハーディングはここ数年のつれあいであるアリス・ウィリー＝フロンプとユタ州のモアブに住んでいる。「なぜか、まだいっしょにいるんだ」と彼は言う。「彼女は昨晩、私を殺してやると脅していたけど、何もなかったよ」。子供はない。「子供を持たないようにいつも気をつけてきたんだ。自分の面倒もまともに見切れないのに、人の世話ができるわけないじゃないか」

このインタビューはサンフランシスコの下町にある中華料理店で行われた。青島《チンタオ》ビールを飲みながらハーディングは独特の機知と鋭い勘でクライミングの話を聞かせ、ヨセミテ渓谷の初期のクライミングにまつわるいくつかの論争を彼の側から語ってくれた。

**——クライミングはばかばかしい行為ですか。**

むろん、そうだ。フットボールもカーレースもスキーも戦争もそうだよ。

**——クライミングのよい点は何ですか。**

私は実際にはクライミングをひやかしたり風刺したりするけれど、すばらしい行為だと思うよ。私たちを戸外に連れだしてくれる。健康のためにもなるし、精神の発達にも大いに役立つ。私にとっていちばんよかったのは人との出会いだ。

**——クライミングは精神の何を発達させてくれるのですか。**

いろいろな物事より自分を優先させるんだ。うまく言葉で表せないよ。

**——なぜクライマーになろうと決心したのですか。**

わからない。たぶん私の性格の暗い面の表れだろうね。私は小柄なので、一所懸命やろうとするんだ。バックパッキングでも、大きくて強い連中より先になるのがとてもうれしい。そして自分のパックを置いて戻ってきて、やつらを助けてやるんだ。

**――意志が強いのですね。**

まあね。あるいはばかなんだな。気になるけれど、それが当たっているだろうね。あるいは私にはクライミングがあまり難しく見えなかったのかもしれない。

**――最初はどのようにしてクライミングに興味を持ったのですか。**

私はジェイムズ・サーバーの小説に出てくるウォルター・ミティ気取りで、いつも自分が英雄になる空想にふけるのが好きだった。道路局カリフォルニア部で働いていたとき、週末になると出かけていって山に登っている男がいた。変わり者だと思ったよ。でも同時に、「連れていってくれるかもしれないな」とも思ったんだ。それから私もいっしょに行くようになり、本当に興味がわいてきたんだ。『白い塔』〔ジェイムズ・ラムジー・アルマンの登山小説〕などを読みはじめ、道具も手に入れた。ひとつのことが次のことへとつながっていったわけだ。

それに私はもともとかなりうまかった。私がうまかったのはそれくらいだね。ハイスクール時代は走るのが速かったけど。

**――クライミングをはじめたのは何歳でしたか。**

二十八歳だった。普通の人より遅いよ。その前には何をしていたかわからない。スポーツカーのレースには興味があったけれど、たいしたドライバーじゃなかった。

**――初めてヨセミテへ行ったのはいつでしたか。**

一九五三年の秋まではヨセミテに行ったことがなかった。行って少し登っただけだ。

**――第一印象はどうでしたか。**

ひどく畏敬の念をもよおした。エル・キャプの下に立つと自分がとても小さく思えるよ。

**――当時ヨセミテにはどういうクライマーがいたのですか。**

マーク・パウエル、ドルト〔薄のろの意。ビル・フューラー〕、フランク・ターヴァァー、アレン・ステック、ジェリー・ガルワス、ドン・ウィルスン、それにもちろん、ロイヤル・ロビンズだ。

**――クライミング界はどんなでしたか。**

クラブがとても活発だった――シエラ・クラブのロッククライミング部とかスタンフォード大学山岳会とかだ。彼らはグループでやってきては登っていた。当時は公園の規則があって、クライミングをするには署名をしなければならなかったし、認定されたクライミングクラブのしかるべき資格を持ったリーダーが一人、パーティにいなければいけなかった。私はどのクラブにも所属しなかったけれど、説得してもぐり込んでしまった。

**――ヨセミテ渓谷に住みついたクライマーがいたのですか。**

ああ、かなりいたよ。キャンプ4あたりにたむろしていて、できるだけ多く登ろうとしていたんだ。私はあれほど打ち込みはしなかった。私は仕事に行っては戻ってきて、しばらく滞在したりしていた。

**——どういう仕事をしていたのですか。**

初めは道路局のカリフォルニア部で測量の仕事をしていたが、建築局へ移ったんだ。かなり寛大な休暇制度だったんでね。しばらく出かけていたかったら休職できたんだ。

一九五六年にアラスカへ行って建設工事現場で働いたけれど、あそこのほうが条件がよかった。給料がずっとよかったし、しばらくいなくなっていてもかまわなかった。

それからはだいたい建設関係の測量をやっていたよ。二、三年前に引退したところだ。ずっと働いていたんだよ。私はロマンチックなクライミング狂じゃなかった。

**——当時のクライミングは競争が激しかったですか。**

激しくなりつつあった。一九五四年の春、フランク・ターヴァーと私はミドル・カシードラルの北バットレスを初登したが、当時はみなが張り合っていたものだから、結構興奮したよ。私たちはむしろ楽々とやっちゃったんだけれどね。

その次のステップはハーフ・ドームの北西壁だと思われていた。それで踏査のつもりで一九五六年にロイヤル・ロビンズと登ってみた。三、四日で三分の一ほど登ったかな。グループのリーダー〔ドン・ウィルスン〕は進み方が遅いと考えていたけれど、ロイヤルと私はそのままもっと登りたいと思っていた。しかし下りることになった。

私はロビンズといっしょにいて居心地のよい思いをしたことがない。彼は頭がよすぎて、まじめすぎるように思えるんだ。おまけに私よりずっとすぐれたクライマーだった。それで私はマーク・パウエルとビル・フューラーの仲間になったんだ。マークとドルトとはうまくいった。私たちは実に仲のいい飲み仲間だったよ。

私たちはハーフ・ドームを登るために一九五七年の春にヨセミテ渓谷に行ったところが、「おい、見てみろ」ということになった。ロイヤルと彼の新しい仲間がちょうど頂上に達するところだった。私たちは少々うぬぼれが強かったので、その辺をうろうろ歩きまわり、「エル・キャプをやろう」と叫んだ。そして、おそらく登り通せないだろうと思いながらも、とにかく登りはじめた。どこまで行けるかやってみようということだった。七日で約千フィート登り、下りてきてはロープを固定し、一年半の間、登ったり下りたりしていた。その話は本に詳しく書いてあるよ。

**——エル・キャピタンの初登ルートとしてどうしてノーズを選んだのですか。**

壁全体から見て最も見栄えのするラインだったからだ。ラインの見栄えは私にとってとても重要なことだ。おまけにあのルートにはレッジがあった。

**——登りきるのに何日かかりましたか。**

正味三十七日だが、一年半にわたった。

**——その大半はロープの固定に使ったのですか。**

ロープを固定し、前に登ったところまで物資を引き上げるのは大仕事だった。一九五八年十一月の最後の攻撃は十二日かかった。そのうちの三日は前の最高地点に達するのに使ってしまった。

**――というとエクスペディションふうの登攀だったのですね。**

まさにそのとおり。レッジをキャンプと呼んでいたくらいだ。第一キャンプ、第二キャンプという具合にね。

**――そのような登り方をしたために批判されたのですか。**

されたとも。何をやっていても欠点を見つけ出すやつが必ずいるもんだ。でも、私たちは私たちなりにやったんだ。

**――ボルトを使いすぎたというので批判されましたか。**

あそこに登ったことのない人たちが、ボルトが多すぎるようだと言ったんだ。現場に行ったことがないのにどうしてわかるのか、私にはわからない。一九八九年に登ってみたら、私たちが打ち込んだよりはるかにたくさんボルトがあるのに気がついたよ。

クライミングをすれば必ず議論になる。でも私はそういうことに首を突っ込みたくない。自分のやることをやるだけだよ。私のやることが気に入らないのなら、勝手にしろだ。

**――あの登攀はヨセミテ渓谷のロッククライミングにどんな影響を及ぼしましたか。**

ノーズの初登攀は大きな影響を与えた。ヨセミテのクライミングが人気を獲得するには非常に有意義なステップだった。クライマー・ウォッチングが大きな呼び物になった。クライミング、特にエル・キャプのクライミングを見物するためだけにたくさんの人がやってきた――エル・キャプにはいつも半ダースぐらいのパーティが登っていたからね。望遠鏡を持って見にきていたよ。

**――ロイヤル・ロビンズに初めて会ったのはいつでしたか。**

あれは一九五二年のことだった。ロイヤルといっしょにターキッツ・ロックを登ったけれど、うまくいっていたよ。彼がまだはじめたばかりのころだったけれど、才気縦横この上なしだった。だれよりもすぐれていたよ。しかし、性格的には私たちは大きく離れていた。彼はチェスや知的なことが好きだった。ところが私ときたらひどい飲んべえで、ものを考えないタイプだ。まったく簡単なことさ。性格が違うんだ。

**――クライマーとしての彼の長所は何ですか。**

体力があった。非常に努力した。そして頭がよかった。とてもよかった。

**――ヨセミテの二人のリーダーというわけですか。**

リーダーのうちの二人だった。一九六〇年代にコロラド出身のレイトン・コアがすばらしいことをいくつか成し遂げているが、彼のグループのリーダーは何といってもロイヤルだった。あのグループにはほかにトム・フロスト、チャック・プラット、ジョー・フィッチマン、マイク・シェリックがいた。

**――あなたのグループはロビンズのグループとどう違っていましたか。**

ひとつには私はほかの者より十歳ぐらい年長だったようだ。彼ら〔ロビンズのグループ〕はちょうど理想主義者的成長段階にさしかかっていたんだ。私がノーズで固定ロープを使ったことを即座に批判したが、彼らのうち何人かは別のもっと易しいクライミングで固定ロープを使っているんだよ。それにボルトが多すぎるとか、あれやこれや言っていた。

質問に簡潔に答えると、私はどちらかといえば個人主義者だが、彼らは群居本能が強かった。私は自分が正しいと思ったこと――私にとって正しいことをやった。それがほかの人にとって正しくないんなら、それはそいつの責任だ――私が岩にスプレーペンキをかけたり、それに近い悪さをしていないかぎりはね。集団思考より個人主義を優先させていただけの話だ。

**――あちらのグループはクライミング哲学というものを持っているようでしたが、あなたも持っていましたか。**

ああ。私はただ上に着きたかった。どのように登るかということは特に重要ではなかった。昔は「いったい、できるだろうか」であって、「どのようにうまくやるか」ではなかった。

**――あなたのクライミング哲学はロイヤル・ロビンズの哲学とは違っていましたか。**

はっきり違っていた。彼は何をするにも他人より抜きんでていたかった。私はうまいと言われようと言われまいと、ぜんぜんかまわなかった。登りたいだけだった。人さまざまだよ。私は彼の努力を非難しはしない。

**——二人の間に競争はありましたか。**

エル・キャプを試しに登ったときに出てきたね。私たちは三分の一ほど登ったんだ。

**——では、ルートをめぐって競争があったのですね。**

もちろん、あったさ。でも、彼らは私たちのしていることに賛同しなかったし非倫理的なやり方だと考えてはいたけれど、登っていって私たちのロープを引きずり下ろすようなことはだれもしなかった。あのころはみんなかなりのジェントルマンだったね。

**——どこかに登ろうと決めるときは、どうやって探したのですか。**

ときどき測量用のトランジットを持っていって、のぞいていたんだ。ドーン・ウォールのときは私たちがどこを登っているかわかるように、ディーン・コールドウェルが八インチ半×一一インチの光沢紙の写真にルートを書き込んでくれた。迷ってしまうのは実に簡単なんだ。私がトランジットでのぞいて、そこがどうなっているかを見て、その手がかりなどまったくないところに何を持って上がる必要があるか考えたんだ。「ドリルをたくさん持っていったほうがいい。フリーで登れそうなら、それもやってみよう」という具合だ。

**——どの部分がフリーで、どこがエイドクライミングかということはどうやって決めたのですか。**

私が手がけたもののほとんどは、フリークライミングの入る余地はめったになかった。あのころの私のレベルは最高5・8だったけれどね。ほとんどがネイリング（エイドクライミング）だった。これはナットが開発される前、あるいは一般化される前だ。私は何にぶつかってもいいような用意をして、とにかく出かけていった。途中まで登っていって、「おや、このサイズのピトンがないな。あれ、ボルトが足りないぞ」ということになるのはまったくばかげているからだよ。

そういうのはスポーツじゃない、冒険に欠けるという人もいるが、私の言うことは同じだ。「君は君のやり方でやりたまえ。私は私のやり方でやる」

**——そういう意見の相違は世代の違いのせいだと思いますか。**

違う。イギリスのクライマー、フランク・スマイスがピトンを使うくらいなら死んだほうがましだと言って以来、こうした意見の相違はクライミングにつきまとっている。ところがある日、スマイスはピトンを使ったんだ。彼の心の傷は永久に消えなかったろうな。だから私はなにごともそこまで深刻に考えないことにしたんだ。

**——エル・キャピタンのドーン・ウォールのようなルートに立ち向かうには、気持ちを奮い立たせなければなりませんでしたか。**

気を静めなければならなかった。奮い立たせるんじゃない、静めるんだ——うん。

**——あなたもあなたの仲間も大酒飲みですか。**

もちろんさ。われわれのグループの連中はスポーツカーを持っていてね、大声をあげてタイヤが擦り切れるほど乗りまわしてナパ渓谷の醸造所へ行ったもんだ。飲むのはクライミングの一部だ。

**――ドーン・ウォールのルートはどのようにして決めたのですか。**

グレン・デニーと私は一九七〇年のある日、ワインの瓶を一本持って出かけた。ヨセミテ渓谷の究極の登攀となるべきものを探そうというわけだ。私たちはかなり尊大で、いやったらしいやつだったよ。二人でノーズとノース・アメリカ・ウォールの間の区域にしぼったんだ。ルートについての私たちの考えはほかの人たちとは違っていた。みんなはエル・キャプ・タワーズの右側を登りたがっていたが、私はルートをノーズから完全に切り離しておきたかった。

グレンはとうとう登ることはなかった。私のほうは一九六九年の秋に事故に遭ってしまっていた。うっかり車の流れのなかに出てしまい、ピックアップにはねられて脚を砕いてしまったんだ。それで建設の仕事ができなくなって、ヨセミテ渓谷のスポーツショップで働いていた。

そして南アメリカから帰ってきたばかりのディーン・コールドウェルに出会ったんだ。たちまちのうちに私たちは、いっしょに飲んだりほら話をする仲になったよ。彼はくるぶしを故障していて登れなかったし、私もあの事故だ。どんなほらを吹こうと安全だった。

それでもドーン・ウォールのために荷上げバッグのような特別装備の開発などをしていた。そのうちに私の仕事が終わってしまい、十月の半ばごろ私たちは登りはじめた。

**――特定のラインは探してあったのですか。**

いいや、区域だけだ。ドーン・ウォールのルートはこっちのほうに傾斜しているクラックではじまる。私たちの写真を見て、この黒い流水跡のすぐ手前で左に曲がり、何も手がかりのない地帯を横断し、まっすぐ頂上に向かっている凹角に達しようと考えた。後ろによいクラックがあるだろうと期待したんだが、実際にはなかった。でもここまで来たのだからとそのまま進んだんだ。それがあんなに時間がかかった理由のひとつさ。

このクライミングではありとあらゆる非難を受けたよ。「クライミングはあんなに時間をかけるものではない」とかね。でも、あれだけ必要だったんだ。

全クライマーの声を代表しているという思い違いをしているように見えたのは、中核をなすエリートの小グループだった。まったくの思い違いだよ。私の会うクライマーの大多数は、「おい、ハーディング、いい仕事をしたじゃないか」と思っているようだ。あのエリートたちは自分が何を言っているのかわかっていないと思う。たとえばだれかが、「ほら、ハーディング、こうやって登るんだよ」と言っても別に気持ちは動かないよ。私にも彼ら程度の頭はあると思うからね。

**――ドーン・ウォールを登るのにどのくらいかかったのですか。**

二十七日だ。

**――それだけの日数をかける予定だったのですか。**

私たちの予定では最大十五日だった。十五日たったところでまだ半分も行っていなかった。紙に書いたり大声で叫んだりして、下とよく意思の疎通を図っていた。やれるということを互いに知らせ合っていたんだ。それで登りつづけた。しかし、私たちはまったく知らなかったのだが、公園事務所が心配していた。公園事務所は医療関係者に、二十日も岩壁にいた場合まともな行動をとれる精神状態を保てるものかどうか相談していた。一致した意見は、「おそらく、ノー」だったと思われる。それで救助隊を派遣してきたのだが、それを私たちはにべもなく断ったんだ。私たちの与《あず》かり知らぬことだものね。

**――救助隊はあなたのいたレッジまで下りてきたのですか。**

いいや。二十日目にディーンと私は幅四フィート、長さ八フィートから十フィートのすばらしいレッジに達していた。私たちはそれをワイン・タワーと命名した。クリスチャン・ブラザーズ醸造会社がちょっとしたスポンサーになってくれて――持っていくようにとワインをくれたんだ。このレッジに着いたときクリスチャン・ブラザーズのブランディを持っていたし、それにカベルネソヴィニョンのいいのとクリスタルグラスが一個あったので、パーティのまねごとをしていたんだ。そのとき下で声が聞こえた。聞き覚えのある声だなと思ったらT・M・ハーバートで、こう叫ぶんだ。

「そこでいったい何してるんだ」
「クライミングしてるんだ。おまえこそ何してるんだ」
「あんたたちを救助に来たんだ」
「何だって」
この数日、あたりを飛びまわっているヘリコプターや固定翼機の数が増えてきているのに気づいてはいた。何かたいへんなことが起こっていても不思議でないくらいだった。ディーンと私はあわててどなり返したんだ。「とんでもない――救助なんかされないよ」。上を見るとロープが下がってくるのが見えた。それからどなったり、わめいたりしてやめてもらった。

**――明らかにクライミングを中止する気はなかったようですね。**

これっぽっちもなかった。何であれ、あれだけの努力を注ぎ込んで気分爽快になっていたら、やめる手はないよ。

**――そして頂上に着くまでにそれから七日かかったのですね。**

うん、実にいい経験だった。

**――食べ物はずいぶん少なくなっていたでしょうね。**

食糧の割り当ては非常に厳しくやった。一日の食事に缶詰のサーディン一つを二人で分けて食べたりした。事実上、何も食べないのと同じだ。水は問題なかった。頂上に着いたとき、まだ半ガロンあったからね。ブランディは全部飲んでしまった。小さなビバーク・テントで飲むのはすばらしかった。ちびりちびりやったよ。五分の一ガロンで二十五日ももたせたんだ。

**——食糧不足で気が変になりませんでしたか。**

そんなことはない。まったく問題なかった。上に着いたときは気分がよかったよ。

**——テレビのカメラやレポーターが上で待っていたのはわかっていましたか。**

初めは知らなかった。ディーンが最後の長いリベットピッチを登っていた——ピッチをまるまるリベットとボルトで登るんだ。それで彼は頂上の縁まで約六十フィートのところに達した。そこからは連打で登る一連のオーバーハングだった。そのころにはいろいろな人が身を乗り出して見下ろしていた。彼らは、「おい、ディーン、今夜は上がってくるなよ」と言うんだ。どちらにしろ、もう時刻は遅くなっていた。

そこで彼は聞いてみた。「どうしてだ」

「ここにはものすごくたくさん人がいて、テレビカメラが大混乱するからな」

そういうわけで頂上に着いたらどうなるか私たちは多少なりとも心構えができた。翌日は私がリードして最後の六十フィートの連打ピッチを登った。頂上に着いたとき、私はショックを受けた。大騒ぎとはあのことだ。メディアの連中がみな質問をするんだ。取材すると飛んでいって原稿を電話送りし、ヘリコプターがフィルムを運んでいくという具合だ。

メディアの連中がいなくなってから、やってきた四十人ほどの人たちとどんちゃん騒ぎをした。私は食べすぎ飲みすぎで、歩いて下りるのもやっとだった。ベリル・クナウスも来ていた。私たちはブランディを一本空けてから山道を下りはじめた。二人ともへべれけだったので、変なところに踏み込んで、ひっくり返ってしまった――ものすごく重いパックを担いだままだ。私はパックのストラップから腕を抜くだけの意識もなかった。私たちはそのまま山道で横になっていた。人々が探しに戻ってきた。運よく道路までほんの二百ヤードのところだった。技術的にいうと私は救助されたことになるね。

**――ドーン・ウォールの登攀が原因でロビンズとの軋轢《あつれき》が多くなったのですか。**

コールドウェルと私が先にドーン・ウォールを登ったので彼がむかっ腹をたてたのは確かだ。彼はなぜかあれは自分の縄張りだと思い込むようになっていた。それで私たちが登ったことを知ると非常にいらだったんだ。彼が何を考えていたのか私にはわからない――とても強力な意見の持ち主なので、彼の考えはだれにもわからないんだ。とにかく登っていって、人によっては使いすぎと思われたリベットとボルトを切り取り、ルートを消さなければならないと心に決めたんだ。どうして使いすぎと考えたのか、私にはわからない。彼らはあそこに行っていないんだから。

**――気になりましたか。**

いいや、滑稽だと思った。しかし、彼がドーン・ウォールでしたことはまったくばかげていた。彼はそれをよく知っているはずだ。これは個性の違いであって、だれが正しいとか、だれが間違っているとかいうことではないと思うよ。あれからルートは修復されて、エル・キャプの標準的なルートのひとつとされている。

**――ヨセミテはほかの地域のロッククライミングの発達にどれほど重要でしたか。**

長いことヨセミテはエイドでもフリーでもロッククライミングの発達の基準になってきた。テクニックの面では今でもそうかもしれないが、最高のロッククライミングは条件が厳しくて重装備の要る、もっと標高の高いところやヒマラヤに移った。しかし、そういうクライミングをしている人たちも、まずヨセミテでうんとうまくなりたいのだと思うよ。

**――ヨセミテは世界のロッククライミングの中心地だと思いますか。**

うん、そういうのがあるとすればね。ヨセミテに行くのが巡礼の旅のようになっている。だれもがエル・キャプに登りたがっている。いちばん目立つし、現在入手可能な装備とテクニックで、ほとんどだれでも登れるんだ。

**――それはあなたにとって驚くべきことですか。**

別に驚かない。インディアナポリスのカーレースで一九五四年のラップタイムと今のラップタイムをくらべるようなものだ。

**――現在、クライミングの世界で起こっていることをどう思いますか。**

本当にびっくりしちゃうよ。でもよかろうが悪かろうが、みんなあまり楽しんでいないような感じがする。レベルの高いフリークライミングとスピードを強調しすぎている。だれもがオリンピック選手になろうとしているみたいだ。

**——懸垂下降でボルトを打つのは反対ですか。**

反対ではない。しかし、そういうクライミングは違うカテゴリーになる。あまりハイレベルではないやつだ。それを極端にやると、ノーズを懸垂下降してボルティングするようなことになる。彼ら〔トッド・スキナーとポール・ピアナ〕がサラテ・ウォールでやったのは本質的にはそれだ。約一年かけて全ピッチのムーブを調べ上げ、必要なプロテクションはあらかじめすべてつけた。彼らがあげた成果〔フリーによるサラテ初登〕のわりにはたいへんな作業量に思える。

**——クライミングに進歩発展があったと思いますか。**

疑問の余地はない。ほかのことと同じだ。一マイル走四分が今はどこまで縮まったかな。すべてが進歩しているよ。数字的にはね。

**——それをヨセミテに当てはめるとどうなりますか。**

クライミングが全部フリーになった。だがフリーソロ〔ロープに確保されずにフリークライミングすること〕が特に必然の進歩だとは思わない。彼らの得たものは非常に少なく、失ったものはとても多い。あれが彼らにとってとても大事なことだというなら、それでいい。私には関係ない。

**――ひどい墜落をした経験はありますか。**

三十年間のクライミングで、リードしていて落ちたことが六回ある。そのうち二回はかろうじてロープにしがみついて指をやけどした。ロープが指を巻き込んでしまい、指をつぶしたこともあった。一度はリーニング・タワーで落石が頭に当たったよ。怪我は頭皮の部分だけだとあとでわかった。医者は、「脳に損傷があるかもしれないが、あなたの場合、見きわめるのが難しい」と言っていた。

**――運よく大きな事故は避けられたのですね。**

とても幸運だった。私が「突発的故障」と呼んでいること――ロープ扱いの不手際――が二回あって、大事故になるところだった。でも日がよかったので、何も起こらなかった。

ノーズ初登攀のときはとても気味の悪いことが起こった。私たちはシックル・レッジでキャンプといえないようなキャンプをしていた。もっと上まで登ってから戻ってきたところで、私は自分の小さな場所に倒れ込むように横になった。くたくただった。私は「二、三分横になってからビバークバッグにもぐり込もう」と考えていた。

ところが私はぐっすり寝込んでしまったんだ。そして自分がシックル・レッジにいて、レッジの端から滑り落ちかけている夢を見ていた。レッジはとても狭かったが、夢の中で、「大丈夫、アンカーがとってある。レッジから落ちるだろうけれど、アンカーが止めてくれる」と考えていた。

突然、はっとして目が覚めたんだ。私は滑り落ちかかっているのに、アンカーはとってなかった。あれほど気味の悪い経験はしたことがないよ。

**――岩壁の上にいるのはなんともありませんか。**

ぜんぜん。高いところにいるのは気持ちがいい。慣れなければならなかったけれど、高所恐怖症ではなかったようだ。すぐに慣れたからね。高さに慣れないと幸せなキャンパーになれないよ。どうしても高さを克服できないで幸せになれないクライマーがいるのを聞いたことがある。高いところにいるのは実に怖いものだよ。

**――今は引退しているわけですが、レクリエーションに何をしていますか。**

飲んでいる。私は疑似アル中なんだ。それからテレビのメロドラマを見ている。書き物もしているよ。クライミングのメロドラマだ。もう四編書き上げた。

郊外のラ・サル・マウンテンズへ行って、うろついている。ときには、まる一日歩いていることもある。丘や岩山に出かけて山道を歩いたり、道と道をつないでクロスカントリーをするのが好きなんだ。

**――クライミングはまだやっていますか。**

ノーズ登攀三十一周年で一九八九年の十一月にヨセミテへ行ってきた。ノーズをあらかたユマールで登ってしまった。この十年、クライミングというほどのことはやっていない。またやろうとは思っているけれど、本気かどうかはわからない。今やのんびりした登山家タイプに戻りつつある。私はもともとそうなんだ。楽しむためなら世界クラスのことをやる必要はない。山の中にいるだけでいいんだ。

# クリス・ボニントン

Chris Bonington

アンナプルナやエヴェレストへの大遠征隊を組織していると、登山本来の単純さとロマンチシズムを見失って、資金調達だの広報手配だの営業活動などの迷路に入り込んでしまうことがある。しかし、そこにも魅力がある——少なくとも私にはある。これもまたゲームなのだ。ゲームとしてやるのだ。真剣に的確にやらなければならない。山にいるときよりも落とし穴は多いが、この落とし穴には独特のスリルと挑戦がある。それが終わってから山へ向かうのだ。

クリス・ボニントン『新しい地平線』

遠征登山という困難で危険なゲームで、クリス・ボニントンほど練達ぶりを示したクライマーはまずいない。第二次世界大戦後の最も著名な遠征隊長のひとりであるこの活力に満ちた英国人は、それまでにヒマラヤで試みられた技術的に最も難しい壁のいくつかを落とすために、群を抜くテクニカル・クライミングの能力と天才的な組織力をふるった。一九七〇年のアンナプルナ南壁、一九七五年のエヴェレスト南西壁の遠征は史上最も恐ろしい登山として際立った存在になっている。

ボニントンは一九三四年、イングランドのハンプステッドに生まれ、生後まもなく両親が離婚したために母親と二人だけの家庭で育った。口数が少なく、内気で、冒険好きな少年は、母親が日中は広告会社のコピーライターとして働いていたので、何でも自分でやることを覚えた。学校ではまじめな学生で、ロンドンのユニヴァーシティー・カレッジとサンドハーストの英国陸軍士官学校に学んだ。士官学校では軍事史に強い興味を持った。

アイルランドのウィックロウ・ヒルズとウェールズのスノードニアで夏休みを過ごしたときに初めて山の景観を目にし、クライマーになる夢を見はじめた。十六歳でロッククライミングをはじめ、たちまち上達して、十代ですでに当時の最高グレード〔E＝極度にきびしい、アメリカ式で5・9〕に達した。

サンドハーストを卒業し、一九五六年に英国戦車連隊に配属された。ドイツ北部で三年間戦車長を務め、次に陸軍野外学校の登山指導員として二年を過ごした。アルプスに初めて登ったのはこの時期で、一九五八年にヘイミッシュ・マッキネスとともにプティ・ドリュ南西岩稜の英国人初登攀をやってのけた。

一九六〇年、イギリス・インド・ネパール陸軍合同隊のアンナプルナ2峰（七九三七メートル）遠征参加を要請されて登頂し、ますます自信をつけた。隊長のジミー・ロバーツはボニントンにとっていい手本だった。効率のよいチームにするにはどのように隊員をまとめあげればいいか、すべてを円滑に能率よく進めるためには物資輸送はどのように組み立てたらいいかなどを見せてくれた。ボニントンはのちに自分の遠征に応用できることを多くロバーツから学んだ。

ヨーロッパに戻ってから、ボニントンはなおも実力をつけていった。一九六一年にドン・ウィランズ、イアン・クラフ、ヤン・ドルゴシュとともに、当時アルプスで最も登攀争いの激しかった、モン・ブラン南面のフレネイ中央岩稜の初登攀をかちとった。

軍隊にいてはあまりに制約が多いと感じたボニントンは、一九六一年に除隊し、幹部見習いとしてユニリーバ社に入社したが、九カ月間マーガリンを売ってみて、普通の職業と登山に対する愛を両立させることはできないと悟り、プロのクライマーとして暮らしていこうと決心した。一九六二年、アイガー北壁の英国人初登攀をやったことで、わずかなりともスポンサーを見つけることができた。

数年の間はフォトジャーナリストの仕事をしたり短いルート（パタゴニアのパイネ中央

タワー初登を含む〉を登ったりしていたが、ボニントンはもっと大きいことにぶつかってみようと考えた。一九六八年、彼は壮大なアンナプルナ南壁をめざす遠征隊の編成にかかった。当時はまだヒマラヤの大岩壁はいずれも登攀されておらず、あの標高で三七〇〇メートルの切り立った岩と氷に取り組むのは未知の世界に踏み込むことであった。そのためにボニントンは強力で団結力のあるチームを結成し、物資補給の計画には軍隊での経験を利用した。一九七〇年五月二十七日、ドゥガル・ハストンとドン・ウィランズが山頂に達し、チームは成功をおさめた。

アンナプルナ遠征の成功に気をよくして、ボニントンはもっと威嚇的なルートであるエヴェレスト南西壁に目を向けた。一九七二年の遠征隊は烈風と骨まで凍る寒さに撃退されたが、ボニントンはあきらめなかった。英国に戻り、一九七五年にもう一度試みるために準備を進めた。このときはダグ・スコット、ドゥガル・ハストン、ピーター・ボードマン、シェルパのペルテンバが頂上に達することができた。

二年後、ボニントンはもう一度ダグ・スコットと力を合わせ、カラコルムのオーガ〈バインター・ブラック、七二八五メートル〉初登頂に成功した。山頂に到達したあとスコットはベルグラに足を滑らせて両足首を折ってしまい、楽しかるべき遠征は生存をかけた遁走劇に一変してしまった。スコットを助けながら下山するうちにボニントンは肋骨を何本か折り、それからはずっと痛みに耐えなければならなかった。モー・アントワーヌとクライヴ・ロウランドに助けられ、負傷した二人は嵐の中を下り、なんとかベースキャンプにたどり着くことができた。空腹をかかえ、疲れきって転がりこんだのに、彼らは死んだものと思った仲間たちはキャンプを捨ててしまっていた。四人は山をよろめき下って追いつき、仲間たちを驚かせた。

一九七八年、ボニントンは小さなチームを率いて、以前登れなかったK2西稜に挑んだ。滑り出しは順調だったが、巨大な雪崩がルートを押し流し、ボニントンの親友のひとり、ニック・エストコートの命を奪ってしまった。彼の死で一行は遠征を中止した。

中国が領内の山を外国人に開放すると、ボニントンはすかさず登山許可を申請した。一九八〇年、新疆ウイグル自治区西部の辺境にある未踏の山、コングール〔七七一九メートル〕を踏査した。翌年、ピーター・ボードマン、ジョー・タスカー、アラン・ラウスらと再び出かけ、登頂に成功した。

一九八二年、ボニントン、ピーター・ボードマン、ジョー・タスカー、ディック・レンショーは未登のエヴェレスト北東稜に挑んだ。レンショーが軽い卒中で退却し、ボニントンはボードマンとタスカーより行動がはるかに遅かったので、彼らだけで頂上に向かうのがいいだろうと決めた。ところが彼らはその直後、姿を消してしまった。それまでは楽しかった遠征も、これでだいなしになってしまった。

一九八三年、ボニントンは標高こそ低いが技術的にはもっと難しいインドのガンゴトリ・ヒマラヤにあるシヴリン西峰〔六〇三八メートル〕に目標を定めた。彼とジム・フォザリンガムは五日間でアルパインスタイルの登攀を成し遂げた。同年、ボニントンはヴィンソン・マシフに登るためアメリカ隊と南極へ向かった。氷点下の気温と時速八〇キロの風と闘い、彼は単独で登頂した。他の隊員は退却せざるを得なかったが、数日後、彼らもボニントンに助けられて成功をおさめた。

一九八五年、ボニントンはノルウェー隊のエヴェレスト遠征に参加するよう誘われた。妻のウェンディには、エヴェレストへは二度と行かないと自ら約束していたのだが、世界最高峰の魅力はあまりにも大きかった。彼女の承諾を得てボニントンは申し出を受け入れ、同年、世界最高地点を踏んで生涯の野望を果たした。

エヴェレストをきわめたのち、引退しても不思議はなかったのに、登山に対する愛はボニントンをさらに遠くへ駆り立てた。一九八八年、世界で最も美しく技術的に難しい未踏峰のひとつ、メンルンツェ〔七一八一メートル〕の遠征隊を指揮し、西峰に初登頂した。

一九九一年にはロビン・ノックス・ジョンストンとともにレモン・マウンテンズを登りにグリーンランドへ行った。一九九二年にはクマオン・ヒマラヤのパンチ・チュリ2峰〔六九〇四メートル〕のインド・イギリス合同遠征を共同指揮し、グレアム・リトルと組んで西稜の初登攀に成功した。この遠征ではその後、スティーヴン・ヴェナブルズが懸垂下降中の事故で脚を折り、そのために救援を求めに行く際、ボニントンは急峻な雪の斜面を一二〇メートルも滑落したが、幸運にも無傷だった。彼はそのまま山麓のマドコットまで下りて救援隊を組織し、すぐにヘリコプターでヴェナブルズを救い出した。危うく死ぬところだったのにボニントンは今なお登りつづけており、グリーンランド、コーカサス、その他へ出かけることを計画している。

現在、ボニントンはイングランド北部のレイク・ディストリクトに住んでいるが、そこから一時間足らずのところにはたくさんの岩場がある。彼とウェンディはなだらかな丘と羊が点在する牧草地に取り巻かれた、ベアトリックス・ポッターふうの美しいコテージで暮らしている。二人は一九六一年に結婚し、ダニエルとルーパートの二人の息子がいる。一九六二年以来、クリスはライター、写真家、登山家、ウェンディはアレクサンダー手法詩の先生としてフリーランスの仕事で生計を立てている。

コテージの田舎ふうの外見からは内部のハイテクぶりはうかがえない。中はボニントン社の本社といったところで、コンピューター、精巧なエレクトロニクス機器、広いスライド・ライブラリー、本がぎっしりつまった書斎がある。インタビューは八月半ばの陽光あふれる日曜日の朝、その書斎で行われた。ボニントンはとても愛想のいい、もてなし上手な人物だが、登山について話すより実際に登るほうに興味があるのは明らかで、変わりやすいイギリスの天気に、あとでひとつふたつルートを登るチャンスをつぶされはしないかと確かめるように、ときどき視線を窓の外に走らせていた。背が高く、体つきはたくましく、明るい青い目、灰褐色のあごひげ、精力的で奔放な身ごなしのボニントンは、登山界の長老におさまりかえることなく、新しいルート、新しい登山、新しい挑戦にたえず貪欲でありつづけることだろう。長く華々しい経歴を回顧するよりは、その目を常にしっかりと未来に据えていくことだろう。

**――軍隊経験は遠征隊を組織するのに役立ちましたか。**

もちろん。英国装甲部隊で戦車一両の乗員を指揮していてすぐに悟ったのは、もし私が独裁者的指揮官で肩章の星に頼っていたら、部下をほとんど動かすことができないだろうということでした。戦車の乗員は一本のロープにつながっている四人の人間に似ています

――小さな戦車の中に閉じ込められ、すべては指揮下にある三人が自分の思うように動いてくれるかどうかにかかっているという点でね。言葉を換えて言えば、軍隊の有能な指揮官とは、「よし、自分の軍隊での階級は箱にしまって鍵をかけておこう。そして、部下の尊敬は純粋にこの自分という存在からだけ得るようにするんだ」という人間で、指揮官はそうやってはじめて自分の乗員を意のままに動かすことができるのです。

**――あなた自身が尊敬されるクライマーだったので遠征隊を指揮しやすかったということはありましたか。**

ありましたね。一九七〇年代に指揮した遠征隊では、私はクライマーとして最盛期を迎

えていました。一九七五年にはドゥガル・ハストンとダグ・スコットのほうが強力だったことは疑いないが、私はそのすぐ次で、おそらくチームのほかのメンバーより強かったでしょう。つまり、かなり均整のとれたグループだったというわけです。ベースキャンプから遠征隊を指揮するようなことはしたくないな。ヘルリヒコッファー〔ドイツ遠征隊の隊長〕式の指揮のとりかたではうまくいきません。先頭隊員のすぐ後ろにいなくちゃ。

アルパインスタイルの遠征では、コングールがその例だけれど、形の上では私がリーダーでしたが、なにごともみなの合意で決めていきました。よく主導権をにぎっていたのはピーター・ボードマンとジョー・タスカーでした。話し合いをするにはそれをうまく転がしていく者が必要で、私がそれだったわけです。いわばグループの議長役で、そうするにはいっしょに登っている必要がありました。

**――エヴェレストあるいはアンナプルナの頂上に立ちたいという気持ちを抑えて隊長の義務を果たすのは難しいことでしたか。**

そんなことはありませんでした。ひとつのことを計画してそれに打ち込んでいれば、自分で頂上に立つことよりも全体を成功させることのほうが大事ですからね。

**――そういうふうに考えるのは難しいのではないですか。**

いや、難しいと思ったことはぜんぜんありません。アンナプルナのときもエヴェレストのときも、大事なのは遠征自体が成功することだと思っていました。どちらの場合も、私自身を第二あるいは第三登頂隊員に予定していましたが、情況によって実現はできませんでした。

アンナプルナ南壁では、イアン・クラフと私がドン・ウィランズとドゥガル・ハストンに合流して一回目の頂上攻撃をするはずでしたが、嵐に襲われてしまいました。明らかにドンとドゥガルのほうがペアとして強力だったので、イアンと私はもう一度サポートにまわりました。自分自身を現実的に見ることです。もっと大切なのは、「遠征が重要なんだ。成功させたい。だから自分はそのために最善のことをしたい」と言うことです。

**――隊員にもそういう考えを浸透させられたので、あなたの遠征は成功したのだと思いますか。**

そう思いますよ。それに人を効果的に使ったからです。たとえばドゥガルはあの山の頂上に立ちたいと願っていたので、その役でなければ面白いはずがありませんでした。ニック・エストコートはサポート役を引き受けるのに適したタイプでした。そこで私はいちばん効果のあがるやり方で人を使ってきました。隊員たちが、隊長はチーム全体の利益のために決断しているのであって、隊長個人の利益のためではないと認めたとき、おおいに士気があがるものです。

たとえば一九七二年の遠征〔エヴェレスト〕のとき、ミック・バークとダグ・スコットがロック・バンドの基部で行きづまり、ほとんど前進できなくなったことがありました。

私としてはドゥガルとヘイミッシュ・マッキネスにその仕事を片づけてもらいたかったのですが、ミックとダグはそれは自分たちが登る分だと思っていました。私たちは時間をかけて議論し、話し合いをしました。その結果、ドゥガルとヘイミッシュにまかせようということになったのですが、それも私が自分のために議論をしているのでなく、グループ全体のためにしていたからです。だからダグとミックは納得しやすかったのです。

**——どんな具合にクライミングをはじめましたか。**

クライミングは十六歳のときにはじめました。わくわくするような冒険があるように思えたからです。クライミングするときの体の感覚そのものが大好きでした。私は初めからクライミング向きだったのです。

**——どうしてそうなのですか。**

私は体重が軽いし、身も軽い。進歩はとても早かったのです。最初の年に初めて「極度にきびしい」〔E〕ルートをやったけれど、それは当時の最高グレードに近いものでした。二年もしないうちにジョー・ブラウンのルートを登っていましたよ。私は体力でなく技術に頼るほうだったから、腕力をおおいに必要とする本物のオーバーハングなんかにぶつかると、だめになってしまうんです。

**——だれにクライミングを教わったのですか。**

ある程度、独習でした。家族の友人がハリスン・ロックス〔ロンドン近郊の露出砂岩〕

に連れていってくれました。のちに彼がその友人のトム・ブラックバーンに連絡をとってウェールズのクライミングに連れていってくれました。ところがトムは上手ではなかったので、私がリードしたのです。トムが帰ってしまってから、私はたまたまある年寄りの校長先生に出会い、この人の世話になりました。校長先生はロープさばきの基礎を教えてくれて、生徒たちがルートを登るときに私にリードさせました。つまり私は最初からリード役だったのです。リードしたのは私にとって初めての「非常にきびしい」〔VS、5・5～5・6〕でしたが、これを登るのはとても健康的です。ごく基礎的なことを教えてもらって、あとは自分で覚えていくというやり方ができれば実に幸運です。

**——初期のころのクライミングパートナーはだれでしたか。**

初めのころ、よいルートはいくつかジェフ・フランシスとやりました。スコットランドへいっしょに行ったし、ウェールズではたくさん登りました。士官学校に入ってからマイク・トムスンと知り合いになりました。彼は私の旧友のひとりです。レイク・ディストリクトではいっしょに新しいルートをたくさん登ったものです。マイクとジェフと私はエイヴォン・ゴージの開拓に加わったんですよ。一九六〇年には、クライミングでは偉大な人物のひとりであるトム・ペイティと登りました。スコットランドで彼と最高のクライミング・ホリデーを過ごしました。私たちは十日間で十本の新ルートを開いたのです。一九五三年に初めて冬のヘイミッシュ・マッキネスとはまったく偶然に出会いました。

クライミングをしようとスコットランドへ行ったところ、山小屋にヘイミッシュがいました。彼はすでにスコットランドではクライマーとして確たる地位を保っていました。私たちはレイヴンズ・ガリーの冬季初登攀をしました。ヘイミッシュにはとても気に入られたので、それ以来、長年にわたっていっしょに登ってきました。

**――あなたの世代のルートはその前の世代のルートとどう違いますか。**

違いはテクノロジーにありました。第二次大戦前に使っていたのは麻のロープと最小限のプロテクションでした。クライマーは普通、スリングを二本とカラビナを二枚持っていきました。ということは一ピッチに二つしかランニングビレイをとれないということです。戦争直後にナイロンロープと、小さいフレークにもかけられる細いナイロンスリングが導入されました。それからすぐにクライマーはクラックに小石を入れればいいことに気がつきました。これがナットの前身です。このプロテクションのおかげで落ちても以前より少しは安心になり、クライミングの水準が上がりました。

戦前のレイク・ディストリクトでいちばん難しいルートのグレードは――イーグル・フロントその他――「非常にきびしい」〔VS〕でした。戦後すぐに「極度にきびしい」〔E〕という等級が入ってきました。難度の基準に大きな飛躍はなかったけれど、傾斜度には非常な差がありました。そこへジョー・ブラウンとドン・ウィランズがやってきて、基準を引き上げました。彼らはあの戦後の爆発的革新の立役者でした。以前は不可能とされたところでも登っていたし、二人ともクライミングの天才でしたね。

**——アルプスはいつ登りはじめたのですか。**

一九五七年にヘイミッシュとアルプスで会う手はずをしました。彼は私よりはるかに経験を積んでいたので、私の進歩ぶりを引き立ててくれました。アイガー北壁へ行ってみましたが、壁を見たとたん、これは私の及ぶところではないと悟りました。それでシャモニへ行ったのです。もともとは、一九五七年当時まだ英国人が登っていなかったグランド・ジョラスのウォーカー側稜へ行くつもりだったのですが、天候が非常に悪かった。そのときヘイミッシュがレショ氷河の向こう側にあるエギーユ・デュ・タキュルに目をとめて、「あれを登ろう」と言いました。そこで私たちは新しいルートを試してみたのですが、ひどいものでした。難しかった。そして、すばらしかった。こういう次第で、私がアルプスで初めて登ったのは新ルートだったのです。

**——アルプスのクライミングはヒマラヤへの準備になりましたか。**

なりましたね。自ずからヒマラヤへ行く準備になりました。一九六〇年に私はヒマラヤへ行く最初の機会を得ました。アンナプルナ2峰〔七九三七メートル〕です。その後、私のアルプスでの経歴と評判、ヒマラヤでの実績から、ドン・ウィランズがヌプツェ遠征に招いてくれました。私のヒマラヤ・クライミングはこうしてはじまりました。

**——最初の二回のヒマラヤ遠征では多くを学びましたか。**

ええ、たくさん勉強しましたよ。アンナプルナ2峰では、ジミー・ロバーツはとてもよい遠征隊長でした。遠征に軍隊の手法を使うのはまったく健全だと思います。軍隊的規律ではなく、物資補給を重視する点です。山に登るのと戦争をするのとはよく似ています。山登りが成功するかしないかは、必要なときに必要な場所に物資があるかないかにかかっています。アルパインスタイルで攻撃していても、適量の物資があり、それを適正に使っていれば、おおいに助けになります。

また、チームを統合して動かすことも大事です。ジミー・ロバーツはシェルパの統合のしかた、クライマーの統合のしかたを心得ていました。私はそこからずいぶん多くのことを学びました。

ヌプツェ〔七八五五メートル〕は時代を何年も先取りした山でした。とても傾斜が急で、テクニカルな登攀が要求されました。私たちはまとまりが悪く、いつもやたらに議論をしていました。それでもなんとか最終的にはみなが荒れ狂う自我を静め、力を合わせることができ、結果として登頂してしまいました。

**――ジミー・ロバーツが遠征の指揮について多くのことを教えてくれたわけですね。**

まさにそのとおりです。そしてヌプツェからは、遠征隊にはある構造が必要だということを学びとりました。私たちは頂上に登りましたが、中傷が多かったから、成功しても本当はだれも幸せでなかったと思います。和を保って登れば登山体験を楽しめるし、成功率も高まるでしょうにね。

**——そして軍隊の戦略がクライミングに応用できるというわけですね。**

そうです。戦争屋という面を除けばね。それと、戦争では意に反して危険を冒さなければなりませんが、クライミングでは危険を冒すことをあえて選んでいるという大きな違いがあります。遠征隊長がだれかに何かをするように頼んだとします。そのとき、もし彼が「嫌だ。危険すぎると思う」と言えば、隊長は無条件に受け入れなければなりません。彼を説得するか、彼は危険すぎると感じたことをしたがらない男だと軽蔑するしかありません。クライミングはゲームです。個人が満足し、グループが満足するためにしか山に登る意味はありません。

隊長の仕事は隊員がそれぞれの期待を実現できるようにみなが和を保って働ける環境をつくることです。隊長の役割はそのグループが目的を達成できるようにすることです。自分の意思をグループに強いることではありません。

**——遠征クライミングは独裁的でなく、民主的に組織されるべきだということですか。**

すべてを投票で決めるというような意味合いの民主主義ではありません。山の上のたくさんのキャンプに隊員が散らばっているのだから、そんなことは大規模な攻囲法の遠征隊には向かないと思います。

私のやり方は、まずグループ内の大勢の人と話をして、合意できそうなだいたいの線をつかみます。それから計画をつくり、グループに提示して意見を求めます。よい提案があれば計画に組み入れます。つまり合意の範囲で行動するのですが、遠征のどの段階でも投票するようなことはしません。グループが四人ぐらいの場合は、違った方法になります。隊長はグループの議長になり、まったく民主的に討論をして決断を下すことになります。

一方、ニック・エストコートが死んだK２のような大遠征隊では、まったく基本的な問題、特に遠征をつづけるか否かという決定には全員が発言権を持つべきです。私たちも民主的な票決で決めましたよ。私はつづけるのに賛成で、ピーター・ボードマンもそうでした。しかし、ほかの者は全員中止を望みました。それで遠征を中止することが正しい決定になったのです。

**――では、状況によるということですか。**

そう、状況次第です。人生と同じで、固定したルールを持っていてはとても危険です。一般的な傾向としては、組織はそのグループの合意の範囲で動くべきで、リーダーの役目はその合意を解釈することだと思います。リーダーの計画がいかにすばらしくても、グループがよい計画だと思わなければうまくいくわけがありません。それにグループが話し合いと意思決定の過程に参加していることも大切です。遠征隊によっては各段階で票決をしていますが、むしろ形式ばらないほうがいいのです。こうした遠征隊では何を決めるにもみなが座って討論をするという完全に民主的な方法をとっていますが、これでは遠征の時間の大半を車座になって話し合うことに費やして山に登り損なうという危険がありますね。

**――では、あなたの遠征隊は軍隊式の厳格な命令系統を持った組織ではなかったのですね。**

もちろん、絶対にそんなものではなかったですよ。軍隊では最終的に「よろしい、私は将校だ。上層部から任命されておる。私の命令に従え」と言えます。遠征隊の隊長はグループに実際に受け入れられてはじめてリーダーシップを発揮できるのだから、決してこうは言えません。グループが隊長を頼っているように、隊長はグループに頼っているのです。

**――あなたが指揮した最初の遠征は何ですか。**

アンナプルナ南壁です。

**――どういういきさつであの登攀の隊長になったのですか。**

ほかにだれもいなかったからですよ。私は自分を指揮者だとか、ましてすぐれた組織者だとは思ったこともありませんでした。陸軍では中尉として落第でしたからね。私たちはいっしょにヒマラヤへ行こうと話し合ってはいたけれど、といってだれも何もしないのです。私は一九六一年以来遠征に行っていなかったし、そのときはもう一九六八年になっていました。私はフォトジャーナリズムに飽きてしまっていて、また遠征をしたいと思っていました。

もともとはドゥガル、ニック、マーティン・ボイセンと私で、アラスカへ行こうとしていたのです。ヒマラヤは閉鎖されていました。そのうちにヒマラヤが開放されることを知りました。そのころデニス・グレイがアンナプルナ南壁の写真を見せてくれたのです。私は「登れたらすてきだな」と考えました。

それで私たちは目標を変更し、人も増やしてスポンサーを探しはじめました。そのとき思い切ってやってやろうという覚悟を持っていたのは私だったので、そのまま遠征をまとめあげ、指揮をとることになったのです。

**――組織能力は十分ありましたか。**

潜在的にあったのだと思います。それと、陸軍での経験とフォトジャーナリストとして旅をした経験が助けになりましたね。でも私はアンナプルナ南壁ではたくさんの誤りを犯していますよ。ある意味では、机に向かって本を書くのはとてもよい訓練です。正直な本を書こうとすれば自己分析をしなければなりません。アンナプルナ南壁のあとで私は、「すばらしい。われわれは成功をおさめた。この山に登ったのだ」と考えていました。ところが戻ってきてほかの人たちの日記やら何やらを読んでいるうちに、私の犯した誤りが見えてきました。こうした誤りを知っていたので、一九七二年のエヴェレスト南西壁ではずっと誤りが減りました。一九七五年にはもっと少なくなりました。

**――アンナプルナで犯した誤りとはどういうものですか。**

私が最前線にいる時間が多すぎました。それに自信がなかったので簡単に考えが揺れ動き、計画を変更しすぎました。一触即発の事態になった一例は、トム・フロストとミック・バークが最前線へ出ていって奮闘しているときでした。ドンとドゥガルと私は座って双眼鏡で見ながら話していました。「いったい、どうしてあんなに時間をかけるんだ」。ベースキャンプで座っていると、前線に出ていっている連中がずいぶん時間をかけているように思いがちです。そのときドゥガルがドンと二人で行って片をつけてこようと提案しました。私は結果も考えずに、「それがいい。すぐに登ってくれ」と言ってしまいました。それからは大騒ぎになった様子が無線で伝えられてきました。ニックとマーティンは自分たちが無視されたと感じ、ミックとトムも無視されたと思ったのです。私は変更すべきでないことを途中で変更してしまったのです。自制していれば予定より一日遅れたかもしれませんが、それはたいした問題ではなかったでしょうし、もっと円滑に経過していったはずです。つまり、あれは私の誤りでした。その日の終わりには事態はおさまりましたが、無線で要らざる口論をしてしまったわけです。

一九七二年のエヴェレストでは、私はひとりひとりにはっきりとした役を割り振ろう、そうすればみな何をしなければならないかがわかり、早めに対応して、どんどん仕事がはかどるだろうと考えました。たとえば、ニックとデイヴ・バスゲイトはロックバンドの右手の基部までルートを開き、ダグとミックはロックバンドを登る役割にして、ヘイミッシユとドゥガルを第一次頂上攻撃隊としました。問題は、物事は決して思ったとおりに進まないということです。ダグとミックにロックバンドをまかせたことから、彼らに縄張り意識が生まれました。こうして私は思わぬ障害にぶつかったのです。

一九七五年のときは用心深くなってなにごとも慎重に運び、隊員には短期的な目標を与えることにしました。たとえば、ダグとミックには第三キャンプへのルートをつけてもらい、ニックとタット・ブレイスウェイトには第四キャンプまでのルートをつけてもらうことにしました。ドゥガルとヘイミッシュの仕事は第五キャンプへのルート工作でした。そして、そのあとどうなるかは心配しないことにしました。考えてもしょうがないのです。あまり先まで計画すると人を失望させることになります。

この三つの遠征のいずれにも、以前私と行動を共にしたことのある非常に強力な幹部グループがいました。彼らは私に何を期待できるかを知っていたし、私も彼らに何を期待できるか知っていました。私たちは一種の約束ごとのようなパターンを持っていました。それは大事なことでした。

**——それに彼らはあなたの友人でもありましたね。**

そうなんです。友情という強力な要素がありました。ときにはいざこざの原因になることはあっても、友情は大切です。クライマーの人間関係にいざこざはつきものです。ブラウンとウィランズの相棒意識はしまいにはそのせいで崩れてしまいました。ジョー・タスカーとピーター・ボードマンは非常に親しいパートナーでしたが、その関係も終わった気配がありました。おそらくよい友人同士でいられたでしょうが、離れて別々のことをすることになったでしょう。オーガを登ったあと、ダグと私の関係にも緊張が生じました。それはダグ自身が強烈なリーダーで、私とは違う形のリーダーシップを備えていたからです。K2遠征のときには二人の間で摩擦が大きくなりはじめていました。それは単に、彼がグループをある型にはめ込みたいと思っていたところへ、私が別の型にはめ込んでいったからにすぎません。実際にK2はいっしょに行った最後の遠征になりましたが、それでも私たちは友情を保ってきたし、互いに温かい尊敬の念を持っています。ダグには自分の指導力を生かせる場が必要だったのです。彼は自分の遠征スタイルを開発し、成功しています。

**——あなたのスタイルと彼のスタイルの違いをどう特徴づけますか。**

ダグの好むシステムは、理屈の上ではだれもが自分のしたいことをやることになっているのですが、実際にはみながダグの望むとおりにやる、というものです。面白いことに、彼のスタイルのほうが私より中央集権的だと思います。私が好むのは、合意が得られるような体系を持っている遠征隊です。はっきりした計画を持ち、みなに仕事と役目を割り振り、それを遂行してもらうことによって私に対する委任システムができます。私とうまく仕事ができたのは——たとえばジョーやピートですが——このシステムを好む人たちでした。彼らはまた目標追求型で、体系だてて物事を進めるタイプでした。だから、いっしょに登っていて楽しかったですね。

しかし、ダグは物事を自分でするのが好きです。遠征旅行を組織するときは、ほとんど自分でやるのです。彼が全部を組み立て、人に何かをさせても、それが彼のやり方と違うという理由で変えさせる傾向があります。彼には彼のシステムに合う友人たちがいます。これはどちらのシステムがよいという問題ではなく、あるシステムはあるグループに向いており、別のシステムは別のグループに向いているというだけのことです。私のシステムにはまったく合わないが、ダグのシステムだとしっくりする人はたくさんいるし、その逆もしかりです。違うグループの人たちはそれぞれ違うシステムのもとでうまく仕事ができるということですね。

しかし、自分がそのもとで仕事をしているシステムをメンバーが理解しているか、そのシステムは居心地がいいかを確かめることが大切です。そうすれば楽しい遠征になる下地はできたことになります。反対に、システムに満足しない人がいると衝突が起こり、その人たちも自分に合わないシステムのもとで行動するので欲求不満に陥ってしまいます。

**――でも、クライマーには個人主義的な傾向があるので、彼らに合ったシステムをつくるのはもともと難しいのではないでしょうか。**

難しいと思いますよ。たとえばアンナプルナ南壁と一九七二年、七五年のエヴェレストはよい遠征でしたが、摩擦が生じました。どんなシステムにも摩擦はあるものです。クライマーは本質的に強烈な個人主義者なので、常になんらかの衝突はあります。しかし面白いことに、先へ進むにつれて摩擦は減っていきました。一九七五年のエヴェレスト遠征では、早くからかなりの欲求不満がありました。単に小さいグループのほうが動きやすいからという理由でチームを二つのグループに分けたのですが、私のいないほうのグループはいろいろな決定が自分たちに相談することなく「指導部」によって進められていると感じてしまうのは避けられませんでした。この問題は解決され、遠征の終わりごろには楽しい旅になっていましたが、とても大きい集団だったので欲求不満はまだ残っていました。ヘイミッシュは私が彼を登頂チームに入れなかったので落胆していました。それを決めたとき私は第五キャンプ、ヘイミッシュはベースキャンプにいたので、彼にしかるべき説明をすることができなかったのです。それでこういう類の欲求不満が残ったわけです。

一九八二年のエヴェレスト遠征はうまの合う六人のグループだったので、それまででいちばん楽しい旅行だったと言っていいでしょう。初めから終わりまで口論ひとつありませんでした。激論を闘わせたことは何回かありましたが、互いに尊敬しあう範囲は越えませんでした。ですから、いつも合意の上で決定に持ち込めたのです。少数派は——ピートだったり、私だったり、ディックだったりしたが——こう言いました。「わかった。多数決で決まったんだ。それで行こう」

**——ピーター・ボードマンやジョー・タスカーとはよくうまが合ったようですね。**

そうですね。彼らと登るのは実に楽しかった。二人ともとても現実的なのです。組織を信じ、計画を信じていました。私同様、理性的な人間でした。

**——あなたは本能的というより理性的な人間だというのですね。**

そうです。

**——ダグは山では本能に従って判断を下すことがよくあると話していますが、あなたにもその種の本能はありますか。**

私にも本能はありますよ。私たちはみな本能的なのです。しかし、腹で感じるというのは少々うさんくさいと思います。私たちはだれでも腹で感じることはあります。腹の感じとは、一日が終わってまだ自分が生きていたらそれは正しかった、死んでいたら正しくなかった、ということです。だから、グランド・ジョラス北壁で天気がひどくて十六人が引き返してしまったとき、腹の感じがイアンと私に登りつづけろと言っていたなら、私たちは登りつづけて正しかったことになります。なぜなら天気は急変しませんでしたからね。しかし大嵐になって私たちが全滅していたら、登りつづけたことは間違いだったということになります。

コングールでも同じことが言えます。嵐が四日もつづき、食糧はほとんどなくなってしまいましたが、進みつづけるべきだと腹で感じたので私たちは登りつづけました。コングールの山頂でもう一度嵐に襲われていたら、私たちはおそらく死んでいたでしょう。下山の途中でピートに落石が当たりました。あの石が一ミリ左にずれていたら、ピートは軽い脳震盪ですまずに頭蓋骨を骨折し、身の毛もよだつような救助作業をしなければならなかったでしょう。その途中でピートはおそらく死んだでしょうし、私たちも命を落としたかもしれません。

そうなると、腹の感じとはたいてい後知恵の自己満悦です。ほかのクライマーと同じように、私も腹の感じには応じますよ。しかし、一日が終わってまだ生きているのは、運という強烈な要素があるからだと信じています。ダグであれ、メスナーであれ、私であれ、自分におめでとうを言うのは実に簡単ですが、結果として私たちはただ運がよかっただけだと思うのです。

生きているのが信じられないほど幸運だったということがメスナーには何回もあったにちがいありません。エヴェレストの単独登攀でクレバスに転落したとき、彼はスノーブリッジの上に落ちました。スノーブリッジでなかったら死んでいましたよ。

ダグがオーガの懸垂下降で二回目にロープの端からはずれてしまったとき、うまいことに別のロープをつかむことができました。そうしていなかったら彼は死んでいました。メンルンツェでスノーステイク〔スノーバー〕を抜いたとき私はバランスを崩してしまいましたが、ロープをつかむのが遅かったら死んでいたでしょう。グランド・ジョラス北壁でドゥガルはロープを懸垂下降具にはめるのを誤って二回も宙返りしたあげく、うまくロープをつかむことができました。あれは本能でもなければ技術でもない、運ですよ。

高所で限界をおしひろげるのはきわめて危険なことです。ピートとジョーがピナクル群を登っていたとき〔一九八二年、エヴェレスト北東稜〕、彼らは腹の感じに従っていました。ところがあのときの腹の感じは折悪しく正しくありませんでした。こういう高所でのクライミングで命を失った大勢の人のことを調べ、かろうじて生還した人の数を分析してみると、結局は運ということになります。

**——経験でも知識でもないというのですね。**

そういうことです。高所での極限のクライミングでは、とてつもなくたくさんの危険に身をさらしていると思います。だから技術もなく知識もなく、「下りろ」と言っている腹の感じにも耳をかさなかったら、もっと多くの危険に身をさらすことになるでしょう。

**——どうしてそんなに危険を冒しつづけるのですか。**

クライミングが楽しいからですよ。クライミングは私のほとんどすべてです。

**——クライミングはあなたの人生に、ほかでは得られないものを加えたようですが、それは何ですか。**

アドレナリン、興奮、一連の強烈な感覚です。危険な遊びは癖になるんですよ。それでいて恐ろしい状況にはまり込むようなことはありません。実際には危険を制御しているのです。こうした感覚が特別なカクテルを私たちの体に注いでいるのではないかと思います。

一連の化学変化、ホルモンの変化が人に癖をつけることは証明されていると思いますが、それだからクライミングやそれと似た行動は人をしっかりととらえて離さないのでしょうね。

**——すると危険のレベルを維持するために、より難しいルートを探しつづけなければならないという意味になりますか。**

そういうことではありません。なぜなら、クライミングに対する私の愛は今もこれまでと同じくらい強いことを知っていますからね。私はまたヒマラヤへ行きたい。もう一度行って、探検してきたい。しかし、それはより難しいルートを登るためではありません。ただ私の愛する山という環境に入っていくことであり、危険の要素があるであろう未知のピークを探す興奮を求めてです。もし、もっと困難なルート、何はともあれますます難しいルートを求めつづけなければならない人間だったら、最終的には死んでしまうか、これ以上は進めないというところに達してしまうにちがいありません。

**——知人や友人がクライミング事故で亡くなったために、このスポーツの価値に疑問を抱いたことがありますか。**

ありません。クライミングが危険なことは初めからわかっていますからね。高所クライミングに行くときは、このゲームにはあえて危険を冒すことはつきものだということをわきまえています。それは受け入れなければなりません。だからといって友人を失ったときに悲しみが減るわけではありません。悲劇は山に登っていた本人にあるのではなく、現実には彼の妻、ガールフレンド、子供、両親たちにあります。先立たれ、途方に暮れ、置いていかれたのは身近な人たちです。死んだ本人はせいいっぱいの人生を送ったのです。好きなことをしながら、そのさなかに死んでいるのです。だから彼には悲劇はありません。悲劇は後に残された者たちにあります。私にとってもニックとピートとジョーの喪失感はものすごく大きいのです。彼らとの交わりが楽しかったからです。でも、これは私の喪失感です。彼らはすばらしい人生を送って逝ってしまったのです。

**――オーガの下降ではどうでしたか。死ぬと思いましたか。**

そう、肋骨を折ってからは死ぬんじゃないかと思いました。それにひどい嵐につかまっていたし、私は肺炎になりかかっているのがわかっていました。まったく、もう二日もあの状態がつづいていたらきっと死んでいたでしょう。ああいうときは小さなボールのように丸くなってうずくまり、生きることに神経を集中しているんです。

**――オーガ、エヴェレスト、アイガー、その他たくさんの堂々たる山に登ってきたわけですが、ルートはどのようにして選ぶのですか。**

未知であること、審美眼に耐える美しさを備えていることが私には重要です。たとえばアンナプルナ南壁とエヴェレスト南西壁は両方とも壮麗なラインと未知へのステップを備えています。アンナプルナ南壁に着手する前、私はよく冷や汗をびっしょりかいて目を覚ましたものでした。そして、「山の麓にたどりついてから、登るのがまったく不可能とわかったらどうしよう」と考えていました。アンナプルナ南壁は未知へのステップのなかでも最大のものでした。それまでに登攀されたヒマラヤの大岩壁で、あれほど大きいものはありませんでした。未知の問題への挑戦は私には大きな魅力があります——不可能に思えるものを見据え、自分の経験、知識、知力を使って不可能を可能に変える魅力です。

エヴェレスト北東稜にしても同じことです。私はもう一度行くために大きな遠征隊を組織しようとしていましたが、ブラミー・ストークスの隊が先を越して〔一九八八年〕未登の部分を登ってしまいました。未登部分が登られてしまうと、あのルートへの興味は覚めてしまいました。なにもかもわかってしまったものを登るために大きな遠征隊を組織するのは意味がありませんでした。

**——遠征の資金はどう調達しているのですか。**

一種のセールスマンになるのです。私の遠征を売りにいくんです。楽しいですよ。

**——商業的な意図が登山の邪魔をするようなことがありましたか。**

邪魔させないことが大切だと思います。それにはスポンサーに目的をよく説明し、先方がその目的を変えてしまわないように十分に気をつけることです。自分が何をしたいのかをスポンサーに話し、「私たちがやろうとしていることを援助してみませんか」と尋ねるのがいいでしょう。もしスポンサーが、「してもいいですが、でも……」と言ったら質問をはじめるんです。

私は、「スポンサーがうんと言わないだろうから、これはできない」と考えたことは一度もありません。K2では遠征をはじめたばかりの段階で中止してしまいましたが、スポンサーは全面的に支持してくれ、「あなたがたの判断は正しかった」と言ってくれました。正しい人間関係に当たればスポンサーは怖いものではなく、むしろ支えになり、助けになるものです。

**――なぜ一九八五年にもう一度エヴェレストへ行ったのですか。**

おそらくエヴェレストの頂上に立ちたいという願望が心の中に潜んでいたのだろうと思います。それにあれは大勢のシェルパとともにサウス・コル・ルートを登る比較的安全な作戦でした。だからアルネ・ネスの招待を断るのは愚だと判断しました。

**――あの遠征ではあなたの役目は何だったのですか。**

まあ、アルネの参謀長といったところだったかな。物資補給の筋道をつくり、何人のシェルパを雇うか助言したり、遠征の初めの段階では実際に物資補給の仕事に当たりました。とても円滑にいきましたよ。

**――エヴェレストに登る最後のチャンスだと思いましたか。**

あれがたぶん最後でしょう。若くなっていくことはありませんからね。

**――登山そのものはどうでしたか。**

すばらしかったですよ。でも、酸素ボンベを使ってもつらかったな。南峰に向かって登っていったときのことを思い出します。私は本当に疲れ切ってしまい、横になって、「だめだ、もう登れない」と思っていました。そのときオッド・エリアッセンが、「がんばれよ、クリス、やれるよ」と言ってくれたのです。それからオッドは——あの遠征にはこういう精神があったんです——わざと遅れて私の後ろになり、後ろにだれかがいるという気持ちにさせて励ましてくれました。すばらしい経験でしたよ。

——**遠征に世界の縮図を見ているのですか**。

そう、多分にそういうところがあります。そして登山の魅力のひとつは、非常に漠然とした目標をいっぱい抱えた信じられないほど複雑な世界を離れて、山に登るというとても単純な世界に入っていくことにあります。その世界での目的はまったく明快です——あの山に登るということなのですから。まわりにいる人間もあの山に登るほかに何もすることがありません。何もかもみな捨ててしまって、やるべきことは山に登ることしかないのだから、家にいるときよりも暇な時間はたっぷりあります。そして山に登ること自体が比較的単純です。だから本を読む時間があります。ゲームをする時間もある。クライミングは非常に単純な商売ですよ。

——**だから山に登るのですか**。

違います。これはいわばボーナスです。山に登る理由はそれよりずっと深いところにあると思います。ロッククライミングは身体的なものと官能的なものの組み合わせです。登っているときに身体が感じる満足感と周囲の風物を感知する官能です。ヒマラヤへ出かけていくと、もうひとつの次元が開けます。私は違った人たち、私たちよりずっと簡素な生活をしている人たちの間にいる感じが好きです。夜、ヒマラヤの小さな村のはずれに座って薪の燃える匂いをかぎながら、その美しさにひたっているのが好きなんです。これはロマンチックな組み合わせですよ。

ヒマラヤへ行くとすべてに広がりが生じます。チベット高原のうねるような丘をひとりで登っていくと、遠征の計画が浮かび、その国の魅力に引き込まれていきます。突然、自分のまわりに大空間がひらけ、山々が遠方に連なり、大いなる無、純粋の、まったくの、何もないものの美に接して、すごく大きな衝撃を受けます。これが本当の理由です。世界の縮図うんぬんは、おまけの魅力です。

**——そういう山の頂上に立ったときが人生最高の瞬間でしたか。**

必ずしもそうではありませんでした。一九七五年のエヴェレスト遠征では、ダグとドゥガルを最終キャンプに送り込んで下りてくる途中が私にとって最高のときでした。私は雪の上に座って、私たちはできるかぎりのことをした、あとは彼ら次第だ、彼らは成功するのに絶好の位置にいると思いました。するとチーム全体に対する恐ろしいほど強い感情が、おそらくは愛情でしょうが、わき上がってきました。全員がひとつの目的を達成しようと努力してきましたが、それが今達成されたというとても大きな充足感を感じました。

私にとっての最高の遠征旅行はジム・フォザリンガムと登ったシヴリンでした。あらかじめ計画していたわけではありませんが、あれは真の意味で純粋なアルパインスタイルでした。きわめて高いレベルで取り組み、いっしょに調子よく登っていきました。しかし頂上に到達した瞬間、「どうやって下りるんだろう」と思って意気消沈してしまいました。というわけで、あのときも充足感は数日後になってようやくやってきました。

ひとつの遠征についての感情はかなり後になって味わえるものです。思い起こして、全体を眺めわたして、自分は何をしたかがわかるようになってからです。それはいっしょに登った人たちとどうかかわりあえたか、どれだけのものを得たか、どれだけ与えられたかということです。山の頂上に到達できて、しかもほかの人たちに多くのものを与えることができたとき、満足感はとても大きなものになるのです。

# ダグ・スコット

Doug Scott

登山家の多くは、能力のレベルはどうあれ、危険がひそんでいるかもしれない場所に立ち向かうことがこのスポーツの核心であることで一致するだろう。危険が次の角にひそんでいるという要素がなかったら、登山はその独特の魅力を失うにちがいない。

ダグ・スコット『ビッグ・ウォール・クライミング』

危険な状況に立ち向かい、克服することがクライミングの精髄なら、ダグ・スコットは確かにこのスポーツの純粋な実践者としての資格を持っている。この勇敢なイギリス人の経歴を見ると、そのいたるところで危険な目に遭っている。それはダービーシャーで物干し紐をエイドにして登った少年時代にはじまり、ドゥガル・ハストンとともに山頂直下でビバークを余儀なくされ、凍傷にもかかからずに切り抜けたエヴェレスト南西壁（一九七五年）のような劇的登攀にまで及んでいる。

スコットは三十年近くも危険とともに生きてきた。つぎつぎに難度の上がる高所のルートに挑み、なんとか生還してはその話を聞かせてくれた。誤りを犯すことがほとんど、あるいはまったく許されないこのスポーツでは、彼は今も生存してクライミングをつづけている数少ない高所登山のベテランのひとりだが、その最大の心配事は自分の生死ではなく、来年登る新ルートのようである。

彼がこれまで生き延びてこられたのは、山で判断を導いてくれる本能が発達しているからだという。この本能は、山で限度までがんばっていいのはいつまでか、来年再挑戦するためにいつ退却すべきかを決める助けをしてくれる。スコットのようなアルパインスタイルの信奉者にとって、この第六感は極限のルートでは成功か失敗か、生か死かの分かれ道になる。

スコットは警察官の子として一九四一年五月二十九日、イングランドのノッティンガムに生まれた。十二歳のときに近くの岩場、クロムフォードのブラック・ロックスでクライミングをはじめた。十四歳のころにはウェールズやスコットランドへ足を延ばしていた。十七歳で初めてアルプスを訪れ、シャモニ周辺でモン・ブランその他に登っている。二十一歳のときにはもっと冒険に富んだルートを求めてモロッコのアトラス山脈に行っている。

六〇年代の初めから半ばまでは教師として働きながら、スコットは夏を外国の旅に過ごした。一九六五年にはチャドのティベスティ山地、一九六六年はクルディスタン、一九六七年はアフガニスタンのヒンズークシュにあるコー・イ・バンダカーへ行った。それからまもなく、クライミングにもっと時間を割くために教師の職を辞した。この賭けは当たって一九七二年、エヴェレスト南西壁への英国遠征隊に加わるよう招かれた。この遠征は不成功に終わったが、帰国してからスコットは遠征についての記事やスライド映写会、講演などの依頼を受けた。それ以来こうした活動は、彼の収入源の大部分を占めるようになった。

自分で選んだ職業に精出したスコットはその後世界有数の高所クライマーに成長し、一九七四年にはクリス・ボニントン、マーティン・ボイセン、ドゥガル・ハストンらとともにチャンガバン東稜に、またポール・「タット」・ブレイスウェイトとレーニン峰（七一三四メートル）南東壁にルートを開いた。翌一九七五年、英国エヴェレスト南西壁遠征隊でドゥガル・ハストンと頂上に立って、国際的にも名を知られるようになった。エヴェレストに登ってしまってからは、スコットはそれほど知られてはいないが同じくらい難しいルートに目を向けた。一九七六年にハストンと完登したマッキンリー南壁や、一九七七年にボニントンと登ったオーガ（七二八五メートル）西稜がそれである。しかしオーガでは過信に陥り、懸垂下降中に不注意から足を滑らせ、大きく振られて岩壁に激突してしまった。その衝撃で両足ともくるぶしを骨折し、登山史上に残る地獄のような下山に耐え抜かなければならなくなった。ボニントン、モー・アントワーヌ、クライヴ・ロウランドに助けられてビアフォ氷河までのほぼ全行程を這って下り、生還することができた。

このほかにも登山を重ねるうちに、スコットは大遠征隊の攻囲法の特徴である固定ロープ戦法と別れ、贅肉をそぎ落としたアルパインスタイルへ引き寄せられていった。これは大規模な組織のように物資補給に依存するのではなく、チームのメンバー個々の経験と瞬発力に頼るのである。その代表的な登攀はカンチェンジュンガ北稜（一九七九年）で、彼とジョー・タスカー、ピーター・ボードマン、ジョルジュ・ベタンブールがルートの大半をアルパインスタイルで登った。スコット、ベタンブール、アラン・ラウス、ブライアン・ホールは同年、ヌプツェ北壁でも同じ戦法を使って成功した。

近年、スコットは高所順応にマルチピーク・スタイルを取り入れて、軽装備登山にいちだんとみがきをかけた。それはいくつかの山を予定しておき、低い山から登っていって準備を重ね、最後に最大目標へ向かうのだが、全ピークをいずれも中断することのない一回の集中的な攻撃で登るのである。この方法が初めて実を結んだのは一九八一年にベタンブール、リック・ホワイト、グレッグ・チャイルドと登ったシヴリン東稜であり、つづいて一九八二年にロジャー・バクスター＝ジョーンズ、アレックス・マッキンタイアと登ったチベットのシシャパンマの切り立った南西壁であった。スコットはこのアルパインスタイルをおしすすめ、一九八三年にグレッグ・チャイルド、ピート・テクストンとロブサン・スパイアに、一九八四年にアン・プルバ、ジャン・アファナシェフ、自分の息子のマイクルとバルンツェおよびチャムランに登り、一九八八年にはヴィクター・ソンダーズ、シャル・プラブとブータンのジチュ・ダケに新ルートを開いた。一九八九年にはインド・ヒマラヤのリモ2峰に挑戦し、彼とプラブ、ロリー・ウッドが六七〇〇メートル地点に達した。一九九一年にはプラブ、ナイジェル・ポーターとネパールのハンギング・グレイシャー・ピーク南峰の南稜を登った。スコットの登山に対する情熱は衰えを見せず、将来は世界の辺境にある山々の初登頂に集中しようと計画を練っている。

スコットは二十歳で結婚し、最初の妻のジャンとの間にロージー、マーサの娘二人と、いくつかの登山に同行している息子のマイクルがいる。夫妻は一九八九年に離婚し、スコットは現在イングランド北部のレイク・ディストリクトに住んで、ここ数年の仲間であり熟練したクライマーであるシャル・プラブと暮らしている。

スコットは背が高く、ごつごつとした体つきで、あごひげを生やし、褐色の髪は櫛も入れず、丸い金属縁の眼鏡をかけたところは彼の好きな故ジョン・レノンにそっくりである。粘液質で内向的で、ゆっくりと正確に話し、エリック・シプトンとH・W・ティルマン以来イギリス人クライマーの特徴となった、ひねくれた、そっけない、控えめな口ぶりで悲惨な冒険の数々を描写してくれた。

インタビューはシアトルにいるスコットの友人、スティーヴ・スウェンスンの家とシアトル周辺の数カ所で行われた。スコットが、登山の援助を引き受けてくれるアウトドア用品の会社を数社訪問しなければならなかったからである。その日を通じてスコットから得た印象は、会社訪問は必要な義務だが、できれば山に登っていたいというふうであった。

**――南西壁という新ルートからエヴェレストに登ってどう感じましたか。**

幻想的でしたね。私たちが頂上に着いたのは夕方の六時で、太陽が雲の重なりに透けて見えるかと思うと突然現れたりしました。荘厳な日没でした。優に四百マイルは見わたすことができたでしょう。地球の丸みが見えました。明らかに私たちは陶酔感にひたっていました。ドゥガル・ハストンも私もこの頂上に来るまで九カ月もかかったのです。二人ともエヴェレストへは三回目の遠征でした。これで終わってよかったと思いました。

こういう遠征では何が起こるかまったくわからないものです。考えたとおりに事が運んだためしがない。私の将来のクライミングという観点から見て最も有意義だったのは、山頂のすぐ下の雪洞で一夜を過ごしたことです。寝袋も酸素ボンベもなしで、凍傷にもかからずに一夜を生き延びたのです。もしあなたがクライマーなら、この体験は次にやるときの行動範囲を大きく広げてくれることがわかるはずです。あそこで夜を過ごせるなら、風から身を守られているかぎり、どこであろうと少なくとも一夜はもちこたえられるでしょう。あのおかげで、これからはもっと軽装備でやってみようという大きな自信がつきました。

**——その経験で自分の限界がわかりましたか。**

持久力という点では自分の限界までいったかどうかわかりません。寒さという点なら、エヴェレストの頂上は私の限界だったと思います。

**——あそこで夜をしのげたのは何のおかげでしょうか。**

エヴェレストで私たちより低いところでビバークした人たちがいたこと、そのほぼ全員が下山してから手や足の指を切らなければならなかったことを知っていたからです。私たちが心配していたのは生還できるかということより生還の質でした。私たちは指一本たりとも失いたくありませんでした。だから血液の循環を保つために懸命でした。眠らずに手の指と足の爪先をこすってこすってこすりつづけました。

**——あの登山ではあなたと隊長のクリス・ボニントンの関係はどうでしたか。**

クリスは遠征を組織するのが非常にうまく、きまじめな隊長であろうとしているように見えました。その点ときどき私はやりにくかったですね。でも南西壁遠征はよい旅でした。二人の違いは理性的に考えればいい問題であって、事実私たちはそうしました。今でも私たちはイギリスでいっしょにロッククライミングに行っていますよ。

**――彼はきわめて組織的に進めたのですか。**

彼は組織だった遠征を好むようです。それが南西壁でもその後の遠征でもうまくいっているのは明らかです。しかし、あの方法では私の好みより大規模になる傾向があるし、おかげでスポンサー探しのようなことにかなり巻き込まれたものです。

**――あのスタイルの登山はある種のピークやルートには必要だと思いますか。**

ラインホルト・メスナーが、ベースキャンプにガールフレンドがいた以外はまったく支援なしでエヴェレストに単独登攀して以来、そういうことはもう言えなくなりました。ですからそのチームや経験、その他によって変わります。法則を決めたくはありませんが、私に関するかぎりでは、遠征隊は小さければ小さいほどいい。スポンサーや報道機関にあまりわずらわされずにすみます。映画製作だの新聞記者だの本を書く人だの、クライミングの邪魔になるどうでもいいような些事はきりがありません。

問題は酸素を持っていこうとすると、なにしろ重いので――ボンベ二本と調節装置など全部で十六キロにもなります――ザックにほかのものを入れる余地がなくなってしまうことです。そうなるとだれかの手が必要となり、結果としてシェルパを大勢雇うことになる。そしてボンベを運び上げるための補給ラインとしてユマールで上り下りする固定ロープを取り付けなければなりません。このロープは命綱としても使われて、嵐に襲われたり、病人が出たり、あるいは疲れ切ってしまったときには、すぐ下降器を取り付けて避難することができます。

つまりロープはクライミングとのかかわりを減らしてしまいます。固定ロープのそばにいるかぎり、本当に地上を離れたとはいえません。固定ロープが終わり、それを離れたところからクライミングがはじまるのです。そのとき初めて自分はのっぴきならないところにいるんだ、これからやるんだという感じ、家から百万マイルも離れているんだという感じ、自分自身とパートナーに責任を負うのだという感じがします。そうなるまでは本当の意味でクライミングにかかわったことになりません。大遠征隊の悩みはこれなのです。

固定ロープによる登山は建設工事のようなものです。物資補給の仕事があり、隊長の計画どおりに働かなければなりません。自分と登山とのかかわりをそんなに深く感じません。コンピューターが打ち出した総合計画書をこなしていくフロイト的父性像に全責任を預けてしまっています。それではクライミングではない。事業経営といったほうが当たっています。

**――でもそれは登山の発展に必要な段階だったとは思いませんか。**

それが今でもつづいているのですよ。日本人はたいていそういう方法で登っています。とても強くて勇敢なクライマーなのにね。ほかの国の大勢の人たちも同じです。ほとんどの人にとっては登頂することがいちばん大事なのであって、どのように登頂するかではないのです。

エヴェレスト南西壁の数年後、四人でカンチェンジュンガをセミ・アルパインスタイルで登りにいき、新ルートから第三登に成功しました。ノース・コルからは酸素もシェルパもなしでやったので、はるかに満足のいく登山でした。

あれは私がやったうちではいちばん満足できるもので、決して忘れられません。当時は高いほう〔八五〇〇メートル以上〕の八千メートル級の山でアルパインスタイルで登られたものはまだありませんでした。一九七九年の春でしたが、このとき未知の領域に踏み込んだのです。私たちには終始、はたして頂上に登れるのだろうかという疑問がありました。だれかが肺水腫になったらどうしようかと思っていました。でも結局はうまくいきました。

**――どういうきっかけでクライミングをはじめたのですか。**

父がアマチュア・ボクシングの一九四八年全英ヘビー級チャンピオンで、私にいつも何かスポーツをやるようにと勧めていました。少年時代には学校で中距離走をやっていました。

クライミングは学校や父とは何の関係もありません。ボーイスカウトで家から四十キロほどのところに行ったときクライマーが岩を登っているのを見て、自分もやってみようと思っただけです。

**——それはノッティンガムの郊外でしたか。**

そうです。ダービーシャーのブラック・ロックスというところです。週末には学校から自転車で行ったものです。これがそもそものはじまりです。ロープには洗濯物を干す紐を使っていました。最初はクライマーがどうやって登っているかを見ていて、それから自分でやってみて間違えながら覚えたのです。まだ登山学校とかクライミング教育ができる前のことでした。

**——クライミングの何に魅力を感じたのですか。**

クライミングというより、町から出て、家や学校から離れることが好きだったのですね。田舎へ行って自分たちだけになって、自分たちで物事を決め、責任も自分たちでとるのが面白かったのです。

**——クライマーに英雄はいましたか。**

いませんでした。なんで英雄が要るのか理解に苦しみます。確かに感銘を受けた人はいます——シプトンです。『あの山の上で』はずいぶん早いうちに読んで、気に入っていました。年に三回も遠征したリオネル・テレイにも感心しました。あれはすばらしいことだと思いました。

**――たいてはノッティンガム付近で登っていたのですか。**

ええ、主にダービーシャーの砂岩でしたが、のちに石灰岩も登っていました。十四歳のとき、ウェールズの丘陵地帯にあるトラヴァンという山に登りにいきました。翌年はレイク・ディストリクト、次の年はスコットランド、十七歳のときにはアルプスへ行きました――全部、ノッティンガムの友人と行ったのです。それ以来、アルプスには毎年行っています。モン・ブラン山群では今でも、ありきたりだけれど釣り合いのとれた岩と氷の最高の組み合わせのクライミングができます。

**――本格的に登山をするようになったのはいつですか。**

二十一歳ごろから、ほかに自分のしたいことは考えられなくなりました。アルプスにはシーズンがありますが、オフにはいつもほかの外国へ出かけていました――一九六二年にはアトラス山脈、一九六五年にはチャドのティベスティ山地、一九六六年にはクルディスタン、一九六七年にはアフガニスタンのヒンズークシュといった具合です。

**――教師をつづけるのにクライミングは障害になりましたか。**

なりました。二十歳で教師になったのですが、最初のうちは校長が好意的で、さしたる問題もなく休暇をとれました。でも一九七一年に六週間バフィン島へ行くことになったとき、言われてしまいました。「教師の職をとるか、クライミングをとるかだね」。私は「辞職するほうにします」と言って辞めました。一九七一年に教師を辞めたのです。

**——その決断をするのは難しかったですか。**

難しくはありませんでした。教えるのはとても好きでしたが、自分のすべてを注ぎ込むことはできませんでした。私の不在中の穴を埋めなければならない同僚の教師たちにかかる負担も重すぎました。帰ってくるたびにちょっと具合の悪い思いをしました。その埋め合わせに、週末にはときどき生徒たちをいろいろなところに連れていきました。でも実際は行きづまっていたのです。とにかく非常に疲れる仕事で、自分の時間があまりないのです。

**——クライミングで生計をたてることはできましたか。**

初めは建築関係の仕事をしていました。屋根をふいたり家を建てたりといった仕事です。そこへ突然、だしぬけに——不安定な状態に身をゆだねているとよくあることですが——面白いことが起こるものです。ドン・ウィランズから電話がかかってきて、君は一九七二年の春におれといっしょにエヴェレストへ行こうなんて思ったことがあるかいと尋ねるのです。こうして私はドイツ・ヨーロッパ・エヴェレスト遠征隊に参加したのです。

私は七九〇〇メートルまで登って帰ってきました。するとクリス・ボニントンが一九七二年秋の彼の最初のエヴェレスト遠征に誘ってくれました。二回のエヴェレスト遠征後、その話をしないかと電話がかかってくるようになりました。私は突然、講演をしたり記事を書いたりすれば何がしかの収入を得られることを知って、それをつづけることにしたのです。

これは偶然のことで、プロのクライマーになるために教師を辞めたのではありません。たまたまそうなっただけです。プロのクライマーになることにはいつもどこかにためらいがありました。私の登り方にひびくような仕事は絶対にしたくないと思っていました。クライミングから収入を得ることよりもクライミングそのものを終始優先させていました。

私は八千メートル峰を全座登頂する、あるいは少なくとも登ってみることを考えたことはありますが、そうするとひとつのタイプの登山に限定されてしまうように思えました。それよりもむしろ自分に何も強要しないで、あっちへ行ったりこっちへ行ったり、どこへでも行けるようにしておきました。マカルーに行ってから、込み合っているうちは八千メートル峰には行くまいと決めました。それで、もっと遠くの面白い山を探しているのです。ブータンにはまた行きたいのですが、とてもお金がかかります。もちろんチベットにはもっと面白い山があるけれど、中国の役人と交渉するのは気疲れして、魅力が薄れてしまいます。

**——高所順応は早いですか。**

いや、私は早くはありません。でもひとたび順応すれば、その後はうまくいくようです。まともに登っている、クライミングらしいことをしているという感じを得るまでに優に三週間はかかります。三週間かけて高所順応して、その恩恵をこうむらなかった人は知りませんね。私たちの生理機能がシェルパの生理機能と歩調を合わせられるようになるには、そのくらいかかるのです。あそこに三週間いれば、私たちの赤血球数はシェルパと同じになります。高所順応に三週間かけなくても動きまわることはできますが、三週間かけたときほど楽しめません。

私自身が年をとったのと友人の多くが死んでしまったために、今は若い人たちと登っていますが、彼らにこのことを理解させるのがたいへん難しいのです。アルプスにくらべ、あるいはアラスカやロッキーでやってきたことにくらべて、みなとても易しいように見えるからです。ルートの性質はたいてい技術的にはたいしたことはないので、若い人たちはみな着くなりすぐに進みたがります。問題はそれです——もっとゆっくりやるように説得することです。

それを補うためにマルチピーク・スタイルのクライミング、あるいはマルチピーク・スタイルの高所順応というものを考えたのです。低めの山をいくつか選び、それを登ってから主眼とする山に向かうのです。同じ山だけを登ったり降りたりするのは単調だし、退屈してしまいますからね。

**——現在主に使っているテクニックはそれですか。**

カンチェンジュンガのあと、一九七九年の秋からです。私はエヴェレストをねらって、その高所順応にクスム・カングル北稜とヌプツェ北バットレスを選んでおきました。この二つは登ったけれど、エヴエレストには登れませんでした。しかし、登れたところまではすべて順調にいきました。

翌年はマカルーに行きました。同じことをまたやってみました——六千メートルから七一五〇メートルの山を四つ登り、それからカンチュンツェ（七六七八メートル）を登ってからマカルー南東稜へと進みました。もう少しで登り切れるところでしたが、ジョルジュ・ベタンブールが肺塞栓症《そくせん》にかかったうえ、ひどい嵐に見舞われて、下山せざるを得ませんでした。

一九八二年のときもうまくいきました。最初はニャナン・リ、次にプンパ・リに登ってから長い休養をとったあと、二七〇〇メートルのシシャパンマ南西壁を一気に登りました——往復四日間でね。あそこでマルチピークという方法が実を結んだのです。

**——エヴェレストに登ってからも、他の山は目標として不足なく見えましたか。**

以前よりもね。ごくまともな目標です。エヴェレストには必要な酸素ボンベやその他のものなしで楽しめますよ。

**——遠征に飽きることはありませんか。**

組織するのに日数がかかるのにはちょっとうんざりしますね——装備を探しまわったり、飛行機の予約をしたり、そのほかに二、三カ月かかります。ときどき「自分は何をしているんだろう」と考え込んでしまうこともあるけれど、なかなか面白いですよ。登山についても、自分自身についても、世界のあらゆることについても、学ぶことが必ずありますからね。

**——登山をしている間に自分について何を学ぶのですか。**

メンバーの間にはたくさんの問題が生じるもので、登山といっても教室や事務所、工場となんら変わりはありません。ある程度は中傷や口論が必ずあるものです——自分のやっていることが認められないと感じる者がきっといますからね。ただひとつ違うのは、登山の場合は逃げだしてしまうわけにいきません。家に帰って忘れてしまうわけにいかないし、パブへ行って憂さをはらすこともできない。事が何であれ、一日二十四時間付き合っているのだから、解決しなければなりません。登山は自分自身と折り合いをつける機会を与えてくれます。自分自身について発見したことは、実は自分の天賦の才能なのです。

だれでも高峰の長い遠征から帰ってきたときは変わっています。出発前とは同じ人間ではないのです。私は自分自身とより密接になった感じがするし、友人とも親密さが増したような気がします。長期間の登山で極限まで耐えてきたあとは、故郷の人々みんなにいっそうの共感を覚えます。これは物事すべてをゆっくりとやり、不安や悩みごとにとらわれずに暮らしていたこととおおいに関係があります。

**——クライミングチームの理想的な大きさは何人ですか。**

四人です。二人の場合はひとりが病気になると動きがとれません。三人の場合は、二人は気が合うが三人だと多すぎて仲間割れ、となります。四人なら二人ずつの二チームになり、別々に装備を整えながら大きな山ではいっしょに行動して支え合うことができます。全員がよい友達で、多すぎてもかまわなければ六人でもいいでしょう。

**――遠征隊を組織するとき、メンバーはどのようにして選ぶのですか。**

今日では遠征の数がとても多いので、まんべんなく声をかけることになるでしょう。つまり、単にいちばん金のかからない人とか、時間が空いている者とか、興味を同じくする者とかを探すことになります。だから、かなり大勢に声はかけても結局集まるのはわずかな人数です。ときには全員が集まって大グループになることもありますが、この大グループが一本のロープにぶら下がったり、一つのルートをぞろぞろ歩くわけではありません。

大勢で行く場合はリエゾン・オフィサー、ある程度までの食糧、地元の要員、コックなどにかかる費用を分担できるという利点があります。しかし、大勢の人間がいれば問題もたくさん起きます。なぜなら、結局はいろいろなものの見方を抱えることになるし、隊長が冷酷でないと事が進まないからです。一般的にいえば、気のおけない人で高所順応ができ、登れる者が欲しいということになるでしょう。

**――クライマーになれる特質とは何でしょう。**

肉体的には形も大きさも問いません。どのクライマーも、次の角を曲がったら何があるか見たいとか、山の秘密を全部知りたいとか、前進しつづけたいといった好奇心を持っていると思います。おそらくクライマーは、山に来ると街よりも居心地がいいことや、生命の危険を冒すときに実際に活気がわいてくることに早くから気がついていたのでしょう。

**——活気づくのは危険を感じるからですか。**

そうです。あるいは食べ物がなくなり、断食を強いられながらつらい闘いをするときです。こういうことは人を変え、新たな認識を与えます。長い病気、特に高熱を伴う病気から回復したときのように、少し生まれ変わるのです。すべてがまた新しくなったような気がします。そうしたことはただまた山に来て、自然の歩みにふれて、季節や自然の力に注意を払っているだけで多く得られると思います。

**——現代にあって、危険の感覚は本当に必要だと思いますか。**

あなたは必要だと思っていませんね——街でひしめきあっている人たちを見ているからですよ。でも、私にはどうしても必要です。年中山にいることはできませんが、山の記憶は行動のすべてに影響します。自分が今いるところを示す基準点になります。

**——いつも山にいたいと思いますか。**

私は山と下界の違いを楽しんでいるのだと思います。実際には町から三十五キロも離れた田舎に住んでいるのですけれどね。

**——ルートはどのようにして選ぶのですか。**

今までにだれも目を向けたことがなく、書いたこともなく、写真に撮ったこともなく、まして固定ロープを張ったこともない岩壁や目立った地形が見つかったら、私は興味を持ちます――それが適度に安全ならばね。ヒマラヤのいいところは未登の稜や壁がたくさんあることです。クライミングとは未知に立ち向かうことであり、したがって新しいルートを開くことであるとすれば、ヒマラヤはまさしくそれに値する場所です。

私はシシャパンマのような山に登るのが実に楽しいのです。あの山のあちら〔南側〕に行くために谷に足を踏み入れた者はひとりもいませんでした。だから私たちの目の前には未知の岩壁があったばかりでなく、固定ロープ遠征隊のいいかげんな挑戦の名残を見ることもありませんでした。あの山についてはすべて私たちが発見したのです。ですから、とても魅力がありました。

ヌプツェ北壁も同じです。あそこに手をつけた者はだれもいませんでした。

**――『ビッグ・ウォール・クライミング』を執筆して、このスポーツに対する自分の取り組み方を明確にできましたか。**

登山というスポーツの伝統をある程度の深さまで理解したこと、昔のクライマーたちと話をして、いかに彼らが情熱を燃やしていたかを知ったことはよかったと思います。私たちが今やっていることはまさに伝統の延長です。クライミングの伝統的な理由が変化している今、これからクライミングがどう変わっていくか少し気がかりです。現在、クライマーの多くは学校からこのスポーツに入ってきています。それはカリキュラムの一部、学校の活動の一部になってしまっています。体育の教師に古い伝統を尊重できるものか疑問ですね。クライミングを据膳で子供たちに出すようなことをしていると、なにもかも変わってしまいます。

**――クライミングが進んでいく方向に失望しているのですか。**

少々気がかりなのは、クライミングの授業の効果はどうか、岩壁を登る効果とは何か、アウトドア市場の爆発的な人気、発行される雑誌の数、情報が即座に伝わること、ほかのクライマーにできたことは自分にもできるはずだということから、個人の心理的障壁が急速に崩れることなどです。

クライミングに対する態度にも変化があるように思えます。八千メートル峰にこだわるのは新しい動きだし、一つの山を登る期間も問題です。現在発生している死亡事故の多くは墜落や嵐によるものでなく、へとへとになるまで登り、そのあげく疲労や脳浮腫、肺水腫などの高山病で死んでいるのです。今ではがむしゃらに登ったり山頂にこだわりすぎるために大勢の人が死んでいます。

数年前マカルーでメキシコ人クライマーが登頂したあと精神錯乱を起こし、雪の中で瀕死の状態で発見されました。頂上へ向かっていた二人のポーランド人はメキシコ人を救助せず、放置しましたが、メキシコ人は幸い酸素ボンベを携帯していたスペイン人に救助されました。

ポーランド人は登頂に成功しましたが、帰還したのはひとりだけでした。もうひとりはどこへ行ったかわからないと言うのです。これはもう私なんかの想像外ですよ。家に帰って親類縁者に――奥さんにしろ家族にしろ――仲間がどうなったかわからないと言うなんて考えられません。

スイス人クライマーのマルセル・リュエディは数年前、八千メートル峰の残り三つを登って全十四座征服の一番乗りをしようと必死になってマカルーへ行きました。ベースキャンプまではヘリコプターで運んでもらい、チューリッヒを出てから一週間かそこらでマカルーの頂上に立ちました。しかし下山の途中、高山病で死にました。完全にこだわりすぎです――いい男でしたが、狂っていましたね。自分をあそこまで追い込むなんて、狂っています。

**――クライマーは何としてでも山頂に登ろうとしてきたのではないですか。**

そういうところはいつもありましたし、私たちもたいてい二十代の終わりから三十代の初めにかけてはそうでした。しかし、それが今では以前よりも一般に広がっているようです。昔はよく山で見られたチーム同士、国同士の間の仲間意識は必ずしもあるとは限らないようです。山でほかのチームに出会い、ベースキャンプを共にし、もてなし合うのはいつもよいものでした。しかし、今は一種のよそよそしさが感じられます。

**――ヒマラヤの高山がすべて登頂された今、登山はどの方向に進んでいくのでしょうか。**

主だった山の頂上や、エヴェレストのような有名な山の主な稜や壁は登られてしまいましたが、残りのヒマラヤは手つかずです。一八九〇年代か一九〇〇年代のアルプスのようなものです。高峰でもっと技術的に難しいクライミングが行われるでしょう。酸素が少ないから速度は遅いでしょうがね。それに山と山を結んだ縦走も増えるでしょうし、パミールでロシア人がやったような連山の縦走も行われるでしょう。

アルパインスタイルの登山ももっと見られると期待しています。チームが小さくてすみ、地元の人たちへの影響も軽く、地元経済をあまり乱さずにすみ、固定ロープをいたるところに残したりしないので、山をいい状態に保てるからです。でも、そうはいかないかもしれません。ヒマラヤへ行くクライマーの約半分は日本人で、そのほとんど全部が固定ロープ遠征ですからね。どうして彼らはああいうやり方をするのか、私にはわかりません。安全性を重視する国民性か何かにあるのでしょうね。

日本には偉大なクライマーが――酷寒と困難に立ち向かう冬季クライマーが――何人かいるのに、いつも固定ロープです。彼らはロープから離れて進むのを恐れているのです。組織の中にいるのが好きなのですね。大会社に入り、人生の諸問題から目をそむけ、安全と引き換えに自分を会社に売り渡す――日本人の性格についてはみなこういう印象を持っています。大きいチームをつくり、組織内を階層化するという具合に、日本人はそれを山にも適用しているように見えます。

**——クライミングのパートナーとして好んだ人たちの名前をいくつかあげてください。**

フランスのジョルジュ・ベタンブール、もちろんドゥガル・ハストン、ロジャー・バクスター＝ジョーンズ、ミック・バーク、ニック・エストコート、クリス・ボニントン、ピーター・ボードマン、ジョー・タスカー、ポール・「タット」・ブレイスウェイト、レイ・ギリーズ、アレックス・マッキンタイア、グレッグ・チャイルドといったところです。

**——単独登攀はたくさんやりましたか。**

英国の岩場でボルダリングをするときだけです。易しいルートをね。ヒマラヤでは一度もありません。ナンガ・パルバットとエヴェレストをソロで登ったラインホルトには心から感服しています——夢のような成果です。

**——あなたがクライマーとして成功したのはなぜですか。**

私はロッククライマーとして特にすぐれているわけではありません。これまでにやったいちばん難しいムーブでもヨセミテの5・11です。でも私はもともとヒマラヤ登山に向いているのです。生まれつき肺が大きいし、血液循環も良好です。こつこつつづけているうちに腕を上げました。何か支障が生じなければ、たいていはがんばってルートを登り切ることができますよ。

私に引き返すかどうかを判断する基準ができたのは一九七六年五月にドゥガル・ハストンとマッキンリー南壁を登ったときです。二日間嵐の中にいましたが、三日目もあいかわらずひどい天候でした。

私はドゥガルに言いました。「どう思う」

すると、あの厳しいスコットランド人は私をじっと見て言うのです。「まだ凍傷にかかっていないんだろ」

「そうか、わかった。凍傷にかかるまで登るんだ。凍傷にかかる前に頂上に着くことを期待しよう」

私は体に障害が現れるまで登りつづけます。凍傷になりかかったり、物が二重に見えだしたり、脳浮腫の恐れがあったり、肺水腫のような厄介な病気になりそうなひどい咳がはじまったり——そんなときにはできるだけ早く山を下ります。

**——障害にかかりそうなときはわかるのですか。**

私は自分自身に従うことを学んだのだと思います。二万六〇〇〇フィート（七九〇〇メートル）以上の高さにいると、自分の置かれている状況を必ずしも理性的に把握できるとは限りません。登りつづけていいかどうかの判断は、自分の胸の内の感覚に頼っているように思われます。本能の働きに頼っているのです。第六感あるいは本能が告げてくれること——それが決定要因です。非常に強力なものです。登れと言うかもしれないし下りろと言うかもしれない。強く迫ってくるので無視するわけにいかないのです。

**——それが正しかったことが何度もありましたか。**

いつも正しかったですね。だから今、生きてここにいるのです。しかし盲目的な野心に駆り立てられていると、馬が目隠し《ブリンカー》をつけているようなもので、頂上のことしか頭になく、胸の内のあの感覚は察知できないと思います。そうなると運にまかせることになります。ヒマラヤで長く生き延びたければ、あまり野心的にならないことが肝心です。

**――たくさんの友人が死んでいるのに、あなたが生きているのは本能のおかげですか。**

彼らは野心のせいで死んだと言っているのではありません。私の本能は確かに私を助けてくれたと言っているだけです。野心的であることは、危険を意識しているうちは決して悪いことではありません。少なくとも私はそのことを学んだと思います。

なぜ死んだのか私にはわからない友人が何人かいます。アレックス・マッキンタイアはアンナプルナ南壁で休憩しているとき、石がひとつ落ちてきて頭に当たり、死んでしまいました。

友人が死んだときによくありましたが、当人と非常に親しい関係にある者が――妻、母親、ガールフレンド、親友などが――何か嫌なことが起こると強く予感しています。

あとでわかったことですが、一九七八年にK２へ行ったときニック・エストコートは、私が彼の死体を探して雪を突き刺しながら歩いているなまなましい夢を見ました。それが正夢になって、ニックと私は雪崩に遭い、私は助かりました。ロープが切れて雪崩の端に取り残され、一二〇〇メートルの斜面を見下ろしていました。ニックは下まで流され、雪崩のデブリに埋まってしまいました。この事故が起きたとき私は、彼の死体は風雨や鳥にさらされたりせず雪に覆われていると確信して氷の塊を突き刺して歩くことができたただひとりの人間でした。

これを思うと、私は宿命論者になってしまいます。こうしたことの多くはすでに決まっていたのだということをますます強く感じます。

**――オーガの事故はどうして起きたのですか。**

あれはがむしゃらに山頂をめざした私のせいです。エヴェレストのあと、自分は無敵だと思い込むようになっていました。オーガをあまりにも楽天的にとらえていました。

あれは夕方で、私は懸垂下降していたのですが、あまり注意を払ってはいませんでした。ビブラム底を岩につけて、何か登攀具を回収しようと足をぴんと伸ばしたとたん、岩の表面の解けた水がベルグラになっていて滑ってしまいました。それで三十メートルも宙を飛んだのです。突然、岩という岩が私に向かって突進してきたような感じでした。なんとか両足を前に出すことはできましたが、グシャッと岩に激突してしまいました。私はロープの端にぶら下がっていました。両足はくるぶしのところで折れているのがわかりました。ベースキャンプに戻るのに八日かかりましたが、五日間は嵐の中、四日間は食べ物なしでした。

**――どうやって切り抜けたのですか。**

モー・アントワーヌとクライヴ・ロウランドが手助けしてくれました。担いでいくのは無理でしたが、道を開き、懸垂ザイルを固定し、私から目を離さないでいてくれました。クリス・ボニントンもやってくれましたが、懸垂下降で肋骨を二本折ってしまいました。たぶん痛さは私よりひどかったと思います。折れた肋骨を二本かかえて懸垂下降するなんて恐ろしいことですよ。おまけに彼は肺炎になり、咳をしては黄色い液体を吐いていました。

**――その間ずっと何を考えていたのですか。**

ひとつひとつ受け入れていっただけです。事態の推移全体についてはあまり考えませんでしたが、幻覚はずいぶん見ました。食べるものがないとそうなるのです。六日目に、自分の内部にいろいろと面白いものが見えました。奇々怪々なものが多かったけれど、とても面白かったですよ。

楽しいこともありました。食べ物はなかったけれど、テープデッキと電池がたくさん、それにドクター・フックのテープが五本あったので、よく聞いていました。

クリスが、おれはもう死ぬかと思ったよと言ったのを覚えています。それから一時間ほどして彼はテントの中からしわがれ声で、いいアイデアを思いついたと言いました。みんなに大金儲けをさせてやるというのです。どうするんだと尋ねると、この経験を本に書くんだと言うのです――彼の取り分が六〇パーセントで、私たちが四〇パーセントだそうです――これにはみな大笑いしました。まず生きて帰れそうもありませんでしたからね。

**――あれが山での最悪のときでしたか。**

いちばん長く、いちばん困った最悪のときでした。同じ目に遭ったらだれでもそうしたでしょうが、四つん這いになって進むしかなかったのです。

**――そんな目に遭っているのに、どうして山に登りつづけるのですか。**

新しい場所を見るため、今度はどうするかやってみるためです。今度こそ登るには年をとりすぎていることを思い知らされるぞと覚悟するのですが、今のところ、ヒマラヤを登るのは楽になっています。高所順応でも登ることでも問題はありません。

**――あなたの生活でクライミングはどういう位置を占めていますか。**

実際はなんとも分裂的です。出かける前はたいてい、本当は行きたくないんだという気持ちになります。冬のうちに行く気になって準備をすべて整え終わったとき、これはいったい何なのだろうといぶかしく思いはじめます。家にはやり残したことがあるし、出かけたくないという気持ちになりかけます。ところが、ちょっとでも谷を歩き、山に入ってあたりが開けてくると、ほっとため息が出て、ここに来るまでにどうしてこんなに時間がかかったのだろうと不思議に思うのです。山はいいものだということを忘れているからでしょうね。

**――クライミングに関しては今も競争心がありますか。**

そんなことはないと思います。今までも競争していたとは思いません。自分自身に対して野心的だっただけです。でも、私がやろうとしていたところをだれかが登ってしまうと、まだ腹が立ちますね。ルートに対する競争は常にあるのですが、他人に対してはありません。

**――エヴェレストにもう一度登りたいと思いますか。**

あまり思いません。

**――まだ登りたいところはありますか。**

もっとブータンへ行きたいのですが、今のところ、これ以上山が開放される気配はありませんね。アフガニスタンにはまた行くかもしれません。

考えていることを書き留めておきたい気持ちもあります――本なんかにね。そのための時間もつくりたい。

**――どんなことを考えているのですか。**

あまり期待もしていなかったものが手に入ったことに驚いています。私はいつも自信がぐらついていました。あることをしようと野心に燃えていたのに突然それが実現不可能に思えて――天候が悪化したり、同行者か私が病気になったり、チームがまとまらずに登りつづけられなくなったりして――野心を手放さなければなりませんでした。ところが、一度そう思ってしまうと――まったくあきらめて、年を改めてまた来ようなどと考えていると——しばしば状況が変化しました。天候や雪の状態がよくなったり、チームが突然仲よくなったり、病気が治って元気になったりという具合です。それで先へ進み、当初の予定を達成したのですが、それも野心に駆られたりせず、ずっと謙虚にです。達成できたことは私たちへの贈り物のように思え、私たちはそこへ登り、目標に達することを許されたのであって、なんらかの助けがあってこそどうにか達成できたのだと思えたのです。

# ヴォイテク・クルティカ

Voytek Kurtyka

東洋の哲学的、宗教的伝統は「道《タオ》」という実に鮮明にして適切な概念を生み出した。「道」とは倫理的な規律と、食餌、戦闘法、瞑想法、呼吸法など日常の実生活の諸方面にわたる技法の指導体系に条件づけられた特定の生き方、行動のしかたである。「道」の規律に従えば、より高いレベルの知恵が得られ、熱心なヨガの行者や僧侶であれば、人間の自我と周囲の世界の本質に関する究極の洞察が得られるとされている。

私はあえて確信しているところを表明しておきたい。登山はその驚くべき特性ゆえに、肉体的、精神的に成長するための貴重な手段になり得るのである。私はこの手段を伝統的な「道」にちなんで「山の道《タオ》」と呼びたい。

ヴォイテク・クルティカ「山の道」（『アルピニズム』誌掲載、カナダ）

ヴォイテク・クルティカにとって、登山はスポーツというより宗教的な行為である。人格を試し、完成するための手段であり、人間の感情の極限を――生きていることの並みはずれた喜びと死に直面する絶望的な恐怖を――凝縮された短い時間内に体験し、それによって人生の本質的な真理を垣間見ることができる方法なのである。クルティカの考えでは、「山の道」は岩に登るという純粋な動物性に満ちた肉体的なレベルからはじまり、より長くより困難なルートに挑むという心理的満足に進み、ヒマラヤその他で体験する本質の直観的把握という精神的現象で頂点を迎える。彼にとって登山とは、肉体面、心理面、情緒面、精神面を問わず人格を全面的にせいいっぱい表現することができる多次元的な行為なのである。単なるレクリエーションではなく、生き方なのである。

彼が登山に熱中しだしたのは一九六九年、南ポーランドのタトラ山脈に初めて行った二十一歳のときであった。翌年はアルプスへ行き、グランド・ジョラスのウォーカー側稜やプティ・ドリュのアメリカン・ダイレクトといったクラシックルートを登り、グランド・ジョラス北壁とプティ・ドリュ北壁に新ルートを開いた。

クルティカが初めて高所登山を経験したのは一九七二年、ポーランド隊に参加して行ったアフガニスタンのヒンズークシュであった。彼は本隊から離れてアケール・キオー(七〇二〇メートル)北壁をアルパインスタイルで初登攀した。この登攀をしてから、標高の高い山をアルパインスタイルで登りたいという欲望がつのった。その後に参加した二つのエクスペディション・スタイルの遠征——一九七四年の冬季ローツェ隊と一九七六年のK2北東稜隊——は不成功に終わり、アルパインスタイルのテクニックで行きたいという気持ちはさらに固まった。一九七七年、彼はこの哲学をもう一度実践に移し、ヒンズークシュにあるコー・イ・バンダカーの二四〇〇メートルに及ぶ北東壁をイギリス人のアレックス・マッキンタイア、アメリカ人のジョン・ポーターと登った。

その後、彼はエヴェレストのような八千メートル級の巨峰は避け、知名度は劣るが審美的な魅力のあるラインをねらった。マッキンタイア、ポーター、ポーランド人のクシストフ・ズレックと登ったチャンガバン南壁（一九七八年）やマッキンタイア、ルドヴィク・ヴィルチニスキ、フランス人のルネ・ギリーニと登ったダウラギリ東壁（一九八〇年）などがそれである。

マッキンタイアが悲劇的な死を遂げたのち（一九八二年にアンナプルナで落石により死亡）、クルティカは同じポーランド人のイェジ・ククチカと組んでヒマラヤ登山史上最も恐るべきチームのひとつを結成した。クルティカがヒマラヤの登攀を称して言う「苦しみの芸術」のこの二人の達人は、それまでで最も困難とされていたルートのいくつかに成功した——一九八三年のガッシャブルム2峰南東稜とヒドン・ピーク南西壁新ルート、そして八四年のブロード・ピークの〔北峰から主峰までの〕完全初縦走などである。二人のパートナーシップはその直後にククチカが八千メートル峰全座登頂レースに加わったときに終わった。クルティカはそれに異議を唱え、人が少なく、より美しい対象を求めて独自の歩みをつづけるほうを選んだ。

ガッシャブルム4峰のきらめく白いピラミッドに彼は長いこと心を奪われてきたが、一九八五年、ロベルト・シャウアーとその西壁に挑んだ。ラインは美しいが危険であることが判明した。登攀中に天候が悪化して予定よりも時間を費やすことになり、食糧も燃料も切れて二人とも死ぬかと思われた。なんとか山頂のすぐ近くまで登ったが、深い雪のために登頂することはできずに北西稜を下降した。ともあれ生きて下山できたことだけでありがたかった。

クルティカのルートにはあこがれをそそるような特質がある。特にトランゴ・タワー（六二三九メートル）東壁の息をのむようなラインがそれだ。一九八八年、彼とエアハルト・ロレタンは二十九ピッチの登攀に成功し、三度に及ぶ挑戦と十四日の日数をかけてついにこのオベリスクのようなピークに登頂した。トランゴのあと、二人はジャン・トロワイエをチームに加えてチョー・オユー南西壁（一九九〇年）とシシャパンマ南西壁（一九九〇年）の一日登攀をやってのけた。

このような印象深い高所登山の成果のほかに、クルティカは長年にわたって難しいロッククライミングを数多くこなし、今はタトラ山脈に四ピッチにわたる5・14のルートを開こうとしている。

クルティカは一九四七年七月二十五日、ポーランドの南西にあるスクシンカ村に生まれ、のちにチェビエショヴィツェ村に移り、さらにヴロツワフ市に引っ越した。父親は筆名をヘンリク・ヴォルツェルというポーランドではかなり著名な作家だった。母親は主婦として父親とヴォイテク、二人の兄弟の世話をしてくれた。

クルティカは一度離婚しているが、一九八九年に現在の妻ハリナと再婚し、二人の間にできた息子アレクサンデルとポーランドのサビエショフに住んでいる。生活のために妻とともにインドの衣料品専門の輸入業をしている。

インタビューは北イタリアのドロミテにある山マルモラーダの、堂々たる千メートルの南壁を仰ぐ牧草地で行われた。ここには「レジャー・クライミング」をしにきたのだと彼は言った。クルティカのレジャー・クライミングとは六級のロッククライミングの一日登攀である。ヒマラヤの高峰の精神的苦行にくらべれば公園の散歩に等しい。

クルティカその人はやせて筋っぽく、中距離走者のような体つきの快活で精力的な男である。見たところ神経質で、気まぐれで、自信に満ち、集中力があり、激しくて忍耐強く、短気でもあり、想像力に富みながら実際的であり——そうしたすべてが一秒ごとに現れる。ドロミテで二週間クライミングしたあとは、例の神経質なところがややおさまり、落ち着いて質問に答えられるようになった。青い目を刺すように細め、緊張した体を前後に揺すり、紫色の野草の花を指でまわしながら、質問には注意深く答えようとおおいに努めてくれた。音楽的な、快活に歌うような声で語り、現在、世界で最も勇敢で最も想像力にあふれた高所クライマーのひとりであるこの人の複雑な個性を表してくれた。

**――ポーランドからどうしてこんなにヒマラヤの大クライマーが生まれたのでしょうか。**

第一にポーランド人は冒険好きであること、第二にポーランドの歴史が国民に不屈の行動を鼓吹したことがあげられます。私たちは何世紀もの間、非常に厳しい政治条件のもとで生きてきました。常にドイツ人かロシア人との間に問題を抱えていました。十八世紀の終わりから二十世紀の初めまで百年以上も独立を失っていたのです。ポーランド人は何世代も愛国者として行動してきていて、第一の義務は強くなること、屈しないこと、退かず、打ちのめされっぱなしにならないことでした。ポーランド人は子供でも不屈の魂をたたき込まれています。不屈でない者は弱虫で、悪い子でした。

ポーランドでは、いつでも蜂起し、激しい闘争をする備えができていなければならないので、こうした態度が培われたのです。この態度は山にも移って、ポーランド人は山を下る前に三度考えることでしょう。ポーランド人が成功できずに敗北して下山するのと、フランスやアメリカの遠征隊が敗北して山を下りてくるのとは、まったく違うのです。ポーランド人の場合は、まるで悪いことでもしたかのように、やましい気持ちで下りてきます。心理的な申し送りを抱えて下りてくる。「お前は打ちのめされたのだ。お前は弱虫だ。強さが足りないんだ。負けたということは劣っているということだ。お前は本当の男ではない」

**——ポーランド人は負けないために進んで耐え忍ぶというのですね。**

そう、それがポーランド人の根本的な登山態度ですよ。

**——この態度はヒマラヤでは特に役に立つのでしょうね。**

しかり。とにかく不屈でなければいけない。ここのマルモラーダの岩では不屈であると同時に技術がすぐれていなければなりません。ところがヒマラヤでは技術的にたいへん難しいということはほとんどないので、とにかく不屈であることが要求されます。寒さ、疲労、飢え、渇き、危険の感覚とひたすら闘わなければなりません。危険にぶつかって退却してはいけないのです。

**——するとポーランド人は危険や欠乏、苦難に慣れているからヒマラヤ登山が得意なのだということですね。**

そうです。私はヒマラヤ登山を苦しみの芸術と好んで呼んでいます。自分を極限へ極限へと追い込むのです。

**——少年時代のあなたはどんなでしたか。不屈だったのですか。**

私は子供らしい子供でした。とても元気でね。ゲームをしたり、森を歩いたり、きのこを探したりするのが好きでした。たぶん私の性格でいちばんはっきりしているのは、初めからとても自然が好きだったということでしょう。私は自然の中で過ごした少年時代をとても幸せだったと思っています。

私たちが住んでいたのは森に覆われた美しい丘のある山村で、近くにすばらしい川が流れていました。自然の天国のようでした。私はその天国で遊ぶのが好きで、城の壁や小さな崖や木に登ってすばらしい体験をした覚えがあります。

十歳のとき、大きな町に引っ越しました。あれはおそらく私の少年時代でいちばん重大なことでした。町に移ったのは私にとってはたいへんな不幸でした。

**――どうして不幸だったのですか。**

自然がものすごく恋しかったからです。自然の中で過ごした楽しかった歳月を思い出しては泣いたものです。私たちはヴロツワフの下町に住んでいました。近くにきれいな公園があったけれど、典型的な都市公園で、野原も生の自然もなく、触ったり踏んだりするのが怖いようなところでした。

**――クライミングをはじめたのはいつですか。**

二十一歳のときでした。だれかが私とガールフレンドをクライミングに誘ってくれたのですが、岩に触った瞬間に、自分がやりたいのはまさにこれだとわかりました。しかも最初からかなりうまく登れたので、すぐに登山界の一員になれました。人にしろ場所にしろルートにしろ、何の問題もなく紹介してもらえました。ごく自然な成り行きでした。その春にはロッククライミングに出かけ、一九六八年にはタトラ山地へ行きました。タトラはポーランドの高山で、みなが登山しに行くところです。

**――クライミングのどこが魅力だったのですか。**

動物の本能のようなものです。それに山にいると、自然の中で過ごした幸せな少年時代を思い出します。行くたびに、山は実にすばらしいと思いました。私は自然が好きで、岩の上を動きまわるのが好きだったから、私の中にある二つの要素が結びついたのでしょうね。

**――ポーランドの登山界とはどういうものですか。**

ポーランドの情勢は大きく変わりつつあります。〔政治と経済の〕仕組みを変えたので、何から何まで変わっているのです。クライミングクラブが果たしていた役割はまったく違う形へと移っていくように思えます。以前は週に二回の集会がありましたが、今は集まりに顔を出す人がどんどん少なくなっています。クラブはどれも政府が財政を支えていたのですが、今はそんなことはありません。登山界は気の合った者同士の個人的なグループになっていく傾向にあります。もちろんクラブはまだありますが、この先どうなるか見きわめるのは難しい。私にはわかりませんね。

**――以前はポーランドのクライマーは全員クラブに所属していたのですか。**

そうです。みなクラブに属していました。たいていの者は週に一、二回クラブの集会に出ていました。よいクライマーにはなにがしかの補助があったし、後援もつきました。遠征隊でポーランド山岳連盟か所属クラブの後援を受けていないものはありませんでした。ポーランドの政治体制があるあだったので、非常によく組織されていました。すべてが政府の支配下に入るように。だから成果をあげればヒマラヤにもほかの山にも行くことができました。しかし登山界は政治的には常に反抗的で、ポーランドの反体制派では大きな割合を占めていましたよ。大勢の者が地下活動に加わっていましたよ。そんなわけで、登山は政府が後援していながら、いつも手に負えない子供のように扱われていました。

**——クライミングはポーランドでは人気がありますか。**

ありますよ。しかし、これも変化しつつあります。現在の傾向では、ほとんどの人がフリークライミングに興味を持ち、崖の岩場を登っています。また、今もたくさんの人がアルプスへ出かけていますが、この三、四年の間にヒマラヤのような高山への関心は激減しています。

その第一の理由は、優秀な高所登山家のおそらく八〇パーセントが死んでしまったことです。つまりポーランドのクライマーをヒマラヤへ引っ張っていく原動力となる登山家、組織面と登る面の双方に経験を積んでいて、体力そのほかすべてを備えている登山家がいなくなってしまったのです。経験のある登山家、強い登山家、遠征のしかたを心得ていた登山家たちが死んでしまったのです。

第二の理由は政治体制が変わり、経済の仕組みが完全に変わって、後援が期待できなくなり、以前のようなやり方では遠征できなくなったことです。ポーランド製品をたくさん国外に持ち出し、インドやパキスタンやネパールで売って現地通貨を手に入れ、それから山に登るということができなくなったのです。ポーランドの物価が西側ヨーロッパの物価に近づいているので、もうこの手は使えません。今ポーランド製品をインドで売ろうとしたら損をするだけです。

反面、ポーランドでは前よりずっと稼げるようになりました。以前の月給は二十ドルから三十ドルで、ポーランドではそれでも生活できました。しかし国外へ行けば、そんな金額では何もできません。今ではポーランドの平均月給は約一五〇ドルです。事業をしている人ならヒマラヤへ行くのはたやすいかもしれません。しかし、山を登りはじめたばかりの若い人たちには、前よりも難しくなってしまいました。これがヒマラヤに対する関心が薄れてきた第二の理由です。若い人たちがネパールへ行く金を手に入れることはとても難しいことなのです。

**——それでスポーツクライミングに人気が集まるのですね。**

そうです。スポーツクライミングには大きな関心が向けられています。人工壁も造っています。米国と違って自然の岩があまりありませんからね。よい石灰岩と砂岩はいくらかあります。そこで九〇パーセントの人はスポーツクライミングに興味があり、若いクライマーの三〇から四〇パーセントはアルプスへ行く気があるでしょう。そしてヒマラヤへ行きたいと思っているのは五ないし一〇パーセントでしょう。

**――アルプスを登りはじめたのはいつですか。**

一九七一年です。クラシックルートを登りました。〔グランド・ジョラスの〕ウォーカー側稜、プティ・ドリュのアメリカン・ダイレクト、プティト・ジョラス、ドロワットです。それとプティ・ドリュ北壁の新ルートとグランド・ジョラス北壁のクロ側稜の右手の新ルートを登りました。

**――タトラでやっていたクライミングより難しかったですか。**

ええ、ずっと難しくて長く、疲れる登攀でした。

翌一九七二年のシーズンにはヒンズークシュへ行きました。ほかに例のないアルパインスタイルの登攀ができたのは幸運でした。七千メートル峰のすばらしいビッグウォール〔アケール・キオー北壁〕を登ったのです。

**――高所でのアルパインスタイルをすでに考えていたのですね。**

実際にはそれほど考えていたわけではなく、ただアルプスでの習慣に従ったまでです。あの大きな北壁の前に立って、アルプスでならこうやるだろうと思われる方法で登るのが理にかなっていると考えました。あの戦法を推し進めたのは私です。「前進キャンプをつくる理由は何もないよ。どこかで高所順応して、一、二回のビバークでやってしまおう」

と言ったのです。ビバーク二回で登れました。

こうして初めて体験してみて、将来は絶対に伝統的なスタイルではやりたくないと心に決めたのです。あれから大きな遠征隊に三回参加しましたが、私にはなんだかとても奇妙で、人工的な感じがしました。役目を決め、作業を分担する大型チームの考え方は私にはまったく異質に思えました。

**——それはあなたの個性と関係があるのでしょうか。**

確かにありますね。私はだいたいが反抗的なんです。何かをするときは放っておいてほしいのです。邪魔されずに集中したいのです。それに私は自然が極端に好きで、自然と親密にしていたい。だから物資補給だの戦術だのがつきものの大型チームにいると、何もかもだいなしになってしまうのです。

**——友人と登るのが好きですね。**

その場その場でパートナーを変えるのは嫌ですね。私にはパートナーシップがとても大切なのです。好きな人と登っていれば、大きな危険でも冒す気になります。嫌いな人だったら、いっしょに危険な状況に踏み込むようなことはしませんね。

**——パートナーになったのはだれですか。**

アレックス・マッキンタイア、ユレク〔イェジ〕・ククチカ、エアハルト・ロレタン、ジャン・トロワイエ——私がとても感銘を受けた連中で、今も私といっしょにいますよ。

**——アレックス・マッキンタイアが最初のよいパートナーでしたか。**

タトラを登っていたころ、私にはよいパートナーが何人かいました。しかしヒマラヤでやった私の最初の三つの大登攀——コー・イ・バンダカー、チャンガバン、ダウラギリ東壁——はアレックスといっしょだったので、自然と彼をよく知るようになりました。彼とは四つの遠征をいっしょにやりましたが、うんざりしたとは思いませんね。

**——どういう具合に気が合ったのですか。**

私たちはいろいろな面でよく似ていたのです。二人ともある特定の山なり壁なりに惚れ込む傾向がありました。そして、特定の山に惚れ込んでいるその状態が驚くほどの原動力になりました。女性に惚れ込むのと同じです——普通ならできないこともやってしまうのです。こんな具合に私たちは精神的に兄弟でした。

二人とも同じ目標に惚れ込んだのは幸運でした。私はバンダカーを写真で見ただけでしたが、アレックスは見たこともありませんでした。でも、列車の中でなんとか彼を説得して登る気にさせてしまったのです。いざ壁の下までやってくると、目の前にあるものに度肝を抜かれてしまい、登るかいと尋ねることも忘れていました。私たちはあの岩壁が恐ろしくてしかたがありませんでした。今までに登ったうちでいちばん危険なものでした。落石が多く、上部にはセラックの障壁がありました。最も危険なのは落石でした。午前中に横切れば必ず落石にやられる箇所が二つありました。やられるかもしれないというのではなく、間違いなく石に当たって死んでしまうのです。幸い私たちにはそれが読めたので、最初の部分を午後に横断しました。二番目は私たちがサイクロトロンと呼んだ巨大なチムニーで、昼までは落石で鳴り動いており、午後になると静まるのでした。そこで私たちは半日待ってからそれを登りました。

**——あなたが惚れ込んだのはどういうルートですか。**

魅力を感じたゆえんであるそれぞれの印象をお話しするのは難しいですね。美しい岩場の部分かもしれないし、フェイスの美しい形か、あるいは単なる外観かもしれません。トランゴ・タワーの場合は明らかです。下に立って仰ぐと、その美しさは信じられないほどです。このマルモラーダも美しいけれど、トランゴ・タワーはこの三倍は美しく見えます。

チャンガバン南壁もはっきりしています——あれは非常に印象的な岩のフェイスです。ガッシャブルム4峰もすばらしい。写真を見ているだけでもそう思います。でも、ほかの山はまた違う面で魅力があります——たとえばブロード・ピークの三峰〔北峰、中央峰、本峰〕の長い縦走とか、チョー・オユーやシシャパンマのように非常に美しいフェイスの明瞭なラインをすばやく登ることとか。

**——あなたを動かすのは主にラインの美しさなのですね。**

私にとって大切な観点は二つあります。冒険と審美的な美しさです。

**——だから八千メートル峰にはあまり興味がないのですか。**

そうです。苦痛に耐え、危険をくぐり抜けてやるほどの動機が見つかるとは思えないのです。しかし何か本当に感嘆するものがあれば、ずっとやりやすくなります。私はずいぶん気をつけてルートを選んでいるのですよ。

**――イェジ・ククチカも同じ目標に惚れ込みましたか。**

ええ、私がアイデアを出し、やることを見つけ出しました。私にとってはとてもやりたいことなので、動機は十分でした。そこで彼にもそれをやるように説得したのです。彼もアイデアを出すのは私だと認めていました。彼は自信に満ちた性格なので、おおいに助けになりました。彼は非常に落ち着いた男で、おかげで私も安らかな気持ちになれ、疑いや迷いにとらわれずにすみました。

性格的にはまったく違っていましたが、その違いを私たちは補い合っていました。ある面では私が強かったし、別の面では彼が強かったので、よいチームができたのです。

**――あなたの性格はイェジとどう違いましたか。**

私は高山で何年も経験を重ねてからは、いっそう危険に敏感になりました。危険な状況には不安にさせられます。私はとてもたくさんの危険を察知するのです。大勢の友達を失ったので、高山で大きな危険を冒すのは、これからますます難しくなるでしょう。限度を超えてやった人たちはみな死んでしまいました。逃れることはできませんでした。それに引き替え、驚いたことに私は山で事故に遭ったことが一度もないのです。私といっしょに行った人はみなそうです――かすり傷ひとつ負っていません。

**――あなたのやったクライミングを思えば、驚くべきことですね。**

ええ、それは承知しています。イェジと行ったときもロレタンと行ったときも、危険な状況に飛び込まないように抑えていたのは私でした。

**――特に安全を意識している人をパートナーにすることは必要ですか。**

必要です。非常に勢いづいているクライマーは絶頂期には何にでも挑むものです。私もそういうことが何回かありました。巨大な壁に惚れ込んでしまい、ためらうことなく立ち向かっていったのです。どういうわけか私は生き残りました。しかし、こうしたことが原因で多くのクライマーが死んでいます。私のような年齢になり、私ぐらい経験を積むと、何かを盲目的にやることは納得できません。いつやめるかを知るのはとても大切なことです。

**――イェジはあまりにも危険を冒しすぎたのでしょうか。**

そうです。彼が危険を冒しすぎたのは疑いありません。あれは私には正しいとは思えませんでした。五人ほどパートナーを失っていることが、それを基本的に証明しています。私と登っている間は何も問題ありませんでした。まったく幸運でした。しかし、私と別れて以後、彼はパートナーをつぎつぎに失っていったのです。

**――イェジはクライマーとしてはどういう人でしたか。**

とても静かな男でした。自分のしていることには自信を持っていました。それは彼の宗教的な背景と関係があったと思います。彼は神を信じていました。自分は正しく生きてきた、日常の生活もそうだった、宗教の教えを守ってきたと考えていました。そして、自分は正しいから神も彼に対して公正であることを期待していました。私にそう話してくれたのです。だから山で敗北すると、彼は神に尋ねました。「どうしてですか。私は悪いことをしたのでしょうか。どうしてこういう仕打ちをなさるんですか」

ということは、明らかに彼は神の正しさを人間の正しさと同じようにとらえていたのです。私は神の正しさを信じません。神がポーランド人やユダヤ人をどう扱ったか見てごらんなさい。それだけでなく、子供が死ななければならないことも、女性が犯されることも説明してくれません。

**――イェジにどうして「ナックル」というニックネームをつけたのですか。**

ポーランドには豚の足を使ったナックルという料理があるのです。彼は豚の足が大好物だったので、ふざけてナックルと呼んだのです。

**――英語だとナックルは非常にタフだという意味になりますよ。**

たぶん英語でもこのニックネームはぴったりだったと思います。実際、信じられないほどタフでしたからね。あれほどタフで精神的に強い動機を持った人間は見たことがありません。非凡な男でしたよ。登山界を見まわしても、ああいう男はいないでしょうね。極度の危険、極度の疑念、極度の悪天候が二カ月もつづいたあとでもまだ頂上に向かおうとするのですからね。みなはもう嫌がっているのに、彼だけはなおも大きな危険、大きな苦しみに立ち向かう気でいました。彼はいつも多くの苦しみを引き受ける覚悟ができていました。

**――彼をそうさせたのは何ですか。**

わかりません。動物的な衝動に駆られて前進する人がいますね――たとえばスペインの征服者たちとか。アレクサンダー大王もそうです。彼はやみくもに前進しました。わずかな兵隊で大軍に立ち向かいました。前進あるのみでした。

イェジの星座は牡羊座で、アレクサンダー大王と同じでした。牡羊座の人は障害にはみさかいなく頭でぶつかっていくのです。障害が砕けるまで頭を打ちつけるか、自分の首を折るかです。彼はこの種の動物でした。前進あるのみでした。砕けるまで何かに打ちつけていました――深くも浅くも考えることをせず、力だけで押していました。

**――それでは、彼がクライミング中に死ぬことは避けられなかったのですか。**

そんなことはありません。でも予測できたとは言えます。私は彼をよく知っていたので、気にかけていました。彼個人はとても運がよかったけれど、いっしょに行った人たちはそうではありませんでした。彼らは死んでしまいました。彼はついていたとはいうものの、いつか同じ運命をたどるのではないかと感じていました。

彼が死んだときのことは、もちろんご存じですね。状況は典型的な手づまりでした。彼はとても細い六ミリのシングルロープを使っていました。ローツェ南壁のずっと高いところを登っていて、下りる手だてはありませんでした。一歩でも進めるかぎりは進んでいました。しかしプロテクションをとれないところ、まったくビレイできないところは必ず現れるものです。彼はそういう部分を六、七十メートル進んだところで落ち、ロープはもちろん切れました〔ククチカは一九八九年秋に死亡〕。

彼に退却という言葉はありませんでした。退却は想像し得るかぎりでは最悪の災難でした。自ら後に引くなんて決してしなかったでしょう。そういう人間でした。

**――彼の死はあなたのクライミングにどのような影響を及ぼしましたか。**

よくない影響がありました。二年間というもの、山であのような危険に身をさらすことの倫理的な是非を考えてしまいました。命はどれも命です。自分のであれ他人のであれ、命にはその働きにも、それ自体にも価値があります。他人の命を危険にさらすことはとてもできませんが、自分の命であっても危険にさらす権利があるのだろうかと疑ってしまいました。でも反面、命を危険にさらすまいと決めても、人間はやはりゆっくりと死んでいくのです。精神的に死んでいくのです。

**――命を危険にさらすと、より充実した生き方ができるようになりますか。**

そのとおりです。

**――でもお子さんがいると、危険を正当化するのは難しいのではありませんか。**

ええ、難しくなりましたね。この前の遠征では確かにそうでした。アレクサンデルのことをよく考えていましたが、つらかった。

**――友人やパートナーが大勢死んだために、危険をなおさら意識するようになりましたか。**

意識するようになりました。幸い、私と登っている最中に死んだ者はひとりもいません。でも、どのみち死んでしまったのです。

**――彼らの死でクライミングの価値を考えさせられましたか。**

これについては「山の道」という記事を書きました。道とは生き方であり、またある手段、登山者の場合は山を登るという手段を通じて、おのれの真実を探す方法のことです。もちろん私は、なぜ山なのか、なぜクライミングなのかを説明しようと努めました。山やクライミングには精神的、心理的探求の手段と考えられる何か独特のものがあるのだろうか。登山を通じて自分自身とまわりの世界について何かを発見できるのだろうか。思うにクライミングとは自分自身とまわりの自然について至上の真実を発見できる活動ですから、私にとって、ある意味で宗教的な体験なのです。

**――クライミングはそうしたことを体感する手段なのですか。**

そのとおり。これについて話すのはとても難しい。神秘的体験をおすそわけするのは難しいんですよ。しかし、私の山登りは神秘的な体験であるということは確かです。それもきわめて肯定的な体験です。人生の否定的な面――年をとること、弱くなること、ときどき病気になったりすることを受け入れやすくしてくれます。

**――なぜ初登攀に引かれるのですか。**

冒険に満ちているからです。まったく未知の世界ですからね。初登攀をするのはとても創造的なことで、大きな喜びを与えてくれるし、自我を引き上げてくれます。

**――ガッシャブルム4峰西壁に引かれた理由はそれですか。**

私が挑戦したとき、あの壁はまだ有名ではありませんでした。三、四回試みられてはいましたが。たくさんのチームが続々とつめかけていたローツェ南壁とは雲泥の差でした。クライマーの間では知られていましたが、本格的に取り組んだ者はいませんでした。ガッシャブルム4峰の場合、私は個人的に惚れ込んでいたのです。実に美しい山でした。

**――あのフェイスをどう登るか考え出すまで長くかかりましたか。**

いや、わかりきっていました。それまでに挑戦したパーティは間違えていたのです。巨大なガリーがあって、次に大きな障壁がありますが、最初のガリーをたどって岩壁の中心部に接近できます。これを使わない手はありません。そこで私は右手からはじまるラインを試みました。大きな側稜に沿った左手のライン〔それまでの試登ルート〕は危険なので使いませんでした。

**――あのクライミングから生還できたのは幸運でしたか。**

ええ、あれは私の山の経験でも最も困難なものでした。私たちは食糧なしで四日、水なしで三日を過ごしました――とても長かった。ビッグウォールでうまくいかなくなる恐れのあることはすべて起こりました――すべてですよ。プロテクションが乏しいところに出て、退却もおぼつかなくなりました。そこで食糧と燃料が切れてしまいました。頂上に近い最後の部分ではひどい状態の雪にぶつかりました――勾配が急なうえに雪はときには腰までもぐりました。一日に二百メートルしか進めませんでした。山頂に達する直前に天候が悪化しました――アルパインスタイルの遠征では最悪の事態です。ビバーク地から這い出して立ち上がることもできず、座ったままで二晩を過ごしました。もちろん、食べ物も飲み物もありません。アルパインスタイルで厳しい岩壁を登る際に起こり得るあらゆる困難に見舞われました。

**――前進をつづけるのは難しかったですか。**

いや、二日目が過ぎると、登りつづけるしかないことがはっきりしました。疑問の余地はありません。退却など論外でした。しかし、山頂直下の最後の部分で天候がひどくなったときは、生涯で一度だけですが、もう死ぬかもしれないと思いました。天候が回復しなければビバークザックから出て下山してみようと決めました。同じ死ぬのなら横になってでなく、立って死にたいと思いました。座ったままゆっくりと死んでいくより、動いていたほうがまだましでした。

**——そのような登攀ではおかしな精神状態になりませんでしたか。**

なりましたよ。それを分類してみようかと思ったくらいです。おそらくいちばん強かったのは、三人目の人間がいるという感じでした。特に驚いたのは、私もロベルト・シャウアーも同じ時にそれを感じていたことです。この第三の人間の存在感は非常に鮮明で現実感があったので、あるときロベルトにそのことを話そうとしました。ところが話しはじめると、うまく表現できずに、こんな具合になってしまいました。「ロベルト、話したいことがあるんだけど、とても不思議なことなんだ」

「何のことだかわかっているよ」と彼は言いました。「だれかいるのを感じるんだろ、第三の人間が」

「そうだよ。君もか」

「うん」

非常に不思議なことでした。あの危険なビバークで私が死ぬかもしれないと思ったとき、ロベルトに同じことが起こりました。実際にはあれは貴重な経験でした。自分は死ぬのだということをはっきり意識していながら、何もすることができず、私たちが死ぬのはこの瞬間なのだとわかっていたので、これは非常に大切な時だ、おそらく人間の生涯で最も大切な時だと思えました。そしてロベルトが知らないのはおかしいと思いました。二日なり二時間なりすれば私たちは死んでこちこちになってしまうことに彼は気づいていないのだろう、どうしても知らせなきゃ、と思いました。彼は知らなければいけない、知らなければ恐ろしいことだ、大至急、彼に教えなければならないと私が話しはじめると、彼は私が何を言おうとしているか承知していて、「うん、わかっているよ。覚悟はできている。用意はいいよ。心配するな」と言ったのです。

**――頂上まで登れなかったのにはがっかりしましたか。**

もちろんです。登攀直後はとてもがっかりしていましたが、みなはたいへんほめてくれました。私は完登したと考えていないのに、みなは完登だと見てくれました。今はどうでもいいことだと思っています。近ごろは、たまに敗北するのもとても大切なことだと考えるようになりました。始終勝って勝って勝ちまくっている人は何かを失っているのです。そういう人はますます多くのものを手に入れたくなる。失うこともまたとても大切なことだと思います。

**――失うことによって何を手に入れることができるのですか。**

失うことには何かいいことがあるのですが、それが何であるかを理解する、あるいは言い表すのはとても難しいのです。それは生の充実感かもしれないし、生の全容を究極的に受け入れることなのかもしれません。私たちは挫折感も知らなければいけません。賢い人ならば、人を謙虚にし、楽な気持ちにさせてくれる敗北をありがたく思うでしょう。ところが勝ってばかりいたら、最後には失うことを理解できないでいることになります。だれでも年をとり、体が衰え、すべてを失います。それを忘れているのは大きな誤りです。これが穏当な中道のあり方です。勝利感と敗北感の双方を知っているべきですね。

**——クライミングは人生にたとえられますね。**

そうです。短い時間に人生とは何かを体験するのです。たとえば成功の陶酔にひたったり、ひどい災難を経験したりします。あるいは年をとっていくことに心が痛むかもしれません。体が衰えていくのに気づくかもしれません。私はまだそういうことは感じていません。年ごとに私は、より難しいロッククライミングをしています。もっと若かったら一昼夜で八千メートル峰〔チョー・オユーとシシャパンマ〕を登れたとも思いません。私の行為はまだどんどん向上していますが、いつなんどき体力の衰えを感じるかもしれないということは常に意識しています。だから登山を通じて、年をとるとはどういうことかを強烈な形で体験できるのです。それを考えたら、自分は以前ほど強くはないのだということを認めるすべを見つけなければなりません。というように、登山は人生の隠喩になるのです。

**——八七年のK２で失敗した翌年、トランゴ・タワー東壁に成功して満足しましたか。**

もちろん。トランゴ・タワーのことは長いこと考えていました。初めて見たのは一九七六年でしたが、そのときから登ることを考えていました。

**——冒険的なクライミングでしたか。**

ええ。でも、もっと冒険の多い登攀はほかにもありました。冒険の本質とは何でしょうか。何が起こるかわからない未知の境地に身を置くことです。未知こそが冒険の本質です。トランゴ・タワーでは下山用に五百メートルのロープを固定したので、冒険という面ではガッシャブルム4峰やブロード・ピーク縦走ほど大きくはありませんでした。ロープがあれば完全に未知といえません。こうしたエスケープルートは冒険という面を排除してしまいます。

しかし、冒険のもうひとつの面は予期しないことにぶつかることで、トランゴ・タワーではこれがたくさんありました。次のピッチがどんなものかまったくわからなかったし〔二十九ピッチの多くをエイドで登った〕、天候がもつかどうかもわかりませんでした。その意味では冒険に満ちた登攀でした。

**――こういうクライミングには浄化作用があるのですか。**

あります。ところで浄化作用とは何でしょう。清めることです。でも、どんなものを清めるのでしょうか。日常生活の神経症的影響――ちっぽけでばかばかしいことに心を奪われたり、真実とはかけ離れた不必要なことに心をわずらわせたりといった神経症的行動を払い清めるのです。登山で体験する強い心理的、肉体的緊張が無用のごみを洗い流してくれるのです。登山のあとで活気づいた感じや生き返った感じを味わうのはよくあることです。普通の生活に戻ったときは正常な人になっているのですから、あなたの登山はある意味ではほかの人にも役立っているのです。もはや狂って錯乱した神経症の動物ではなくなっているのですから。

**――それがあなたのクライミングの動機になっているのですか。**

クライミングする目的をあれこれと言いたくはありません。目的は結果にすぎず、クライミングのほんの一部です。ただ山にいることもその一部なら、動くことの喜びを感じるのもその一部、冒険をすることも、自分自身の真実を発見することもその一部です。これが「山の道」です。自分の道に立つことです。ある人にとっての正しい道とは哲学者であることであり、ある人の正しい道とは労働者であることです。私の道は山とクライミングにひたっていることです。これが私が人生の多くを、また自分自身についての真実の多くを発見する方法なのです。人生についての私の理解は登山によって形づくられたことは明白です。

# ジャン＝クロード・ドロワイエ

Jean-Claude Droyer

「フリークライム」とされているルートでクライマーがピトンをレスティングやフットホールドに使っているのは普通に見られる光景だ。人によっては習慣的なことになってしまっていて、疑問すらさしはさまない。そして一種の救命ブイと化したピトンで確保された地点の間をすばやく動くのが「フリー」ルートの登攀である。現在、私たちはこのようなクライミングは、次の定義が明示しているような本当の「フリークライミング」とは考えられないことを理解すべきである。すなわち「フリークライミングとはクライマーが岩の自然の凹凸のみを利用して進むクライミングである」。したがってピトン、クサビ、ロープスリングなどの人工的エイドは安全と危険予防のためにだけ使われなければならない。

ジャン＝クロード・ドロワイエ「フリークライミング——もっと厳密に考えるためのいくつかの見解」（『ラ・モンターニュ』誌掲載）

フリークライミングを定義したジャン＝クロード・ドロワイエの言葉は今日では別に挑発的には聞こえないが、一九七〇年代半ばに彼がこの考えをフランスに導入した当時は、手袋を投げて登山界に挑戦したようなものであった。何年もの間、ヨーロッパ大陸のクライマーたちはピトン、ロープ、ボルト、カラビナなどにつかまったり引っかけたりしてよじ登っていた。こうした人工的エイドの使用を避け、岩の自然の凹凸だけを利用して登ろうという彼の提案を待ち構えていたのは、まさに衝撃、激昂、あからさまな敵意以外のなにものでもなかった。こうした敵対的な反応にめげず、ドロワイエは記事を書き、既存のルートからエイドを取り除き、自分のハードフリーのルートで水準を押し上げて、フリークライミングの改革運動を執拗につづけた。七〇年代の終わりごろには一群の若いクライマーたちが彼のまわりに集まり、八〇年代の初めには、フリークライミングについての彼の考え方はこのスポーツに挑戦の要素と夢中にさせるだけの魅力を残すこのうえない好機であることを、フランスのクライマーたちはかなり信じるようになっていた。ドロワイエの努力はフランスにおける現在のフリークライミング復活のお膳立てをし、パトリック・エドランジェ、ディディエ・ラブトゥ、ジャン＝バティスト・トリブ、フランソワ・ルグラン、カトリーヌ・デスティヴェルほかのパイオニアたちに道を開くのに力があった。このような理由から、彼がフランスの現代フリークライミングの父とされるのは当然である。

多くのフランス人クライマーと同様に、ドロワイエもパリ郊外のフォンテーヌブローのボルダーでクライミングをはじめた。初めて行ったのは十六歳のときで、そこで一、二シーズン技術をみがき、それからアルプスへ向かった。グレポンの一般ルートやエギーユ・デュ・モワーヌ南稜など、アルプスの易しいルートを苦労して登ったが、それからは次第に進歩を見せ、単独登攀をはじめるまでになった。一九七一年には大躍進してモン・ブランのブレンヴァ壁のマジョル・ルートを単独第二登した。その年の夏にはプティ・ドリュ西壁のアメリカン・ダイレクトも単独初登攀してアルプスの登山界で大評判になった。

このような大胆な単独登攀のほかにも、ドロワイエは一九七一年のモン・ブラン・デュ・タキュルのコンタミヌ＝マゾー・ルートの冬季初登攀や一九七四年の同じモン・ブラン・デュ・タキュルのモラレ＝セニュール・ルートの冬季初登攀を含む重要な冬季登攀をたくさんやった。一九七五年にはアメリカに行き、マウント・キャノンのブラック・ダイクなどニュー・イングランドのクラシックな氷のルートをいくつか登り、マウント・キャノンのVMCダイレクト＝ダイレクト・ルートを冬季初登攀した。

一九七五年の夏、ドロワイエはフリークライミングの改革運動を開始した。一九七三年に英国を訪れたが、ヨーロッパ大陸のクライマーが英国のクライマーに追いつき追い越そうとするなら、フリークライミングをもっと純粋に定義づけすることが必要だという確信を抱いて帰ってきた。そうしたことを提案する記事を書いたが、注意を払う者はほとんどいなかった。シャモニ周辺その他で、リードで設置したナットなどのクリーンなプロテクションを使ってフリールートを新たに開いていたが、彼の示した手本を見習おうとする者はほとんどいなかった。それで一九七五年に彼は言葉を実践に移す決心をした。まずヴェルドン・ゴルジュ〔南仏〕のル・トリオンフ・デロス（5・11a／b）を絶対最小限のエイドだけで登った。次いでほかのルートに残置されていた木のくさびを取り除きはじめ、フリークライミングでなければ登れないようにした。ドロワイエの行動はフランス人クライマーの何人かを怒らせてしまい、ル・トリオンフ・デロスはスプレーで汚され、彼は中傷を受けた。ともあれ注目を引くことだけは成功したのだった。クライマーたちは彼のやり方の長所を真剣に議論するようになった。彼は引きつづき一九七六年にソーソワのイエロー・リッジ（5・10c）などのルートをフリーで登り、彼の定義によるフリークライミングこそ将来のフランスがとるべき道であることをなおも証明してみせた。

短いフリールートを集中的に登ったのち、ドロワイエはアルプスのクラシックルートでもエイドを減らすことに目を向けた。一九七七年の春、彼はグラン・カピュサン東壁にねらいを定めた。このルートには一連のレイバック、シンクラック、良質な岩のフェイスムーブがある。ヴァルテル・ボナッティはこのルートの初登攀にエイドを一五〇カ所で使った。ドロワイエはそれを八カ所に減らし、彼がアルプスで登ったいちばん難しいルートと呼んだ。その夏の終わりにはドロミテのチマ・グランデ・ディ・ラヴァレドのコミチ・ルートから六カ所だけ残してエイドを全部取り払ってしまった。翌年にはコミチ・ルートのエイドを完全に取り去り、ルートをさらに困難なものにした。一九七九年にはチマ・オヴェストのカシン・ルートとトッレ・ディ・ヴァル・グランデのカルレッソ・ルートのフリー初登を果たし、一流のクライマーにのしあがった。両方とも5・11b／cのグレードとされ、当時のアルプスでは最も難しいルートとなった。

山岳ルートでグレードを押し上げたドロワイエは、技術をさらにみがくために小さい岩場に戻った。一九八〇年にはビュークスのラ・ググースを登ったが、これはフランスで初めての5・12aであった。その後は短いが極度に難しいルートを登り、結局はフランス人クライマーの大半がドロワイエの登り方をフリークライミングの進歩の過程として受け入れるようになった。彼の考えは、以前なら不可能と思われたところまでグレードを上げるという近年の驚くべき進歩の基礎を築いたことになる。

ドロワイエはフランスでフリークライミング運動をはじめたが、その後クライミングがたどった方向を容認しているわけではない。一九八五年、コンペティション・クライミングに反対する十九人宣言を広めるのに力になっている。リードでセットしたナットやフレンズなどのプロテクションで十分間に合い、しかもそのほうが岩を保護しクライミングの危険と面白さを保てるのに、ボルトが使われる傾向があることを非難している。現在、彼はこうしたことすべてを象徴するルートに取り組んでいる――シャモニの近くにあるオーバーハングした二十余メートルのクラックで、フリーなら5・13b／cのグレードになると信じている。

ドロワイエは一九四六年五月八日、パリに生まれ、市内と近郊で成長期を送った。父親はプロのサッカー選手だったが、子供のころのドロワイエはスポーツに寄りつかず、勉強するほうを好んだ。十代のとき休暇でアルプスへ行き、山に目を向けなかったら学問の世界に入っていただろう。長年にわたってドロワイエはクライミングガイドとアウトドア会社のテクニカルアドバイザーで生活してきた。現在はパリに住み、フランス最大の登山用品店オヴィユー・カンプールで働いている。結婚したことはなく、子供もいない。しかし、ドイツ人のガールフレンド、カトリン・ノイハウザーといっしょにいることが多い。

ユタ州スノーバードで開かれたマウンテン・サミット会議に参加しているときに、ドロワイエは自分がフリークライミングにどんな寄与をしたかを中心に、いろいろなことを語ってくれた。ひょろりとした長身、厚いレンズの眼鏡、生き生きした身ごなし、光背形に生えた黒い縮れ髪のドロワイエはソルボンヌ大学の教授のように見える。クライミングの虫にとりつかれて一流のアルピニスト、フリークライマーになっていなかったら、きっとそうなっていただろう。彼は今日のフリークライミングが直面している問題について詳しく語り、現代のクライマーが将来進むべき方向を賢明に決定するには、このスポーツの過去を理解することが必要であると力説した。

**――フランスにフリークライミングを導入したのはなぜですか。**

七〇年代の初めごろ、私はフランスのアルピニストが行きづまっているように感じていました。登攀の水準を引き上げていませんでしたし、数メートル登ってはピトンで休み、また数メートル登っては次のピトンで休むといったありさまでした。私はピトンで休むようなことはしなかった今世紀初めのもっと純粋なルールに戻れば水準を上げることができると考えたのです。

初めは自信がなかったけれど、いくつかの記事を書いて、それは少なくとも可能だと提案したのです。すると一九七三年に英国登山協議会が英国のフリークライミングの視察に招いてくれました。英国人はピトンで休むようなことはまったくせず、限界を押し上げようとしていました。私たちより上でした。たいへんなショックでしたね。フランスに帰ってから、すべてを消化するのに数年かかりました。考えを重ねたあげく、フリークライミングはロッククライミングと登山が進歩するための道だと信じるようになったのです。

**――フリークライミングについてフランスの人々の考え方を変えるのは難しかったですか。**

難しかったですよ。初めてフリークライミングを勧めたとき、みなが言ったのは「とんでもない、むだなこった」でした。数年の間、私はひとりでやっていました。ところが今でも南フランスでは私が最初だと認めたがらないのですよ。彼らはフリークライミングは英国人が初めてフランスに来たときに入ってきたのだと言い張るのです。しかし英国人が一九七六年にヴェルドン・ゴルジュに来たときには、私はもう一年以上もフリークライミングをしていたし、記事も書いて、「フリーで登ってみよう。きっと気に入るし、このスポーツのためにもいい」と言っていたのです。

私は七〇年代の初めにヴェルドン・ゴルジュを発見したクライマーのひとりなんです。そして一九七五年に私は水準を上げる決心をし、ごくわずかな箇所のエイドだけでル・トリオンフ・デロスと呼ばれるルートを開きました。このルートは大論争の的になり、ほとんど破壊されました。ルートにスプレーをかけた者もいましてね。岩を尊重していない証拠だな。書くんなら「ドロワイエは役立たず、ドロワイエは間違っている」という記事を書けばいいのであって、あんなことを岩にすべきではありません。

それからビュークスやほかの岩場のルートで〈木の〉くさびを引き抜くというデモンストレーションをやりました。くさびがなければクライマーは自然のホールドだけで登らざるを得ず、それが嫌なら登らずにいるしかありません。そんなことをやったので侃々諤々《かんかんがくがく》になりました。私がくさびを抜く前はそのルートを登れたクライマーが、抜いてしまうと登れなくなってしまったのです。彼らは本当のスポーツマンではなかったから、それが面白くなかったのですね。失敗するのが嫌だったのです。

そういうわけで初めのうち私は嫌われていましたが、ル・トリオンフ・デロスの登攀はフランスのフリークライミングのはじまりになりました。人の考えを変えるのにはとても時間がかかりました。一九七九年になってやっと若いクライマーのグループが「彼は正しい。このやり方ならわれわれは前進できるし、新しいことがやれる」と言いはじめました。すぐにフランスではこの傾向が強まり、今ではたくさんの人がフリークライミングをやっています。

**——あなた自身はどんな具合にクライミングをはじめましたか。**

私の家族は休暇になると海へ出かけていましたが、十六歳のとき私が違うところがいいと言ったので、初めて山へ行ったのです。ハイキングなどをしましたが、その夏が終わってからパリに近いフォンテーヌブローのボルダーでロッククライミングをすることにしました。私はフランス山岳会に入って、最初の週末はボルダー登りをしました。とても楽しくやれましたよ。

**——どういうところが楽しかったですか。**

あの感じが気に入ったんです。岩の表面を動くのが気に入りました。垂直のフェイスに立つのも気に入りました。とても面白かった。

**——クライマーの英雄はいましたか。**

山岳会に入って最初の週末が過ぎてから何冊かの本を読み、リオネル・テレイとヴァルテル・ボナッティを知りました。こうした人たちが私の英雄で、このころの英雄は登山家でした。ロッククライミングの英雄はまだいませんでした。

**——そうした人たちの何に引かれたのですか。**

彼らは冒険家でした。山で難しいルートを登りました。山岳会でのっけから聞かされたのは、「ボルダーを登れ。山に登る準備になるからな」でした。パリ近辺で六カ月登ってから一九七三年に初めて夏のシーズンにシャモニへ行きました。氷河のクレバスや岩と雪のミックスの部分が怖くてね。フォンテーヌブローや小さな岩場とはまったく違うからです。私も友人もとてもスピードが遅くて、グレポンの一般ルートを登るのに十五時間もかかりました。山小屋に帰ったのはずいぶん遅くなってからでした。初期の武勇伝はたくさんありますよ。

**——クライマーとしての進歩は速かったですか。**

あまり速くありませんでした。腕と脚がとても弱かったのです。たとえば私は5・7を登るのに二年かかっています。これはたいした進歩じゃありませんね。自分はいいクライマーになれないんじゃないかと思ったものです。でも山で二回目のシーズンを終えてからは急速に進歩しました。

**——スノークライミングよりロッククライミングのほうが好きでしたか。**

初めはロッククライミングに引かれました。三度目のシーズンにプティト・ジョラス西壁などの難しいクラシックなルートをいくつか登りはじめ、それからクルト北壁などのクラシックな雪と氷のルートをやってみました。その後はクラシックなアルパインクライミングの方向に進み、二十歳のときプティ・ドリュ西壁を登りました。それからは単独登攀をはじめました。

**――どうしてソロをはじめたのですか。**

説明するのは難しいですね。パートナーを見つけるのが難しかったこともありますが、私が野心的だったせいかもしれません。ソロはプレ・アルプスではじめました。ヴェルコール山塊で難しいルートをいくつか登り、シャモニ針峰群や似たような場所でもっとやりました。そんなことをつづけていくうちに、私はアルプスの最も難しいルートを単独で登る準備ができてしまいました。それでヴァルテル・ボナッティしかソロで登っていないモン・ブランのマジョル・ルートをソロで登攀しました。それからはるかに難しいプティ・ドリュ西壁のアメリカン・ダイレクトの単独初登攀をやりました。これで私はアルプスの登山界でよく知られるようになりました。

**――単独登攀はパートナーと登るより難しいですか。**

おっかないけれど、穏やかに静かに、あらかじめよく調べて、なんでも自分でやるのが楽しいのです。アルプスの難しいルートをソロで登るときの私のやり方はこうなんです。

**――そういうルートは前に登ったことがあるのですか。**

ええ、ほとんどが前に登ったことのあるルートですが、それも普通は一度だけです。

**――フリーソロはしたことがありますか。**

あります。ほとんどがフリーソロです。でも、たとえばアメリカン・ダイレクトの場合、九十メートルのディエードルの二つのエイドピッチでは、そこのピトンを信用したくなかったのでビレイをとりました。エイドのピッチを登るときは自己確保します。ピトンにぶら下がるようなことになったときに抜けでもしたら……と思うとね。

**――ルートはどうやって選ぶのですか。**

魅力があって難しいルートを選んでいますが、技術的なグレードだけに引かれているわけではありません。今日の若い人の多くは技術的なグレードばかり気にして、そのためだけに登りたがります。私は少し違う。技術的なグレードだけでなく、ルートの質に引かれるのです。

**――どのような質をルートに求めているのですか。**

岩の質、ラインの厳格さ、時には歴史的側面も考えに入れます。そうしたことから私は旧東ドイツのドレスデンやなんかで登るのが好きです。あの辺のクライマーはひとつの課題を解決するのに何年もかけていますが、私にはそれも魅力です。

**――新しいルートはたくさん開きましたか。**

単独登攀に精出した時期のあとは、もっと難しい氷のルートのクライミングをはじめました。また一九七六年のソーソワのイエロー・リッジをはじめ、いくつかの新ルートをフリーで登りました。こうした訓練は山で報われました。一九七七年、グラン・カピュサン東壁をフリーで登ることを最初に考えたのは私でした。数回試登してから、ボナッティは初登攀のときに一五〇カ所でエイドを使ったけれど、私はたった八カ所のエイドで登りました。この登攀でアルプスでもフリークライミングができることを示すことができたのです。

一九七八年にはチマ・グランデのコミチ・ルートをフリー初登攀しました。一九七九年にはチマ・オヴェストのカシン・ルートとトッレ・ディ・ヴァル・グランデのカルレッソ・ルートをフリーで登りました。どちらも当時のアルプスでは最も難しいルートでした。

**――短いルートでグレードを上げはじめたのはいつからですか。**

一九七五年当時、フランスで最も難しいグレードは5・10bで、アメリカ人クライマーに後れをとっていました。しかし、八〇年代の初めから私たちは急速に進歩しはじめました。私はビュークスのラ・ググースでフランス初の5・12に達し（一九八〇年）、そのすぐあとでローラン・ジャコブがソーソワのエンジェル〔5・12〕を登りました。

**――そういうルートを登るためにトレーニングをしましたか。**

そんなにはしませんでした。ただ登っただけです。あのころはトレーニングが好きではありませんでした。トレーニングは別物で、体操のように思えました。私が好きなのはボルダーでムーブを練習することで、トレーニングではありませんでした。

**――フォンテーヌブローは好きな練習場だったのですか。**

そう、今でも好きです。あそこは何年登っても新しいことが発見できます。とても大きくて、ボルダーの数は二万以上あるでしょう。週に三回も行くことがありますよ。

**——フランス人クライマーが大勢トレーニングに行くのはそこですか。**

フランスにはクライミングの中心が北と南の二つあります。北はパリが中心で、北のクライマーの九九％はフォンテーヌブローに行きます。南はニース近辺に石灰岩のボルダーが数カ所、リヨンの近くに珪岩のボルダーがいくつかありますが、定期的にボルダーを登っている者はなく、じかに岩場に行ってビュークスやヴェルドン・ゴルジュで登っています。北ではボルダリングをするのが習慣になっていますが、南ではクリフ・クライミングのほうが盛んです。二つの中心にいくらか違いがあるのはそういうわけなのです。

**——北と南では哲学的な違いもありますか。**

北と南のクライマーで哲学上の違いがあるとは思えません。北の優秀なロッククライマーが冬になると南で二カ月ぐらい過ごしたりするので、今は二つの中心がひとつになろうとしています。また夏の間、南はロッククライミングにあまり向いていないので、北に出かけていくクライマーもいます。

**——ボルダリングのおかげで山の難しいルートを登れるようになったのでしょうか。**

そうです。大きなルートを登るにはよいトレーニングになりました。フォンテーヌブローで難しいボルダリングをいくつかやってからドロミテへ行ったり、シャモニあたりのルートでフリークライミングを試みるのは私にとって理にかなったことでした。

**――今の若いクライマーたちもそうしていますか。**

していません。彼らはたいてい山登りが好きではありません。グラン・カピュサンに行くだけでも登山の技術が要ります。一時間しかかからないにしても、ルックサックは担がなければならない、足元には気を遣わなければならない、寒さを我慢しなければならないで、若者の多くはそんなことをしたがらないのです。

**――フリークライミングは登山から離れていくのでしょうか。**

そう思いますよ。〔もの足りなさそうに〕両方をつづける人もいますが、分かれていくと思います。フリークライミングもしたしヒマラヤへも行ったヴォルフガング・ギュリッヒのように両方やった人も何人かいます。でも面白いことにギュリッヒはクライミング・コンペティションが嫌いでした。彼はスポーツクライマーだったのにコンペティションには行きませんでした。

**――フランス出身の主だったコンペティション・クライマーは今でも山に行っていますか。**

今は行っていません。初めのうちは行っていましたがね。たとえば一九八二年にグラン・カピュサン東壁のフリー初登攀をやったジャン＝バティスト・トリブはほどなくコンペティションに走り、登山は完全にやめてしまいました。ディディエ・ラブトゥも山へ行きません。パトリック・エドランジェもです。こんなことでは山で登攀の水準が上がるのは遅れるでしょう。

**——もうそういうことが起きていますか。**

まだ起こっていません。両者の分離ははじまったばかりですからね。でも私は進歩が遅れるという感じを持っています。たとえば数年前、モン・ブラン山群には5・12bのルートがいくつかあって登る者もいました。しかしその後は、一年ほど前にアラン・ゲルザンとティエリ・ルノーが5・13のルートを登りはじめるまで技術的に難しい新ルートはあまり開かれませんでした。

**——山で新しいルートを開くためにはボルトを使うべきですか。**

使うべきです。ボルトがあれば新しい場所で質の高い登攀ができるからです。ボルトを使って開かれたよいルートはたくさんありますよ。たとえばエル・キャピタンのルートです。私はボルトを完全に拒否したボナッティとメスナーは間違っていると思います。万人に適用する総則をつくるのは間違いです。真理は本当に絶対なのか、ときどき考えて自問するのはいいことです。問題はどこまで許すかで、〔プロテクションのとれる〕クラックのすぐ隣にボルトを打つのはひどすぎます。

今のフランスにはボルトの使いすぎに反対する動きがあります。クライマーたちは山に手つかずの自然を少しは残しておきたいと思っています。崖の小さな岩場なのにボルトがたくさん使われすぎていて、ルートをたどるのが難しいことがあります。山小屋によっては、もっと人に来てもらいたいためにそうしているところがある。しかし現在、フランス山岳連盟はこうしたことに異議を唱えています。山でそうしたボルトの使い方をするのは許容できないということの見本に、いくつかのルートのボルトを除去するでしょう。損なわれていない自然を山に少しでも残しておくのは大事なことだという考えに賛同する人が増えています。

**――ボルトはリードしながら打つべきでしょうか。**

倫理的にはそれが最上ですが、岩によっては実行できないことがあります。旧東ドイツと旧チェコスロヴァキアではそれが倫理として守られています。しかし、あそこの岩は砂岩で軟らかいので、リードしながら簡単にボルトを打てます。石灰岩はとても硬いので、ボルトを打つにはおそらく懸垂下降する必要があります。懸垂でならいい場所にボルトを打てるので、そのあとで登るチームには申し分のない仕上がりになります。ルートを登っているときに、最初のクライマーはどうやってここを開いたのだろうと気をもみたくはありませんものね。

**――ボルトの打ち方についてフランス国内で議論されていますか。**

ええ、山では純粋主義者と懸垂下降しながらボッシュの〈電動〉ドリルでボルトを打つクライマーとの間に戦争が起きています。隣合わせのルートでそれぞれ相反する方法で開かれたものもあります。八〇年代初めのある日曜日、対立する二つのグループがシャモニの近くで出会い、猛烈な議論がはじまって、あわやつかみあいになるところでした。それぞれがルートにつけた名前がよくこの事件を表しています。下から登る倫理を奉じるミシェル・ピオラは自分のルートを「暗い日曜日」〔5・11c〕と呼び、懸垂下降でボルトを打ってルートを開いたジャン＝フランソワ・アジャンミュレルは「予言者は火あぶりに処すべきか」〔5・11a〕と名づけました。

倫理的に言えば、下から登るほうがはるかによいと思います。下からルートを開いていけば、それほどたくさんのボルトは打てないし、打つ場所も慎重に選びます。懸垂下降でボルトを打てばいくらでもルートを開けるので、特に崖の小さい岩場ではボルトのない岩を見つけるのが難しくなってしまい、将来は冒険味のあるクライミングができなくなるかもしれません。

**――ボルトに関する倫理は場所によって違っていていいのでしょうか。**

どんなルールが適用されるべきかは、主として岩の様子によります。ヨセミテのバターボール〔5・11c〕はすばらしいクラックラインですから、そのそばにボルトを打つのはまったく愚かでばかげたことです。しかし、数本ボルトを打つだけですばらしいルートができるジョシュア・ツリーの急峻な壁にまったくボルトを打とうとしないのも、ちょっとばかげています。

**――ホールドを刻んだり接着剤でつけたりして岩を変えてしまうことについてはどうです**

か。

七〇年代の初めに私は何カ所かにホールドを刻みましたが、その後、水準が進歩したのを見て反省しました。「岩を刻むのはよくないことだ。将来、このホールドなしで登れる者が現れるかもしれない」と考えたのです。

フランスではどんどん岩を削っていましたが、行き過ぎだったと思います。たとえばビュークスでは多くの新ルートが手直しされています。ときどきポケットが大きく広げられていて、その場合は許されるとしても、あるルートなどは完全にこうした方法で開かれました。これはばかげています。優秀なクライマーであるジャン＝マルク・トルシエは八〇年代初めにこの手でルートをいくつか開いていますが、フランク・ザッパ〔5・12d〕などではボッシュのドリルで指が二本入るポケットを十五カ所もつくったのは理解できません。無意味なことです。

**――そういうルートは取り除くべきですか。**

取り除いてもいいですね。たとえばアメリカでは、だれかがルール違反のルートをつくると別のクライマーがそれをつぶしてしまいますね。でもヨーロッパでは他人がつくったものに決してそういうことはしません。ドリルでつくったポケットつきのばかばかしいルートがあったら、「ろくでもないものをつくったな」と言う者はいても、取り除こうとする者はいません。ひとたびルートをつくったら消えずに残ります。

フォンテーヌブローでは夜の間にホールドを刻む者がいました。連中が刻んだポケットをなくすために私はときどき接着剤を使いましたが、ホールドを刻んだ本人よりも私のほうが非難されましたよ。おかしいですね。

幸いフォンテーヌブローでは岩を削ることはめったになくなりました。ある男が見つかって袋だたきになったことがあり、今ではたがねで削る者はいなくなりました。クライマーたちは将来いつか解かれる課題を今残しておくのはすばらしいことだと自覚しています。したがってフォンテーヌブローの一致した意見はホールドを刻まないということです。しかし、崖の岩場でも同じとは限りません。

**――あなたが岩を削るのを拒むのは、岩に敬意を払う気持ちから来ているのですか。**

そうです。私は岩を尊重するようにしてきました。ですからチョークを使うのにも気をつけています。とても暑い日は、チョークをたくさん使ってやたらに跡を残すより、〈涼しくなるまで〉もう一日待つほうを選びます。崖の岩場ではチョークを使うためにホールドがべとべとになっているところがあります。

**――でもチョークは使うでしょう。**

使いますよ。でも気をつけて使っています。フォンテーヌブローではぜんぜん使いません。あそこでチョークを使うのは問題です。フォンテーヌブローの砂岩は摩擦が十分あるし、チョークは岩をべとべとにすることがあります。フォンテーヌブローでは伝統的に樹脂を使います。樹脂なら跡は残らないし、問題は生じません。

**――ロッククライミング・コンペティションがはじまったときは反対しましたか。**

反対しました。私だけじゃありません。よく知られている十九人宣言（一九八五年）に署名したのは、私、パトリック・ベルオー、ジャン＝ピエール・ブーヴィエ、マルクとアントワーヌのル・メネストレル兄弟、ジャン＝バティスト・トリブ、カトリーヌ・デスティヴェル、そのほか十二人のクライマーでした。みなコンペティションに反対でした。コンペはロッククライミングの精神を変えてしまうと考えて署名したのです。気が変わってコンペに行った者も、コンペはクライミングの本質ではないことを知りました。彼らは外部からの圧力を受けてコンペに参加したのです。コンペに行かないとクライミングで生活するのが難しくなると思ったのです。今では何人かはその仕組みにはまってしまっています。この仕組みを止めるのは難しい。機械を止めるのは難しいものです。アントワーヌ・ル・メネストレルは一、二度コンペに出てみましたが、好きになれなかったのでやめてしまいました。しかしトリブのように競争がとても好きで、コンペを経験して胸が躍るのを覚えた者もいます。

**――コンペティション・クライマーの報酬はいいのですか。**

最上級のクライマーたちはそれで生活しています。ここ何年かディディエ・ラブトゥはコンペティションの賞金とメーカーとの契約で少なくとも年収五万ドルを得ています。車は二台、上等のアパートを一軒持っていて、生活に不自由はありません。でもここ一、二年は彼もほかの者も収入が減ってきています。メディアの関心が薄れてきてコンペが中止になったことも何回かあり、スポンサーになる会社も減っています。プロのクライマーとして生活するのは前より苦しくなっています。

**――フランスのクライマーがコンペティションで成績がいいのはどうしてですか。**

打ち込み方とクライミングに使っている場所のせいですね。彼らの打ち込み方は強烈です。トリブやラブトゥのような連中は一日じゅうトレーニングしています。ロッククライミングとコンペティションのためのトレーニングは実に真剣にやっています。

それにフランスにはすばらしい石灰岩があります。石灰岩には難度の高いルートが多いのです。シマイ、ビュークス、ヴェルドン・ゴルジュのように8a〔5・13a／b〕や8b〔5・13c／d〕をたくさん登れる場所がいくつもあります。現在、コンペでフランスのクライマーがいちばん成績がいいのはそのせいです。

しかしフランス人をおびやかす者も現れると思います。ドイツのシュテファン・グロヴァッツはその筆頭だし、アメリカにもフランス人に挑戦できるのが何人かいます。最も天分に恵まれたクライマーのひとりであるジェリー・モファット〔イギリス〕はその気になれば最高の挑戦者でしょう。彼がときどき負けるのは、真剣になって年中トレーニングするのが好きでないからです。もし本気になったら、あれだけの才能があるのだから一番になれます。しかしラブトゥたちのレベルに達するには猛烈に打ち込まなければなりません。日常生活のごたごたにわずらわされていてはだめです。妻なりガールフレンドなり家族なりと安定した関係を保ち、後顧の憂いなくクライミングに専念しなければなりません。

**――フランスではコンペティション・クライミングが盛んですか。**

盛んです。フランスのコンペティション・クライミングのサーキットは今では定着しています。しかし二つの点を変えればもっとうまく運営できます。つまりコンペに興味を持って見にくる人は何人いるか、どのくらいの金を生み出せるかを知ることです。お客が少なければ金を集めるのは難しい。一線級のクライマーはとても金に飢えていて、クライミングには大金がついてくると思い込んでいます。夢を見ているようなのが何人かいると思いますよ。彼らは自分をテニスの選手か何かと思っているんです。ホテルもいちばんいいのに泊まりたがります。もっともっと金を稼ぎたがるくせにメーカーとの契約は守りたがらない。メーカーのTシャツを着たがらない。ほかのスポーツ選手ならすることを、彼らはしたがらない。それなのに金を欲しがるんです。

これは大問題ですよ。フランス山岳連盟はあまりスポンサーを持っておらず、新しく見つけるのは至難の技です。クライマーがスポンサーを大事にしなければスポンサーはいなくなりますよ。たとえばリーズで初めて英国コンペティションが開かれたとき〔一九八九年〕、クライマーたちはスポンサーのTシャツを着たがりませんでした。実にばかげたことです。彼らは自由な生活をしたいと言いながら、同時に金も欲しいと言うのです。ベルシー〔パリ〕の大会ではスポンサー名が発表されたときに大勢の若いクライマーが騒ぎ立て、アナウンスが聞こえないようにしました。現実を知らなさすぎます。スポンサーのために働くなら条件を受け入れる必要があります。

**――コンペティションにかかわって何年になりますか。**

一九八五年にイタリアのアルコで開かれた第一回国際コンペティション以来ずっとです。主催者のマヌエーリ・カザーラが何回も電話してきたのですが、ある朝、私は虫のいどころが悪くて、「ああ、行くよ」と言ってしまったのです。それからは行く義務が生じてしまいました。コンペにかかわったのはあれが初めてです。私はスタイルの審判員を務めました。

私がコンペにかかわったのは、さもないとクライミングの世界で起こっていることがわからなくなるのではないかと思ったからです。アルコのコンペのあとはグルノーブルのコンペで働き、それからは地方のコンペでルートセッターをしました。スノーバード・コンペティションのルートもセットしましたよ。

**――そうした仕事は好きになれましたか。**

ええ。ルートを設定する時間があまりなくてちょっと困りましたが、幸いうまくいきました。いちばんの問題は体格の違うクライマーに平等なルートをつくることでした。もしルートセッターがランジ〔跳躍〕のムーブを入れてルートを難しくしてしまうと、背の低い人には不公平になります。しかし完全に公平にするのは困難で、ルートが平等でないことはよくあると思います。まず壁のデザインを改良する必要がありますが、フランスはその点で少し前進しました。クライミング用の壁を専門につくっている工場がいくつかあって、デザインのいいものは登っていても非常にすばらしく、クライマーに平等にできるのです。

**――若いクライマーのトレーニングに協力したりしますか。**

少しだけね。私は登山ガイドとロッククライミングの教師をしているので、何人か若い人を上達させたことはありますよ。また最初の8aをいくつかマルク・ル・メネストレルと登ったけれど、たいして彼の助けになったとは思いません。彼はとても自信を持っていましたからね――持ちすぎかもしれない。

若いクライマーに助言することはありますが、私は公認指導員ではありません。フランス山岳連盟の指導員になるかもしれませんが。二年間、連盟のスポーツ委員会に関係しましたが、問題がいくつかありました。三、四年前、登山家とロッククライマーの間に亀裂が生じました。ロッククライマーたちは離れていってフランス・ロッククライミング連盟という独立した団体をつくることにしました。私は山岳連盟にとどまってロッククライミングの組織をつくりました。そのために独立していった連盟には私を快く思わない者が何人がいました。今はこの二つの団体がまたいっしょになっています。それは結構なことですが、私は情勢が落ち着くまで再びフランス山岳連盟にかかわるわけにいきません。

**――このスポーツで起こっていることについて、まだ何か発言する必要を感じていますか。**

私はこの数年、特に難しいルートを登っていないので、もう第一線にいるとはいえません。もっとトレーニングをして、できれば8bに達したいと思っています。シャモニで六メートルもオーバーハングした二十余メートルのクラックを見つけました。フレンズでプロテクションをとりながら、いちばん下から登ろうと計画しています。成功すれば5・13bか5・13cになるでしょう。ただ私も年をとったし、このレベルを登るのは楽ではありません。そして自分が最盛期でなくなれば、ルールを決めたり助言したりするのは難しいものです。若い連中に「うるせえなあ、あんたはもうおしまいなんだぜ」と言われるのがおちです。

何年もの間、私は考えたことを記事に書いてきました。この数年は何も書いていないので、スキーなんかしていると私のところにやってきて、最近のあれこれの傾向についてなぜ発言しないのかと尋ねる人もいます。私としては難しいクライミングをやってみせてから発言したいのですがね。

私の場合、問題は疲労です。難しいグレードを登るには体力もスタミナも十分に必要です。もちろん、岩をよく読みとってムーブをすばやく計算し、ホールドに適した位置に体を持っていってバランスをうまく保たなくてはなりません。同時に指が強くなければだめで、長時間前腕に疲れを感じることなく登れなければなりません。そこが私の弱点です。

また、登るにはある程度の大胆さが要ります。若いころ、私は大胆でした。ソロでルートに取り付くときはよく恐怖感を覚えましたが、登っているうちに消えてしまいました。ヘリコプターを呼ぶなんて願い下げでした。登っているんだから、終わらせなければなりません。ところが今は、難しいルートをソロで登るのはためらってしまいます。5・11dや5・12aのレベルのソロはとても恐ろしい。これをやるとなると、以前にくらべて今はものすごく躊躇します。石灰岩はホールドがとても小さくて割れやすいのですが、年をとるとそうしたことがよけいに気になるんです。

また年をとると、いっそう用心してやる必要があります。筋を伸ばしてしまったり、どこか骨折でもしてしまうと、最高潮のレベルに戻るまでに長い時間がかかるからです。最高潮を保つのが難しいのはこのせいだと思います。優秀なクライマーなのに三十五歳でやめてしまった人をたくさん知っています。実にいいクライマーだったのに、家族や仕事、腱の具合のほうが大事になってしまったのです。

**——どうして登るのが好きなのですか。**

不可能に見えるルートを登ることができるという事実が好きなのです。私にとっては体の動きだけでなく、壁の外観や岩の構造といった美的な面も大切です。難しいムーブを優雅にこなすことと、それを不可能に見える岩でやることという二つの面があるわけです。

**——危険な岩でも、でしょうか。**

病的なものには引かれませんが、何か心身を打ち込めるものがないと不満が残ります。たとえば、いちばん深く感銘を受けたのはドレスデンで登ったときでした。あるルート〔5・10b〕を登りたいと思っていたのですが、怖かったので長い間待ちました。最初の確保用リングはかなり遠くにあって、岩壁はとても印象的でした。しかし成功してしまうと、ボルトのプロテクションがたくさんあるルートよりもはるかに強く記憶に残りました。プロテクションの多いルートはあとで何も覚えていないものです。

ルートに冒険性がなければ正常なクライミング精神にそぐいません。たとえば一九八一年にエドランジェやル・メネストレル兄弟などのフランス人クライマーがトップロープ〔ルートの上部から確保される〕で非常に難しいルートや課題に取り組むことをはじめました。彼らはそれが、基準を上げて8bのレベルに進むのにいい方法だと思ったのです。それでほかのクライマーたちも同じことをはじめました。今ではヴェルドン・ゴルジュに行くと、二百メートルの岩場でたった二十五メートルの一ピッチを登っているのが何十人もいますよ。昨年の五月、あそこで二週間過ごしましたが、リードして〔下から登りながらプロテクションをとっていく〕登っている人はごくわずかでした。何人かのドイツ人と話をしましたが、彼らはトップロープで登ったのだからリードで登る必要はないと言っていました。まったくおかしいですよ。

リードで登ったほうがいいのです。そのほうがずっと面白い。リードで登りたくないのなら、どうしてボルトを打つのでしょう。岩にはボルトを打ち込まないほうがいい。一流クライマーはこうしたことについて声を大にしなければいけません。

**――フランスのクライミングの将来はどうですか。**

フランスのロッククライミングの将来はコンペティションにあるのでしょうが、8cさらには9a〔5・14d〕のレベルの新ルートを登ることにもかかっています(1)。これは少し大げさかな。この十年はとても進歩が速かったけれど、現在は足踏み状態です。

**――となると、クライマーは山に戻ると思いますか。**

そうとも思えませんね。この十年の間に体操としての面と競争としての面が確立されたので、若い連中はほとんどがその方向に進むと思います。私としてはほかの種類のクライミングも忘れてほしくないのですが、彼らは小さい岩場のほうを好むんじゃないかと思います。でも、わかりません。体操のようなことを好むクライマーだって、旅行をしたり、困難なルートに挑んだり、ほかのスタイルを知ったり、種類の違う岩を登ったりするのは好きですから。これからもそうあってほしいですよ。旅してまわること、違う岩を見ること、違う人や技術やスタイルを知ることはとても大事なのです。

ロッククライミングは伝統の一部だということを忘れないことも大切です。これは別に新しいスポーツではないのです。若い連中の多くはロッククライミングの歴史をまったく知りません。一九七九年に生まれたスポーツだと思っています。クライミングの歴史を知らないと、体操選手の精神は持ててもロッククライマーの精神を欠くことになります。そうなるとフリークライミングはただの体操のまねごとに成り下がってしまいます。

フリークライミングがそうなってしまうと、私たちは何かが失われるように思いますが、それとは反対に考える人も多いのです。そういう人は体操としての面がよいのであって、心身を打ち込むことなんて大切ではないと考えています。たとえばブルターニュではすばらしい海辺のクリフ・クライミングができますが、ナットを使うにはぴったりの岩です。ところがみなナットを使う面倒を嫌がるので、ボルトの使用をやめさせるのがとても難しいのです。みな登ることしか頭にないんです。

それにフランス山岳連盟にも、やたらにボルトを打って人をロッククライミングに誘おうとする傾向がしばしば見られます。私はこれを安易な対策と呼んでいますが、誤ったやり方だと思います。これは間違っている。いずれ後悔するでしょう。

**――フリークライミングについてのあなたの解釈はフランスで普及しましたか。**

もちろん。しかし私はクライミングには心身を打ち込むだけの魅力があることも初めに強調しておきました。そして、自然のままの岩を大事にすること、ピトンのかわりにナットを使うこと、トップロープを使わずにグラウンドアップで登ることを説いてきました。

でも、こうした原則は完全に無視されました。フリークライミングは心身の没入を喪失してしまった唯一のクライミング部門になりました。フリークライマーはナットを一個たりとも使おうとしません。彼らはスポーツクライミングだけに興味を持ち、自然のプロテクションとかグラウンドアップのクライミングには関心を示しません。パトリック・ベルオーとか私とかジャン＝ピエール・ブーヴィエなどのパイオニア連中はこうした現実にすっかり幻滅を感じてしまいました。確かに水準は驚くほど上がりました。しかし、私たちが一所懸命築き上げてきた伝統はすでに忘れ去られようとしています。

(1) 現在では8c+（5・14c）のルートが、フランスばかりでなくイギリス、ドイツ、スペイン、アメリカに生まれており、9aと目されるルートもすでに何本か試みられている。

(2) 前記した最高グレードは初版刊行時（一九九六年）のもの。二〇一七年九月にチェコのアダム・オンドラによって、ノルウェーのフラタンゲルに9c（5・15d）のルートが開かれた。

# ジェフ・ロウ

Jeff Lowe

アイスクライミングは別世界へ近づく道だ。その世界は私たちが慣れ親しんでいる世界よりも単純で活気がある。死とは隣合わせだ。俗事は消え去り、論議の矛盾もなくなってしまう。隠れていた本能が顔を出すにつれ、人の真実の本能が現れはじめる。

ジェフ・ロウ『氷の体験』

アイスクライミングは、人間の行動の中でも最も無用なもののひとつであると容易に言うことができる。登山には少なくとも山頂に達するという目的があるが、アイスクライミングは凍った滝、黒い氷のクーロワール、変幻きわまりない氷河のセラックといったばかばかしいものを目標にしている。科学や地理学の知識の向上に資するわけではなく、クライマー個人の心理的、精神的変容しか求めていない。現代の都市生活から心配や不安、ノイローゼを取り除き、クライマーを再び個にして全的な人格として立ち現れるようにしてくれる一種の儀式である。アイスクライミングは商業と物質的な快楽をひたすらに追求する社会に対する反逆であり、人の生活に平衡感覚を取り戻そうとする危険な修行である。

危険なうえに風変わりで非実用的な目標をかかげている点でアイスクライマーはロッククライマーと共通しているが、アイスクライマーの野心は一般人にはいっそうわかりにくい。ロッククライマーは自分の登る物体の安定性と定常性をある程度期待できるが、アイスクライマーは極端に可塑性が高く変容しやすい媒体――凍った水の上で死を無視したダンスを踊るのである。早朝に登った氷のリボンは午後も半ばになれば解けてしまうだろう。そのためにアイスクライミングはロッククライミングとははっきり異なっていて、献身的で狂信的な信奉者しか引きつけない一種のはかなさ、超俗的な体質を持っている。

この神秘的なクライミング教の大司祭がほかならぬジェフ・ロウである。ひときわすぐれたアイスマンであり、現代アイスクライミングを可能にした技術と用具を生み出したひとりである。ロウは十五歳のとき、グランド・ティートンとロッキー山脈でアイスクライミングをはじめた。まだ十代であったが、一九七〇年にロッキーのマウント・テンプル北壁、一九七一年にグランド・ティートンのブラック・アイス・クーロワールから西壁の冬季継続登攀、一九七二年にグランド・ティートン西壁を冬季登攀している。一九七八年にはコロラドのテリュライドに近いブライダルヴェイル・フォールを単独初登攀して全米の注目を集め、この偉業によって彼は『スポーツ・イラストレイテッド』誌の表紙に登場し、『マーヴ・グリフィン』誌と『グッド・モーニング・アメリカ』誌にインタビューが掲載された。一九八二年にはデイヴィッド・ブリーシャーズとともにヒマラヤの一五〇〇メートルに及ぶ氷壁、史上最も長く難しいクワンデ北壁を完登した。最近は一九八三年に単独登攀したプモ・リ南壁のバリエーションルート、一九八六年にマーク・トワイト、トム・フロスト、アリスン・ハーグリーヴズとともに登ったカンテガ北西壁をはじめとするヒマラヤの難しいルートや、ロッキーその他の山域の傑出したルートの登攀をつづけている。

ジェフ・ロウはアイスクライマーとしてよく知られているが、彼が現代登山に与えた影響はこの部門にとどまらない。コロラド、カリフォルニア、ユタ、アイダホの各州を中心に何百という岩のルートを開いているし、さらには最も高度な技術を要する高峰のミックスのルートに自らの全技術を傾注してきた。マイクル・ケネディ、ジョージ・ロウ、ジム・ドニーニとともに山頂まで数百フィートに迫ったラトック北稜(一九七八年)、マーク・トワイトと一九八六年と八七年の二回にわたって挑戦したヌプツェ南東岩稜、ジョン・ロスケリーと一九八九年の冬に行ったタウチェ北東壁の初登攀、一九九〇年にカトリーヌ・デスティヴェルとフリー第二登したトランゴ・タワーのユーゴスラヴィア・ルート、そしてアイガー史上最も困難なルートであるメタノイア（5・10、A5）を単独、九日間で初登攀して彼の登山歴中最大の快挙となった一九九一年春の登攀などである。

こうした印象的な登攀に加え、ロウはスポーツクライミング・コンペティションのスポンサーを引き受け、現代クライミングの発展に重要な役割を果たしてきた。一九八八年にユタ州スノーバードで合衆国初のコンペティションを導入して以来、一九九〇年に彼の会社であるスポート・クライミング・チャンピオンシップスが破産するまで、たくさんのコンペを開催した。自分の会社が破産したにもかかわらず、ロウはこのスポーツの将来については楽観的で、資金繰りと運営さえ適正ならばクライミング・コンペは合衆国でもほかの国でも盛んになると言っている。

ロウは一九五〇年九月十三日にユタ州のオグデンに生まれ、そこで育ったが、十七歳のときに生地を離れ、カリフォルニア州のタホ＝パラダイス大学に学んだ。現在はコロラド州のボルダーに住み、用具のデザイナーとして働いている。

一九八二年にジャニー・ハニガンと結婚し、五歳の娘ソンジャがいる。最近二人は離婚し、ロウは自ら「すごい女の子――私がこの惑星に存在することになった理由そのもの」

と述べている娘に対してパートタイムの親でしかあり得ないことに欲求不満を感じている。離婚後、ロウはモダンな木のパネル張りのアパートに引っ越したが、家具のほとんどない居間の片側には娘のおもちゃが散らばり、反対側には大きく引き伸ばしたアイガー北壁のカラー写真がかかっていた。インタビューは窓外でアスペンの黄葉が風に揺れる初秋に、その部屋で行われた。

ロウはひょろりとした長身で、髪は明るいブロンド、目は青い。握手は柔らかく、意外にも控えめな人だった。話していると、たいていの話題なら物静かで穏当で理性的なのだが——凍った滝をソロで登るときの用具をデザインする男にふさわしいのだが——ひとたび話がクライミングに転ずると、声も物腰も明らかに強い調子になり、ナイフの刃のように鋭くきちょうめんな性格の一面が表れる。ふだんロウは注意してこの面を抑え、普通の人間らしくふるまっているが、ときどき本性を露わにして、才能や性向がいかに多岐にわたろうと、心底は頑固で救いがたく、融通などきかそうとしないクライマーであることを白状してしまうのであった。

**——あなたが初めてやったよいクライミングとはどんなものでしたか。**

七歳のとき、父親とグランド・ティートンに登りましてね。私はあの山に登った最年少記録保持者だと思いますよ。今でもよく覚えている。頂上に腰を下ろして見まわすと、アイダホを越えた西の果てに地球がゆるやかな曲線を描いているのが実際に見えるんだ。それに気がついて、とても感動してね。

山を下りるとき岩につまずき、頭をぶつけて泣いてしまった。それからウォールストリートを横断したのを覚えている。あれはイグザムのルートの一部で、這うかハンドトラバースで行くところなんだ。下がスパーッと切れ落ちていて、それから何年かはよく夢に見てうなされたものですよ。

**――お父さんはクライマーだったのですか。**

ええ、そうでした。一九五〇年代にイグザムのガイドたちとよくティートンに登っていたので、われわれ子供たちはみな小さいうちに登る機会を与えられた。みながみな登るのが好きだったわけではないけれど、マイクとグレッグと私はおおいに興奮して、病みつきになってしまった。いとこのジョージとデイヴも登りました。

**――兄弟で山をたくさん登ったのですか。**

よくいっしょに登ったけれど、いつもほかの人もいたね。私たちはオグデンのクライミングクラブのメンバーだった。週に一回集会があって、ほかのメンバーといっしょに登っていた。

**――クラブの人たちに登り方を教えてもらったのですか。**

いや、父から習いました。それからマイクとグレッグと私は三人でいろいろなことを覚えていった。私たちはいとこのジョージともいっしょに登っていた。彼は何歳か年上で、登りはじめたのは私たちより後だったけれど、六〇年代の初めにヨーロッパに一、二シーズン行って、たっぷり経験を積んできた。私が十四歳から十六歳のころまではジョージとよく登った。私たちはいっしょに経験を重ねていって、おそらくあのあたりではいちばんのクライマーになっていた。

**――初期のクライミングは主にどこでやっていたのですか。**

両親の家のすぐ後ろにボルダリングのできるすばらしいところがあったが、そのすぐ上に高さ七十五、六メートルのよいロッククライミングができる珪岩の岩場があった。そこでたくさんのルートを登ったんだ。

私たちの所属していたクライミングクラブは六〇年代の初めにシティ・オブ・ロックス〔アイダホ州〕を開拓した。でも私たちはその宣伝をしたり、ガイドブックをつくったりするのには大反対だった――これも登山倫理のうちでね。私たちはルートを記録することはしなかった。ルートを登れば口コミで伝わっていった。リトル・コットンウッド・キャニオン〔ユタ州〕の花崗岩やオグデン周辺の石灰岩にもルートを開いた。毎年夏にはティートンへ行っていたし、六〇年代の終わりごろにはヨセミテへ行っていた。十八歳のときにサラテ・ウォールを登ったが、あれはとても気に入った。

**――アイスクライミングはいつはじめたのですか。**

はじめたのは十五歳のとき、ユタ州の北部とティートンでだった。私はアイスクライミングにはずっと興味をそそられていた。本でアルプスの北壁を登るクライマーの写真を見るのが大好きだった——とてもわくわくすることのように見えた。決定的だったのはジョン・ハーリンとレイトン・コアなんかが〈頂上まで行ったのはドゥガル・ハストン、イェルク・レーネ、ギュンター・シュトローベル、ローラント・フォッテラー、ジーギ・フップファァウアーら〉一九六六年にアイガー・ダイレクトを登ったときだ。一部始終を新聞で追っていたのを覚えている。あの種のクライミングにはとても興味をそそられた。

**——あなたがはじめたころのアメリカでは、アイスクライミングは比較的新しいものだったのですか。**

ヨーロッパではアイスクライミングが確立してから百年もたつけれど、合衆国には優秀なアイスクライマーは多くなかった。この国ではアイスクライミングはあまり受け入れられていなかった。カナディアン・ロッキーでは盛んだったが、先端の曲がったピックが登場して凍った滝のクライミングの時代に入るまでは合衆国でアイスクライマーになるのは難しかった。

**——どうやって氷を登ることを覚えたのですか。**

いとこのジョージが私の師匠でね。彼は一九六五年にアルプスへ行ってシャモニで登っていた。スイスでも少しね。彼からクライミングの話を聞いているうちに私の想像力に火がついて、それから二人でティートンとオグデンのあたりでたくさん登った。彼は雪やミックスの壁の登り方を教えてくれた。その後、七〇年代の初めになって兄のグレッグが凍った滝のアイスクライミングを持ち込んできた。

**――ロッククライミングよりアイスクライミングのほうが好きだったのですか。**

氷も岩も同じくらい好きだったよ。岩のほうが好きなくらいかな。変化があるのが好きなんだ。山ならどこへ行くのもいいが、最大級の壁のいくつかは岩と氷のミックスだ。私にとってルートの構造や外観はとても大事なのだが、氷は壁の外観に何かを加えてくれることが多い。乾いた岩壁は往々にしてあまりドラマチックではない。そこに氷と雪を加えると特徴がはっきりと浮き出てきて、ずっと荒々しく見える。

**――あなたがはじめたころのアイスクライミングはどのようでしたか。**

道具がまだ不完全だったから、たいへんな冒険だった。ピックがまっすぐな古い陸軍のアイスアックスを自分に合うように短くつめて、それではじめた。クランポンは二本の前爪の間にブリッジがなかったから、頼りなくて曲がりやすかった。あまり堅くないブーツでまっすぐなピックをダガー〈短剣のように持つ格好〉に使い、このクランポンでフロントポインティングをやるのは今とはまったく異質の体験だった。こういう道具でハードアイスの傾斜五〇度のピッチを登るのは岩で5・8のスラブを登るようなものだった。アイススクリューがあまりよくなかったから、プロテクションはないも同然だった。サレワのチューブスクリューはすでに使われていて、いいプロテクションがとれたが、ジャケットの内側に入れてチューブに詰まった氷を解かさないと次に使えなかった。登りつづけるためには、ときどき腰を下ろしてストーブでチューブの芯に入り込んだ氷を解かさなければならなかった。

**――それでは道具の変化がアイスクライミングを大きく変えたのですね。**

がらりと変えてしまった。アイスクライミングに新しい領域を開いてくれた。下向きにカーブしたピックと良質のチューブ型アイススクリューが導入されると、すぐに垂直の氷の滝を登れるようになった。それが七〇年代初めの革新だった。道具が手に入るとすぐにクライミングがはじまった。兄のグレッグは急傾斜の氷でこういう道具を最初に使った者のひとりだった。

**――あなた自身も氷の登攀具の開発に力を貸したのですか。**

うん、グレッグと私はハミングバードの登攀具とスナーグのアイスピトンをいっしょに開発した。スナーグは二人共同のアイデアだった。打ち込み式チューブの原案を出したのはグレッグで、私は抜きやすくするねじ山と氷をかき出すためのスロットをつけるアイデアを出した。共同開発だった。

あとになってできたラッツスクリューのようなものは、どちらかといえば私のアイデアだったが、グレッグはいつも示唆を与えてくれたし、マイクもそうだった。私たち全員が投入するものを持っていて、ひとつデザインができると、あとの一人なり二人なりがアイデアを出して、ほかの人の知恵も加えながらデザインを完成させていた。グレッグがいちばん革新的だったけれど、マイクと私もときどきいいアイデアを出したよ。そして六〇年代と七〇年代を通じて私はさらに多くのクライミングをしていたので、現場で得た実際の経験に基づいてフィードバックすることができた。

フットファング〔クランポン〕はマイクのアイデアだったが、私たちはいっしょに働いてあれを完成させた。トム・フロストも参加していた。彼はあまり表面に出たがらないタイプだけれど、わが社の第二世代ビッグバードのアックスとフットファングのほかに、シュイナードのピックがカーブしたアックスとリジッドクランポンの開発にも手を貸していた。トムはこうしたたくさんの用具類の改良の源泉だった。実に頭の切れる男だよ。

**――用具をデザインするのは楽しかったですか。**

もちろん。今もつづけている。いくつかの会社のコンサルタントという形でやっているんだ。私の生計の一部になっている。チューバーは初めから終わりまで私のアイデアだった。衣類のデザインもたくさんやった。今はシュトゥバイ用に氷の登攀具をデザインしている。そういうことをするのが好きなんだ。

**――氷や岩の経験を積んでいたからヒマラヤへ行きやすかったのですか。**

そうだ。冬のティートン、夏のカナディアン・ロッキーで、ヒマラヤと南アメリカとアルプスへ行くための経験を積むことができた。ひとり立ちする自信をつけ、悪い岩場や悪天候、氷などに対処する技術をすべて学ぶのにロッキーはとてもいい山だ。

**——小さいチームの高所クライミングを好むのはどうしてですか。**

遠征隊が嫌いだからさ。一九七四年にアメリカ人の大グループでロシアのパミールへ行き、ほかの十カ国から来たクライマーたちもいっしょになった。私たちはアルパインスタイルで登っていたが、他パーティの人たちも大勢前後して行動していた。あの夏には十五人が死んだが、大グループは安全を保証するものではないし、グループが大きいほど個々のクライマーは何を決めるにも責任を感じなくなって、多勢をたのむ偽りの安全性にだまされてしまうから、実際には危険は増すかもしれないことを示している。

あの旅ではっきりわかったのは、大勢のグループは都会や登山道ではいいかもしれないが、山を登るにはまったく向いていないということだ。ああいう状況から生まれる集団心理では、みな自分がとるべき責任の一部を放棄してしまう。あの経験から私は遠征隊にはかかわるまいと固く決めたんだ。

**——でも、あれがきっかけで高所クライミングをはじめたわけですよね。**

そうだね。それにみなが言うほど標高はクライミングを楽しむ障害にならないという私の考えを固めてくれた。事実、ジョン・ロスケリーと登った第十九回共産党大会峰〔約六一〇〇メートル〕北壁であんなこと〔アメリカ隊の一人が雪崩で死亡した〕があったあと、あの高度でも最高にテクニカルなクライミングができることがわかった。

**——それではもっと標高の高いルートも登ってみたのですか。**

あまり高くないのを登った。まず低めの山のとても難しいルートからはじめてだんだん高い山の最も難しいルートへとレベルを上げていく、アルパインスタイルのひとつの進め方を考え出した。私はまだその過程にあるけれど、そのうちにマカルー西壁ダイレクトとかエヴェレスト南西壁ダイレクトのようなルートをアルパインスタイルでやるようになるよ。高い山でアルパインスタイルのテクニカル・クライミングをするなんて実に魅力的だ。

しかしたいていの高山では、もう少し低い山でお目にかかれるような質の高いクライミングは望めない。たとえばパキスタンのラトックのような質のクライミングは高峰にはない。マカルーの南東岩稜はかなりいいが、七千メートル級の山で時折お目にかかれるような技術的な難しさとは同じクラスに入れられない。

**——ラトックにはいつ登ったのですか。**

一九七八年にマイクル・ケネディ、ジョージ・ロウ、ジム・ドニーニと私で頂上まであと数百フィートを残すところまで登った。二五〇〇メートルほど登ったわけだ——技術的に実に高度な登攀だった。その後何回となく挑戦されたが、半分以上登った者すらいない。あの氷と花崗岩は実にすばらしい。ヒマラヤの極限のクラシックルートのひとつだと思うが、まだ完登されていない。

**――あなたがルートに求めているものは正確にいうと何ですか。**

よい氷に加えてよい岩がなければならないこと、きれいであること、客観的に安全であることだ――頭上に懸垂氷河なんかなくてね。きちんと左右対称で、ドラマチックに見え、私を興奮させてくれるようなものでなければならない。私は標高よりもラインの質、美しさ、技術的な難しさのほうに興味がある。雪の中をもがき歩くのは大嫌いだ。ルートに取り付いたら、もたもた歩かずによじ登りたいんだ。

**――デイヴィッド・ブリーシャーズと登ったクワンデ北壁のルートはそういうルートの一例ですか。**

そう、あれはまったくクラシックなルートだ。わずか六〇〇〇メートルほどの山なんだが、ルートの長さは一五〇〇メートルある。緻密な花崗岩のスラブを薄い氷の舌が覆っているルートだ。エル・キャピタンに氷が張ったようなものだ。ヒマラヤでもほかの山でも、あんなルートは登られていない。ああいうクラスのアイスクライミングはちょっとほかにはない。再登しようとした者〔一九八四年のスペイン隊〕はいたが、横に逃げるバリエーションルートを登っただけで、本当に成功した者はまだいない。再登不能というのではなくて、自信と執着力が要るというだけのことだ。たとえばデイヴと私は確保点まで登るのに百メートルのロープを二本つないだりした。

**――つまり、プロテクションなしでそんなに長い距離を登るということですか。**

うん、それも重いパックを背負ってね。下の部分では実質的にまったくプロテクションをとれない七〇度から八五度のスラブに張った薄い氷をずいぶん登った。岩はとても緻密でアンカーをとれるところはないし、登っても登ってもレッジなどありゃしない。ところどころ氷がとても薄かった。

**――はらはらしたでしょうね。**

よかったよ。私はああいうのが好きなんだ。

**――怖い思いをするのが好きですか。**

いや、怖い目には遭いたくない。アドレナリンが増えて神経質になるのは好かないね。そんなのは嫌いだ。その種のアドレナリンにやられている間は事態を思うようにコントロールできない。コントロールできなくなるのは嫌いだ。コントロール能力すれすれまで自分を追いつめるのは好きだが、いつもコントロール能力の内側にいたい。恐怖とコントロール能力の間のかすかな緊張感から来る集中力の高まりと、能力の限界にわずかに触れながら自分が安全圏内にいることを確かめるのが好きなんだ。

**――ヌプツェ南東岩稜はクワンデの次のステップとして当然の帰結でしたか。**

クワンデはむしろヌプツェのようなルートへ進む線上にはなく、アイスクライミングとして独自の線上にあった。アイスクライミングにはもうひとつのステップがあって、それは冬になると下から山頂まで完全に氷が張りつめ、二千メートル以上の垂直なガリー・システムと化してしまうラトック北壁のようなものだ。

　こういうのはクワンデよりひとつ上のグレードだ。私はこの種のクライミングが進むべき次のステップだと思っている。だれもそんなことを考えていないだろうけれど、私は心中秘するところありだ。アルプス・タイプのアイスクライミングはこれが終点になるだろうね。今やれることで、これほど偉大なものはない。もう場所がなくなってしまった。

　しかし、まだ限界に達していないほかのタイプのアイスクライミングがある――デリケートなミックスの登攀や高山の岩壁にかかる滝の登攀だ。特にカナダには今までに登られたものよりも難しくて大きいものがある。岩と薄い氷のミックス登攀に関するかぎり、終わりはない。より難しく、より大胆なクライミングが可能だ(1)。

**――それではヌプツェ南東岩稜はどちらかといえばミックスのルートだったのですか。**

　そうだ。ラトックを含む線上にあるといっていい。全般的にラトック〔七一四五メートル〕より易しいが、標高はもっと高い〔七八五五メートル〕。私はマーク・トワイトと二回行っている。二回ともあまり強力なチームとはいえず、いずれも失敗に終わった。よいクライミングはできたが、ルートの上部全体は登れずに残ってしまった。二年前に数人のカナダ人が出かけていき、私たちより六百メートルほど上まで登った。それでも山頂までまだ五、六百メートルの頂上岩壁がある。技術的にはローツェ南壁よりはるかに上だが、ルートは六百メートルほど短い。

**――あなたとマーク・トワイトとはどうしていいチームでなかったのですか。**

クライミングをする理由が違っていたんだ。あのころマークは有名になるため、人を驚かすためにクライミングをしていて、登っていても楽しんではいなかった。でも私には実際のクライミングが大切だった。クライミングを生計の手段にする方法があるのなら、それはそれでいい。しかし、私はクライミングそのものに関心があるんだ。

また当時の彼が経験したレベルよりも過ぎたことを私が要求していたので、彼は気おくれしていた。互いにソロで登るべきところで彼はとても危なっかしかったので、私たちは遅すぎるくらいのスピードで登らなければならなかった。強力なチームではなかったよ。あの種のクライミングでは互いに調子が合っていなければいけない。

**――パートナーはどのようにして選ぶのですか。**

だれかに出会って、いっしょに登りにいくだけだ。面倒な手順などはない。

**――最高のパートナーだったのはだれですか。**

初期のパートナーとしてはマイク・ワイスが最高だった。彼は実に有能な人間だった

――インドアであれアウトドアであれ、社会的にも何にでもだ。また頭のいい男だった。話をしていても楽しかった。本もよく読んでいたし、ユーモアのセンスもあった。体力的にも強かった。要するにすばらしいパートナーだったよ。彼は最近あまりクライミングをやっていないから、この十年くらいは何もいっしょにやっていないが、七〇年代にはよく

二人で登ったものだ。

一九八九年の冬にジョン・ロスケリーとネパールのタウチェ〈北東壁ダイレクト〉を登った。ロスケリーはすばらしいパートナーだ。彼は事をうまく運ぶために、いつでもできるだけのことを進んでやってくれた。私たちの間にはあまり競争心はなく、互いに支え合っていた。難しいピッチではよく助け合ったものだ。ある日、私が具合が悪かったとき、彼はとても心配してくれて、気分をよくしてやろうとコーヒーをもう一杯いれてくれたよ。

彼は世界的に偉大なテクニカル・クライマーというわけではないが、優秀で強くて山の経験が豊富だった。しかも、それを気にもとめていなかった。タウチェの頂上に着いたとき、彼はこれまでの最良のパートナーだと思った。

それに彼は私に似ていないところが好きだ。彼の政治的意見は私よりずっと右寄りだが、私たちはおとなの関係にあって、相手と意見を異にすることを認め、相手がどう考えているかを知ろうとし、相手を尊敬していた。こうした点のすべてで彼はすぐれていた。もうひとりの有能な人間、それがよいパートナーの条件じゃないかな。

**――クライミング・コンペティションを主催するようになったきっかけは何ですか。**

八〇年代の初めに、やがて合衆国でスポーツクライミングのコンペティションが開かれるだろうというわさがだいぶ高くなってきた。私はボルトがやたらに岩に打ち込まれていくのを懸念していて、将来によい影響を及ぼすような形で早く合衆国にスポーツクライミングを紹介し、岩場にボルトを打つエネルギーの一部を人工壁を使ったコンペティションに向けようと考えた。

私はよくヨーロッパを旅するが、そこでスポーツクライミングの発展ぶりを見てきた。実践されているクライミングのレベルの高さには感心したが、環境への影響が心配だった。ヨーロッパのコンペは自然の岩場で行われていて、見物人の便宜を図るために木を切り倒したり、ルートをきれいにするために苔をサンドブラスターで吹き飛ばしたり、ルートを望みの難度にしつらえるためにボルトを打ったり、接着剤で貼りつけたり、岩を削ってホールドをつくったりしていた。

一九八七年の秋に、主催のしかたを学びにアルコ〔イタリア〕のコンペへ行った。そして合衆国に戻ってからスノーバードで開かれていたマウンテン・サミット会議に行って、主催者のディック・バースと話し合った。私はこう言った。「ディック、ここにいいロッジを持っているじゃないか。ヨーロッパでやっているようなことに使えるよ」

私たちは外に出て、ホテルの一端〔クライミングの人工壁をつくれるところ〕を見てみた。彼は「それはわかるよ。でも建築家の許可がなければ、私のホテルには手を出させないぞ」と言った。

そこで私は建築家のところへ行った。最初、私たちはボルト締めのホールドがついた壁をつくるつもりでいたが、建築家は気に入らなかった。それで建築家も満足し、クライミングにも使える壁を設計しようということになった。すべて妥協の産物だった。単なるクライミングウォールではなく、ホテルの美観にも寄与するだろうと思われた。

最初の年〔一九八八年〕は実行に移すだけの金がどうしても集まらなかったので、私が財政的に負担することにした。私は自分の金を投資したのだが、投資ということになると金を失いたくはなかった。計画を実現させるに足るスポンサーを得られるところまで進めようと、足りなくなるとさらに金をつぎ込んだ。結果としては実現できなかった。私たちは破産してしまったのだ。

**——何が問題だったのですか。**

スポンサーがいなかったのと一般の関心が薄かったためだ。

**——テレビとは契約しましたか。**

それがあったらおおいに助かっただろうね。契約がとれるように努力はしたが、うまくいかないうちに底が抜けちゃった。一九八九年の夏、パキスタンに出かける前に、つなぎの一括融資が得られると思っていた。コンペティションが資金的に自立できるまでの数年間はやっていけるだけの融資を受けようと一年も働きかけていたのだが、銀行は融資の基準を引き締めてしまった。そのとき私はパキスタンにいて、帰ってきたら融資はだめになっていた。その後、融資の話は再開できなかった。それで、おしまいになった。

**——合衆国ではヨーロッパと同じ程度の後援を得られましたか。**

なかった。後援が得られるには少し時間がかかるんだ。ヨーロッパでもそんなに簡単にはいっていない。赤字になったコンペは多いよ。特別イベント業は易しい商売ではない。経験が必要なんだ。ところが私には経験がまったくなかった。

**——こうしたコンペティションに未来はあると思いますか。**

思う。このあたりでも本当にすばらしい国際コンペティションが開催されるかもしれない。レッド・ロックス〔ネヴァダ州〕はワールドクラスのイベントの開催地としては最高だろう。しかし、正しく行われなければいけないし、財政的にもうまくやらなければだめだ。

**——合衆国では、スポーツクライミングはほかの分野のクライミングにどんな影響を及ぼしましたか。**

コンペティションと人工壁は岩場の負担をうんと軽くしたね。クライマーは今も岩場で新ルートを開いているが、以前よりずっと少なくなった。

**——スポーツクライミングはクライミング全体の水準を上げると思いますか。**

もちろんだよ。これは革命だ。クライミングを一度もしたことがなくても、生まれながらのスポーツマンならインドアの人工壁で二カ月もトレーニングすれば5・12を登っているし、三カ月もやれば5・13だ。人によってはインドアの人工壁だけのトレーニング六カ月で現存する最高のグレードを登れるようになることは請け合いだ。これは実に革命的だ。

**――そういうトレーニングで急速に進歩するのはなぜですか。**

効果的なトレーニングだからだ。一時間のうちに岩場よりもずっと濃縮したクライミングができる。それに自分が望む特定の力なり技術なりを練習することができる――クラックは別だけれどね。クラックについてはまだ限界があるんだ。でも、オーバーハングしたフェイスで力をつければジャミングはかなり簡単に覚えられるから、クラックはそれなりに解決がつく。というように、クライミング一般に関しては革命的だ。

**――高山の難しいルート用のトレーニングもできますか。**

お望みならばね。そのために利用している人もいるよ――トモ・チェセン、私、カトリーヌ・デスティヴェル、ティエリ・ルノー、アメリカ人クライマーのチャーリー・ファウラーとアレックス・ロウ〔ジェフ・ロウとは無関係〕がそうだ。しかし、山に役立てようと意識してトレーニングしている人は多くはない。

**――カトリーヌ・デスティヴェルに初めて会ったのはいつでしたか。**

第一回スノーバード・コンペティションでだった。

**――二人はどうしてパートナーになったのですか。**

クライミングについての考え方が似ていたのと、彼女に分かち与えられる技術を私が持っていたのと、私が彼女を気に入ったからだ。それにトランゴ・タワーで撮影をする企画があって、そのためにパートナーが必要だった。彼女ならよいパートナーになると思ったんだ。トレーニング中もクライミングしているときもしっくりいっていたし、いっしょに登っていて楽しかった。私たちは互いの足りないところをとてもうまく補い合っていた。クラックでは私のほうがうまかったが、フェイス・クライミングでは彼女のほうが上だった。私は登山の経験が豊富だが、技術的なフリークライミングの経験では彼女のほうが勝っていた。私たちはよいパートナーになれた。

**――恋愛感情もあるのですか。**

あるよ。でも、どうなるかはわからない。様子を見ていよう。

**――トランゴのルートは二人でいっしょにやった最初のクライミングだったのですか。**

違う。トランゴをいっしょにうまく登れるかどうかを確かめるために、あらかじめこの近辺で一カ月ぐらい登っていた。とてもうまくいったよ。

**――トランゴのクライミングはどうでしたか。**

クライミングそのものは私たちが望んでいたほど難しくはなかった。かろうじて登れるくらいのピッチがいくつかあるだろうと覚悟して出かけたのだ。あの標高で5・12程度のものはやりたかった。そのくらいのことをヒマラヤでやる時期だったからね。しかし、実際には調べておいたよりかなり易しかった。

**――標高の点で何か違いがありましたか。**

なかった。高所順応ができてしまえば標高六〇〇〇メートルで登るのはなんでもない。

手が冷たくなったが、私は慣れていたし、カトリーヌも慣れてしまった。いずれにしても寒いほうがよく登れるんだ。指は汗をかかないし、実際に五〇度〔華氏。摂氏では一〇度〕ぐらいでは靴底の食いつきが向上する。摩擦が最大になるんだ。

**――アイガーに新しいルートを開こうという途方もないアイデアはいつ思いついたのですか。**

アイガー・ダイレクトの初登攀〔一九六六年〕があった直後、あのルートをアルパインスタイルでやろうというインスピレーションがわいたんだ。しかし、私がアルプスに行けないでいるうちに、ほかの人が〔一九七七年に〕やってしまった。それから一九九〇年の秋に、スポーツクライミング会社の破産とともに私生活も破産に追い込まれたとき――結婚生活も破局を迎えた――アイガーのアイデアが戻ってきた。私は安くあげることを考え、旅の費用をまかなう余裕をつくれることを思いついた。アイガーに行きたいと思ったのはそのときだった。アイガーの新ルートを冬に登るのは最高に難しいだろうけれど、昔のパイオニアたちがどれだけ心身を打ち込んだか、そのレベルにできるかぎり近づくことができるだろうと考えた。

**――『アウトサイド』誌の記事には、あなたは事業に失敗し、結婚生活にも破れ、アイガーに挑むには申し分のない精神状態だったとありましたね。**

あの記事には本当に腹が立ったよ。私は絶望して絶望的なことをする男じゃなくて、夢を実現しようとする男だったんだ——話がぜんぜん違うよ。あれではまったく違う印象を与えるから、出たときはおおいに怒った。クライミングしている間は心の中で、アイガーはクラシックだ、だれにも生涯最高のクライミング体験になり得ると思っていた。何もかもまったく快適にやれた。

——**自殺行ではなかったのですね。**

とんでもない。そんな気持ちであんなことができるわけがない。そんな気持ちでは十分なエネルギーが得られない。何にしろ否定的なお荷物を背負っていたら、あんなことができるかどうか疑問だね。トラブルを片づけておかなければできないことだ。私は登る用意が十分にできていた。

——**ラインはどのようにして見つけたのですか。**

私は既存のルートを探して日本ルートとチェコ・ルートの間に一本のラインがあると思った。普通なら選ばないようなルートだが、実際に登ってみると実質を備えていて、必要以上にほかのルートと接近している感じはしない。フェイスはとても大きいので、写真ではすぐ近くに見えるルートでも六十メートルは離れている。

——**落石には悩まされましたか。**

落石はまったく問題なかった。冬の間は静かなものだ。

——**雪崩はどうでしたか。**

あったね。とても大きなちり雪崩があった。半分以上登ったところで一度嵐が来て、一晩に四十五センチのどか雪が積もった。溺れるかと思ったよ。ハンギングテントを使っていたんだが、セメント・ミキサーの中で眠ろうとするようなものだった。嫌になったよ。

**――あのクライミングは何日かかったのですか。**

九日だ。

**――どういう用具を持っていきましたか。**

冬用の衣服、食糧、燃料、ストーブ、ハンギングテント、氷用登攀具、氷用確保用具一式、それにエル・キャプ〈岩〉用具一式だ。これらを詰め込んだばかでかいパックをルートの下部四五〇メートルほどは運び上げた。三十五、六キロから四十キロはあったと思う。それを担いで約七五度の氷を登っていったんだ。第一バンドを越えたところでパックを二つに分けた。それからは二十二、三キロを背負い、残りの荷を入れた袋をハーネスにつるして両足の間にぶら下げて第二氷田の上部まで登った。そこからまた難しくなり、私は一ピッチ登ってから下りてきてパックを拾い、また運び上げていった。第二氷田の上部から山頂まではずっと技術の要るクライミングだった。易しいところはぜんぜんなかった。

**――決めたルートをたどっていくのはたいへんでしたか。**

うん、単なる一本のラインではないんだ。クラックの少ない、石灰岩の長大な壁面がつづく、巨大で形のはっきりしない山の岩壁を登っていくんだ。ビレイをひとつとるために同じようなごく小さな穴に八個のアンカーを使った。そこから上を見て、思わずつぶやいた。「ここからどっちへ行ったらいいんだ」。私はボルトキットを持っていなかった。持っていかないことにしたからだ。そこでフリーとエイドをまじえ、できるかぎりのことをして、石灰岩の小さなエッジを拾ってはさまようように登っていった。

このルートはしばらく再登されないと思う。(2) 再登するにはかなり熱中しなけりゃね。あのようなルートは初登攀する気にはなるかもしれないが、再登するためだけにあれと同じことを繰り返すのは、ある意味ではもっと難しい。やる理由が見つからないかもしれないからね。

かなり脅威を感じるルートであることは確かだ。すれすれの危険を冒さなければならない。クライミングのタイプは違うけれど、たとえばタウチェよりも一グレード分難しいかもしれない。私としてはせいいっぱいのクライミングをした。三度も墜落したよ。一度はエイドが原因の些細な墜落だった。あるサイズのナットを節約しようと思って、ひとつ小さいのを使ったんだ。抜けるかなと思ったが、やはり抜けてしまった。でも一メートル半ぐらい落ちただけだった。あとの二回は私の能力の限界ぎりぎりで登っていて、力尽きて落ちたんだ。こんなことは山で一度もなかったことだ。

**——では、ビレイはしっかりしていたのですね。**

そう。気をつけていたからね。パートナーはいなかったけれど、いるときと同じようにしっかりとビレイしておいた。

**――あのルートを完登するには多種類の技術が必要でしたか。**

クライミングのタイプに応じてそれぞれレベルの高い技術が必要だったが、そんなにいろいろな技術を持ち合わせている人は少ないよ。A5のネイリングをしなければならないが、ヨーロッパにはそれができる人はいない。ヨセミテのウォール・クライマーならできるが、彼らには氷の技術とミックスの技術、もろい岩を登る技術、それと経験がない。というわけで、うまくこなせる者が近々出現するかどうか断言できないね。

**――将来はどんなクライミングをしようと計画していますか。**

カトリーヌともう一度カナダへ行って、数週間いっしょに氷のトレーニングをすることになっている。それから一月に私たちはアルプスへ行き、グランド・ジョラスのウォーカー側稜の新ルートに挑戦してみる。そのあとで私はエヴェレスト南西壁のダイレクトをやるかもしれない。

**――カトリーヌとですか。**

いや、そうはならないと思う。エヴェレストのあのルートかマカルー西壁をソロで登るという私のヒマラヤの夢に決着をつけたいのだ。カトリーヌはサポートにまわるだろう。ここ二年以内に、どちらかのルートを完成したいと思う。(3) それと、ひきつづき自分のフリークライミングのレベルを上げたい。旅に出ていないときは家でたっぷりフリークライミングができる。

**——登りつづける理由は何ですか。**

理由? たくさんあるよ。体が受けるあの感じが好きなんだ。挑戦するときの感情、精神が好きなんだ。しかし、なぜ登るのか、本当の理由を落ち着いて述べようとすると、作家や医者になったりする理由を説明するようなもので、つまり動機の違いなんだ。私の動機はクライマーになることだった。クライミングのことを考えただけでも興奮したものだ。

**——クライミングはあなたの人生のほかの面にどう影響しましたか。**

私の人生とクライミングはからみ合っているので一体だし、同じものだ。クライミングは私の人生だし、私の人生はクライミングだ。私の人生の大部分はクライミングを中心にして動いているが、私の興味はクライミングだけではない。問題は若いときにクライミングにのめり込んでしまったので、ほかの面を伸ばせなかったことだ。今はクライミングから離れられないでいる。それでも用具のデザインなどはやれるけれどね。

よくない面もあった。クライミングでは、やりたいと思ったことで失敗したことがなかったので、その自信をビジネスにも持ち込んでしまったのだと思う。クライミングで成功したので、自分は何でもできると信じ込むようになった。何に手を出してもうまくいくと思っていた。でも、そうではないことがわかった。クライミングで成功したからといって、ほかのことにも通用すると思ってはいけないのだ。

でも、今はそれがわかったので、クライミングは私の人生でもっと明確なものになっている。あくせくした毎日から逃れて、よい休暇になっている。だれだってクライミングに集中しているときは、金や車や家や妻やボーイフレンドに集中していられない。そういうものは影をひそめている。そしてクライミングから戻ってくると、そうしたものも重要であることがよくわかってくる。クライミングのおかげで視野が広がって、物事の遠近がまたはっきりしてくるのだ。

（1）一九八一年、アレックス・ロウがコロラドのヴェイル近郊で、地表までとどいていないツララ状の氷柱ファングを初登したとき、WI（ウォーターアイスの略）六級プラスというグレードが与えられた。純粋な氷ではこれ以上難しいクライミングはあり得ないが、岩壁に薄く張りつめた氷や、ときにはまったく氷のない岩と氷柱を結びつけてルートにすると、限りなく難しいクライミングになる。ジェフ・ロウはこれをミックスクライミングと呼び、数字の前にMを付けて従来のアイスクライミングと区別している。コロラドでは一九九一年までにM七級と目されるクライミングがいくつか生まれたが、九四年冬、ジェフ・ロウはヴェイルで、十フィートの庇からその先端に垂れ下がる氷柱を初登、オクトパシーと名づけ、ミックスクライミングで初めてのM八級を実現した。

（2）二〇一六年十二月、ドイツのトーマス・フーバーがスイスのシュテファン・ジークリスト、ロジェ・シェーリと三人で再登。

（3）　ジェフ・ロウは一九九三年の五月にマカルー西壁の単独登攀を試みた。五月二十三日に約七〇〇〇メートル地点まで進んでビバークしたが、その夜の降雪で雪崩が頻発、埋められたテントから脱出するのに三時間を要した。降雪はその後もやまず、二十五日に登頂を断念した。一方デスティヴェルは、同時期に新たなパートナー、フランス人のエリック・ドゥカンと二人で西壁の隣にある西稜フランス・ルートを試みたが、こちらも七六五〇メートルで敗退に終わった。

# ヴォルフガング・ギュリッヒ

Wolfgang Güllich

長いことクライミングをつづけていると、このスポーツについての自分の考えを新しいルートを開くという方法で具体化したくなる。難しいルートを開くことは、精神と肉体を整えることを学び、不可能かもしれないすべてを継続する動機にまでおのれを高めることまで、すべて自分でやらなければならないので、たいへんな挑戦なのである。その実現にはだれも手を貸してくれないから長い間手段が見つからないかもしれないし、あきらめなければならないかもしれない。だが、何かのために努力すればするほど、成功した暁にはより大きな満足が得られるのは当然だ。その創造物——ライン、難度、プロテクション、さらにはそのルートに対する感情を余すところなく表現する名前などからなる——には特別で無二の性格がある。クライミングが芸術だとすれば、その主要な構成要素は創造性である。

ヴォルフガング・ギュリッヒ（『クライミング』誌のインタビューより）

現代のフリークライミングにおける創造性を論ずるとき、故ヴォルフガング・ギュリッヒに比肩しうる者はいない。一九九二年八月二十九日に早すぎる死を迎えるまで世界屈指のフリークライマーであったこのひょうきんなドイツの若者は、ラップ・ボルトされた極限のルートを驚くほどたくさんこなしたばかりか、フリークライマーがめったに、あるいはぜんぜん行ったことのない地域まで出かけていき、その創造性を示した。多くの者がフォルクスワーゲン・バンのバンパーからビレイをとってグレードを上げることだけに満足しているこの分野で、ギュリッヒは難しいソロ、神経にこたえるほどランナウトするルート、高所登山にまでフリークライミングの領域を拡大した。その力と献身ぶりと想像力を通じてフリークライミングの革命を助け、偉大なクライミングの伝統の中にフリークライミングをしっかりと位置づけるのに力を貸したのである。

ギュリッヒは十四歳のとき、ヨーロッパではこのスポーツの中心地のひとつであるドイツのズュートプファルツで初めてフリークライミングを味わった。ドイツ人で最初にエヴェレストに登ったラインハルト・カールなどの著名な人たちの指導のもとにクライミングのこつを学んだ。カールやギュリッヒらは協力して多くの既存のルートから人工的エイドを取り除き、ピトンに乗ったりぶら下がったりせず、力と粘り強さと技術でルートを登るようにした。一九七七年にズュートプファルツの登竜門ヴァレー・クラック（5・10b）を登ったが、これはフリークライミングにおける彼の輝かしい経歴を予告するものとなった。

その後はいわばフリークライミングの旅烏となり、難しいルートを求めて世界中を旅するようになった。一九七九年に旧東ドイツのザクセン地方へ出かけ、そこの一流クライマーであるベルント・アルノルトの秘術を学び、その助けを得てウォール・オブ・サンセット（5・11d）やダイレクト・スーパーラティヴ（5・11d）などのクラシックルートに成功した。

そのすぐあと、ギュリッヒは初めて合衆国に足を延ばし、ニューヨーク州シャワンガンクスのスーパークラック（5・12d）を駆け登った。それから西に移動してヨセミテのフィーニックス（5・13a）に挑んだが、これは失敗に終わった。徹底的なトレーニングを積んでから一九八二年に再度挑戦し、今度はうまく完登することができた。次に目をつけたのは当時世界で最も難しいスポーツクライミングとされていた、カリフォルニアのシュガーローフにあるグランド・イリュージョン（5・13c）だった。連続八日をかけてクライミング界が待ち望んでいた第二登を果たした。登ったあとは疲労のあまり三十時間というもの食べることも眠ることもできなかった。

フリークライミングでは世界の最難関といわれるルートを再登して責任を果たしたギュリッヒは、今度は自分で極限のルートを開くことを考えた。一九八四年、ドイツのアルトミュールタールにある世界初の5・13d、カナル・イム・リュッケンを登った。一年後、オーストラリアのアラピリーズに行き、非常に意地悪くオーバーハングした岩で魔術をふるった。彼が開いたパンクス・イン・ザ・ジムは初めての5・14aとなり、ウィズダム・オブ・ザ・ボティは正真正銘の5・13dと評価された。たった一度の短い旅でギュリッヒはオーストラリア大陸で難度一位と二位のルートを開いたばかりか、再び世界のグレードを押し上げたのであった。

こうした抜群の成績に甘んずることなく、帰国すると、さらにはるかな夢をかなえるためにトレーニング技術の完成にかかった。バスケットボールや体操のような他のスポーツのトレーニング課程を応用し、一九八六年にはゲットー・ブラスター(5・14a)を開いた。これは彼の長年にわたる心理面の訓練と厳しい努力の証しであった。

さらにトレーニングを重ねたギュリッヒは不可能といわれたルートの登攀に成功をおさめていった。ドイツで最もスポーツクライミングが盛んな地域フランケンユーラでごくかすかなラインに目をつけると、特にそれに合わせたトレーニングを開始した。一九八八年、世界最初の5・14b、ウォールストリートをリードして、フリークライミング界に衝撃を与えた。それ以来このルートは一回しか再登されていない。ハイレベルのスポーツクライミング・ルートとしては前代未聞である。

極限のスポーツルートを登る合間に、ギュリッヒは一九八六年に登ったヨセミテのセパレート・リアリティ(5・11d)のような困難なソロクライミングにも時間を割いているし、一九八四年には旧東ドイツのドレスデンでブロークン・ミラー（5・12a）などの厳しいランナウトのルートも登っている。こうしたクライミングには肉体の調整はもちろん精神面でも並々ならぬ調整が必要だったが、それはまた高峰のフリークライミングに向けての準備にもなってくれたのである。

その第一歩は一九八八年、パキスタンのグレート・トランゴ北東岩稜のノルウェー・ルート（5・10、A3）であった。恐ろしいほどの一八〇〇メートルのフェイスの頂上近くまで迫ったが、彼とクルト・アルベルトほか数名は悪天候のために退却を強いられた。しかし数日休んだのち、トランゴ・〈ネームレス〉タワーのユーゴスラヴィア・ルートに取り組んだ。彼らはその再登に成功しただけでなく、二十八ピッチのほぼ全部をフリーで登った。なかには5・12のピッチもいくつかあって、フリークライミング史上に残る画期的な登攀となったのである。

こうした印象に残る登攀をわがものにすると、ギュリッヒはもっと恐ろしいルートに立ち向かえる気がした。翌年、再びクルト・アルベルトとカラコルムに赴き、トランゴ・タワーにエターナル・フレームという新ルートを開いた。5・12bが一ピッチ、5・12が二ピッチ、5・11のピッチが多数、それにエイドの数ピッチの合計二十八ピッチのルートはかつてないほど難しさが連続するルートだった。

一九九〇年から九一年にかけての冬〈南半球の夏〉には、もっと難しいルートに挑戦しようとチリのパタゴニアに向かった。恐ろしい天候と氷の張ったクラックに悪戦苦闘しながら、ギュリッヒ、アルベルト、ベルント・アルノルト、ノルベルト・ベッツ、ペーター・ディートリッヒはパイネの中央タワーの一三〇〇メートルの東壁に挑んだ。5・12が五ピッチ、5・11のピッチは多数、それにエイドピッチがいくつか含まれる三十五ピッチのルートを完成するのに十日かかった。おそらく現代ロッククライミングで最も難しく冒険に満ちたものであっただろう。彼らはいみじくもこのルートにライダーズ・オン・ザ・ストーム（嵐に乗る騎手）と名を授けた。

高山の登攀で元気を回復したギュリッヒは、極限のルートに向けたトレーニングに再び熱中した。このトレーニングは一九九一年秋のアクシヨン・ディレクト登攀で頂点を迎えた。フランケンユーラにある短いけれど険しくダイナミックな登攀で、ホールドは非常に小さく、指先よりほんの少し大きいだけだった。仮に5・14dのグレートがつけられているが、アクシヨン・ディレクトは世界で最も難しい極限のスポーツルートだろう。驚異のギュリッヒはまたもグレードを押し上げたのだ。

このアクシヨン・ディレクトをはじめとする登攀により、ギュリッヒはフリークライミングに新時代をもたらした。尺度を広げたばかりか、フリークライミングという分野のなかに新機軸を生み出したのだ。彼はアドベンチャー・クライミングの古風な価値をフリークライミングという最新のものに適応させて——環境に合わせ、かつ危険を克服して——

それを成し遂げたのだった。そして、このスポーツの進歩はホールドを削ったり接着したりすることによってでなく、自然と親しく触れ合いながら育った創造性によってもたらされることを示したのだった。岩に表れた自然の無限性を読み取ることを学ぶことによってギュリッヒは現代フリークライミングの形を変え、将来の青写真を提示したのである。

ギュリッヒは一九六〇年十月二十四日、ドイツのライン峡谷に生まれ、十八歳で徴兵されるまでそこで暮らした。十五カ月にわたる陸軍の兵役を終え――その時期を彼は「生涯で最悪のとき」と呼んでいる――フランケンユーラに近い小さな町モーゼルシュトラーセに移り、一九九一年に結婚した妻のアンネッテとともに、自動車事故で悲劇的な死を遂げた一九九二年までそこに住んでいた。彼らの家はその地域のスポーツクライミング活動の非公式な本部のような役割をしており、世界中のクライマーがちょっと寄ってはひと晩泊まっていったり、難しい新ルートの情報を得たり、ビデオを見たり、あるいは単に政治や哲学、その他いろいろのことについて長い、熱の入った議論をしたりしていた。

松林ときれいな川とすばらしい石灰岩層のある牧歌的な地域、フランケンユーラを車で案内してくれたあと、ギュリッヒは彼の青いフォルクスワーゲン・ゴルフを停め、小さなカフェに私を招き入れた。彼は日向にのんびりたむろしていた数人のクライマーにあいさつし、噴水のそばのテーブルを選んで座った。噴水の音を背景にしてギュリッヒはコーヒーとチョコレートケーキを注文し――彼はビールが好きではない――クライミングに対する彼の姿勢について語りはじめた。ギュリッヒは黒い髪の人好きのする情熱的な青年で、いたずらっぽく輝く目と巨大な二頭筋の持ち主だった。彼はフリークライミング界の自己中心的な面を茶化して面白がっている反面、自分自身の傑出した功績については謙虚だった。

**――フリークライマーとしてのあなたの目標は何ですか。**

私の目標はフリークライミングのあらゆる分野で基準を設定すること、ドイツで最初の十一級（アクション・ディレクト、5・14d）になるような極限のルートを登ること、非常に難しいルートのソロや山岳のルートをフリーで登ることです。私はフリークライミングにはいくつかのゲームがあると思っていますが、それは身体的な部分が支配するものと精神的な面が支配するものとに分かれます。

身体的な面に目を向ければ、フリークライミングは非常に難しいグレードのルートを登って数字を競うレースです。そういうルートのクライミングはほとんどが身体的です。精神面の集中も必要ですが、いつ墜落してもロープが止めてくれることはわかっています。いろいろなムーブを試しては仕上げ、短い部分部分をつなぎ合わせてルートを完成します。

精神的な面が支配するものとしては、精神を完全に調整する必要があるソロ、あるいはプロテクションはせいぜいストッパーだけという非常に難しいルートがあります。この場合は戦術をよく考えなければなりません。こういうルートには危険な箇所がよくあるので、登るには精神の調整がいっそう要求されます。そこがある種のスポーツクライミングとは大きく違うところです。近年、とても難しいルートを登るすぐれた体操選手のようなクライマーがいますが、彼らはそうした調整ができていないので、精神が支配するゲームはまったくできません。彼らはどこで墜落しても大丈夫という安心感がなければだめなのです。

山へ行けば、こうしたすばらしいゲームをすべて合わせた非常に難しいルートを登ることができます。山ではプロテクションのないピッチ、極限のピッチを登らなければならないかもしれないし、加えてルートの長さからくるストレスにも対処しなければならないかもしれません。ひとつのピッチから受けるストレスには耐えられても、二十ものピッチがあったらストレスを克服する方法を学ばなければなりません。一ピッチ登っては家に帰り、三日休んだら戻ってきて次のことにかかるのとは違うのです。確保点で回復して、すぐに次の部分にかからなければならないのですから。

**——すると、そうしたルートのほうがスタミナが要るということですね。**

それとオンサイトで〈初見で〉登る能力ですね。体操的なルートなら細部まですべてわかっていて、動作の詳細な組み合わせプログラムができているから、あとはそのプログラムどおりにこなせばいい——「フィンガーポケット、アンダークリング〈下手で使うホールド〉、左足を少し振り、右足とバランスをとる」というふうにね。しかしオンサイト・

クライミングでは岩から得る情報を敏速に選択しなければなりません。ぐずぐずしてはいられない。疲れきってしまいます。利用できるものを見つけて重心とバランスをどう使うか分析し、判断を下す。どちらかといえば知的な問題ですね。

**――フリークライミングをはじめたきっかけは何ですか。**

若いころ、登山の本をたくさん読んだのです。そのころドイツにはフリークライミングはなく、山のクライミングだけでした。アイガー北壁などの登攀記を読んで、このスポーツに魂を奪われてしまいました。

**――少年時代は運動好きでしたか。**

ええ、子供のころはサッカーに夢中でした。その後テニスをしましたが、やはり熱中しました――毎日三時間も四時間もやっていました。でも山に登りはじめてからは両方ともやめ、クライミングだけに熱中しました。

**――どうしてサッカーやテニスよりクライミングが好きになったのでしょうか。**

やる人が違うんですよ。クライミングをする人のほうがずっと面白かった。私の町のテニスをする人たちはうぬぼれが強くてね。テニスは世界でいちばん心身の協調を必要とするスポーツだと信じていました――たかがテニスがですよ。それなのに彼らは体ができているようには見えませんでした。それで私は「あれに後れをとるわけがない」と思い、「思い知らせてやろう」と自分に言い聞かせたのです。それから一所懸命に練習をして、とてもうまくなったのですが、とたんに興味を失ってしまいました――望みどおりになったからではなくて、クライミングを知ってしまったからです。

**――クライミングは初めからうまかったですか。**

うまかった？　いやあ、うまくなかったでしょう。父が体操をやっていて、私とちょっとしたゲームをしたんです。私が懸垂を十五回やったら五マルクくれると言うのです。お金が欲しかったので懸垂をしました。それで私は、「自分は体ができているな。かなり強いぞ」と考えたのです。これならすぐにクライミングができるなと思いました。そしてクライミングコースを受けたのですが、上級グループに入れると思っていました。課題を与えられて驚いたのは、三級で疲れきってしまったことです。これで鍛えなければならないことがたくさんあると悟りました。でも進歩は速かったですよ。一年後には当時の最高レベルだった六級を登っていました。

**――ご両親はクライミングに賛成していましたか。**

あまり賛成していませんでした。はじめたばかりのころ、両親は私が四十キロ離れたズュートプファルツの岩場へ行く電車賃をくれるのにいい顔をしませんでした。クライミングは危険だと思っていてやめさせたかったのです。怪我をするからというだけでなく、フリークライミングのグループの人たちの影響を受けるからという理由もありました。みな二十五歳ぐらいで大学生。私は十四歳で、ずっと年下でした。父は、あれはちょっと怪しい連中だと言うんです。

**——どうしてですか。**

戦後の西ドイツはとても保守的だったのです。みな若いときからレールに乗るんです。まじめに働いて、資産をつくって、というふうにね。夢をかなえる余裕も機会もあまりなかったのです。フリークライミングはそれとは理想もライフスタイルも違う反体制的なスポーツでした。旧西ドイツのフリークライミングは一九六八年の世代の理想主義と関係があるんですよ。ヒッピーみたいなものですね。

**——どうしてクライマーは面白い人たちだと思ったのですか。**

彼らのライフスタイルに感心したのです。したいことをするのにお金をたいして必要としない人たちでした。社会に受け入れられるかどうかは特に気にとめず、クライミングに出かけていっては楽しみ、好きにしていました。いい家なんか必要ないんですよ。お金は旅行に使っていましたね。

**——フリークライミングをはじめたのはいつですか。**

私が六級を登ってから二年目にドイツ人クライマーのラインハルト・カールに会いました。アイガー北壁を登っているし、その後ドイツ人で最初にエヴェレストを登った〈一九七八年〉人です。彼はアメリカへ行っていて、フリークライミングを知ったのです。ドイツに帰ってきてから、エイドのルートをいくつかフリーで登ってみようとしました。

一九七七年の初めに私たちはズュートプファルツのヴァレー・クラックを登ってみました。彼が登っている間、私はビレイをしていました。当時の私の目標はどういう方法であれルートを登り切ることでした。そのルートをただ再登したかったのです。グレードを上げることは望んでいませんでした。だれもやったことのないことをしようとすれば、努力をして自分を駆り立てなければなりません。私は、「これは難しすぎる。自分だったらピトンをつかんで岩場の上に立つのにな」と考えていました。

私は長いことビレイをしていましたが、とうとう彼が言いました。「今度は君がやりたまえ」。私がやってみると、そのルートを登れたのです。「よくやった」と彼は言ってくれました。

そのとき私は、「こういうのをもっとやってみたい」と思ったのですが、それが私のフリークライミングの初めでした。

私がはじめたとき、ドイツにはフリークライマーがまだ十人ほどしかおらず、登山家たちは私たちを「アウトサイダー」と呼んでいました。もちろん、頭がおかしいと考えたのです。しかし、ドイツでは今やとても人気のあるスポーツになりました。

**——ラインハルト・カールはあなたの初期のお手本でしたか。**

そうです。彼はとても興味深い人だと思いました。彼はフォルクスワーゲンのバスに乗って友人たちといろいろなところに出かけていきました。インドまで運転していって、カイバル峠で待ち伏せ襲撃されたことなどを話してくれました。そのライフスタイルに心を奪われたのです。

その次はベルント・アルノルトでした。彼は旧東ドイツのエルベ砂岩地帯で一流のクライマーでした。私はあそこへはよく行きましたが、西ドイツやアルプスの基準と比較して信じられないくらい難しいクライミングをしていることを知りました。ウォール・オブ・サンセットといった特別なルートがありました。それを登ってしまうと、すぐ今度はダイレクト・スーパーラティヴを登りたくなったのです。

**——合衆国へ行く決心をしたのはいつですか。**

今でも覚えていますが、イギリスの『マウンテン』誌に〈アメリカのフリークライミング状況を紹介した〉「芸術の現状」という連載記事があって、スーパークラック、バビロン、フィーニックスのことが書いてありました。それで私は一九七九年に合衆国へ行き、シャワンガンクスのスーパークラックを登り、それがすむとすぐにヨセミテへ行ってフィーニックスをやってみたのです。でも私はまだ弱すぎて登れませんでした。ドイツに戻ってから、フィーニックスとタイトルを書いたトレーニング計画をつくったのです。フィーニックスに向けてトレーニングをして一九八二年に再度挑戦し、今度は成功しました。それから〈レイク・タホの〉グランド・イリュージョンも登ったのです〈第二登〉。どちらもフリークライミングの歴史では画期的なルートでした。

**――どうしてクライミングのために何度も合衆国へ行くのですか。**

私はしんそこアメリカが好きなのです。休暇を合計すると、ヨセミテには六カ月か七カ月はいたことになります。アメリカ人が好きなんです。とても親しみやすくて面白い。雰囲気も好きです。生活するにも楽ですよ――車を買えば、どこへでも行かれる。

**――気に入ったのはクライミングだけではないのですね。**

そうです。クライミングに集中したければずっとフランスにいればいい。でも私はフランスよりアメリカへ行くほうを選びますよ。フランスではクライミングの競争が激しく、傲慢な人が多い。自分は8b〔5・13c〕を登れるからといって特別な存在であるかのように思っています。

**――あなたがヨセミテに通いはじめたころ、ヨセミテは世界のロッククライミングの中心地でしたか。**

そうでした。当時、いちばん人気があったところです。一九七五年から八二年まではみな「ヨセミテはクライミングのメッカだ」と言っていました。あそこにはみな満足していて、地元のクライマーに君たちがいちばんいいなんて言っていたけれど、たぶんそのせいで勢いが衰えたのでしょうね。一九八二年以降はヨセミテのクライミングは停滞してしまいました。これは自然の成り行きで、同じレベルのエネルギーを長い間維持することはできないのです。一時期せいいっぱいやると、その後はしばらくのんびりするものです。

**――伝統的な方式を固守しているために最難のグレードが登れなくなったのでしょうか。**

その点は確信がありません。彼らはどうすべきかなんて言いたくないのです。私がかかわることではありませんからね。私には伝統的な方式にこだわるクライマーが理解できます。自分たちのクライミングエリアをクリーンに保っておきたいんですよ。類のないところですからね。私はあそこへ行って彼らのやり方で登ることに抵抗はありません。でも、あそこに住んでいるロン・カウクにしてみれば、クラシックスタイルでやれることはあまり残っていないということになるのでしょうね。

**――ヨセミテその他で最も難しいフリークライミングの既存ルートを登ったあと、初登をはじめたのはなぜですか。**

最初はただ最も難しいルートを再登したかっただけです。だから非常に難しいルートがあると聞けば、すぐ飛んでいって登りたかったのです。でも、そのうちに態度が変わりました。「いちばん重要なことは創造性だ。自分のルートをつくること、新たな基準を設けること、限界をひろげることだ」と考えたのです。クライミングとは創造性です。傑出したことをしたければ、それは新しいことでなければならないのです。

**――初登するときには、まずトップロープで登るのですか。**

そうです。まずラインを想定して懸垂下降し、詳細にチェックしたうえでボルトを打ちます。極端に難しいルートは体操の演技のようなものだからです。とても難しいから、どうしても何回も落ちます。ボルトは怪我を防ぐために打つのです。

それから、特別な部分にさしかかったとしましょう。効率よくむだなく登らなければならないスプリント・セクションです。ぐずぐず休んではいられません。早くしなければいけない。次に少しはましなホールドに手が届いたとしましょう。普通、こうしたホールドはボルトにロープをクリップするのに使います。そうすれば少しは休めるかもしれない。といっても腕をだらりと垂らして血液の循環を回復させるだけです。スプリント・セクションでは静的な力がかなり必要で、そのために筋肉内を血液が循環しなくなるからです。次のセクションにまたスプリントが待っているかもしれないので、筋肉を緩めておくのです。

**——ルートを分解するのですね。**

そうです。分解して攻めるのです。登りはじめる前に非常に複雑なムーブを二つか三つにしぼって、しっかり頭に入れておくのです。頭の中で細かくプログラムしておくのです。そうしたムーブはごく自然なものに思えても、実際にやってみると非常に特異な瞬間がつぎつぎに現れるかもしれません。

壁に一カ所だけ、フットホールドにはならないけれど、そこに足を置いてジャンプすればフィンガーポケットに手が届くというところがあるとしましょう。そのようなフィンガーポケットを地面に立った状態からジャンプして一本の指でつかむことだってとても難しいでしょうが、すでに二十メートルも登っていて疲れているうえにストレスがあるとなると、ねらったところをつかむにはたいへんな集中力が必要になります。

次のホールドをつかむには、「納屋の扉」効果で〈扉が開くように体が回転して〉壁からはがされないように右足を反対側に出してカウンターバランスをとり、スウィングして手を伸ばすために力をためておくことになるとしましょう。次のホールドをつかむのに力が入りすぎると高すぎてねらいがはずれるし、力が足りなければ届きません。肘を曲げすぎればつかめません。ホールドによってはとても小さく、つかむ方向が正しくないと役に立たないことがあります。下へ引けば効くけれど、手前に引くと効果的に握れずに滑り落ちてしまうことがあります。ひとつのムーブにも体の正確な操作手順が必要なのです。

動きは連続していて、とても複雑なことが多いのです。極度に難しいムーブひとつするのに、八つの手順を覚えていなければならないこともあります。可能性ぎりぎりの境界ではすべてを正確にやらなければならないので、やたらに引いたりつかんだりはできません。過ちを犯す余裕は皆無なのです。

**——そういうルートにはどういうトレーニングをするのですか。**

いちばん大切なトレーニングは登ることだと思います。私はボルダリングをたくさんやりますが、これはとても重要です。ボルダリングをしているときは、自分は極限のムーブができると想像することが大切です。それから、その想像を難しいルートに移すのです。

もちろん、いたるところにホールドがありますが、まずその使い方を覚え、自分の体の能力になじませていくのです。何か新しいことをしたいのなら、いちばん大事なのはアイデアです。アイデアがあって、それが可能だとわかれば、そのルートは登れます。しかしアイデアを得るには想像力が要ります。ボルダリングは想像力を発達させるのに実に役立つのです。

**――あなたはボルダリングで覚えたことをより難しいルートに移しているのですね。**

そうです。移すんです。現在の極限のルートはボルダーにある課題の延長のようなものです。持久力を要する課題ではありません。非常に難しいルートには非常に難しいボルダーの課題があるはずです。それで、二十五メートルのピッチにあるたったひとつのムーブを会得するために一週間もかけることがあります。

たとえばフランケンユーラのあるルート〔ウォールストリート、5・14b〕には非常に難しいボルダーの課題があります。この課題は私が見つけたものですが、私はそれは可能だと考えていました。その冬の間じゅう、私はニュールンベルクのトレーニングセンターに通い、体育の教授について特定の筋肉を鍛えました。この課題のためのムーブができるように、反応時間も含めて筋肉同士の協調作用のトレーニングをしました。今はどこかへふらりと行ってルートを登るというようなことはしません。いろいろなトレーニングをたっぷりやらなければだめです。そしてウォールストリートにあるようなボルダーの課題ができれば領域がひろがり、ほかのルートもできるようになるのです。「これができるなら、あれに手が届かないことはあるまい」と言えるのです。

難しさのレベルを上げたければホールドのない壁を探しているだけではだめで、新しいクライミングテクニックやトレーニングスタイルを考えなければなりません。

**——ほかのスポーツからテクニックを借りてきて、それをクライミングに応用できるのですか。**

できると思いますよ。ほかのスポーツをじっくり観察すれば、クライミングに応用してその発展に役立たせることができるものがわかります。

**——ほかのスポーツからどういうものを取るのですか。**

バスケットボールからはデッドポイント、つまりジャンプしたときの弧の頂点の瞬間を利用できます。ジャンプをして、上がるときでもなければ下りるときでもない、実に静穏な瞬間で、そのときに最高のコントロールでボールを投げることができます。これをクライミングに応用できるのです。デッドポイントは次のホールドに達するのに最もコントロールをつけられる瞬間です。あまり強くつかむ必要もありません。これはひとつの例で、ほかにもまだたくさんありますよ。

**——トレーニング用の特別ダイエットはありますか。**

チーズケーキです。〔笑って〕ありませんよ。でも、いいものを食べるようにしています。最近、ひどいものを食べているクライマーが多いと思います。私は彼らを長いこと知っていますが、今、とても体調が悪いように見えます。筋力と体重の比率はクライミングではとても大事ですが、彼らはミネラルウォーターとほんの少しの食べ物をとるだけで、すきっ腹をかかえています。おかしいですよ。

**――魅力を感じるのはどういうラインですか。**

人為的でないルート、ある地帯を抜けるのに可能性はこれしかないというルートです。私はこれを最も抵抗の少ないルートと呼んでいます。これ以上難しいものはないというような壁を探すのです――オーバーハングしているとか、ホールドがとても小さいとか、岩が緻密な壁だとか――そこには登るラインは一本しかないはずです。何もない壁に最も易しい可能性を見つけるのです。それが挑戦です。

**――あなたのルートはほかの人のルートとは違うのでしょうか。**

必ずしもそうとは限りません。ここ〔フランケンユーラ〕では私たちは自然なラインを探します。フランスではホールドを削ることがよくあります。彼らは難しいルートをやりたがるし、自分たちのクライミング能力を知っているので、ムーブを考えてルートをつくるのです。しかし、ここでは自然のままの構造をひとつのテストとして、与えられたものとして受け入れたいと思っています。私たちは自然を読み取って、自然のパズルを解きたいのです。

**――ルートを人為的につくるのではなく、自然を受け入れるのはなぜですか。**

そうしないと挑戦という性格がなくなってしまうからです。さもなければジムで登っていればいいのです。協調作用なんてものは考えずにすみます。さっき言ったように、岩からの情報を選択し、分析して自分の能力に当てはめ、最後にそのルートを登るプログラムを見つけ出すのです。

もし自然を受け入れずに岩を削ってルートをつくると、全体がばらばらになって、挑戦の性格が消えてしまいます。不可能に見えるものの秘密を発見しようという努力をしないことになります。岩場に出かけていき、二十メートルも登ったところでホールドのない三メートルのブランクセクションに出くわしたとしましょう。初めは「これは不可能だ」と思います。岩を削ってホールドをつくってしまえば可能になりますが、でも不可能の限界までできるだけやってみようと考えます。そこでいろいろと分析して、もしかするとできるぞというところまで行き、そしてついにはやり遂げてしまうかもしれません。

フランケンユーラあたりにはまだ私には歯がたたないルートがいくつかありますが、可能性はあると思っています。挑戦しようとすれば門戸は開かれています。でもホールドを削り出して登ってしまえば、もう挑戦の機会は失われてしまうのです。

**――あちこちで行われてきたクライミング・コンペティションに今までどうして参加しなかったのですか。**

クライミング・コンペティションはクライマーの態度を変えてしまいました。一九八五年にバルドネッキア〔イタリア〕であったクライミング・コンペに参加してそう感じたのです。あのコンペではルートのことしか考えていないクライマーが多かった。楽しさなんてありませんでした。何もかもが深刻そのものでね。あんまり態度が変わっていたので、初日にラス・クルーン〔アメリカ人クライマー〕と私はまったくうんざりしてしまいました。コンペはほったらかして、ほかのクライミングエリアへ行ってしまおうかと考えたくらいです。でも彼らは「みなで討論して意見を調整しよう」と言いました。

そこで討論のために残ることにしました。私たちはクライミングのどこが好きなのか、特にクライマーの独得なライフスタイルについて話しました。するとジャーナリストだという男が立って、黙れと言うのです。ここには賞金を稼ぎにきたのであって、ほかのことは重要でないからだと言うのです。私は友達に会えるから来たので、金のことなど考えてもいませんでしたから、実にばかげた発言だと思いました。何から何まで気に入らないことだらけでしたよ。

するとジェリー・モファットが何か冗談を飛ばしました。イギリス人はフランス人やイタリア人よりもずっと面白いですね。イタリア人に紹介されて、彼はみなの前に出ていきましたが、通訳がいませんでした。彼はどうしてよいかわからずに、マイクを握るとこう言ったんです。「ええ、みなさん、ひとつ歌えとおっしゃるんですね」

ところがみなユーモアのセンスがないんですよね。彼がやっていることが理解できないんです。彼がみなを茶化しているとしか思いませんでした。

そのあと、ジェリーがビールを手に持ってテレビカメラの前に突き出しました。そしてカメラに向かって、「かっこいい？　どう？」とやったのです。スポンサーたちが腹を立てたこと！

みながあまりまじめなので、ラスと私もちょっとふざけたのです。するとアナーキスト呼ばわりされました。私たちはふまじめだから、若い人たちによくないと言っていましたよ。

私はふだんあまり飲まないのですが、あの晩は討論が終わっても本当に欲求不満だったのですね。主催者が私たちのところに来て言いました。「あしたはクライミングをしなければならないから、寝たほうがいい」。それまで私にクライミングをしろなんて言った人間はいなかったのに。そして私たちの上の電気を消していってしまいました。でも私たちはまだ起きていて、赤ワインを飲んで、うんと酔っぱらってしまいました。自分のテントにどうやって戻ったのか覚えていません。

しかし、コンペティションは少し変わったと思いますよ。友達と行けばましになると言う人もいます。そうすれば楽しめるし、たっぷり笑うこともできますからね。それでも、もっとユーモアがあってしかるべきだと思います。そのルートをだれが登ろうと私は気にしません。いちばん大事なことではありませんからね。人がどう振る舞うかのほうが大事ですよ。

**——クライミングであなたがいちばん楽しんでいるのは友情のようですね。**

そうです。とても難しいルートはやるが、ちっとも面白くない人がいます。そういうのはあまり好きではありません。かと思えば、人間は面白いが5・7しか登らない人もいます。私としてはだれが5・11を登ろうと、あるいは5・14を登ろうとどうでもいいんです。その人が出した結果をみなが喜んでくれればね。5・7のクライマーと登るとしましょう。私には難しいルートで彼が私のためにビレイをしてくれ、今度は彼には難しいルートで私がビレイしてあげる。そうすれば私は自分の出した結果に満足するし、彼は彼の結果に満足します。

なかにはとても傲慢になる人がいますが、私は大嫌いです。あるとき、このフランケンユーラにオーストラリアのクライマーが来て、ロン・カウクと私にこんな話をしました。スミス・ロックで非常に難しい5・14のルートに取り付いていたところ、5・11のクライマーが何人かいて邪魔をしたというのです。彼はこう言っていました。「おれはその5・14を登りたいのに、あの連中ときたら話しかけるわ、つまらん歌を歌うわ、5・11のうるさいやつらのせいで集中できずに失敗しちゃったよ。想像できるかい？　5・11なんかを登っているのがいるんだぜ」

彼が大まじめだったので、ロンと私は大笑いしました。彼はその非常に難しい5・14のルートに専念していて、成功すれば自分の将来が変わるだろうと考えているんですよ。だれが5・14を登ろうとたいしたことではなくて、個人的に満足するだけなのに。

**――トランゴ・タワーのユーゴスラヴィア・ルートでフリークライミングを試みたのはなぜですか。**

私にとってあれは長くて耐久力を要する高山のルートの理想だったのです。当時耳にしたことからフリーで登れるチャンスがあるかもしれないと思っていましたが、標高の高さとクラックの中の氷のせいで不可能だと考える人もいました。彼らは、「やめたほうがいい。あの標高では一歩前へ進めただけで幸運だ。フリークライミングなんてできるわけがない」と言っていました。

私たちは山岳ガイドとフリークライマーからなるドイツ遠征隊でした。カラフルなショーツをはいて太陽のもとで登るのに慣れているフリークライマーたちに対して、ガイドたちの態度は横柄でした。彼らは、バーへ行っておしゃべりばかりしている私たちはベースキャンプまでもつまい、たとえ行けても孤独に耐えられまいと思っていました。「写真ではかっこいいけど、いざとなると岩に触ろうともしないだろうよ。自分じゃ登れると思っているが、幻想だよ」と言っていました。

**――ではルートを完登したとき、彼らは驚いたでしょう。**

ええ、びっくりしていました。

**――ルートの長さはどのくらいでしたか。**

二十八ピッチの非常に連続したクライミングでした。5・12のピッチが二つと5・11のピッチがいくつかありました。5・10より易しいピッチは五つだけでした。ビバークは三回、岩壁の基部で一回と壁の途中で二回しました。

**――高所順応は難しかったですか。**

いいえ。私たちは高所順応のために時間をとってエイドクライミングをしておきました。しかし同じ高所クライミングでも、フリーはほかの種類のクライミングとはちょっと違うのです。歩いているときは自分でペースを調整できます。疲れたらゆっくり行けばいい。でも五十メートルの長さのクラックをフリーで登ろうとしたら、前進しつづけなければなりません。速度を落とすことはできないのです。そんなことをしたら疲れてしまって、長くはもちません。どのくらいの速度で進むべきかは山が教えてくれるのです。

**――何がいちばん難しかったですか。**

ストッパーとフレンズの一式だけを持って登る自信を持つことでした。道具はあまり持っていけないのです。そんなことをしたらスピードが落ちます。だから四十メートルの長さの5・11のクラックがあるとすると、それに合うプロテクションは三つしかないかもしれません。たとえばまずナンバー1のフレンズを使い、次にナンバー1½、そしてナンンバー2を使うとします。もう道具を使いきっているので、最後のフレンズのあとはすぐにビレイに達しなければなりません。そのルートをフリーで登りたければ、人工的エイドのところで休んではいけないという厳しいルールがあります。それで最後のプロテクションを使ったあとは、急いで十メートルも登らなければならないかもしれません。この最後のセクションを登る前に休んで力を貯えたいという誘惑にかられますが、フリーで完登したければ登りつづけることになります。

**――トランゴ・タワーであなたが行った登攀はフリークライミングの新しい方向づけになりましたか。**

なりました。まったく新しい方向です。ヒマラヤじゅう見わたしても、あのような登攀はされていません。五百メートルぐらいの壁で少しだけフリークライミングをやろうとする人はいますが、それは私たちのやったあのスタイルではありません。しかし、あそこにはたいへんな可能性が隠れています。あの大山脈に技術的に高度なフリークライミングを導入するのはとても胸が躍ることでした。

**――トランゴ・タワー登攀の前にやったエイドルートというのはどこですか。**

一九八四年にノルウェー人クライマーが登ったのでノルウェー・ピラーと呼ばれているものです〔グレート・トランゴの北東岩稜〕。これはヒマラヤ登山における画期的な登攀として多くのクライマーの評価を受けています。

私たちは壁の中で十日間を過ごしました。私が見たうちで最も印象的な柱状岩稜にある壁です。垂直に一八〇〇メートルも立っているのです――急峻な雪と氷が千メートル、次に岩壁が八百メートルです。エル・キャピタンの二倍のサイズですよ。

私たちはかなりの高さまで登って、頂上へあと六百メートルと迫りました。雲ひとつなく、天候は最高に見えました。私たちは「頂上岩壁まで行ける。そこに次のキャンプをつくろう」と考え、荷物を全部持って、ユマールで上がっていきました――氷用の全装備、特殊なエイドクライミング用具ほかいろいろです。私のパックは約二十キロありました。それを担いでいくうちに暑くなったので、私は面倒になって手袋やゴアテックスのジャケットは置いていってしまいました。そこへ嵐が襲ってきて、五分もたたないうちに雪が降りはじめました。ロープは着氷してしまい、ユマールを動かせなくなりました。これには動転しました。私は身動きがとれず、暖かい衣服を取りにいくこともできませんでした。そのうちにやっと下ることができましたが、とても恐ろしかったですよ。

私たちはウォーキートーキーを持っていて、ベースキャンプのリエゾンオフィサーと交信できました。彼は砂漠の町スカルドからの天気予報を私たちに伝えることになっていました。でも、彼が天気はよくなると知らせてきても無視していいんです。下の天気はまったく別物なんですから。

実にきついクライミングでした。下部岩壁では七級までのフリークライミングをやり、それからはA4までのエイドクライミングを何ピッチもやりました――標高は高いし、ひどい気象状況でした。とうとう前進する気力がなくなってしまい、「ここでやめよう。ネームレス・タワーへ行こう」ということになりました。ネームレス・タワーは、あのルートにくらべれば遊園地ですよ。

あの旅は冒険だらけでした。毎日、何かが起こるんです。あれほど張りつめた二カ月は後にも先にも経験したことがありません。本当ですよ。私たちはまったく外界から遮断されていました。何か起きたら、ほんの小さな事故でも、自分たちはおしまいだと実感していました。

あのルートの初登を試みた四人のノルウェー人の予定では、壁に取り付いているのは二十日でした。ところが二十日ではすまないことがわかって、二人が下りてしまいました。残った二人〔ハンス＝クリスチャン・ドーセスとフィン・デーリ〕が執拗に登りつづけて二十三日後に頂上に達したのです。

しかし、それからまた同じルートを懸垂下降しなければならないのです。それには三日はかかります――だいたい五十六ピッチありますからね。彼らはルートの基部まで下りることなく亡くなりました。おそらく懸垂下降中にアンカーがはずれたのでしょう。岩壁の基部に彼らが落ちてきてぶつかった跡があります。彼らのロープやプラスチックブーツなどもあるんです。あのルートに行く途中、どうしてもそこを通りますよ。

**——同じようなことが自分にも起こるかもしれないと心配しますか。**

いいえ、私はとても用心深いのです。あまり危険は冒しません。それに〈事故は〉起こるべきときには起こるものです。カラコルム・ハイウェイをトラックで走っていてインダス川に落ちることだってあります。私は死ぬことは運命だと思っているので心配していません。

いずれにしろ、危険なのはたいてい小さなことです。最近、私はドイツの東部へ行って、ベルント・アルノルトと登ってきました。私たちは新しいルートを登りたかったのですが、あるセクションを調べるために二人いっしょに懸垂下降して情報を交換しようと彼が言ったのです。私は「それはものすごく危険だ」と思ったのですが、彼は同じロープに二人ともぶら下がっているかぎり危険ではないと保証しました。私たちは懸垂下降し、私はそのセクションは可能だと判断しました。そこで彼は苔を払い落とすためにワイヤブラシを私に渡したのです。彼はすることがなくなったので、そのまま懸垂で下りました。大勢の人がいっしょにいたので、彼はその人たちと話しているうちに気が散ってしまい、自分のロープをほどいてしまったのです。

一方、私はまだ十メートルも上にいました。そしてある動作をしようと思ってのけぞったところ、ロープが張らないじゃないですか。私は墜落して大きなボルダーにぶつかり、転げ落ちました。怪我をしなかったのは幸運としか言いようがありません。

**――クライミングで亡くなった人が身近にいますか。**

弟がクライミングで死にました。十三歳のとき、両親とハイキングをしていてです。子供はよく見せびらかしたがるでしょう。弟もそういうつもりで、両親より先へ走っていって小さな岩塔に登ろうとしたのです。そのとき事故が起きました。弟は墜落してしまったのです。木登りしていてもこういうことは起こるものです。

でも、本当に悲しい事故でした。両親は私たちをとても大事にしていました。父は私から目を離したくなくて、それからはクライミングに行くときは父といっしょでした。私が十五歳か十六歳になるまで、ひとりでは何もさせてくれませんでした。近所の人たちはよく言ったものです。「あんなにひどい事故があったのに、よくクライミングがつづけられるね」

両親はクライミングをしたいという私の気持ちをわかってくれて、やめるように圧力をかけることはしませんでした。でも、「懲りないのかね。子供を一人失ったのに、ばかな息子はまだクライミングをつづけているし、親はそれでいいと思っているんだから」と考えている近所の人たちに説明する言葉がありませんでした。

今、両親は私を非常に誇りに思っていますが、その気持ちは抑えていなければなりません。近所の人たちはみな医者とかテニスクラブに入っているような人たちなのです。自慢のわが子がテニスなどをしているのを喜んだり、「そうですとも、息子の学校の成績は抜群です」なんて話をしているような人たちなのです。

ところが今では休暇が終わって私が家に帰ってくると、そういう近所の人たちですら私の旅行に興味を持つのです。私が中国へ行ってその話をすると、今度は彼らが中国へ出かけます。私は今、彼らのためにいろいろな国を探検しているわけです。

**——どうして登るのですか。**

岩の上で動くのが気持ちいいのです。私は難しいルートを登るだけではありません。易しいソロをしたり、ほかの人たちと適度なクライミングをするのも好きですよ。

このスポーツには非常にたくさんの面があります。いつも違うことをしているので、退屈することがありません。スポーツクライミングの激しいトレーニングをしていると、しばらくは視野が狭くなるかもしれません。しかし、ちょっと燃え尽きたなと思ったらすぐほかのこと、たとえば旅行に集中すればいい。外国へ行ってそこの人に会うのです。クライミングという手段を通して世界を見るのです。

クライミングを通じて私はたくさんのものを見てきたし、いろいろな国に行ってきました。冒険もたくさんしました。私が今送っている人生よりもよい人生は想像できません。自分の人生はとても幸せだと感じています。クライミングを通じて本当に充実した人生を送ることができるのです。肉体的な面に集中したくなければ生体力学を勉強したり、本を書いたり、人にクライミングを教えたり、調査研究のような何か知的なことをすることもできます。つまりクライミングは岩の上でただ体を動かすだけではないのです。

**——フリークライミングが将来挑戦するものは何でしょう。難度を伸ばすことですか。**

そうです。でも、それはとても狭い道です。クライミング界の大半がグレードだけを見ているのは非常に残念なことです。フランケンユーラあたりにいると、「何のグレードを登った？　十級〔5・13c〕はやったかい？」と聞かれますよ。これにはあまり意味がありません。十級に半年も取り組んで成功すると、自分の名前のそばにそのグレードを書くんですよ。

しかし、ピーター・クロフトのようにソロをやっている人はとても印象的です。ソロは危険なゲームですが、彼はよく自己制御ができているように思えます。売名のためにやっているようにも見えません。そうだったらあんなに頻繁にはやらないでしょう。有名になりたくて一度だけルートを登る人がいます。最初は「登らなければならない」と考えるのですが、あとで、「わあ、もう二度とやりたくない。少なくとも有名になったのだから、もういいや」と言うのです。しかし、彼は定期的にアストロマン〔5・11c〕をソロで登っています。楽しいからやっているんですね。

これ以上は前に進めないという点に達したら、やめてしまうクライマーもいます。私やピーター・クロフトやロン・カウクがそういうことをするとは思えませんね。

**——では、おそらく一生登りつづけるのでしょうね。**

そうですね。でも、あまり猛烈にではなくです。永久にトレーニングをする必要はないのですが、週末なんかにちょっと出かけていって、いくつかルートを登ってくるのはいいですね。そういうのはいつでも楽しめるでしょう。

自分の趣味の奴隷になっているクライマーがたくさんいます。趣味がくそまじめな仕事になってしまうのですね。私たちがトランゴ・タワーに行ったとき、フランケンユーラのフリークライマーでこう言ったのが大勢いました。「あれのフリークライミングなんかできるわけがないよ。二カ月も行っていたら、ずいぶん体調を崩すだろうね。今年は十級に手を触れることもできないだろう。私だったらそんなに長い時間をパキスタンで過ごすような賭けはしないね。何の収穫もなしに帰ってくるのがおちだよ。きっと悪天候に見舞われてベースキャンプあたりでうろうろするだけだ。そんな賭けはしたくないな」

彼らにとっては賭けかもしれませんが、ロン・カウクのような人ならこう言うでしょう。「何か違うものを発見するんだ。何か違ったことを経験するんだ」。何の収穫もなし、何の記録もなしで帰ってくることは決してありません。いつも何かを得られます。

不幸なことに、フリークライミングでもそうですが、ヒマラヤで今いちばん重要な言葉は「成功」だと思われます。成功したか、とみなに聞かれます。ポーターが「やりましたか、成功しましたか」と聞くのは、「頂上に登りましたか」という意味です。現地の観光事務所でも「成功しましたか」と聞かれます。そして家に帰ってくればまた「成功した?」と聞かれるのです。

　というわけで、カラコルムでの偉業はトランゴ・タワーのルートをフリークライミングで登ったことでした。でも、あれはノルウェー・ピラーの十日間よりもずっと楽でした。ノルウェー・ピラーではずいぶん努力しましたが、それから得たものは実に多かったのです。単なる経験以上のものでした。

　しかし、決まってこう聞かれます。「十日かけたんだって?　頂上まで登れたの?」

「いや、登れなかった」

「じゃあ、時間のむだだったね」

　こういう人たちにしてみれば、あれは時間のむだなのです。これにはむかつきます。大事なのはこのスポーツを楽しむことであって、結果を気にすることではありません。変に聞こえるかもしれませんが、結果は本当に関係ないのです。何かをやってみて、それがうまくいかないと、どなり散らして壁を蹴飛ばす若いクライマーをたくさん見かけます。彼らはすぐれたクライマーになりたいのですが、目標を達成できないとやめてしまうのです。

　私はクライミングにおける私の進歩をすべて贈り物だと受け止めています。ある点まで到達できるかどうか自信がありませんでしたが、到達できなくても腹は立てませんでした。カラコルムに行ったとき、私たちは努力しました。天気が悪くなり、ノルウェー・ピラーが登れなくなっても、少なくとも努力した事実がありました。みじめにも感じなかったし、欲求不満にもなりませんでした。

人によってはクライミングをすることによって他人に認められたいと思っていて、クライミングをひとつの仕事と見ています。彼らの興味はひとえに「成功」です。しかし、私は結果を気にかけずに努力をする人たちのほうをはるかに尊敬します。そういう人たちはクライミングを「生きて」いるのです。こう言うとロマンチックに聞こえるかもしれませんが、彼らは心の中にクライミングを抱いているのです。

# カトリーヌ・デスティヴェル

Catherine Destivelle

結局、クライミングはすべてに優先するのです。……私は自分のためにクライミングをするだけですが、そのたびに新たな楽しさを覚えます。自分のために登るのはとても大切なことです。そうすれば熱意とやる気次第で、ほかの人より早く進歩します。確かにまだ、我慢できないくらいつらい時もあります。有名人みたいになってしまったので、嫉妬や陰口がつきまとうのです。それがひどくなってきても、私は無視するようにしています。だって、いつか何もかにもうんざりして理学療法士の職場に戻ろうと決めてしまえば、そんなものはどうでもよくなるでしょう。でも今のところは諸事順調で、私は情熱をもって人生を送っています。クライミングはとても楽しく、おかげで何もかもうまくいっています。

カトリーヌ・デスティヴェル『岩壁のバレリーナ』

一九八五年に彗星のごとく登場して以来、身辺にうずまく評判の嵐にもかかわらず、カトリーヌ・デスティヴェルは名声と成功に身を誤ることなく断固として自分自身の進歩を追い求め、ひたすら自分のためにだけ登りつづけてきた。たいていのクライマーはクライミングというゲームのうちのひとつの分野に長ずるだけで満足しているが、彼女はあらゆる専門技術を身につけることを志し、すべての分野で成功をおさめようと努めてきた。こうして彼女は、男女を問わず、今日の世界で最もすぐれたオールラウンドクライマーのひとりとなり、女性がついにクライミングの第一線に躍り出たことを世に知らしめたのだった。

このスポーツを好きになったのは五歳のとき、ボルダリングで人気のあるパリ郊外のフォンテーヌブローを訪れてからだった。彼女はまさにクライミングの神童で、めきめき上達し、十代になったばかりでフォンテーヌブローで最も手ごわいボルダリングの課題のいくつかに取り組み、さりげなくこなしてしまった。男性のパートナーたちは自分たちが完全にお手上げだったルートを彼女が軽々と登るのを見守るのが常だった。たちまちのうちにフォンテーヌブローでは物足りなくなり、彼女の目はアルプスに向かうばかりになっていた。

十四歳でフランス山岳会に入り、そこで大勢のトップレベルのクライマーに出会った。そのうちピエール・リシャールとは五年ほどいっしょに登っている。年長の男たちは彼女の早熟な才能に驚き、アルパインクライミングの技術を教えはじめた。彼らの指導と激励のもと、一九七六年にプティ・ドリュのアメリカン・ダイレクトを七時間で登るなど、十七歳までにシャモニのクラシックルートをたくさん再登した。

その直後、デスティヴェルは理学療法士になるためにクライミングをやめた。初めのうちは仕事は楽しく、身体構造の複雑さや傷害のリハビリテーションを学んだ。これはのちにおおいに役に立つのだが、仕事の性質上、勤務時間は長く、反復が多いので、何か変化が必要だと思うようになった。そのとき友人がテレビのシリーズ番組「適者生存」のフランス版のある役に推薦してくれたので、さっそくとびついた。この番組が放送されるとまもなく、また電話が鳴った。今度は映画製作者のロベール・ニコーからだった。ヴェルドン・ゴルジュのクライミング映画に出てくれないか、というのだった。ニコーの注文は、それまでにフランスの女性が登ったルートより一グレード難しい7b+（5・12c）のピシュニビュールを登ることだったが、彼女はすぐさま同意した。そして今日ではすっかり有名になったこの登攀をたった六週間トレーニングしただけでやってのけた。この映画「身を乗り出しては危ない」（一九八五年）のおかげで、プロのクライマーになるのに必要としていたスポンサーがつくことになった。

同じ年、デスティヴェルはイタリアのバルドネッキアで開かれたスポーツクライミング・コンペティションに出たが、本人も驚いたことに一位になった。順位を争うことにはためらいがあったが、はまりこんでしまって、翌年の同じコンペティションでは、危うく命を落とすところだったクレバス転落事故から回復する途上だったのにもかかわらず、勝利をおさめた。その後はコンペを休み、西アフリカのマリ共和国の懸崖に住んで岩場の登り降りを生活の一部にしているドゴン族の映画を撮った。一九八七年にコンペに復帰したものの、グルノーブルの第一回世界室内ロッククライミング大会でスポンサーたちが最初は規則を曲げて彼女が決勝に出るのを許可したのに、次に言をひるがえして失格にしたので、ためらいは欲求不満と化した。スノーバードのワールドカップでは一九八八年と八九年に優勝したが、クライミング競技には嫌気がさしてきた。ジェフ・ロウが、一九九〇年のパキスタンのトランゴ・タワー遠征に参加しないかと声をかけてきたのはまさに渡りに舟であった。

デスティヴェルはコンペティション・クライミングの欠点を十二分に承知していたが、トランゴに登っている最中に、利点もあることを発見した。コンペは彼女のフリークライミング技術にみがきをかけ、おかげであの標高でも極度に困難なルートをこなすことができた。リードを交替しながらデスティヴェルとロウは5・12cのセクションを克服し、ユーゴスラヴィア・ルートのフリー第二登に成功した。しかし、これで満足するどころか、トランゴ登攀は彼女の冒険欲をいっそうかきたててしまった。

最初の冒険にはプティ・ドリュのボナッティ稜〔南西岩稜〕を選び、一九九〇年の秋、彼女はわずか四時間でフリーソロをやってのけた。このクライミングは報道関係者の間にセンセーションを巻き起こし、なかには初登攀に六日を費やしたヴァルテル・ボナッティと比較する者もいたが、彼女にしてみればそんな比較は不公平に思われた。新ルートを開くことの難しさを少しでも知りたくて、彼女は自分で挑戦する決心をした。まずロウに助力を頼み、意中のルートには欠かせないエイドクライミングとビッグウォール・クライミングの技術を身につけることにした。合衆国の南西部にあるザイオン国立公園の岩壁で一カ月の間手ほどきを受け、目標に立ち向かう準備を整えた。

デスティヴェルはプティ・ドリュ西壁のトマス・グロスのルートとグルニエ＝カミゾン・ルートの間を上へと走る一連のクラックに気づいて、それをつなげばひとつのルートができるのではないかと考えていた。しかし事は思ったより難しかった。八百メートルのラインを完登するのに、A3とA4のピッチがいくつかあるエイドクライミングで十一日かかった。頂上に達したとき手は傷だらけでひどいありさまだったが、デスティヴェルは自分の疲れ具合から、何か意義あることを成し遂げたことを悟った。彼女はこの登攀の重要性を控えめに見ているが、アルプスで技術的に最も困難な峰のひとつで行われた女性による第一級の初登攀であり、大きな突破口となるものであった。

シャモニの谷の北東にそびえるきれいな灰色の花崗岩の岩峰プティ・ドリュは、各世代のクライマーが決定的な声明書を読み上げる場となってきた。一九五五年のボナッティのルートは個人の力で登山にどれだけ打ち込めるものか、その新しいレベルの先駆けとなった。一九六二年のロイヤル・ロビンズのアメリカン・ダイレクト・ルートはヨセミテ・スタイルのクライミング技術がどんなことまでできるかを見せつけた。一九九一年のデスティヴェルのルートは女性がクライミングの最先端に到達したことを知らしめた。過去においては、女性クライマーの大半は男性が開いたルートを再登することで満足していたが、デスティヴェルの登攀は女性が自ら新しいルートを開き、クライマーとしての本領を発揮しはじめる時代が到来したことを告げた。一九九二年三月のアイガー北壁冬季単独登攀は大胆そのもので、デスティヴェルは歴史に残る最も優秀なオールラウンド女性クライマーではないかと、多くの人がすでに薄々思っていたことを確証したのであった。

デスティヴェルは一九六〇年七月二十四日、アルジェリアのオランに生まれ、パリの近郊で育った。現在、パリにアパート、南フランスに自宅、シャモニに部屋をひとつ持っている。

デスティヴエルは小柄で髪は栗色、目は緑、人をとりこにするような笑顔の女性である。メディアからも、また気を引こうとする大勢の男性クライマーからも注がれる熱い眼差しをきっぱりはねつけているように見える。世なれてすれたところがなく、率直で正直、あけっぴろげだが、突然くすくす笑いだしたりして、驚くほど少女っぽいところもある。自分はフランスの普通の女の子だと言うが、スケジュールを見れば普通どころではない。おかげでインタビューの段取りをつけるのは長くて複雑なエイドクライミングよりはるかに難しかった。会えそうになるとほかのスケジュールとぶつかってつぶれ、やっと電話でインタビューすることができた。大西洋の海底に横たわる電話線を通しても、彼女のエネルギーと活気、クライミングに対する臆することない熱意はまぎれもなく感じとれた。

**——クライミング能力には男性と女性で開きがありますか。**

それはだいぶ変わりました。今では女性はかなり男性に近づきましたよ。それでも男と女では体もホルモンも同じではないので、少しは差があります。ほかのスポーツでも同じですね。女性が男性と同じ力を持つことはありません。

**——コンペティションは男女別であるべきなのですね。**

そうです。それでいいと思います。女性は男性とは体の大きさも力も違います。リン・ヒルとフランソワ・ルグランをくらべれば大きな差がありますよ。

**——クライマーとしては女性は男性にくらべてどういう利点がありますか。**

女性は男性より体重が軽く、柔軟性があります。バランスをとって登るので、力を節約できます。

**——あなたがクライミングをはじめたころ、女の子がこのスポーツに関心を持つことはあまりありませんでしたか。**

そんなことはありません。私は五歳のときにフォンテーヌブローではじめました。あそこでは子供たちはみな登るのが好きでしたよ。私の両親は毎週末に散歩に出かけていました。私は六歳か七歳のころまであそこで登っていましたが、その後両親はボルダーのないほかの森へ行くようになったので、私はやめざるを得なかったのです。

**――あなたは初めから登るのがうまかったのですか。**

ええ、うまかったですよ。だから登るのが好きだったのです。何か上手なものがあると、それが好きになるものですね。

**――どうやって上達したのですか。**

年上の友達と登って、そのまねをしたのです。私にはいい先生がいたんですよ。

**――それはフォンテーヌブローでのことですか。**

そうです。十四歳のとき、フランス山岳会に入ってトレーニングのためにフォンテーヌブローに戻ってきたのです。そこのクライマーだったピエール・リシャールにたっぷり教わりました。彼は本当にすぐれたクライマーでしたよ。そして一年後にフォンテーヌブローで最高のクライマーたちと知り合っていっしょに登り、その人たちのまねをしてみたのです。

**――フランス山岳会に入ったとき、あなたは何歳でしたか。**

十四歳です。一年間いましたが、やめてほかの友達と登っていました。

**——山岳会にはほかに女性がいましたか。**

何人かいましたけれど、あまり登ってはいませんでしたね。

**——男性たちはあなたにどう対応しましたか。**

〔笑って〕とてもすてきでしたわ。私が上手に登るのに驚いて、もっとうまくなるように手助けしてくれました。いろいろなことをどうやるか見せてくれたり、とても助けてくれました。

**——アルプスに行きはじめたのはいつですか。**

十四歳のときで、ほかの子たちとオワザンとシャモニ近辺へ行ったのです。小型のバスで行ったので、中で寝たり、メール・ド・グラスの近くやプラン・デ・ゼギーユの上部でキャンプしたりしました。一カ月ぐらいアルプスで登っていました。

**——アルプスの山を登ったとき、あのスケールを怖いと思いましたか。**

いいえ、怖くはありませんでした。アルプスを登るのは気に入りました。気持ちがよかったわ。何も問題はありませんでした。

**——どこを登りましたか。**

オワザンでオラン北壁のクジー＝デメゾン・ルートとエールフロワド北壁のジェルヴァズッティ・ルートです。その後、十六歳になってからプティ・ドリュのアメリカン・ダイレクトをリードで登りました。頂上に着くまで七時間かかりました。

**――クライミングをしばらくやめたのはなぜですか。**

もうたくさんだったのです。何をやっても同じように感じられたのです。フォンテーヌブローのボルダーは全部知り尽くしてしまいました。まったく退屈になってしまったのです。あるときクライマーのグループとフォンテーヌブローにいたのですが、確か雨が降っていたか何かして、だれかがポーカーをしようと言いました。最初は賭け金が少しだったのですが、だんだん高額になってしまいました。一晩中やっていたので、次の日はみんな疲れてしまって、登るエネルギーはなくなっていました。

**――またクライミングをするようになったのはなぜですか。**

理学療法士として五年働いたのですが、仕事に飽きてしまいました。一生これをやりたくないということはわかっていたのですが、どうやって仕事をやめて次の段階に進めばいいのかわからなかったのです。そのときだれかがフランスのテレビショウでクライミングをしないかと言ってくれて、その後、ロベール・ニコーからクライミング映画『身を乗り出しては危ない』に出てくれと頼まれたんです。

**――クライミング映画のために体をもとに戻すのはたいへんでしたか。**

一カ月半かかりましたよ。ヴェルドン・ゴルジュのピシュニビュールを登れと言うのですから。とても難しいクライミングでした。当時、あの難しさを登った女性はいませんでした。自信はなかったけど、いちばん難しい部分はとても短かったので登れるとは思いました。私はボルダー・クライマーとしてはうまかったので、登れると思われたのでしょう。それで十分にトレーニングしました。ヴェルドン・ゴルジュに居つづけて、毎日登りました。そのルートには三回挑戦して、ついに成功しました。映画の仕事のあと、理学療法士をやめてクライマーとしてやっていこうと決心しました。

**――その映画のおかげでスポンサーがたくさんついたのですか。**

そうです。映画のあとでバルドネッキアの第一回クライミング・コンペティションに行ったのですが、それ以降はスポンサーがたくさんつきました。それでクライミングで生活していけるなと思ったわけです。

**――どんな会社がスポンサーになりましたか。**

ミシェル・ベアルは私が十五歳のときにロープをくれて以来のスポンサーです。あとはカシン、ボリエール、ル・グランプール・スポーツ店、ニュートロージナ、ポワヴル・ブラン（衣料品会社）その他です。

**――スポンサーから圧力を感じることはありますか。**

ぜんぜんありません。スポンサーになってくださったら、私はベストを尽くすようにしています。でも圧力はまったく感じません。

**――スポンサーには何をするのですか。**

会議に出たり講演をしたりします。スポーツ店に顔を出したり、雑誌用の撮影をしたり、映画の準備などをします。技術的な面からアドバイスもしています。

**――クライマーのほかにモデルも仕事にしているのですか。**

みなは私をモデルだと言いますが、そうじゃありません。でも女だからそう言われがちです。私が人にどういう印象を与えているのか自分にはわかりません。モデルって感じがしますか?

**――厳密に言えばモデルの感じはしないですよ。たぶん、若い女の子たちのあこがれといったところでしょうか。**

そうなんです。女の子たちが紙切れを持ってきてサインしてくれと言うんです。おかしいですね。パリではどこにいても私だとわかってしまいます。

**――ヴェルドン・ゴルジュで登るようになったのはいつですか。**

十五歳です。登山靴をはいてヘルメットをかぶり、ルックサックを担いで登りました

――ちょっとした冒険でしたね。〔笑い〕

**――当時、あそこはロッククライミングの中心地だったのですか。**

私が行きはじめたころは、どちらかといえばアルピニストや登山家たちの縄張りでした。のちに一九七八年ごろ、ロッククライマーたちに好まれるようになったのです。優秀なクライマーだけが登っていました。

**――そのころのフランスの主なフリークライマーはだれでしたか。**

パトリック・エドランジェとかパトリック・ベルオーといった人たちで、ほとんどが南フランスの出身でした。

**――当時のフランスではフリークライミングははじまったばかりでしたか。**

そうです。ジャン＝クロード・ドロワイエがフリークライミングの使節でした。彼はそれまでの登り方を変えてフリーでやるようにクライマーたちを説得していました。

**――そういう動きがあったのは主としてヴェルドンでしたか。**

いいえ、いたるところででした。でも主として崖の岩場です。

**――フリークライミング以前は残置プロテクションをつかんで登るのが普通だったのですか。**

そうです。当時は私もよくピトンをつかんでいました。でも私たちは一九七八年にそういうことをやめました。

**――ルールが厳しくなったのですか。**

やりたいことをやってよかったのですが、登り方が変わってきたのです。今でもピトンをつかんでいる人はいますよ。年配の人は古いやり方で登っています。

**――フランス人はどうしてフリークライミングが上手なのですか。**

南フランスの崖の岩場は最高だと思います。それで大勢の人が登りに行きました――アメリカ人、イギリス人、その他いろいろな人たちもです。そして互いに競い合うことになりました。フランス人クライマーはトレーニングに絶好の岩場に恵まれていたので、うまくなったのでしょうね。

**——難しいルートは主にヴェルドンに開かれたのですか。**

ヴェルドンより短い崖に開かれたのです。ヴェルドンはすばらしいけれど、うんと難しいルートはもっと短い岩場につくります。ヴェルドンはもう古くなってしまいました。近ごろはみな自分のガレージに梁や板を組み立てて、そこで登っていますよ。フランソワ・ルグランや若いクライマーはガレージでトレーニングしています。

**——バルドネッキアの第一回スポーツクライミング・コンペティションに参加したのはどうしてですか。**

どういうものか知るためです。私はコンペティションには反対でしたが、クライミング・コンペティションとはどういうものか見て、よいか悪いか自分で判断したかったのです。

**——好きになりましたか。**

なりませんでした。〔笑い〕私はコンペティションは嫌いです。あれはクライミングと同じではありません。私は神経質になってしまいました。自分が登っているところを人に見られるのは嫌なんです。

**——勝ったときは驚きましたか。**

とても驚きました。あれでスポンサーがついたのはよかったですね。でもコンペティションの一週間後に事故を起こしてしまいました。クレバスに落ちて背骨と骨盤を折ったのです。それで私はメディアが言うとおりであることを証明するために懸命にトレーニングをしなければなりませんでした。メディアは私を最高とかなんとか言っていましたからね。

**——負傷後、復帰するのは難しかったですか。**

ええ、また落ちて怪我をするのが恐ろしくて、なかなかたいへんでした。恐怖感のせいで動きが止まってしまうのです。肉体的なことではなくて精神的なものなのですね。一カ月後に登りはじめました。理学療法士だったので、もう一度登れるようになることはわかっていました。

**——そして翌年、バルドネッキアのコンペティションにまた出ましたね。**

ええ、また勝ったのですけど、それはスピードクライミング競技も種目に加えられたからです。私はとても速かったのですよ。リン・ヒルより速かったんですから。それで勝てたのです。

**——コンペティションは前より好きになれましたか。**

いいえ、私は競争するのが嫌いなんです。自分が勝っても嫌ですね。

**——それからコンペティションは休んで、アフリカのドゴン族のところに出かけていきましたね。**

そうです。マリ共和国です。私にあそこで映画に出てほしいと言う人がいたのです。現実に崖に住んでいる人たちに会うのは面白いだろうなと思ったのです。その人たちに本当に会ってみたいと思いました。

**——コンペティションから離れてよかったですか。**

ええ、クライミング・コンペティションにくらべれば少しは冒険味がありました。面白さもずっとあったし、ソロをやる機会もありました。十四歳、十五歳のころにはよくソロで登っていたのですよ。でもスポーツクライミングのためにトレーニングをしていたときは、あまりソロはできませんでしたから、またソロで登るには自分を鍛えなければなりませんでした。

**——ドゴンの人たちはあなたが登るのを見て驚きましたか。**

とても驚いていましたよ。私を魔女みたいだと言っていました。魔女だから登れるんですって。

**——そのあとでグルノーブルのコンペティション・クライミングに戻ったのはなぜですか。**

それが私の生活にしみついていたからです。まわりにはいつも競争相手がいて、私には競争をやめるなんて考えられませんでした。やらざるを得なかったのです。それが私の人生だと思ったのです。あまり深くは考えなかったのですね。

**——グルノーブルでは競技規則が混乱していたのですか。**

私が困ったのは、主催者側が私をコンペティションのスターと考えて、私を救うために大会期間中に規則を変えたことです。最初のルートで私は足を線の外に出してしまったのですが、普通ならこれで失格です。

私は「しょうがない。降りるわ」と言いました。自分のミスでしたから気にしなかったのです。ところが彼らは私にコンペティションをつづけてほしかったので、規則を変えたのです。

そして私に、「この規則はよくない。フェアじゃない」と言いました。私が決勝に出てよしとしたのです。決勝には三人が残りました。

すると彼らは気が変わって、「あなたは出ちゃだめだ。足を線の外に出したから」と言うじゃないですか。

それで私は競技をつづけられなくなりました。とてもがっかりしました。見物人に対してもほかの決勝進出者（リン・ヒルとアンドレア・アイゼンフート）に対してもフェアじゃありません。先のラウンドまで出場させておきながら何もやらせてくれないのなら、初めから失格にしてほしかったですね。嫌な気分でした。そういうことがあったので、その後はコンペティション恐怖症になりました。みなが私を目のかたきにしていると思ったのです。〔笑い〕

**――コンペティションの競技規則が定着するまでしばらく時間がかかりましたか。**

そうですね。最初は規則がほとんど固定していませんでした。今は大丈夫だと思いますよ。この二年ほどコンペティションに出ていませんが、前よりよくなっていると思います。

**――コンペティション・クライミングでのあなたの長所は何ですか。**

スピードです。私はとても速かったのです。

**――弱点は何ですか。**

頭です。〔笑い〕それと喘息です。あるコンペティションで呼吸ができなくなって負けました〔一九八七年、パリのベルシー〕。自分が喘息だとは知らなかったのです。医者に行ったら喘息だと言われました。薬を飲まなければいけないし、十分も走れないだろうと言うのです。それでしばらくは何もかもやめてしまいました。でも今では一時間でも走れますよ。

**――一九八八年のスノーバード・コンペティションに出たのはどうしてですか。**

私の頭がまだコンペティション・モードのままだったのです。私はトレーニングをしていましたし、それがすべてだったのです。別に何の考えもなしに、ただ行っただけです。

**――そこでもあなたのために競技規則が変更されたのですか。**

主催者側が規則を変えたとは思いません。最初のルートで私は落ちてしまいました。予選通過の高さまで登っていないと判定されましたが、私はがっかりしませんでした。いずれにしろ体ができていなかったのです。あの前は一カ月半ほど合衆国でクラックを登っていましたが、コンペティション・クライミングのトレーニングはしていなかったのです。ところが翌朝、びっくりすることが起きました。私はその日何もする予定がなかったので朝食をたっぷりとってしまいましたが、私の前の人〔マリー・ジンジャリー〕の手が境界線の外に出ていたというのです。ジェフ・ロウのほか主催者数人があの晩再点検した結果、翌日、判定に誤りがあったこと、私がつづけて出場できることを知らせにきたのです。これはフェアな処置であって、テレビで判定ミスを確認させてもよいと言っていました。

**――このコンペティションではあなたとリン・ヒルの間に競争意識がありましたか。**

ええ、少しね。私は彼女を知らなかったし、彼女も私を知りませんでした。私、フランスではスターだったのにね。でも今はいい友達ですよ。いっしょにある企画に取り組んでいるところです。

**――一九八九年のスノーバード・コンペティションが最後になりましたね。**

そうですね。あのあとで私はやめることにしました。山に登ることとコンペティションは両立しないことがわかったのです――トレーニングが同じではないのです。それに私は山に登るほうが好きでした。

**――あなたは飽きやすいほうですか。**

いいえ。でも私はいろいろなものを見ることが好きで、いつも同じことを繰り返すのではなく、展開にまかせていきたいのです。何かをあまりやりすぎると、興味を失ってしまいます。だからコンペティション・クライミングをやめて、山でのクライミングを再開したのです。

**——ジェフ・ロウとはどこで会ったのですか。**

スノーバードのコンペティションで初めて会いました。そして第二回のスノーバード大会のとき、ヒマラヤのトランゴ・タワー遠征の準備をしているんだが、いっしょに行きたくないかと尋ねてきたのです。

**——どうして行くことにしたのですか。**

遠征には一度も行ったことがなかったし、遠征登山とはどういうものか知りたかったのです。それにトランゴ・タワーの写真がすばらしかった。登ったらとても面白いのではないかと思いました。

**——あの登山にはどういう準備をしたのですか。**

トランゴへ行く前、お互いをよく知るために一カ月合衆国でトレーニングしました。私は彼がいっしょに登れる安全なクライマーかどうか確かめたかったし、彼も私が安全なクライマーか確かめたかったのです。二人とも問題なくいっしょに登れるかどうか確かめたかったんですね。

**——トランゴではよいチームでしたか。**

ええ、完全なチームでした。私はフリークライミングが得意だし、彼はアイスクライミングがうまく、経験が豊富です。だから、いっしょだとよいルートがやれたし、レベルの高い登攀ができたのです。

**——高度には悩まされましたか。**

あまり高くはないんですよ〔六二三九メートル〕。大丈夫でした。

**——アルプスを登るのとはずいぶん違いましたか。**

ずっと長かったし、ザックがとても重かった。衣類とスリーピングバッグと登攀用具をたっぷり持って登りましたからね。

**——登るのに何日かかりましたか。**

普通だったら三日で登り切れたのですが、天候が悪かったので壁で二週間過ごしました。

**——それほどの日数をあそこで過ごして楽しかったですか。**

ええ、とてもよかったですよ。自分はコンペティションより山にいるほうが好きなんだということがよくわかりました。山にいることが単純に好きなのです。

**——だから登るのですか。**

そうです。景色にはとても感動します。映画の中にいるみたいです。それに冒険がいいですね。とても感情に訴えるゲームです。

**——では、やめられませんね。**

クライミングをやめることはできます。でも山にはいたいでしょうね。ただ歩くだけでもいいわ。

**——プティ・ドリュのボナッティ稜のルートをフリーソロで登ろうと決めたのはいつですか。**

その考えは十六歳のときから持っていました。あのころ私はドリュのためにずいぶんトレーニングをして、アメリカン・ダイレクトは七時間で登りました。でも、がっかりしたんです。もっときついと思っていました。それで考えたのです。「いつかソロで登ってみよう」って。

**——ソロではきついルートでしたか。**

いいえ、まあまあでした。自信はありました。準備ができていたし、やる気もありましたから。ボナッティ稜のソロは四時間で仕上げました。

**——ドリュに新ルートを開くことにしたのはどうしてですか。**

私がソロを終えると、みなは私をボナッティとくらべはじめたのです。ボナッティは六日かけたのに、私は四時間しかかからなかったというふうにです。私はそれは公平でないと思いました。新しくルートを開くことに対して、再登とはどの程度の意味なのかわかっていないのですね。私はそういう人たちに腹を立てました。新ルートを開くのがどんなにたいへんなものか、そういう人たちに示してやりたいと思いました。これが最初の動機でした。でもその後、ただ自分にできるかどうかを知りたくて新ルートに挑戦してみたくなりました。とても難しくてエイドクライミングに頼らざるを得なくても、やらない理由はありませんでした。

**――新しいラインを見つけるのは難しかったですか。**

ガイドブックを何冊か見てみました。既存の二本のルートの間に可能性があると考えました。そこにクラックがいくつか見つかりました。

**――どうしてそれをソロでやりたかったのですか。**

私もボナッティのようにできるかどうか知りたかったのです。

**――そして十一日かかったのですね。**

そうです。

**――ほとんどがエイドクライミングだったのですか。**

最初の部分はエイドクライミングがたくさんありましたが、その後はフリーでいけました。でも道具が重かったので、あまりフリークライミングはしませんでした。

**――エイドクライミングは難しかったのですか。**

ええ、A3かA4でした。

**――とても消耗する登攀でしたか。**

いいえ、終わりのほうは退屈でした。初めのエイドクライミングは新しいゲームという感じがありましたが、最後のほうはいつも同じ動作で同じことをするので、かなり退屈でしたよ。

**——これはあなたのやった登攀のなかで最高のものですか。**

いいえ、まあまあというところで、それだけのものです。

**——このルートについてクライマーたちはどう思ったのでしょうか。**

二種類の反応がありました。ルネ・デメゾンのように祝ってくれて、とても喜んでくれたクライマーがたくさんいた反面、ねたむ人もいて、「なんてことはないじゃないか。なんで大騒ぎをするんだ」と言っていました。私が女だからというのでメディアの報道はたいへんなものでした。どうして私が〔ビバーク用に〕ポータレッジを持っていったのか、彼らには理解できませんでした。「なぜポータレッジを持っていったんですか。ポータレッジがないともっと難しくなったからですか」と質問されましたよ。ほかにもいろいろ聞かれましたが、とてもねたんでいましたね。

**——開いたのが女性にしろ男性にしろ、あれは重要な新ルートでしたよ。**

そうですね。私もそう思います。もし男性がやっていたら、重要性は同じでもあれほど報道されなかったでしょうね。『パリ・マッチ』誌や女性誌にたくさん取り上げられました。テレビも報道したし、たいへんでした。私はメディアの注目を浴びるためにやったのではなく、やりたいからやっただけです。でも、メディアの気を引くことを一所懸命探しているクライマーもいるんですよ。フランスにはクライミングで生活をしているのは五人か六人しかいませんが、彼らはテレビで放送してもらえないと失望していました。彼らは自分も同じことをやれたのにと思って腹を立てたのです。ところが実際には彼らはやることを考えもしなかったし、実行もしなかったのです。

**——あなたのルートはあの山で男性が開いたルートと同じくらい、あるいはもっと難しいということに意義があるように思えます。**

そうです。よいルートでした。でも私にとっては終わったことです。何かを終えたら、それでよかったと思えばいいのです。

**——次は何をする予定ですか。**

何かほかのことをやりたいですね——ミックスのルートとか氷のルートとか。私はアルピニズムの一部を見ただけですから、ほかの部分も発見したいのです。やることはたくさんありますわ。

**——たとえばK2を登ろうと考えているのではないですか。**

いいえ、それはまだですね。まずアルプスでいくつか登って、それからヒマラヤの七千メートル級のテクニカルルートをいくつかやりたいですね——八千メートル級はまだです(1)。まだ準備ができているとは思えません。私はクライミングを楽しみたいので、あまり苦しみたくはないんですよ。

（1）その後デスティヴェルは三回、八千メートル峰に挑戦した。一九九三年春にはマカルー（八四六三メートル）で、ジェフ・ロウが単独で西壁を試みる間に、西稜フランス・ルートを七六五〇メートルまで登った。九四年秋には、シシャパンマ（八〇二七メートル）南西壁のクルティカのルートを頂稜まで登ったが頂上は逸した。そのあとつづけてアンナプルナ（八〇九一メートル）南壁を試みたが、ボニントンのルートを七八〇〇メートルまで登ったところで断念した。いずれもエリック・ドゥカンと二人で、アルパインスタイルのクライミングだった。

また彼女はアルプスでも、九二年のアイガー北壁、九三年のグランド・ジョラスのウォーカー側稜、九四年のマッターホルン北壁ボナッティ・ルートをいずれもソロ、女性では初めての三大北壁冬季単独登攀に成功している。

# リン・ヒル

Lynn Hill

競争相手は私を奮い立たせて、やる気を起こさせてくれるの。カトリーヌ・デスティヴェルやルイーザ・ヨヴァーネ〔イタリアの女性トップクライマー〕なんかがいなかったら、ぜんぜん盛り上がらないわ。コンペティション自体に私、興奮しちゃうの。完全な集中力が要るしね。ルートを登っているときはエゴそのものよ。

リン・ヒル（『クライミング』誌のインタビューより）

有力なフリークライマーには、コンペティションはクライミングというスポーツの精神に反するとして批判する人が多いが、リン・ヒルはこの新しい形式のクライミングのただなかに飛び込み、周囲のおおげさな宣伝や大騒ぎをくぐり抜けて生き残っただけでなく、その渦中で成長し成功する道を見つけだした。コンペティションを避けるどころか、進んで取り組み、自分の実力を新しいレベルに押し上げるのに利用してきた。その間に何年も連続してワールドカップの女性部門を制覇し、男性の最有力クライマーと肩を並べ、ときにはしのぐほどであった。競争して登ることによって彼女は史上最もすぐれた女性クライマーになったといえよう。

一流クライマーのご多分にもれず、ヒルは子供のころに体操を習い、体の動かし方の訓練を通じて多くを学んだ。複雑な動きを構成要素に分解し、分析して再構成することを学んだ。自分を制御し、複雑で激しい練習種目を冷静にこなすことを学んだ。圧迫感に負けずに平静さを保ち、アドレナリンを利用して演技を高めることを学んだ。体操で学んだことの多くは、のちに競技クライミングに応用することができた。

ヒルは十四歳のときにジョシュア・ツリーでロッククライミングをはじめた。進歩は早く、つぎつぎにグレードを上げ、すぐに5・10に達したが、これは当時の最高の難度だった。このスポーツに情熱を燃やして、彼女は南カリフォルニアの新進クライマーならば当然の方向へ足を踏み出した。十六歳のとき初めてヨセミテ巡礼に向かったのである。その巨大な花崗岩の岩壁と地元フリークライマーたちのレベルの高さにひるむどころか、ヒルは自分の野心の糧にした。二年のうちに5・11をリードし、エル・キャピタンのノーズやシールドなどのビッグウォールを登った。ヨセミテに行っている間にジョン・ロングに出会い、まもなく彼はヒルのパートナー兼ボーイフレンドになった。二人はいっしょにフリークライミングの水準を押し上げはじめた。一九八〇年にはコロラドのテリュライド近くのオウファ・ブロークを登った。その5・12dは当時の米国では最も難しい登攀のひとつだった。

そのうちにヒルは南カリフォルニアのクライミング界に飽きてしまい、一九八三年にはロングとも別れて、シャワンガンクスで登ろうとニューヨーク州のニュー・パルツに移った。移ってまもなく彼女は当時の東海岸では最も難しいルートだったヴァンダルズ（5・13a）の第二登に成功した。これは経歴にさらなる一歩を記すもので、彼女はたちまちアメリカのフリークライミングの最前線に躍り出た。このように認められてからは、いろいろな機会に恵まれるようになった。

一九八六年、フランスで最も人気のあるクライミング地域をいくつか登りめぐるツアーに招待された。そのツアーで彼女はルートの難しさに感銘を受け、再訪を誓った。同じ年にまたも招かれてイタリアのバルトネッキアで開かれた国際スポーツクライミング・コンペティションに出場することになった。

そこで彼女は前年の勝者カトリーヌ・デスティヴェルに出会い、二人は初の大接戦を演じた。ヒルは決勝のルートをフラッシュ〔最初の試みで成功する〕で登りこなしたが――デスティヴェルはできなかった――土壇場で競技規則が変更され、デスティヴェルが勝利をおさめた。ヒルはがっかりしたが取り乱したりせず、同年またヨーロッパに舞い戻って、トルバで催されたフランス最高のコンペティション、グランプリ・デスカラードに出場した。デスティヴェは出場せず、ヒルは悠々と優勝した。

二人の女性の競争はおさまらなかった。一九八七年、二人はフランスのグルノーブルの第一回世界室内ロッククライミング大会で再会した。今回はデスティヴェルが境界線から踏み出して失格し、ヒルが優勝した。両者のシーソーゲームはつづいた。一九八七年と八八年のアルコではヒルが一位となり、一九八八年のスノーバードではデスティヴェルが一位となった。しかしデスティヴェルは登山に専念するために競技から抜けていき、ヒルがコンペティション・クライミング大会の女王の座を占めることになった。その勢いはとどまるところを知らず、一九八八年パリのマスターズ・コンペティションで一位、同年、マルセイユの国際クライミング選手権大会で一位、一九八九年ドイツ・フリークライミング選手権大会で一位、一九八九年、九〇年のアルコ国際ロックマスター選手権で一位、一九八九年、九〇年リヨンのワールドカップで一位という戦績だった。

ヒルは女性のコンペティション・クライミングを牛耳っただけでなく、極限の岩のルートに女性の基準をつくった。5・13は何年にもわたって登ってきたが、一九九〇年、彼女はもっと難しいルートに目を向けた。九日にわたる苦闘の末、ヒルはシマイ〔南仏〕のマス・クリティックを登った。これは女性による初めての5・14であり、その後女性で成功した者はいない(1)。

しかし最近ヒルは、長く保持してきたコンペティション・クライミングの首位の座から滑り落ちた。一九九〇年、ワールドカップ年間総合選手権ではフランスのイザベル・パティシエと一位を分かちあった。一九九一年には離婚とコンペティション大会の日常的な負担のために警鐘が乱打された。成績に失望した彼女はワールドカップ大会から抜け、ランキングの一位はパティシエが占めた。ヒルはひと休みしたのち、一九九二年にコンペティション大会に復帰したが、この年限りでコンペティション専門選手を引退し、ほかの計画に取り組むことにした。しかし、トレーニングとクライミングはつづけている。

ヒルは一九六一年一月三日、ミシガン州のデトロイトで生まれたが、まもなく一家はカリフォルニア州フラートンに移り、彼女はそこで育った。近くのサンタ・モニカ大学に二年通ったが、ニュー・パルツのニューヨーク州立大学に移り、生物学を修めて学位を得た。ニュー・パルツ滞在中に地元シャワンガンクスの一流クライマー、ラス・ラッファと会い、数年同棲したあと、一九八八年に結婚した。一九九一年には離婚し、現在、ヒルはフランスのグランボワに住んでいる。コンペティションの賞金と用具アドバイザー料などの収入を合わせた年収八万ドルの一部で最近そこに家を買ったのである。

ユタ州スノーバードのマウンテン・サミット会議で話を聞かせてくれたあとで、ヒルは時間を割いて経歴をもっと詳しく話してくれた。彼女は小柄なブロンドで、笑顔が無邪気だが、青い目がよく目立つ。キャンバスに向かうピカソの目と似ていなくもない強い眼差しで、部屋の反対側からでも見据えるように目を光らせる。インタビューの間、禅のような強い眼差しを一時はやわらげたが、最後の質問に答え終わって、ホテルの人工壁で言葉を行動に移すときが来ると、またもやあの眼差しがよみがえってくるのであった。

ヒルはフランスのビュークスのスティクス・ウォールでひどい墜落をして、最近回復したばかりだというのに、恐れやためらいの影も見せず、ロープを結ぶと両腕を振り、ホテルの側面にファイバーグラスのパネルでつくられた人工壁を目を細めて見やった。その目はばらばらに置かれたホールドをただ眺めていたのではなく——壁を登る可能性、ホールドをつないで複雑で繊細なダンスにまとめる手だてを見ていたのだ。最初のホールドを確かめると、それに足をかけた。そして、ねらったとおりに、むだなく、優雅に動いて登っていった。五フィート一インチの小さな体では届きにくいホールドをつかむために、彼女は時折ダイノ、つまり小さなランジ（跳躍）を試みた。ホールドは小さく、ラインははっきり見えないが、彼女はなめらかに登っていった。そのルートは一流ロッククライマーにとっても骨の折れるものなのだろうが、ヒルが登っていると易しく見えた。素足で、パイルジャケットを着たまま、ヒルはすばやく、平静に、自信をみなぎらせて、頂点へ向かってひたすらに登っていった。

**——なぜあなたはコンペティション・クライマーとしてそんなに優秀なのですか。**

それにはいろいろな要素がたくさんあります。ひとつには、もう長いこと登っているから——もう十七年になります。その経験から、特に伝統的なクライミングをしているうちに、大事なことに精神を集中することを学びました。難しいクライミングをしている最中は、墜落を怖がって気を散らせるわけにいかないでしょう。安全な場所に着けるように精神を集中しなければね。伝統的なクライミングを通じて、私はその場で考えること、目的へ向かって前進すること、墜落や失敗の恐れのように気を散らす原因を締め出すことなどを教わったのです。

でも、コンペティションでいちばん重要なのは動機づけ、やる気です。頂点まで登りたいという気持ちがなければいけない。自分を信じなければいけません。それができなきゃだめ。私にはできました。自分の能力を信じていたし、上まで登りたいという強い気持ちがありました。

**——コンペティションをはじめたのはどういうことからですか。**

一九八六年にフランス山岳連盟が私のほか外国人を何人か招待してくれて、ヴェルドン・ゴルジュとフォンテーヌブローとビュークスを登らせてくれたんです。無料招待してくれたのは、フランス人が当時、最も難しいルートを登っていることを世界に見せたかったからだと思うわ。そのねらいは当たって、私はクライミングの難しいのに感心してしまいました。ビュークスにはシュカ〔5・13b〕とル・ミニモム〔5・14〕があったのよ。

あの旅で、一九八五年にイタリアのバルドネッキアで開かれたコンペティションの主催者のひとり、マルコ・スコラリスに会いました。彼が一九八六年〔七月〕のコンペに来るなら旅費を負担しようと言ってくれたので、クライミング・コンペティションとはどういうものか見てみようと決めたんです。

**——最初のコンペティションはどうでしたか。**

コンペティション初体験は、はちゃめちゃでした。アメリカ人は私だけで、あとはみなヨーロッパ人ばかり。英語を話す人があまりいなくて、場違いなところにいる感じでした。何が何だかほとんどわからなかったわ。

主催者側はまったく準備不足で、しまいにはカトリーヌ・デスティヴェルに勝たせるために競技規則を変更することまでしました。もし今ある規則をあのとき使っていたら、私が勝っていたはずです。決勝ルートを登ったのは私だけだったんだから。彼女はあのルートで二回落ちて時間切れで完登できなかったんです。それにポイントの評価法がまるで意味をなしていませんでした。二人は実際には同点だったのに、私が決勝ルートを完登しているという事実を見ようともしないのです。主催者が同点の決着のつけ方として決めたのは優勝決定戦でなく——規則にはそう書いてあったのに——決勝ルート以外の三ルートで要した合計時間とスタイルの採点による、というものでした。スタイルの採点では主観的な評価になってしまうのにね。

スタイルの得点は私のほうが高かったけれど、スピードはカトリーヌのほうがずっと速かったんです。その結果、カトリーヌが勝ちとなりました。

私、本当に怒ったわ。フェアじゃないし、スポーツマンらしくないものね。それに彼女が勝利者として選ばれる政略的な理由があったのです。彼女のボーイフレンドであり代理人でもある人が陰で五カ国語を操って要所要所の人に話しかけて工作していて、私はひとりぼっちでどうしていいかまったくわからず、途方に暮れて座っていたんです。そのあげくに彼女が優勝者と宣言されたのです。私に何ができたというのでしょう。

**——そんな経験をして、もうコンペティションには出まいと思いましたか。**

いいえ。私はコンペティション・クライミングを新しいスポーツとして認めていたし、ああいうナンセンスは、いろいろな問題が取り除かれるまでは、このスポーツが通らなければならない過程だということがわかっていましたから。

問題はたくさんありました。環境について言えば、主催者側はコンペのために木を切り倒したり、岩にホールドを削ったりすることをなんとも思っていませんでした。そのころからすでに私はコンペティション・クライミングは人工壁でするものだと見抜いていました——環境保護の観点からと、ごまかしの防止や競技規則の問題、それに観客のためにもね。

つまり私は目先の問題より先のことを考えていたのです。あのコンペに出る前から、そのうちにクライミング用の人工壁ができるだろう、また大きなコンペはテレビのネットワークにのるだろうと想像していました。サン・ディエゴでボルダリングのコンペティション〔一九八六年三月〕に行って、その可能性を感じていたのです。

私は生まれてからずっと運動選手として競技をしてきたので、スポーツにある競争という考えにおびえることはなかったし、嫌と思ったこともありません。競争は面白いし、いい学習体験です。

コンペティションは一般大衆にわかりやすい方法でこのスポーツを勧める手段でもあります。このスポーツのトップクライマーたちはロッククライミングをどう思っているのかを伝えることができるし、なめらかで熟練したクライミングスタイルの美しさを見せる機会でもあるのです。

——**クライミングをはじめるようになったのはどういうことからですか。**

私はとても活発な子供でした。木には登る、街灯には登るで、登ることが好きだったんです。それをスポーツと思ったわけではないけれど、とても面白いことに思えたの。それからはまともなスポーツに熱中しました。水泳チームに入ったし、体操もやったし、その後は陸上競技もしました。一五〇〇メートルと三〇〇〇メートルを走ってたのよ。

**——体操からは何を得ましたか。**

たくさんのことを教わりました。柔軟性とか整合性といった、なくてはならない体の基本的な特性や、人の演技を見てそのとおりになぞってみて、それにちょっとした印をつけて頭の中へ分類しておくこと、つまり視覚化するという学習法を学びました。体の姿勢の二つか三つの映像を順々に思い浮かべていくことを学んだのです。

体操を通じて学び方を学びました。目標への向かい方を学びました。演技をはじめたら途中で勝手なことはできないことを学びました。柔軟性、力強さ、整合性という肉体面と、動作を開始し、制御し、肉体を意識するという心理面を結合する方法を学びました。体操では自分の体がたいへんな速さで回転しているので、一定の感覚を自ら調整したり受け入れたりすることを学びます。

クライミングは体操にくらべてずっとゆっくりしていますが、正確さはもっと要求されます。自分の体がどう動くかを確実に知っていなければいけません。クライミングではその点を微調整しましたが、軌道のような体操の基本原則は使っていました。体操の経験は私のクライミングでとても重要な役割を担っていました。

**——クライミングはいつはじめたのですか。**

姉のキャシーのボーイフレンドだったチャック・ブラッドワースがキャシーと私に教えてくれたんです。彼は私たちをジョシュア・ツリーに連れていってくれました〔ブラッドワースはのちにアコンカグア南壁で死亡〕。

**――クライミングのどういうところが好きですか。**

自由なところですね。登っているときの感じそのものが好きでした。自然環境のただなかにいることの美しさも好きでしたね。体操では人工の環境で同じ体の動きを何回も何回も練習します。クライミングでは環境はいつも変化しています。

**――覚えるのは早かったですか。**

自然にでした。十四歳ではじめたのですが、すぐ5・10に達しました。5・10が最高だった時代にですよ。十六歳のときにヨセミテへ行って、5・11をいくつか登りました。最初は水準を少し上げようなどと少しも思わなかったけれど、ジョン・ロングに会ってから二人で水準を少し上げはじめました。一九八〇年に彼と私はコロラド州のテリュライドの近くのオウファ・ブローク5・12dを初登しました。

**――あなたが初めて行ったころのヨセミテはどんな様子でしたか。**

当時はフリークライミングがはやっていました。使うボルトの数を極力抑え、ロープにぶら下がってムーブをさぐるハングドッグの技術を使わずに最も難しいクライミングに挑んでいました。それは冒険というビッグルート心理がまじったフリークライミングと、岩を自然のままに保ち、岩を自分に合わせるのでなく自分を岩に合わせるという考え方のクリーンクライミングが結合したものでした。

あのころ、ビッグウォールは私にとって魅力的でした。長時間にわたって岩壁で暮らすのはどんなものか、やってみたいと思いました。それでマリー・ジンジャリーとノーズ〔エル・キャピタン、VI、5・11、A3〕を登ったのです。私たちは荷上げのしかたや滑車の使い方などを覚えました。一九七九年にシールド〔エル・キャピタン、VI、5・9、A3+〕を登ったときはコパーヘッド、フック、バッシー、ナイフブレード、ラープなどいろいろなものの使い方を覚えました。

**——ほかにどんな人たちと登りましたか。**

ジョン・ロング、ジョン・バーカー、ロン・カウク、ジム・ブリッドウェル、ジョン・ヤブロンスキー——南カリフォルニアのクライマー全員ね。みなが水準を5・11に上げはじめたときに私もいたんです。その後、もう二つの時代を経験しました。大胆なフリークライミングに入った時代と、コンペティション・クライミングがはじまった時代です。今は人工壁とジムトレーニングの時代ね。このスポーツは多様化し、とても専門化しました。ある分野で最高とされる人もほかの分野ではたいしたことがないということがよくあります。

**——どうして東海岸に移ったのですか。**

変化が欲しかったのです。週末になるとジョシュア・ツリーへ出かけていくのに飽きちゃったし、ロサンゼルスの競争社会で暮らすのが嫌になったのです。そのとき雑誌のインタビューでニューヨークへ行く機会があって、ニュー・パルツ〔シャワンガンクスの近く〕を見つけたんです。ガンクス〔シャワンガンクス〕では違うタイプのクライミング体験ができたし、とても親切で率直な人たちがいました——南カリフォルニアでは日常茶飯事だった陰口や中傷がまったくなかったのです。あのころ私は大学を終えることとクライミングを両立させられる場所を探していたのですが、ガンクスは理想的なところに思えて、移ったのです。

あれはいい経験でしたね。岩はジョシュア・ツリーとはずいぶん違います。岩質は緻密で、いろいろな形状で構成されています——岩溝あり、凹角あり、オーバーハングあり、水平層ありといった具合です。ガンクスで私はそれまでと違ったクライミングスタイルを覚え、自然物を使ってうまくプロテクションをとることを覚えました。とても複雑で細いクラックにRP〔極小ナット〕をどう挿入したらよいか、直上しないルートではダブルロープをどう使ったらよいかということを覚えました。

周囲の干渉もあまりなかったので開放的な気分になり、スタイルの実験をはじめました。私たちのグループはヴァンダルズと呼ばれるルートを登っていましたが、攻囲法を使っていました。最初に登るのは私でした。体重がいちばん軽く、万一墜落してもスタート地点で使った危うげな器具で確保される可能性がいちばん大きかったからです。私たちはプロテクションを設置できるところにセットしながら交替で登れるだけ登っていき、庇の下に手ごろなプロテクションをとれるところに着きました。

私はある地点で、登ったり降りたりするのに飽きてしまって、そこにぶら下がっていることにしました。それは必ずしも必要と認められるスタイルではないことはわかっていましたが、そうするほうが私には理屈にかなっていたのです。それに、このほうがいっそうクライミングを楽しめました。あれが私のハングドッギングの第一歩でした。

そのころ、ヴォルフガング・ギュリッヒ、ジェリー・モファット、パトリック・エドランジェといった人たちがフリークライミングでめざましい進歩を見せていました。彼らやほかのヨーロッパ人が実績をあげていた理由は二つあります。彼らには石灰岩という理想的な媒体がありました。これはスポーツクライミングにおあつらえ向きの岩です。石灰岩を登るためにつくりあげた体はどんな種類の岩だろうと関係なく難度の水準を上げるのに理想的です。体がものをいう岩質で、たいていの岩がオーバーハングしているので、体の姿勢を意識していることが必要になります。

こうした理想的な媒体があったのとスタイルにこだわらなかったという二つの理由で、彼らは進歩することができました。難しいルートを登るのにハングドッギングを使えたのです。この技術は成果を上げました。彼らはアメリカに来て難しいルートのいくつかをフラッシュで登ってしまったのです。

**――フリークライミングをめぐる倫理的な論争についてはどう考えますか。**

私の基本姿勢は伝統的なクライミングの時期に生まれたもので、クライミングの目的は自分を岩に合わせることというものです。岩という障害を乗り越えるために、自分と取り組むのです。岩は有限の自然資源です。人間は自分たちの利益のため、ことに特定のムーブが可能になるように、指のサイズや手の届く距離に合わせてホールドをつくるような目的で岩の形状を変えてしまうほど自分本位になってはいけません。

クライマーは、クライミングの目的はひとえにクライミングを楽しむことにあるということだけを念頭に置き、岩にはできるだけ手をつけないでおくべきだと私は信じています。自分の責任のもとにボルトを使って新しいルートを開くとき、もはやそれは自分のためだけでなく、他人の楽しみにもかかわってきます。だから安全なボルトを打ち込む責任があるばかりでなく、岩に加える変化を最小にして他人が最善の経験をできるように論理的な場所に打ち込む責任があるのです。

考えてみれば、このスポーツ全体が人為的です。シューズ、チョーク、プロテクション、ロープ、どれも人為的につくられたものです。グラウンドアップだ、ラップ・ボルトだと議論することはできても、みな人工的なものですよ。みんなゲームなのです。そして、このゲームの目的はみなが楽しむということです――それと安全性ですね。グラウンドアップで登りながら急いで打ち込んだボルトが抜けて墜落死してしまうなんて、だれでも嫌でしょう。

だれかが懸垂下降でボルトを打ったとしても、私は気にしません。実際には歓迎します。懸垂下降で設置されたボルトは注意深く打ち込まれていることが多いし、風化して抜けやすくなるのを防ぐためにセメントを少し使っていることすらあるからです。ボルトの間隔もたいてい手ごろで、使いやすいのです。

私は岩を削ったり接着剤でつけたりすることは容認できません。自分だけの特別な必要性に合わせて岩を変えてしまうのですから、受け入れることはできません。これをしなければルートが止まってしまうとしても、それでいいじゃないですか。岩をくまなく登らなければならないって法はないんですから。岩を削らなくてもいいところに新しいルートが見つかることもあります。そして、易しくて便利なルートがみな登られてしまったら、人工壁にルートをつくればいいじゃないですか。人工壁だってたっぷり楽しめますよ。ホールドを変えたり、何だってできるんですから。挑戦することはいっぱいあるし、可能性は無限だし、これは創造的はけ口です。

**――そういう考えはヨセミテやジョシュア・ツリーで登っていた初めの時期に形をなしたのですか。**

そうです。ああいうところで登っているうちにクリーンクライミングの倫理を身につけて育ったのです。若いクライマーのなかにはクリーンクライミングが理解できない、あるいは評価しない人がいますね。彼らは、岩は自分たちが上手なクライマーになるための道具にすぎないと考えています。5・13を登ったり、競争したりすることは進んでやるんです。やたらに注目を浴びたくて、そのためには岩を危険にさらす傾向があります。そんなことをする必要はないと思うんだけど。本当に偉大なクライマーなら、人工壁であろうと石灰岩であろうと、あるいはクラック・クライミングであろうと、どんな環境にも適応できるものです。

**——そうした適応力はあなたが成功した理由のひとつですか。**

そうです。岩への適応能力がずいぶん助けになりました。私はひとつのスタイルやひとつのやり方にこだわりません。いろいろな場所で、さまざまなタイプの岩でクライミングを楽しんでいます。

**——特定の種類のクライミングの専門家ではないのですね。**

そうです。私はいろいろなタイプのルートをたくさん登ってきました。好みとしてはオーバーハングや体操めいた動作を要するクライミングですが、伝統的なスタイルでもいろいろなルートを登りました。初めのころ身につけておいたので、フリクション技術でもフィンガージャムでも、その場に行けばちゃんとやれますよ。

**——クライミングのトレーニングには何をしましたか。**

主な有酸素運動としてはランニングです。クライミングに直接のつながりはありませんが、総体的なフィットネスにいいし、体重が増えるのを防げます。全般的な力をつけるためとフィットネスのため、それから脱臼しないよう肩を強化するために、ウエイトトレーニングを少しやりました。ストレッチングはたっぷりやります。それに体操の選手だったので、逆立ちとか平行棒とか、体操用の運動もします。これは体全体の協調運動に役立つし、クライミングに必要な身体感覚が身につきます。クライミング用に全身を鍛えるには、体操はよいスポーツですよ。

**——人工壁での練習はしますか。**

　します。人工壁は腕力をつけたり、複雑な動きを協調させることを学ぶにはすぐれています。体の正しい姿勢を覚え、複雑な動きをあらかじめ視覚化することに集中できます。壁面で、非常に複雑な動きを自分の体に教え込むことができるのです。ホールドを目で見ることのできる人はたくさんいます。しかし正しい姿勢を視覚化する方法を知らなければ、どうやって正しい姿勢をとればいいのかわかりません。これがクライミングのための私のトレーニングのすべてです。

　たとえばランジ〔跳躍〕です。よくやることですが、私は体操のときのように動きをいくつかに分解します。ランジをするときは三つの段階を想定します——始動、頂点あるいはデッドポイント、そしてねらったホールドに到達したあとの体の最終姿勢です。始動では力強く飛び出すのに最も自然な体の姿勢を探します。そして体が上方へ動いている間に姿勢を微妙に調整し、ねらったホールドをつかむための正しい受けの姿勢に入るようにします。

これは口まかせに述べた手順ではありません。この手順を意識的に考えておけば、この種の動きをずっとうまく導き、制御することができると思います。試行錯誤という手もあります。あるムーブを何回か試みているうちに成功するということはあるでしょう。でもオンサイトのようなとても難しいクライミングをしているときは、動きの構造や、十分に練られた動きのパターンを理解しておくとずいぶん助かります。正しい動き方を学んでいれば、初めてでも容易にその動きのパターンに入ることができます。

**――登っている最中にその手順を考えるのですね。**

そうです。でも最終的には自分がしていることに全身を集中させて、その瞬間に立ち向かうことです。自分の体にどう動けと命じる必要はありません。さっき説明したように視覚化の技術を使っていれば、手順は自然に、自動的に浮かんでくるはずです。ホールドに焦点を合わせます。ホールドが細かいところまで見えます。そのホールドに達するのに必要な体の姿勢と力を正確に推測します。実際にホールドをつかむ前に、手がホールドをつかんでいるのが見えるのです。

**――先験的に視覚化するのですね。**

そうです。それは瞬時のことで、意識しないくらいかもしれません。こういうことは、いろいろなスポーツにありますよ。たいていの人は意識しないでやっているんです。考えることなしに、どうはじめるか、どう動くか、どう終えるかを視覚化しているのです。

**――この方法はコンペティションでは大いに役立つでしょうね。**

そうですよ。クライミング・コンペティションでトップに立つような人たちはみな勝てるだけの肉体的能力を持っています。でも心の中で何が起きているかによって差がつきます。それが私にはとても面白いのです。

**――コンペティション中はどういう気持ちなのですか。**

リラックスするように努めています。集中するようにしています。「これは難しすぎるみたい」とか「ちょっと疲れてきたわ」といった消極的な独り言や考えはなくすようにしています。瞑想のように純粋な経験であるべきです。自分がただそこにあるべきなのです。

**――コンペティションに出ているときはそういうふうに感じているのですか。**

いつもそうではないけれど、そのように努めています。それが理想です。

**――それでも数千人の人の前でクライミングをしているときは心が乱れがちになりませんか。**

そういうことに気を散らしていたら、よい結果は期待できません。そこに自分がいなければだめです。そうした経験のただなかに自分がいなければいけません。精神集中が妨げられないレベルを保たなければなりません。ときには観客のエネルギーと激励が助けになることがあります。でも、たいていの場合、私はクライミングに強く集中しているので、そうしたことにはあまり注意を払いません。

**――よりよい演技をするために観客を利用できるのですか。**

できます。人はたくさんいるし、それだけのイベントなので、自分の興奮度も上がります。もしアドレナリンをうまく使えれば、よい結果が出ます。あまり興奮しすぎると――コーヒーを飲みすぎたときのように――神経が高ぶって体が震えだします。悪い結果しか出ないでしょう。つまり度を過ごさないように興奮して、それを積極的に使わなければならないんです。

**――山で登るよりもコンペティションのほうがうまく登れることがありますか。**

ときどきあります。はっきりした動機がありますからね。観客がみな私と体験を分かちあっているんです。私がうまくやれるようにとみなが思ってくれているのです――まあ、出場者の何人かはうまくやらないようにと思っているでしょうけど――それでも、ほとんど全員が成功を願っていてくれるんですからね。

**――ではコンペティションは、ほかではできないようなことをやらせてくれるのですね。**

そうなんです。

**――あなたのような小柄なクライマーはコンペティションでは不利ですか。**

そういうことはよくあります。現在のところコンペティション用の壁はごく任意にデザインされているので、たとえば背の高い人に有利な短いボルダリングのムーブをやることになるかどうかは予測できないでしょう。ルート・デザインは本当に大きな問題です。

**——よくなってはいますか。**

精密科学ではないんです。本物の規準がないんです。ルートをデザインする人は興味なり経験なりがあるから、あるいはコンペティションの主催者の知人だからという理由で頼まれただけです。だれにとっても理想的なルートをデザインするのは易しいこととは思いませんが、もっと現実に近い壁とホールドを使い、またデザイナーが豊富なルート・デザインの経験と知識を持っていることを確かめたうえで進めることはできるはずです。

**——それが男性と女性が同じルートで競うことを妨げている理由のひとつですか。**

そうです。人工壁のテクノロジーも現在のルート・デザイナーも、身長に関して男女双方に公平なルートがデザインできる水準にあるとは思いません。コンペティションは見て興奮するものでなければね。ムーブが難しすぎて同じところでクライマーが落ちていたら、ショウとしてぶちこわしです。特定の体つきのクライマーに有利なムーブのところで落ちるのを見ているより、苦闘して登り切るのを見るほうが面白いに決まっています。女性クライマーが十五フィート登って最初の難しいムーブで落ちるのでは、観客にとってあまり面白いショウではありませんものね。

**――そのうちに女性と男性が競うようになると思いますか。**

あり得ますね。でも私たちが戦っているものはほかにたくさんあると思います。以前私は「男性と同じルートで競技したい」と思っていました。そのほうが面白いことになるだろうと感じていたからです。観客はクライマーが上まで登り切るところを見たいのですが、女性クライマーには男性のトップクラスと同じレベルで登れる人はほとんどいないので、女性用に少し易しいルートをデザインしなければなりません。現在のクライマーのレベルに合わせたルートをつくるのがいちばんです。私はたとえ登り切れなくても男性用のルートで競うのは気になりません。そういう挑戦が好きなんです。でも、これは私のことで

――ほかの女性を考えに入れて言っているのではありません。

クライミングが進化の途上にある今の時点では、男性と同じくらい、あるいは男性よりもっと強くなれると考えている女性はほとんどいません。男性用のルートで好成績をあげられるほどの高い水準で登っている女性はごくわずかです。となれば、このスポーツをしている女性の大多数に不利になるようなルールをつくる理由はないでしょう。

**――クライミングで女性は男性と同等になる、あるいは男性を超えると思いますか。**

わかりません。イエスともノーとも言えません。クライミングは体操と同じで、体重に対する筋力の比が高い人のほうが有利だと思います。一般に女性のほうが体脂肪が多いのですが、これはクライミングには芳しくありません。体脂肪は少なく、筋力は強いことが

大事です。

それに概して女性のほうが体が小さいですね。結局のところ、私は最優秀クライマーになるには体が小さすぎると思います。人工壁なら小柄な人にはホールドを追加して平等にすることができますが、そのうちに埋め合わせするのが難しくなるときが来ると思います。ホールド間隔が大きすぎるとかランジが遠すぎるとか言われるようになるでしょう。

理論的には、今はそれほど身長次第というわけではないので、私のように背の低い者でも世界の最高クラスに加われます。現時点ではクライミングのトップレベルでも本来達し得るレベルにまだ至っていません。5・13とか5・14は究極のレベルにはほど遠いのです。これは肉体的というより心理的な問題です。もちろん、より難しいグレードをこなすには知覚力が発達しなければなりません。そのような心理的跳躍ができるのは例外的な女性だけでしょう。一般の女性クライマーとは違ったやり方で物事を追求する、わが道を行くタイプの女性でないとできないことです。

**――女性のトップクライマーは男性のトップクライマーに肉薄していますか。**

ええ、接近しています。女性には比較的軽量で耐久力が大きいという利点があります。女性はきわめて強烈なムーブと回復できる短いセクションがつづく長い耐久ルートには適応しやすいでしょう。

**――それでもなお女性が男性をしのぐことを妨げる心理的な壁がありますか。**

私は心理的には女性は男性と対等だと思います。女性が考えなければならない問題で心理的なものは何もありません。ただし肉体面では、体脂肪が多く重心が低い点は非常に急峻なクライミングでは有利とはいえないでしょう。

**――あなたのクライミング能力には男性クライマーも恐れているのでしょうか。**

人によります。自分と引きくらべて私を脅威と見る人は私を恐れているでしょう。でも自分のできることに満足していて、クライミングが好きな人なら、私の中に称賛に値するものを見つけて前向きに受け止め、励みにするでしょう。それぞれの心の安定度によりますね。

**――コンペティション・サーキットの生活はどんなものですか。**

現在のところ、混沌たる状態です。いろいろなコンペティションがたくさん開催されています――ワールドカップ、ワールド・マスター・ツアー、マスターズのいろいろな行事、人工壁のお披露目、その他さまざまなコンペティションがあります。あまり多すぎて全部に出ることはできません。昨年、私は旅が多く、コンペに出すぎたので、ある時期になったら疲れきってしまいました。ついに私の演技はがたがたに崩れ、やる気をなくしてしまいました。

その前の年はそれほどてんてこ舞いしませんでしたが、シーズンオフも休暇もほとんどなしで旅とコンペに明け暮れた二年目でした。体が回復する間もなく、次の場所へ移動していました。
一九九〇年に私は5・14をやろうと決心しました。そこであまり旅してまわるのは控え、一カ所で二週間、登っていました。5・14〔シマイのマス・クリティック〕に九日を費やして登ることができました。そのときまで難しいルートを登る機会がありませんでした。ずっと旅をしていて、つぎつぎとつづくコンペに備えてオンサイト・クライミングをしていたからです。

**――それで生活しているのですか。**

そうですけれど、もうひとつの面もあります。有名人にはつきものの責任や制約がたくさんあるのです。プロモーション、スライドショウ、インタビュー、会議、宣伝、撮影、映画などのためによく旅をしますし、原稿の執筆や出演の依頼も無数にあって、それにこたえなければならないのです。
昨年はあまりにもいろいろなことに引っ張り込まれすぎました。そこで、あることをきちんとやるには、ほかのことをたくさん除外しなければならないことに気づきました。今まで多くのコンペに出てきたし、長い間クライミングに熱中してきたので、今度は人生のほかの面に自分を開放してみたいと思っています。変化が欲しいし、新しいことを経験したいのです。コンペティション・クライミングをやっているとそうした機会はあまり得られないので、ある時点でコンペティション・クライマーから脱落しなければならないかもしれません。

**――やめることを考えているのですね。**

ほかの企画や目標を推し進めながら、もう一年コンペティション・サーキットに出たいと思います。私にふさわしい、私の信念に沿ったやり方でコンペティションの戦歴を閉じたいのです。

**――優勝したクライミング・コンペティションで、いちばん満足できるのはどれですか。**

一九九〇年のリヨンのワールドカップです。その前のドイツのニュールンベルクのコンペティションで私は手痛いミスをしてしまいました。地面を離れたとたんに滑ってしまい、地面に触れてしまったのです。競技規則によって私はそこでやめなければなりませんでした。準々決勝で脱落してしまい、一点も挙げられませんでした。

ですからワールドカップの年間通算ポイントで勝つには、リヨンとバルセロナで勝たなければなりませんでした。リヨンではイザベル・パティシエと私が優勝決定戦で対決することになりました。この決定戦には男子の決勝ルートがそのまま使われました。

私が控室に入っていくと、フランソワ・ルグランがイザベルにルートでのムーブを説明しているのです。男子の決勝戦であの壁を登ったのは彼とディディエ・ラブトゥの二人だけでした。ほかの十五人は落ちてしまったのです。二人の話が聞こえたとき、私は信じられませんでした。するとと主催者がやっとフランソワとディディエをイザベルと私から引き離すべきだと気がつきました。

　でも、すでに私は不利になっていました。それで私はなおさら登り切ってやろうという気になりました。「いいわ。彼女は有利になったと思っている。私はその分だけ強くなってやるわ」と考えていました。私は白紙でスタートしなければならなかっただけでなく、あの二人が彼女にムーブを教えているのを見てしまったのです。それで、このルートは絶対に登り切ってやると心に固く決めました。それっきゃない、というところでした。

　あのルートを登り切るのに努力も集中力も使い果たしました。とてつもないムーブが要求されましたが、なんとか乗り切れました。上に着いて私はとても興奮しました。私はそのコンペティションで勝ったのです〔パティシエは途中で落ちた〕。そして私は女性と女性の力について目にものを見せてやったわけです――腕っこきの男たちがあのルートで落ちていたんですから。

（1）　女性による5・14のクライミングは、リン・ヒル以後二人によってなされている。一九九三年、スイスのスージ・ゴートがレーンの岩場でノー・シカ・ノー・クライムに成功し、アメリカのロビン・アーベスフィールドも同年後半、ピレネーのサン・アントナンでアタンションヨン・ヴォー・ルガールを登攀、トルバでもシランスを登った。
（2）　女性による最高グレードは、二〇一七年に9b（5・15b）まで伸びた。オーストリアのアンゲラ・アイターがスペインのビジャヌエバ・デル・ロサリオで記録した。彼女は世界選手権優勝五回、ワールドカップ通算二十五勝など圧倒的実績を誇ったが、ヒル同様、「自然の岩をもっと登りたい」と、コンペ戦線から離脱した。

(3) リン・ヒルは一九九二年度のワールドカップ年間総合ランキング三位を最後にコンペティションから引退した。彼女の跡を継いだのはロビン・アーベスフィールドで、九五年度まで四年連続で年間チャンピオンを制している。

一方ヒルは、ひさびさにヨセミテのビッグウォールに活動の場を移し、九二年夏にはエル・キャピタンのノーズを八時間十七分という女性最短記録で駆け登った。翌年秋、今度は多くの男性クライマーが失敗していたノーズのフリークライミングに挑み、三日間を要して見事に成功した。彼女の細い指先が、男性クライマーの太い指を受け付けなかったグレート・ルーフのクラックに絶妙なフィンガージャムをきかせることができたからである。彼女はそれから一年後、フリークライミングにスピードの要素を付け加えた、ノーズの「ワンデイフリー」に挑戦、夜間登攀をまじえて二十四時間以内に完登してみせた。

さらに一九九五年夏には、ノースフェイス社の後援のもとに旧ソ連邦タジキスタンのパミール・アライ山脈に遠征、いくつかのビッグウォールでフリークライミングを行っている。

# ピーター・クロフト

Peter Croft

現在の自分を超えてゆくには、時代の規則や様式を無視しなければならない。あるいは、そういうものは漠然とした参考程度にとどめて遠くへ投げやってしまうほうがよいのかもしれない。これは規則がすっかりなくなってしまうということではない。必要なだけの強烈さと冒険性を確保するために、より厳しい行動規範を取り入れることかもしれない。

ピーター・クロフト「蝙蝠の翼と操り人形の糸」（『クライミング』誌掲載）

スポーツクライミングとコンペティション・クライミングに舞い上がる人々を尻目にかけて、ピーター・クロフトは独自の道を歩み、アドベンチャー・クライミングの伝統を守りつつ、危険と勇気と技術的な難度の限界をひろげてきた。一九八〇年代半ばに形勢が一変し、一流のロッククライマーが大勢スポーツクライミングという時流に飛び乗ったとき、クロフトはハングドッギングやラップ・ボルティングといった手段をはねつけて、グラウンドアップ方式でグレードを上げる道をあえて選んだ。彼が演じた極限のルートのフラッシング、大胆なソロ、マラソン継続登攀、長いルートのスピード登攀は、従来のアドベンチャー・クライミングの枠内で何を成し遂げることができるかをまざまざと示してくれた。こうした部類のクライミングでルートの範囲と困難度を大きく広げることにより、クロフトは世界一流のアドベンチャー・ロッククライマーになったのである。

ピーター・クロフトは一九五八年五月十八日、カナダのオタワに生まれ、一家はまもなくヴァンクーヴァー島の東側、ブリティッシュ・コロンビアのナナイモに移った。町をとりまく海岸と森林ではいくらでもアウトドア・アドベンチャーができたので、少年時代はハイキング、魚釣り、水泳、探検で忙しかった。クライミングは十七歳ではじめた。最初は両親の家の近くのボルダーで、次にカナダでは一流のロッククライミングの岩場とされる本土のスコーミッシュで登った。

リチャード・サダビーなどのパートナーとともにロープ操作を学んだのち、クロフトは急速に進歩してグレードを上げ、地元のベストクライマーのひとりになった。それからは新しい地域に目を向け、一九七九年にヨセミテ渓谷を訪れてロイヤル・アーチズなどを登ったが、ヨセミテの岩壁の大きさと、そこで行われているフリークライミングの水準の高さに強い印象を受けた。その後も何回かヨセミテ渓谷を訪れているうちにスコーミッシュで基準を上げようと思い立ち、一九八二年に実行に移して、グレッグ・フォウレイカー、ヘイミッシュ・フレーザーとユニヴァーシティー・ウォールをフリーで登った。これはV、5・12bで、当時は世界で最も困難な長距離フリークライミングのひとつだった。

ソロクライミングはスコーミッシュでときどき行っていたが、一九八三年にイングランドを訪れたときに意識的にやりはじめ、その地のクラシックな岩のルートをたくさんソロで登った。帰国するとすぐに彼はみがきあげたソロの技術をブリティッシュ・コロンビア内陸部のバガブー山脈にふるい、ハウザー・タワーのシュイナード＝ベッキー・ルート、スノーパッチ・スパイアのマッカーシー・ルート、バガブー・スパイアの北東稜、クレセント・スパイアのマクテック稜を登った——これらすべてを十四時間で登ったのである。その年の秋、ヨセミテに戻り、一日でセンティネル・ロックのステック＝サラテ・ルートとハイアー・カシードラル北東バットレスをフリーソロで登った。

それから数年間、クロフトのソロ登攀は進歩をつづけ、より長く、より難しいルートを完成していった。そしてついにフリークライミングの金字塔、5・11が五ピッチと5・10

が五ピッチのアストロマンのソロにねらいをつけた。一九八七年の夏には準備が整い、十分に気力を奮い立たせてから、一時間半でこのルートを登り切った。これはヨセミテのクライミング界に大センセーションを巻き起こした。その後も彼は数回再登しているが、ほかにこのルートをソロで登った者はいない。

その後、クロフトはヨセミテのクラシックルートのフリー継続登攀に集中してきた。特に気合の入った一九九〇年のある日、彼はセンティネル・ロックのステック＝サラテ・ルート、ミドル・カシードラルの北バットレス、ハイアー・カシードラルの北東バットレス、ロイヤル・アーチズからノース・ドーム南壁、ヨセミテ・ポイントのアローヘッド稜のソロ登攀をした。彼の唯一の不満は、暗くなったためにその日のうちにもうひとつルートをこなせなかったことだった。

めざましい成果をあげたソロ登攀に加え、クロフトは短い極限のルートでグレードを上げるのにグラウンドアップ戦法をとる数少ない現代クライマーのひとりである。一九八七年にこの手法でスコーミッシュのユニヴァーシティー・ウォール（5・13）とトゥー・ザ・ヒルト（5・13）を登り、一九八九年にはヨセミテのエクセレント・アドベンチャー（5・13）とホイッパースナッパー（5・13）を登った。いずれもハングドッギングや下見、ラップ・ボルティングなど、現代のクライマーがこのくらい難しいルートには欠かせないとするテクニックを使わずに登っている。

最近のクロフトはスピード登攀もレパートリーに加えている。一九九〇年にはデイヴ・シュルツとエル・キャピタンのノーズとサラテ・ウォールを一日で登った。翌年、二人は同じノーズを四時間四十八分で登っている。一九九二年にクロフトはハンス・フローリンと組み、四時間二十二分でノーズを登った。クロフトはこれから、ハード・ソロ、ソロの継続登攀、長いフリールート、その他アドベンチャー・クライミングの部類に入るあらゆることに加えて、こうしたスピード登攀もやろうと計画している。

現在、クロフトはヨセミテ渓谷に住み、ヨセミテ登山学校でガイドとして働いている。ヨセミテ登山学校のバーで時折ウェイトレスをしていた才能ある地元クライマー、ジョー・ホイットフォードと一九八七年に結婚したが、一九九二年に離婚した。

インタビューはある夏の午後、ヨセミテ・ロッジのカフェテリアの後ろにある屋外のテーブルで行われた。クロフトはヴァルテル・ボナッティ、ウォレン・ハーディング、ロイヤル・ロビンズ、ジョン・バーカーなどの先人たちを口をきわめて称賛したが、自分があげた抜群の成果については謙虚に、慎重に語った。口数の少ない、冷静な男で、太くたくましい脚と筋肉の盛り上がった腕は切り傷や擦り傷だらけだった。クロフトの丸い顔はクライミングのことを話すときになるとハックルベリー・フィンのような笑顔になり、グレードを高めていく間決して失うことのない少年のような強い熱意を見せていた。

**――ソロの魅力は何ですか。**

邪魔が入らないことです。「ビレイした。ビレイはずす。ロープはあと十フィート」なんて言う者もいないし、プロテクションをセットするために止まることもない。どっちへどう進むか決めるのは自分と周囲の状況だけです。

長いルートでは、あるリズムが出てきます。そうなると体が反応しているだけで、判断はほとんど無意識のうちにしています。「フレークをこうつかんで、脚をこう伸ばせばうまくいく」なんて考えていません。すべて瞬時のことです。ただ流れていくだけです。

**――ソロに伴う危険性は気になりますか。**

もちろんですよ。いつも突進していたら気違いです。私は決して後へ引かない男だと思っている人が多いけれど、物事をほうりだすことはありますよ。ある日ソロを予定していたのに、「どうもやる気がしない」と思うことがあります。迷信にとらわれるわけではないのですが、危険が伴うことなので、本当に面白い登攀でなければやってもしょうがないのです。ある程度の危険を覚悟するなら、何か報われるものがなければなりません。

ソロをやるたびに人生が変わるようなことはありません。でもソロは頭の中の何かを強化してくれます。非常に強い集中力が要求され、そのつど集中度のタイプに応じて違ったものをもたらしてくれます。ソロをしていると、私はときどきその登攀の美しさに圧倒されます。私は強烈に生きているわけですが、その報いも強烈です。強烈な報いがなかったら、やりませんよ。

**——心理的には疲れますか。**

あまり気が乗らない日にソロをやったら、消耗してしまうでしょう。でも、登ってやろうと気合が入っている日なら、その反対です。心理的な食物になります。エネルギーを与えられます。どでかいソロをやった日の終わりには、たっぷり充電した感じになって、太陽が沈んでいくのを見てがっかりしたものです。

**——ソロは究極のクライミング・アドベンチャーですか。**

私はいつもソロをやりたいと思っているわけではないのです。冒険という点では、装備を減らせば減らすほど、よくなるのです。私にとって冒険とは、自分が積極的な役割を演じることはできるけれど、すべてを支配してはいない何かです。そして役割が積極的なものであるほど、また周囲の環境との関係が密であればあるほど、冒険にはよいのです。車に乗っていても冒険を味わうことはできますが、自転車のほうがずっとよいでしょう。自転車よりハイキングのほうがよいでしょう。ハイキングは一般に同じ動きを繰り返すだけですから、それよりもロープを使ったクライミングのほうがよいでしょう。ロープを使ったクライミングよりよいのは装備をすべて捨てたロープなしのソロクライミングでしょう。

でも私はソロ、あるいは単にクライミングですら、冒険をするための唯一の道だとは考えません。たまたま私がそこに冒険を追い求めたにすぎません。実際、純粋な冒険像を持っているのは子供だと思います。ですから私が子供の描く冒険の理想像に近づければ近づけるほど、よいのです。

**――子供のころはたくさん冒険をしましたか。**

ええ、私はカナダのヴァンクーヴァー島の東岸で育ったのですが、子供のときは自然の中で冒険をするのが大好きでした。海の近くに住んでいたので、夏になると水がぬるんで泳ぐことができました。私たちは沖の小島に泳いでいって探検し、泳いで帰ってくるというターザンごっこをしていました。

**――クライミングはどのようにしてはじめたのですか。**

私はよくハイキングをしましたが、そういうときにクライミングに行く人たちに出会うようになったのです。初めのうちはまったく興味がありませんでした。いいところを見せたがるタフガイのやることだと思っていました。そのころ友人にクリス・ボニントンの『私は登ることを選んだ』を読むように勧められました。その本を読んでから、私も登ってみようと決心したのです。それまでにいろいろなスポーツをやってみました――空手、ホッケー、サッカー、テニス、陸上競技などです。でもこうしたスポーツのルールや組織的な体質に魅力を覚えなかったのです。ところがクライミングは一度やってみて、これだ、と思いました。

**――ボニントンのほかにも尊敬したクライマーがいましたか。**

いました。ジョー・ブラウン、ドン・ウィランズ、ヘルマン・ブールなどですが、なんといってもヴァルテル・ボナッティです。ボナッティの本を読むと、その精神が強く伝わってきます。彼はクライミングを目的でなく手段に使っている点に強い感銘を受けました。彼がクライミングにのめり込んでいて、山の美しさなんかを愛していたことは明らかですが、同時に自分自身と世界について新たな発見をするためにもクライミングを利用していたのです。これにはとても感化されました。

**――クライミングをはじめたのはどこでですか。**

両親の家から約一マイル離れたところにあるボルダー群です。その後は、スコーミッシュへ行きました。ヨセミテの小型版といったところですが、もっと湿っています。気候はヨセミテより悪いのですが、クライミングのタイプはよく似ています。

一九七九年にこのヨセミテに来て一カ月の間、主に短いルートを登っていました。ビッグウォールを登るなんて思ってもみませんでした。カナダではやらなかったし、ヨセミテの壁はあまりにも大きいので、やるつもりはなかったのです。ところが、ここで長いこと登っているうちに、ますますヨセミテの抱えている可能性に気がつくようになりました。世界にここほど安定した気候のもとでビッグルートを登れるところがあるでしょうか。思い当たりませんね。いるべきところはまさにここだと思いました。

私がここに来はじめたころ、ヨセミテはだれもが行くべきところとされていました。ロッククライミングのメッカでした。クライミング界は非常に活気があり、クライマーたちは世界で最も難しいフリーやビッグウォール・ルートをたくさん登っていました。ヨーロッパやいろいろな国から来た大物に大勢会えましたよ。

それから反動が来ました。「ヨセミテなんてたいしたことはない。ヨセミテのここがいけない、あそこがいけない」と言いだしたのです。形勢は一変してスポーツクライミングがはじまり、ほかの場所がクラッグ・クライミングの新しい話題のスポットとして知られるようになりました。みんなは「ユタ州のアメリカン・フォーク〔・キャニオン〕へ行かなきゃあ」とか「フランスへ行くべきだ」とか言いだしたのです。

今はみんなスポーツクライミングをしているので、十年前にくらべるとヨセミテにいるクライマーの数は少ないですよ。でも、あるタイプのクライミングにはヨセミテはいまだにとても重要な場所です。私個人にとっては、ヨセミテはいちばん大事な場所です。

**――ソロはいつはじめたのですか。**

易しいソロは以前からやっていたのですが、一九八二年にワシントン州にあるミッドナイト・ロックのROTCクラックと呼ばれるオーバーハングしたフィンガークラック〔5・11c〕のソロをやりました。たった二ピッチのクライミングですが、地面から二百メートル以上高いところからはじまるので、空中にまったくむき出しになります。実際にためしてみたのはこれが最初です。いちかばちかとは思いませんでしたが、せいいっぱいの集中力が必要だと悟りました。足の下にはものすごく大きな空間しかないのですからね。

それから、一九八三年にイングランドで少しソロをやりました。『ハード・ロック』を読んで、そこにたくさん載っているクラシックルートを登ってみたくなったのです。でもパートナーがいなかったので、ひとりで行って登ったわけです。あれは私が初めてやったオンサイトのソロでした。何回も登ったことのあるルートのソロとは大違いでしたね。

ある日私はそこのバーに座って雨を見つめながら、「バガブーに戻ってルートをたくさん継続して登ったら面白いだろうな」と考えました。そして実行したのです。「これをやったら名があがるぞ」と考えたのではありません。たまたまそうなったのです。ソロは実に楽しいものです。

そのころヨセミテでは現代ハード・ソロの分野で必然的な進展がありました。最初のルートはニュー・ディメンションズで、一九八〇年代の初めにジョン・バーカーがソロで登ったものです。その数年後、彼はナビスコ・ウォールのソロをやりました。私の考えでは、クラシックルートの順番でいえば次の段階はロストラムだったので、そのちょっとあとで登ったのです。その次に来るのはどうしてもアストロマンでした。

大勢の人に、「いつアストロマンのソロをやるんだ」と尋ねられるようになったのですが、私は「やらないよ、まったく興味がないんだ」と答えていました。肯定的であれ否定的であれ、人々の反応は欲しくありませんでした。こうしたことについて他人の意見に耳を傾けないでいるのは、私にとってとても大切なことです。私は正直に自分を見つめたかったし、「これは賢明なことなのか、愚かなことなのか。これをやる理由は何なのか」ということは自分で決めたかったのです。そしてよい理由があったので実行に移したのです。最初、私は数日前にロープを使って登ってみて下調べすべきかなと思いました。あのルートは以前二、三回登ったことがありますが、その後おそらく四年は登っていませんでした。でも最善の冒険をするには、あらかじめ何もしないほうがいいと思いなおしました。

あの日、私は継続ソロをやりたいと思っていました。それでニュー・ディメンションズとナビスコ・ウォールを登り、次にロストラムに進みたかったのですが、とても暑い日で、暑さの盛りにやりたくはありませんでした。結局、最初の短い二ルートを登ってから、午後はアストロマンを登るつもりで待つことにしました。今も覚えていますが、カリー・ヴィレッジを過ぎて森に入り、アストロマンが日陰になるのを待っていました。ルートは大半がオーバーハングした美しいオレンジ色の花崗岩に延びています。ヨセミテ渓谷で最も美しい壁のひとつです。

森からアストロマンを見つめながら、気持ちを意識的に高めていきました。これは危険ではない、自分はちゃんと準備ができている、成功は間違いない、と頭にたたき込みました。アストロマンまで歩いていき、ルートを登り切る自分の姿を思い描きました。

すると、どうしても登るんだという思いに圧倒されそうになってきました。すぐにでも登りに行きたいという自分を抑えるのに苦労しました。とうとうアストロマンが日陰に入ったのが見えました。岩が冷えるまでと、はやる気持ちを抑えてもうしばらく待ち、やおら歩きはじめました。もう五時ごろになっていました。

ルートの基部に着いたとき、あたりにはだれもいませんでした。最初の5・11のピッチのところで私は躊躇しました。技術的な核心だったからです〔5・11c〕。私は持っていた小さな歯ブラシでそこに付いていたチョークを落としました。それから突進しました。かろうじて指先がかかる程度のレイバックでしたが、岩はとてもしっかりしていました。

最初のピッチを終えると、自分は今、目標に向かって突っ走っているのだという実感がわき、いよいよ気合が入ってきました。アドレナリンがたっぷり出たのです。私はとても速く登っていたので、現在地を確かめるために止まることもほとんどしませんでした。こんなに速く登っていたら楽しみを損なうと思ったので、半分を少し越えたところにあるレッジまで登ったところでシューズを脱ぎ、足の指を動かしながらハーフ・ドームを見やりました。そこにしばらく座り込んで景色を楽しみ、それからまたシューズをはいて登りはじめましたが、今度はもっとゆっくり進みました。

頂上に着いたとき、太陽は沈みかけていました。私は強く集中しつづけていたので、五感は信じられないほどとぎすまされ、知覚は鮮烈そのものでした。私はハーフ・ドームを眺め、それから六百メートル下の谷底を見下ろしました。すると、あらゆるものがとても鮮明に見えるのです。すべてが強烈に美しく見えるのには本当に驚きました。あれだけ楽しい思いができるなら、努力を傾け危険を冒す甲斐はあります。あれこそ冒険です。本当の冒険です。

私は今までに数回アストロマンをソロで登っています。このあたりにはもっと難しくて長いフリールートがありますが、アストロマンのようにクラシックなルートと目されるものはありません。アストロマンよりもクラシックになるルートもないでしょう。アストロマンはクライミングの歴史では計測器のような役目をしているからです。一九五九年にウォレン・ハーディング、グレン・デニー、チャック・プラットがエイドで初登攀しました。一九七五年にはジョン・バーカー、ジョン・ロング、ロン・カウクがフリーで初登しました。アストロマンにはこのヨセミテ渓谷じゅうでいちばん難しい単一のフリーピッチとほぼ同じくらい難しいピッチがいくつもあります。三人は全ピッチをフリーで登りましたが、トップがフリーで登ったあとを残りの二人がジョッキで〔ユマールで〕登っただけでした。それでロン・カウクはもう一度出なおして、一度も落ちることなく全ピッチをフリーで登りました。こうして彼はフリー初登攀を完成したのです。

ヨセミテ渓谷は世界で最も見事なロッククライミング地域のひとつです。そしてアストロマンはここのクラシックルートのひとつです。このルートのソロほど感銘を与えてくれるものはほかに考えられません——ノーズのフリークライミングだって及ばないでしょう。

**——あの登攀にはどういう反応がありましたか。**

大きな反応がありました。まだつづいていますよ。先だって南カリフォルニアに行ってきたのですが、何人かやってきて、六年前にアストロマンをソロでやったねと握手してくれました。でも、「おれがソロで登ろうとしていたのに、あんたがやったと聞いてね、おれはやらないことにしたよ」というクライマーにも大勢出会いますよ。

ジョン・バーカーはおそらくだれよりもアストロマンをやるには適格だったでしょうが、あとで私のところに来てこう言いました。「よくやった。君がやってくれてよかったよ。私はやらずにすんだからね」。彼にはあれに挑戦しなければならないことがはっきりわかっていたのですが、その必要がなくなったので喜んだのです。その正直さをありがたく思いました。

**——ジョン・バーカーはあなたのクライミングに影響を与えましたか。**

ええ、彼は難しさと大胆さの両面でクライミングの幅を広げたので、私にとってもほかの大勢にとっても励みになる人でした。私が初めてヨセミテ渓谷に来たとき、彼は最も難しいルートと、とても大胆なソロをやっていました。技術的な難しさだけでも感動してしまうし、大胆さだけでも感心してしまうのに、両方ともそろっているうえ、ほかの人をはるかに超えていたのです。優秀なクライマーたちがいて、その上にバーカーがいたのです。

私は一九八六年にノーズとハーフ・ドームをいっしょに登るまで（史上初めて二つのVI

級ルートを一日で継続した〕ジョンのことはよく知りませんでした。そのころ私は一日のうちにいくつかのビッグ・ソロをやっていたのですが、彼は私がそんなことをやれるのなら多少はクライミングができるのだろうと思ったのでしょう。いっしょに登らないかと聞かれたときは神様に肩をたたかれたような気がしました。彼はクライミングのためにとても多くのことをした人ですからね。

私は彼からいろいろと刺激を受けましたが、まねをしようとは思いませんでした。彼はショートルートを専門とし、私はロングルートが専門です。私はもともと体力抜群というほうではなく、すぐれているのは持久力です。二時間以上もつづけられる持久力です。

**——どうしてロングルートに引かれるのですか。**

ロング・ソロではひとりになる時間がたっぷりあります。私は夜中にはじめるんです。精神の高揚を図り、これは愚かなことではないと自分に言い聞かせ、疑問点を総点検し、自分の弱点について考え、「やるんだ。引き返すことはいつでもできる」と言います。そうすると気楽に、「安易な道は捨てるべきだ」と言えるのです。明るくなってルートの難しい部分と格闘している間は、自分が今やっていることについて考える時間はたくさんあります。こうしたことをやりながら私は自分について多くを学びましたよ。

一日のうちにたくさんのロングルートを登るのは、私がやってきたことのうちではかなり大きなことの部類に入ります。自分では満足できるもののひとつですが、たいていの人は理解しようとしません。私は称賛を得ようとしてやっているのではありません。称賛は結局消え去るものだからです。しかし人々がこの種のクライミングを理解しないということは、もしクライミングから何か永続するものを得たければ、自分のためにやるべきだという私の感じを裏づけることになります。自分のクライミングを人々が最新の流行と考えている方向に向けるのは大きな間違いでしょう。

人はよく、「あなたのこれこれの登攀は実に驚くべきものだ」と言いますが、それが驚くべきものではなかったことを私は知っています。一週間前に以前より短い時間でノーズを登ったのですが、みんな「そりゃ驚くべきことだ」と言うじゃないですか。でも、たいしたことではなかったのです。とても面白かっただけです。

**――何時間で登ったのですか。**

四時間二十二分です。

**――ノーズのようなルートの登攀で、クライマー間にスピード競争があるのですか。**

ありません。最近のこの登攀はハンス・フローリンとやったのですが、彼は私と競争関係にあるとみなが言っている男です。

**――どうやってそんなに速く登るのですか。**

リードを交替せずに、したがって用具を交換せずに約三百メートル登れるセクションがひとつあるとします。私の持っているラックに入っている用具がそれだけのロープの長さまでもつかどうか確かめなければなりません。たいていは二人同時に動いています。同時登攀です。

**――ルートは熟知しているのですね。**

ええ、七、八回登ったことがあります。おそらく私が世界でいちばん気に入っているルートでしょう。この間やったのが最短時間でしたが、そんなに速く登っているようには感じませんでした。ただ、とても楽しかった。信じられないほど楽しかったですよ。登りはじめたときより頂上に着いたときのほうが元気でした。

**――こうした計画では普通、デイヴ・シュルツがパートナーですか。**

そうです。デイヴはすばらしいパートナーです。巨大なエル・キャプのルートには、デイヴの優秀さの半分でも備えたパートナーを見つけるのも難しいでしょう。彼はエネルギーがありすぎて、じっと座っていられないくらいです。それに、あんなにおかしい男には会ったことがありません。ラックに用具をそろえなおしているときなんか、奇妙な動物の鳴き声をまねしたり、機械の音をまねしたりするんですから。そうかと思えば、何かを見つけては即興の歌を歌ったりするんです――効果音入りでね。

初めて会ったときは、ぜんぜん好きになれませんでした。生意気なやつだと思ったのです。彼はたいていの人にそういう印象を与えるのです。でも彼を知るようになると、それは冗談だとわかります。生意気なふりをしているだけなんです。

夜遅くなって私が、「デイヴ、明日これこれの登攀をしようじゃないか」と言うんです。それで私たちは真夜中に起きて濃いコーヒーを飲み、エル・キャプへ向かって彼のおんぼろフォルクスワーゲン・バンを転がしていきます。眠気覚ましにヘビーメタル・ミュージックをガンガンかけてね。

デイヴは間違いなく私の最良のクライミングパートナーです。私のワンマンショウではない、彼のワンマンショウでもない。だからなおさらいいんです。

**――ヨセミテ渓谷に住んでいると、この地域のクライミングの歴史を意識するようになりますか。**

もちろんです。ここにいると歴史が感じられます。しかし負担になるどころか、むしろいろいろと刺激を与えてくれます。私には人より歴史を重んじるところがあるのかもしれませんが、過去から多くを学んだので、歴史に唾することは無意味に思えます。だれでも歴史から多くのものを得ているのですから、無視することはできません。歴史の都合のよいところだけを取って、制約する部分を忘れるわけにいきません。それに私は歴史が制約するものとは思いません。おおまかな指針になるものだと見ています。

**――過去を尊重することと革新を望むこととの軽重を図るのは難しいことですか。両者の間には絶えず緊張した関係があるのではないですか。**

多くは、ある事をやる理由が何であるかということに帰します。競争意識をわきに押しやり、正直に自分を見つめたうえで、「何のためにこれをしているのか」と自問しなければなりません。理由がよいものであれば、過去と摩擦を起こすことはあまりないはずです。

私は一日のうちにたくさんのビッグルートを登るというアイデアを過去から、少なくともヨセミテの過去から得たのではありません。そういうことはここではまったく行われていなかったのです。しかし形こそ違え、ここで行われた多くの登攀と同じ精神を共有していると考えます。過去とは単なるルールや指標以上のもので、先人たちが伝えてくれる冒険の精神でもあるのです。

**――アストロマンのソロのような登攀はヨセミテのクライミングの歴史における進歩だと思いますか。**

おそらく進歩でしょうが、私は進歩という言葉には少々抵抗があるのです。ハーディングたちがあのころエイドで初登攀できたのはまったく驚嘆すべきことでした。技術的には確かにソロは進歩です。でも私は必ずしも以前になされたことよりすぐれているとは見ていません。彼らがエイドで初登攀をしていなかったらフリーの初登はなかったでしょうし、フリーの初登がなかったら、私はソロの初登をしなかったでしょう。時は移り、事情は変化しますが、私はアストロマンをソロで登ったからエイドで初登攀した人たちよりすぐれているとはとても言えませんね。

**――自分は先人たちの事績の上に立っていると見るのですか。**

ええ、そうでしょうね。彼らがしたことを土台に使わせてもらって私が前進しているんですね。でも、たとえば私のほうがヴァルテル・ボナッティよりすぐれたクライマーだと言うつもりはありません。彼が登ったものより私がフリーで登ったピッチのほうがずっと難しいのですが、私のほうがすぐれたクライマーだと言うのはばかげています。別に謙虚に話そうとか礼儀正しくしようと思っているのではありません。あの時代にボナッティがしたことを思えば、驚くべき人です。

今、人は5・14を登らなければと考えています。私は5・14を登ることにたいした価値がないと言うつもりはありません。でも一般に、5・14はこれまでよりはるかに進歩したもので、クライミングには新しいルールが必要になると考える傾向があるようです。ところが5・14は5・7と同じようなものです。ホールドは小さくなり、ルートは多少急峻になるかもしれませんが、することは同じようなことです。

新しいルールを使いたいのなら、それも結構。ハングドッグには何の抵抗も感じません。どうぞやってください。でも、特別なことをしているんだというふりはしてほしくない。なにも特別ではないんですから。それに、クライミングは今や宇宙時代に入っているのだから、昔のクライミングの見方では判断できないなんて言ってほしくもない。そういう見解にはまったく同意できません。

若いクライマーは「今」をとても重要視しています――最後通牒みたいです。でも何にしろ、それだけを切り離して見ることができますか？　何を見ようと――クライミング、自然、政治、人間関係だろうと――それだけを切り離して見ることはできません。それでは意味を失ってしまいます。だから、だれそれがこのルートを登ったことはクライミング史上最も革新的なことだなんていうのは実に愚かなことです。

**――あなたのルートでラップ・ボルティングで登ったものはありますか。**

何年も前のことですが、ルートを掃除するために、ときにはピトンやナットをセットするために、たくさんのルートをラップ・ボルティングで登りました。ラップ・ボルティングなんて恐ろしいことだとは思っていないので、気がとがめてはいません。今やらないのは、やるとルートがわかりすぎてしまい、クライミングの面白さがそがれてしまうからです。でも私はラップ・ボルターを憎みはしませんよ。デイヴは親友ですが、彼はラップ・ボルティングで登ります。いいじゃないですか。彼はそれが好きなんだし、私は好きじゃないんですから。

**――この問題についてヨセミテでは意見が一致していると思いますか。**

たいていの人はラップ・ボルティングをよしとしています。私の思いどおりになるなら、ラップ・ボルティングはここからなくしたいですね。なぜなら、私が新しい地域で登りはじめたときは、それぞれの地域に違った岩があり、違った人がいて、違ったクライミングスタイルがあって、それが楽しかったからです。どの地域でもスポーツクライミングが流行になって、スタイルの多様性が失われてしまいましたね。残念なことです。

**――ラップ・ボルティングはどうして広まったのだと思いますか。**

クライミングは今どうして人気があると思いますか。大胆さを不要にし、危険を取り除いて、クライミングを別のスポーツにしてしまえばいいんですよ。

**――グラウンドアップ・クライミングのほうがラップ・ボルティングより冒険的ですか。**

そうです。次に何が起こるかわからないからです。要は冒険です。グレードではありません。

**――その哲学はあなたのエクセレント・アドベンチャー登攀にどう適用されますか。**

まあ、あれは私がやったなかでは最もすぐれた冒険というわけではありませんが、難しいフリーピッチとしては不思議な雰囲気があります。急峻で、まっすぐで、しかもウォレン・ハーディングのエイドによる初登攀ルートをなぞっているので、私には何ともいえずよいものでした。耐久力を要するピッチです。技術的にはそんなに難しくはありません。前半に危ういブリッジングの5・12の核心部があり、次に5・11の庇、それから5・12のフィンガークラックがヘッドウォールをまっすぐに上へ走っています。ほぼ直線的なラインです。

**――あのようなルートが未登のままたくさん残っていると思いますか。**

ここにはまだやるべきことがたくさんありますよ。特に大きな崖の岩場に残っています。

ここでそういうルートを登っていれば何世紀でも過ごせます。それにほぼ手つかずの小さめの崖もいくつかあります。

**――そういう崖をグラウンドアップで登れますか。**

ええ。でも繰り返しになりますが、ボルトをところかまわずに打ったり、岩を削りとったり、めちゃめちゃにしないかぎり、やりたいようにやればよいのです。今ますます多くの地域が閉鎖され、ますます多くの規制が加えられています。その主な理由は無責任なクライマーが多いということです。要は自分のいる場所を破壊しないことです。

**――短い極限のルートをこれからもグラウンドアップでつづけるつもりですか。**

エクセレント・アドベンチャーのような美しいルートを見つけられれば、つづけます。しかし必死になって新ルートを探して歩くようなことはしません。美しいルートが見つかれば登る、それだけです。新しいルートだからというだけで何かをする気持ちにはなれません。登れる岩をすべて登ることもないでしょう。

**――クライミング・コンペティションに出るつもりはありますか。**

ありません。私がクライミングに興味を持ったのは、普通のスポーツとはまるで違っていたからです。「十時十五分に登りはじめ、十一時までに終えなさい。そして今晩八時にまたはじめなさい」なんて言う者はいませんでした。クライミング・コンペティションはスポーツクライミングと同じ効果がありました。クライミングを普通のスポーツに近づけてしまったのです。
私はクライミング・コンペティションをテレビで見たことがあります——編集されたものです。そして冗談ではなく、テニスのいい試合を見るほうがましだと思いました。クライミング・コンペティションは私がやっていることとはかなりかけ離れています。

**——クライミングにスポンサーがつくことはどんな影響がありましたか。**

よくも悪くもクライミングを変えました。一部の人が徹底してクライミングに集中できるようになりましたが、これはよいことです。しかし、悪い点はときどき意識して事実を引き伸ばしたり、省略して嘘をついたりする人間が出てきたことです。これは実に悲しい面です。「もう二、三日あったら、あんなに疲れていなかったら、雨が降りはじめなかったら、成功したのに——とにかくムーブは全部解決したのに」などと言うかもしれません。もっともらしい説明はよくあります。ずるをしようとしたら方法はいくらでもあります。あまり正直ではないことに対する言い訳はたくさんあります。コンペティションのよい点はまったく正直なことにありますね。

**——生計はどうやって立てているのですか。**

収入はほとんどガイドをして得ています。スライドショウからもかなり収入がありますし、スポンサーからもいくらか入ります。スポンサーがついていることは悪いことではありません。クライミング界にも、自分自身にも、スポンサーにも正直であればね。正直であってもクライミングで生活することはできます。

**――今日のクライミングはあまりにも専門化されすぎているでしょうか。**

そうですね。しかしクライミングの将来を冷笑的に見るのは間違っていると思います。一時的な流行ではどうなっていますか。初めのうちはみなかぶれるけれど、しばらくすると以前やっていたことにみな戻ってしまうでしょう。今は大勢の人がスポーツクライミングをやっていますが、私はちょっと前にアメリカン・フォークで登っているとき、実に多くのスポーツクライマーがヨセミテでのウォール・クライミングやクラック・クライミングを計画しているのに驚いたものです。スポーツクライミングはここにも定着するでしょう。それはちっとも悪いことではありません。しかし、昨年はもっと多くの人がクラック・クライミングやアルパインクライミングやウォール・クライミングに戻っているように見えました。彼らは、スポーツクライミングには、ほかのクライミングにあるものが欠けているのに気づいて戻っているのです。

**――ヨセミテはいつかクライミングのメッカとして再登場すると思いますか。**

ええ、でも以前ほどではないでしょう。ビッグウォールのフリークライミングやルートの継続登攀は急増するかもしれません。ここには北アメリカのどこよりも多くの長く難しいフリー登攀ができるのです。

**――近い将来の計画として、どのようなことを考えていますか。**

ソロで継続登攀をやってみたいのがいくつかあります。それからデイヴと私で一日のうちにノーズとハーフ・ドームとマウント・ワトキンズを継続したいと思っています。また、やはり彼と〔ハーフ・ドームの〕サザン・ベル〔南の美女〕と呼ばれるルートを一日でフリークライムしたいものです。このルートは十四ピッチで、そのうちの五ピッチが5・12ですが、スペシャリスト向きのルートではありません。単なるスポーツクライマーには5・12cのオーバーハングした耐久クラックや長いランナウトはまったく手に負えません。また単なるクラック・クライマーには5・12のわずかにオーバーハングしたフェイスのピッチは登れません。しかもそこに着くまでにたっぷり三時間、上り坂を歩くので、長距離を歩く体ができていなければだめです。つまり、あのルートを登るにはロッククライミングのほぼすべての面ですぐれていなければならないのです。

しかし、やることはたくさんあります。信じられないくらいたくさんありますよ。ヨセミテでは想像力が豊かであれば、やることはたくさん見つかります。そして、やることが最新かつ最大である必要はないのです。自分のしていることを本当に楽しむことはそれと同じくらい重要です。最も難しいことに立ち向かい、驚嘆すべきことを成し遂げる最善の方法は楽しむことです——人が感心するからやるのではなく、自分は今この惑星上のここにいることしか考えられないからやるのです。

私は自分のしていることが、だれもができる最も重要なことだとは思っていません。私にとってヨセミテのビッグルートを登ることは楽しさと正しさが合わさったものであり、クライミングが差し出してくれるものを完全に享受することです。このようなものが無料で手に入るのは信じがたいことです。これほど楽しいことがどうしてただで、しかも違法ではないのでしょうか。

（1）クロフトは一九九八年にカラコルムへ行き、スパンサー・ブラックに初登頂した。八千フィート（二四四〇メートル）に及ぶ長大な岩稜をソロで登ったのである。グレードはVI、5・11だった。その後はもっぱらハイ・シエラを活動の舞台として、エヴォリューション・トラヴァースVI、5・9（二〇〇〇年）、エアストリームV、5・13、ヴェンチュリ・イフェクトV、5・12＋（二〇〇四年）、サムライ・ウォリアーV、5・12a、ブローハードV、5・12＋（いずれも二〇〇五年）などの初登攀を重ねた。

（2）クロフトが一九八七年に初めて行ったアストロマンのフリーソロは、二〇〇〇年にディーン・ポッターが、二〇〇七年にはアレックス・オノルドによって再登された。オノルドはその後ザイオンのムーンライト・バットレス（5・12d）、ヨセミテのハーフ・ドーム北西壁（5・12a）、フィーニックス（5・13a）、コロラドのコズミック・デブリ（5・13b）などをフリーソロ、二〇一七年にはエル・キャピタンのフリーライダー（5・12d）もフリーソロしている。

# トモ・チェセン

Tomo Česen

いずれにせよローツェは私の魂の一部を、不確実な感覚を伴う真の冒険を知りたいと思う部分を奪ったと確信する。これは危険な道で、絶えず決断を下し、それに基づいて行動しなければならない。小さな違いはあるが、この道は人生に似ていて、すべてのことが限界ぎりぎりのところで起こり、どちらに向かえばいいのか判断に苦しむことがときどきある。幸い、つぎつぎと遠い頂が発見され、真の限界を区切っているのは無限のみである。霧のかなたへ、未知の中へと人は石を——欲望を——投げ込み、それから石を追って自分自身を投げ込むのだ。

トモ・チェセン『ソロ』

トモ・チェセンのローツェ南壁登攀はクライミングの歴史で最もめざましい成果のひとつである。大胆で息をのむような一度の攻撃で、この才気あるスロヴェニア人はヒマラヤ登山ばかりかクライミングの全領域を変えてしまった。しばしばヒマラヤの最後の大きな課題としてあげられた壁のオンサイトによるフリーソロ初登は、高所クライミングという点から見ると量子的飛躍による前進であるばかりでなく、このスポーツ内の多様な専門分野をすべて総合した新しいものであることを表している。彼のルートは岩、雪、氷を問わずクライミングゲームのすべての面で熟達することが可能なだけでなく、総合的に熟練することが、将来も冒険と熱意がクライミングの核心に残ることを保証する最善の道だということを示している。彼のローツェ登攀は細かく枝分かれしてしまったこのスポーツをもとに戻すとともに、今日の世界で最も優秀なオールラウンドクライマーという名声を彼にもたらした。

トモ・チェセンは突然スポットライトを浴びたように見えるが、そのローツェ登攀は実は何年も積み重ねてきたトレーニングと献身ぶりの頂点をなすものである。彼は自分の成長を一歩一歩進んでいくようなものだと言っているが、普通の基準から見ると、ときにはその一歩がまるで幅跳びのように思える。

彼は一九七五年、十六歳のときに旧ユーゴスラヴィア北部のスロヴェニア共和国にある郷里クラーニの町の郊外の岩場でクライミングをはじめた。ロッククライミングの基礎を身につけてしまうと、翌年にはモン・ブランに登り、雪と氷に立ち向かった。

彼はクライミングが好きではあったが、一九七九年まではあまり真剣に取り組んではいなかった。この年、南アメリカ遠征に参加するか、学校にとどまって普通の学業をつづけるかの選択を迫られた。彼は遠征をとり、ユーゴスラヴィア隊の一員としてアンデスのアルパマヨ南壁の初登攀をやり遂げた。彼はこのスポーツの持つ可能性に興奮して帰国したが、それでもまだ完全に打ち込んではいなかった。

一九八〇年、チェセンはスロヴェニア最高のクライマーのひとりであるナイツ・ザプロトニクと組んでプティ・ドリュのボナッティ稜〔南西岩稜〕、モン・ブラン・デュ・タキュルのガバルー・クーロワール、ドロワット北壁、その他のアルプスのクラシックルートを登った。その結果、自分のクライミングに対する情熱を確認でき、このスポーツをもっと真剣に追求しようという気持ちになった。

一九八三年、チェセンはパミールのコムニズム峰（七四九五メートル）北壁を登り、高所を経験したが、この経験はカンチェンジュンガの西峰ヤルン・カン（八五〇五メートル）の一九八五年ユーゴスラヴィア遠征隊に参加するには欠かせないものだった。ヤルン・カン遠征はチェセンにとって重要なものとなった。この山の三三〇〇メートル余りの北壁の初登攀に成功したあと、彼とパートナーのボルート・ベルガントは暗闇の中を下山中に事故に遭った。懸垂下降の支度をしながらチェセンが見ると、ベルガントは疲労のあまりがっくりと気を落として、そのまま墜死してしまった。動揺したチェセンは下山をつづけて危険を冒すことを避け、八四〇〇メートル付近の吹きさらしのところでビバークすることにした。すでに食物なしで四日、水なしで二日を過ごしていたが、かろうじて力をふりしぼり、凍傷にもかからずにその夜を生き延びることができた。明け方、ただちに下山にかかり、なんとか無事にベースキャンプに帰着した。

ヤルン・カンでのビバークは優秀なクライマーを偉大なクライマーにする厳しい試練の役をした。自分には途方もない貯えがあって、それを引き出せることがわかり、チェセンはもっと野心的な登攀に挑む自信がついた。ヤルン・カン登攀から間もない一九八六年の冬、チェセンはアルプスの三大北壁——アイガー、グランド・ジョラス、マッターホルン——を連続七日間にわたるソロで登って継続した。運勢の星は上向いてきたのだ。

同じ年、チェセンはブロード・ピーク（八〇五一メートル）のソロをやり、次にK２南壁の新ルートをねらった。ビバーク用具も食糧も持たず、すばやく南々東稜をソロで登り、一九八三年にダグ・スコットが達した最高地点を越えた。ちょうどアブルッツィ稜の肩（約八一〇〇メートル）に達したとき、天候が悪化するのが見えた。彼はすばやく退却したが、アブルッツィ稜の上部にいたクライマーたちは不運だった。まもなくひどい嵐が襲ってきて、多くの命を奪い去った。

一九八七年、彼にとっては最後の伝統的な遠征隊に参加してローツェ・シャールに挑んだが、不成功に終わった。この遠征で彼は、すばやく高所に登り、ただちに下りてくる連続的なクライミングが自分には最適の高所順応法だと気がついた。そういうやり方は伝統的な遠征隊の枠にはおさまらないので、遠征隊に参加するのはやめて高所ではソロクライミングをすることに決めた。

　このような高所のルートに加えて、チェセンはアルプス登攀のグレードを上げることもつづけた。一九八七年、グランド・ジョラスのノー・シエスタ（5・11a）をプラスチック靴とフル登山支度のままソロで登った。一九八八年にはユリアン・アルプスで難しい冬季ソロをたくさんやった。これは彼がやろうとしていた大胆な飛躍の備えになった。

　それまでやってきた登攀のすべてから重要な情報を集めたのち、チェセンはこれまでにない革新的なことをするために高所の経験とアルプスの経験をどう結びつければいいかを考えはじめた。その結果として出てきたのはまさに夢のような登攀で、彼自身も考えるのをためらうようなものだった。ヤルン・カン遠征で見たジャヌー（七七一〇メートル）の巨大な二八〇〇メートルの北壁のソロである。だが、一九八九年にマルモラーダ南壁のテンピ・モデルニ（5・11a）とモン・ブラン、ブルイヤールの赤い岩稜のガバルー＝ロン・ルート（5・11d）の冬季ソロをやってから、彼はジャヌー登攀の心理的な準備ができたことを感じた。一九八九年四月二十七日、彼はその巨大な壁を登りはじめた。花崗岩のスラブを覆う薄い氷の長いピッチがいくつもあり、A2の部分が数箇所と、5・10だがこの高所では信じられないほど苦闘させられたフリークライミングの難所もあった。二十三時間休むことなく登って、彼はついに山頂に達した。ヒマラヤで達成された最も困難なソロ登攀だった。

チェセンはジャヌー登攀を今後の形式として示したのだが、それは誇張ではなかった。彼はジャヌーに登ってから、軽装備の敏速なソロ登攀は高所でも可能だし、大遠征隊にくらべて明らかにいくつかの利点があることに気がついた。そういう登攀ならわずかな好天の期間に終えられるし、クライマーが危険な地帯で過ごす時間も少なくてすむので遠征隊より安全なことがある。こうしたことをよく考えた末、チェセンは次のステップではこの戦法を八千メートル峰、特にみなにねらわれているローツェ南壁に使うことになるだろうと思った。ローツェ南壁では過去に失敗している大きなチームよりもこうした戦法のほうが有利にちがいなかった。

チェセンはクライミングの難題を分析し、その解決策を生み出す達人である。彼は南壁を詳細に調べた。これまでに挑戦したことのあるクライマーたちと話をした。そうして得た情報について熟慮を重ね、三三〇〇メートルのフリーソロのための一種の意表の策を開発した。これまでに多くのパーティをなぎ倒してきた雪崩と落石を避けるために壁の大半を朝のうちか夜に登ることにしたのだった。これはすばらしい計画であり、傑作といえる戦法だが、まだ実行するという問題が残っていた。

準備に何カ月も費やしたのち、チェセンはついに計画を実行に移した。壁の下部を夜のうちに登り、日中は身をひそめて唸りをあげて襲ってくる雪崩や落石をやりすごした。壁が静かになってから夕方まで登りつづけ、ロックバンドの基部に着くと、そこでまたビバークした。明け方、壁の上部に取り組み、もろい岩とミックスの地帯をすばやく前進した。一九九〇年四月二十四日、彼は頂上に達した。ヒマラヤの「最後の大きな課題」は解決した。

登攀成功のニュースは野火のように登山界に広がった。クライマーのほとんどはこの驚異の登攀を率直に称賛をもって迎えたが、嫉妬で判断が曇ってしまった人たちもいた。チェセンの登攀写真は修正されていると主張し、彼が南壁を登ったのは疑わしいとした。(1) 結局は冷静な人々が勝ち、チェセンはその偉業の栄光に浴することができた。今や彼のローツェ登攀は将来の高所登攀を評価する際の基準になるだろうといわれている。

チェセンは一九五九年十一月五日、スロヴェニアのクラーニに生まれた。それ以来ずっと同じところで暮らしており、生家から動いていない。彼と妻のナダは二人の息子ナイツとアレシュとともに二階に住み、一階には両親が住んでいる。チェセンはスロヴェニア・スポーツ協会から給料を受けており、一年中トレーニングとクライミングに専念できる。ほかにも地元紙のクライミングのコラムを書いたりテレビ番組で話をしたりしているので、スロヴェニアでは有名人だ。クラーニや近くの町を歩いていると人々はサインを求め、彼はていねいに応じている。

ある点では、チェセンは現実離れしているほど善良な人間に思える。鉄人どころか鋼鉄のようなこの男は同時に家族に献身的な人でもある。危険で不安定な冒険生活と静かで安定した家庭生活をうまく両立させているのだ。しかもバランスをとるのが難しいこの技をさりげなくやってのけている。午前中は家事に費やし、午後には地元の岩場を登っている。何でもないことだ！

チェセンは長身で脂肪がなく、筋骨たくましい。大きな手のひらは堅く、厚くなっていて、その皮をいつもむしっている。彼はこの手にこだわりを持っている――ソロクライミングを業とする者にはいちばん貴重な道具だ――柔らかくならないように水泳をしないようにしているくらいである。

このインタビューは夏のある暑い日、クラーニにあるチェセンの家の居間で行われた。彼は午前中いっぱいと午後のかなりの時間を割いて質問に答えてくれた――注意力はゆらぐことなく、集中力も欠けることなく、人格全体から穏やかさと自信がにじみ出していて、この人は巨大な山々を登ったばかりでなく、それを取り入れて自分のものにするすべを見つけたかのようであった。

**――クライミングの大半がソロですが、どうしてソロを好むのですか。**

ソロではすべてのことを厳密に正しく行うことが要求されるので好きなのです。私は正確さを求めることに終始興味がありました。精神を集中し、ひとつのことだけを正確に行うのです。そういうことに魅力を覚えるのですが、私はそれをソロクライミングに見出したのです。集中力をあるレベルに保つと、私はいつもその状況の内部にいられます。外部のなにものにも影響されません。だれの声も聞こえないし、だれの姿も見えません。私はだれかほかの人のようになるのです。この惑星の上にいなくなるのです。

**——それでいて周囲で起こっていることは異常なほどわかっているのではないですか。**

もちろん、そうです。ソロをやっているときのほうが自分のいる場所を強烈に感じとっています。私は絶えず動いており、常に何かをしていますが、そのほうが物事によく集中できます。パートナーがいると登ったり、確保したり、座ったり、休んだり、待ったりします。何かをしていないときは、ほかのことを考える時間があります。でも常に動いており、登りつづけていると全体を——自分も、山も、ほかのことすべてを——本当に感じることができます。

**——パートナーと登るよりソロのほうが難しいのはどうしてですか。**

すべてを自分でしなければならないこと、ほかの人の助けを期待できないことに難しさがあります。また自分はひとりっきりだという感じに対応できなければなりません。それを快適に思わなければ問題が生じるでしょうね。ところが私はすべてが自分に、それも自分だけにかかっていることを意識すると、百パーセントの集中力が得られることがわかりました。自分の持っている体力と能力を全部引き出すことができるのです。

**——それでは、あなたにはパートナーと登るよりソロのほうが安全かもしれませんね。**

ときにはそうです。ソロではパートナーに注意を払うことがありませんからね。自分のクライミングだけに集中できるわけです。それにソロだとルートにいる時間が短いので、その分だけ安全だということもあります。特にヒマラヤの氷壁などではそういえます。

**——ソロをしていて怖くなることがありますか。**

ときどきあります。私が怖くなるのは状況が自分の手中にないとき、つまりセラックが崩落するかしないか私にはコントロールできないようなときです。外的な危険——雪崩のようなものがいちばん怖いのです。

**——そのような危険はどのようにして乗り越えるのですか。**

選択の問題です。フェイスを見て、どこを登るか、一日のどの時間帯がいちばん安全かを決めるのです。出遭う確率をできるだけ小さくして外的な危険を避ける方法があるのです。こういう決断をするためには、豊富な経験とともにたくさんの情報が必要です。論理的に考え、十分に気をつけて準備しなければいけません。

**——いつもひとりで何かをするのが好きだったのですか。**

ええ、子供のころは無口で恥ずかしがりやでした。人と話すのが苦手だったのです。私は何をするにもいつも真剣に取り組みました。いろいろなことに、特にスポーツに興味を持っていました。七歳のときにスキーをはじめました。トレーニングもレースもずいぶんやりましたが、十四歳でやめました。トレーニングのシステムがあまり真剣でないというか、専門的ではなかったのです。時間をむだにしているような気がしたのです。何かするのなら真剣にやりたかったのです。

**――自分でトレーニングのできるスポーツを好んだのですか。**

ええ、私はかなりの個人主義者だと思います。チームスポーツに反対するわけではありませんが、すべてを自分でできるスポーツのほうが好きです。人に頼るのは嫌いです――スポーツだけではなく人生でもそうです。私のしたいことのほとんど全部がひとりでやりたいことです。それに人を信頼しすぎるのも好きではありません。たいていのことは人にまかせないで自分でやるほうが好きです。

これは性格の問題だけではなく、体験の問題でもあります。私は仕事その他で嫌な体験をいくつかしています。たとえばクライミング・コンペティションを主催したときに、ある人に手伝いを頼んだのです。彼は「いいよ」と言っておきながら、二週間たっても何もできていないじゃないですか。結局は私が自分でやらなければなりませんでした。

**――クライミングをはじめたのはいつですか。**

十六歳のときです。クラーニのクライミングスクールではじめました。初めに理論を教わって、次に実技として午後に地元の岩場をいくつか登ったのです。その後クライミングスクールの友達とクラーニの近くのユリアン・アルプスやカルニック・アルプスを登りました。

**——岩を登ることからはじめたのですか。**

そうです。それから冬にはここで易しいルートを登りましたが、ほとんどがクーロワールでした。その翌年、私たちはシャモニへ行き、モン・ブランに登りました。モン・ブランのあと、私はもっと難しい氷のルートを登りはじめ、次に氷の滝に手をつけました。私の登山歴は一歩一歩です。急速に進歩したのではありません。物事がよいのかよくないのか考えられるように、ゆっくり進むのは大切なことだと思います。

**——どうしてクライミングが好きになったのですか。**

これはとても易しいような難しいような質問ですね。たぶん、ただ好きになったのだと言っておいたほうがよいでしょう。私は自然の中にいるのが好きな人間です。冒険を求める人間です。どうして好きになったのか、論理的に説明するのは難しいですね。

**——町から離れたいと思いましたか。**

特にそうは思いません。私は人といっしょにいるのが好きですよ。社会から逃げだしたいと考えているような人間ではありません。私は単純に山にいるという感じが好きなのです。険しい岩壁のそばにいるという感じが好きです。私は山にはさまれた土地に生まれたので平坦なところでの生活なんて考えられませんね。

**――はじめたときから上手なクライマーでしたか。**

ええ、でもクライミングスクールを終えてから数年間クライミングをしていたのに、あまり本気になっていませんでした。これは自分のすべきことなのかどうか見きわめようとしていたのです。

そんなとき一九七九年に、所属していた山岳会が南アメリカへの遠征隊を組織し、私は行くかどうか決心しなければなりませんでした。同じ時期に大学で試験があって、教授のひとりがどうしてもあとで試験を受けることを許してくれなかったのです。遠征に行くと決めた以上この教授の試験は受けられず、私は二年に進むことができませんでした。学生でなくなると兵役につかなくてはなりません。そこで兵役につく前に結婚しました。だから遠征から帰ってくると学校、仕事、クライミング、家庭、これらすべてをまとめなければなりませんでした。楽じゃありませんでしたよ。

この遠征は私にとっては数多くの闘いと葛藤のはじまりになりましたが、私の人生の転機でもありました。南アメリカに行って一、二年してから、私がしたいのはこのスポーツだと確信するようになりました。最優秀になりたいとか抜群の成績をあげたいというのではありません。単に好きだからやるという問題です。午後はテニスをするのが好きな人がいるでしょう。私にはそれがクライミングなのです。

――手本にしたクライマーはいましたか。

クライマーの話を本で読んで、ときにはとても感動しました。ボナッティ、ブール、カシンらのやったこと、このスポーツに対する姿勢、人生一般についての考え方などに感銘を受けました。ある人がどういう種類の人間かということは私には非常に大切なことだからです。クライマーとして完全であっても、よい人間でなければ私は感動しません。クライマーであるというだけでは感動しないのです。それよりも大切なことはその人が立派な人間であること、人間として本物であることです。

――クライミングはだれから教わりましたか。

ナイツ・ザプロトニクがいろいろ教えてくれました。彼はスロヴェニアではとてもよく知られています。八千メートル峰を三座登っていました。ソロもたくさんやった人です。私たちは性格的には同じでありませんでした――彼は外向的でパーティ好き、私はそういうのは好きでないんです。でも境遇は同じでした。彼はときどき失業していることがありました。私もです。私たちはいっしょにクライミングをしてはずいぶん時間をむだに費やしていました。ただ座って話をしているだけでしたが、ばかげたことばかりで、有益な話ではありませんでした。ときどき怠けていたのでしょうね。でも、これは相対的なものです。普通の人から見れば私たちはあまり能率がよくなかったのです。普通の人は一日に八時間工場で働かなければならないものと考えていて、そうしない人間は働きたくないからだと考えているのです。

彼がマナスルで死んだとき〔一九八三年春〕、私はとてもショックを受けました。だれかが死んだことで本当にショックを受けたのはあれが最初で最後でした。一九八五年にヤルン・カンで友人のボルート・ベルガントが墜死したときでさえ、あれほどではありませんでした。ナイツの死は大ショックだったのです。クラーニ全体が彼の死を信じられませんでした。彼に不幸が起こるなんて、だれにも考えられないことだったのです。

**――彼は安全なクライマーだったのですか。**

おおむねそうでした。彼はやっていることに自信を持っていました。でも、ときどき十分に気をつけていなかったこともあります。たいていは外的な危険にかかわることですが、私だったらやらないようなことをやっていました。セラックの下を通るようなときも、彼は「大丈夫さ」と行ってしまいますが、私は迂回するのです。

**――彼はどんな具合に死んだのですか。**

つまらないことからでした。彼はもうひとりのクライマーとベースキャンプから少し離れたところを登っていたのです。雪田を横断していたのですが、易しい、なんでもないところでした。そのとき上方のセラックが崩壊して雪崩を起こしました。その雪崩に襲われて彼らは命を落としたのです。

**――その事件でクライミングをすることに疑問を抱きましたか。**

いいえ。私はクライミングをつづけることに疑問を感じたことはありません。やめることなど考えたこともありません。彼の死を聞いたのは私がユーゴスラヴィア南部でクライミングをしているときでした。夕方、だれかから聞いて、すぐに荷物をまとめて家に帰りました。友達が死んだのを知って、次の日に登ることなんてできなかったのです。しかし、私は自分のしていることに疑問をはさんだことはありません。そういう種類の問題ではなかったのです。

**――アルプスで難しいルートを登りはじめたのはいつですか。**

一九八〇年です。ナイツと私はドリュ西面のボナッティ岩稜を登りました。それから私たちはモン・ブラン・デュ・タキュルのガバルー・クーロワールとドロワット北壁を登りました。

**――ユーゴスラヴィアで登ったルートより難しかったですか。**

いいえ、ユーゴスラヴィアにはもっと難しいルートがたくさんあります。私が登ったアルプスのルートでいちばん難しかったのはこのユリアン・アルプスにあります。ここには千メートルもの長いルートもありますが、あまり知られていません。でも私は新しいところが好きなので、西部アルプスを登るのは好きです。それに、いろいろと異なった経験をしたほうがはるかにうまく登れるようになるのです。ここの状況をほかの場所の状況と比較できますからね。

**――アルプスの三大北壁をつなぐアイデアはいつ思いついたのですか。**

友達と集まって話をしていたとき、だれかがこの三つの北壁を冬にソロクライミングでつなげたら面白いだろうなと言ったのです。私は少し考えてから言いました。「うん、やったら面白いだろうな。まずひとつ登って、下りて、すぐに次のにかかるわけだ」

**――クリストフ・プロフィ〈仏〉もそれを計画していたのですか。**

そうです。でも私のアイデアは彼のとは別個に生まれたのです。新聞や雑誌は私たちが競り合っていたと書き立てましたが、どちらも初めのうちは互いの計画を知らなかったのです。私はアイガーからはじめてシャモニに来て友達のところにいたら、その友達がクリストフ・プロフィもこれを計画していると言いました。私はそのとき初めて聞いたのです。私は「ああ、そうなの」と言いました。私がグランド・ジョラス北壁のランスールに取り付いたとき、彼はすでにクロ側稜を登っていました。この壁ではこちらのほうが長く、難しいルートです。彼がそのルートにいるとは知りませんでしたが、ヘリコプターが何機か見えました。それで、だれか偉い人があそこにいるにちがいないと思ったのです。

彼のほうではあれが一番目に取り付いた壁でした。それからヘリコプターでマッターホルンへ行ったのですね。私は一、二日遅れてマッターホルンに着きました。イタリアから行ったのですが、そのほうが近かったからです。そこで言われたのですが、プロフィは一日前に来たけれど二十四時間で全部の北壁を登り切れないと見て、登っていかなかったとのことでした。彼はやめたのです。でも私はつづけて、マッターホルンを登りました。というわけで、夏季に初めてつなげたのは彼で〔二十四時間で〕、冬季に初めてつなげたのは私なのです。

次の年の夏、シャモニで彼に会い、ちょっと言葉を交わしました。これが真相です。どうということのない話です。私たちの競合から雑誌が大げさなことをでっちあげたのです。ばかばかしいことでした。

**――三大北壁をつなげてからはクライミングのために資金を集めるのが易しくなりましたか。**

いいえ、同じでした。将来はどうなるかわかりませんが、過去においては旧ユーゴスラヴィアではどんなスポーツでも共和国レベル、国家レベル、国際レベルで評価するシステムがあって、その評価に従ってトレーニングや移動の費用としてお金をもらうことができたのです。それにクラーニのスポーツ協会と私の所属する山岳会もお金を出しました。クライミングで何かよい成果をあげれば、そういうところから移動費などのお金が出たのです。生活費ではなくて、経費の援助をするのです。

たとえば三大北壁をつなげたとき、私は経費がいくらかかったか報告し、払い戻しを受けました。新聞やテレビが大々的に報道し、私はクラーニで講演をしました。そのほかは三大北壁後も何も変わりませんでした。

**――三大北壁では速く登ろうとしたのですか。**

いいえ、私はただ速く登るために登ったことはありません。私は常に制御できる範囲にいました。ランニングとは違うのです。あれは連続クライミングと呼んだほうがいいでしょうね。でもスピードは大事です。速く登れば天候の変化や落石のような外的な危険が小さくなります。ですからスピードは安全を意味することにもなります。

私のクライミングスタイルはほかの人より少し速いかもしれませんが、もっと速く登る人はたくさんいます。それにプロテクションをとらずにソロをしていると、パートナーとロープでつながれているときより速く登れるのは当然です。ですからソロの場合と二人の場合のクライミングの時間を比較するのは誤解のもとです。ひとりで登るときの時間は、ロープを使ってチームで登る場合の約三分の一です。

**――ソロのときは自己確保をするのですか。**

するときもあるし、しないときもあります。状況次第です。エイドクライミングがあるときは一本のピトンだけに頼りたくないので自己確保します。アイスクライミングでは普通、自分自身を十分に確保するだけのアイススクリューを持っていけませんし、ヒマラヤの大きなフェイスではフェイス全体にプロテクションをとることはできません。そんなことをしていたらクライミングが終わりませんから、プロテクションなしで登らなければなりません。難しいフリークライミングの場合は能力の問題になります。数年前だったら私は確保をしてソロをしたかもしれませんが、今同じルートを登るとしたらおそらくプロテクションは要らないでしょう。私は今ソロのときは、たいていプロテクションなしで登っています。

ソロクライミングで自己確保するにはいろいろなシステムがあります。パートナーがいて確保してくれるのとほぼ同じように確保することができます。ピッチを登り終えたら下りていって、改めてユマールで上がっていくことになります。これはとても時間がかかるし、挑戦の意味もあまり大きくありません。フリーでプロテクションなしで登ると、すべてが私次第になるので、ずっと面白いのです。

**――前に登ったことのないルートを今ソロで登っているのですね。**

ええ。でも最初の段階は私の知っているルートで難しくないものをソロで登ることでした。私はソロクライミングをほかのクライミングと同じように一歩ずつ進めていきました。初めてソロをやったのはクライミングをはじめた年の終わりでした。これは易しいルートでした。それから易しいルートないしは中級のルートをおそらく一五〇本から二百本ソロで登り、次の段階に進みました。今度は自分が登ったことのある難しいルートでした。そのあとで未知のルートで易しそうなものからはじめたのです。こういう具合ですよ。

**――初めてヒマラヤへ行ったのはいつですか。**

一九八五年のヤルン・カンです。

**――それまでに経験したクライミングとはどう違っていましたか。**

ヒマラヤであの高さまで行くこと、キャンプや固定ロープなどを使うクラシックな大遠征隊の一員である点が違っていました。でも経験の非常に豊かな人〔ボルート・ベルガント〕とチームを組めたので、運がよかったのです。彼はヒマラヤには何回も行ったことがあって、私をとても助けてくれました。

彼の担当は食糧で、私は装備でした。ほかのクライマーが先行して氷河を抜けるルートを探している間、私たちはベースキャンプに残っていろいろなものをそろえていました。次の日、私たちはいっしょに登りました。それでパートナーになったわけです。

ボルートは手本を示しながら、いろいろなことを教えてくれました。標高の低いところではさして重要でない細かなことを覚えましたが、これは標高の高いところではとても大事なことでした――高所順応はどうするか、外れないようにクランポンをつけるにはどうしたらいいか、素手ではなく手袋で雪を払うにはどうするか、などです。初めてああいうところへ行く者には、こうしたことはわからないのです。

**――遠征中、体調はどうでしたか。**

よかったですよ。でも第四キャンプから山頂へ向かう前の晩、雪を解かして水をつくったのですが、ボルートはそれに私の嫌いなものを入れたのです。それを飲んだところ、夜中に吐いてしまいました。朝になって、私が水をつくって半分飲むから、残った分になら何でも好きなものを入れていいと彼に言ったのですが、彼はまた水の中に何か入れたのです。私は水を飲むと、また吐いてしまいました。そのせいでひどく体力が衰えた感じがしました。

自分ひとりだったら引き返してしまったでしょう。テントから出るとめまいがしました。それに斜面が険しいので、「だめだ、下りる」と言ったのです。でも彼は励ましてくれて、そのうちによくなると言うのです。それで私は酸素を少し吸って、いっしょに登りはじめたのですが、一、二時間すると気分がよくなりました。頂上に近づくにつれ、ますますよくなるのです。山頂に着くのに十四時間かかりました。着いたときは午後五時で、私たちは暗闇の中を下りはじめました。下るときも私の気分はどんどんよくなっていくのに、彼のほうは悪くなるばかりです。疲れきってしまったのです。彼は集中力に難点がありました。心理的に準備ができていなかったし、精神的によい状態ではなかったのですね。

**——どういう意味ですか。**

彼は頂上に着くことだけに気持ちを集中していて、着いたら気が緩んでしまったのです。あとでわかったのですが、アルプスでも似たような難点があったとのことです。ルートを登り切って頂上に達してから、彼はいつも疲れきって下っていたのです。しかし、ヒマラヤでは山頂に着いたからといって全部終わったわけではないんですよ。

**——事故はいつ起こったのですか。**

八四〇〇メートル付近の最も難しい部分で、七〇度から八〇度のアイスクライミングと5・8のロッククライミングのある二十メートルのピッチです。あの高所でクライムダウンするのはとても難しかったでしょう。それで私は下るときに懸垂下降をしなければならないと思ってピトンをひとつ残しておきました。そこに着いたとき、彼は自分が何をしているのかわからなくなっていました。もうできない、疲れすぎた、死んでしまう、と口にしはじめていました。

そこで私は懸垂下降するためにロープをつけました。彼は小さなレッジまで下降して、着いたと声をかけてきましたが、私にはレッジまであと十メートルほどあることがわかっていました。下りていってみると、はたしてあと十メートルぐらい下りなければなりませんでした。私はもう一度懸垂下降できるように、ロープにぶら下がったままでピトンを一本打つことにしました。そして私がピトンを打っている間に彼は墜落したのです。彼には自分が落ちるという意識があったとは思えません。眠り込んでしまったのだと思います。声も上げなかったし、何も言わなかったのですから。そのまま落ちたのです。

しかし、いずれにしろ彼はあの夜を生き延びることはできなかったでしょう。それほど疲れきっていました。彼が眠らないようにしておけたとは思えません。眠ったらそのまま死んでしまったでしょう。

彼が墜落したあと、私はそのレッジでビバークしました。ビバークしている間、しなければならないこと、してはいけないことはよくわかっていました。私は指を動かしたり、眠らないようにしたりしていました。集中力の問題であり、意志の問題でした。そして朝になり、私には何の異常もありませんでした。生き延びたうえ、凍傷も起こしませんでした。

**——どうやって生き延びることができたのですか。**

ほかの人よりスタミナがあったのかどうかはわかりませんが、集中できる能力はあるのです。私は今こういうところにいて、生き延びなければならない。それは単純なことだけれど、えらく複雑なことでもあります。

**——下るのには苦労しましたか。**

いいえ。下れば下るほど気分はよくなりましたが、集中力を保つように努力していました。第二キャンプに着いて何人かのクライマーに会い、少し話をしてから私たちは第一キャンプに下りていきました。そこで夜を過ごし、翌日、氷河を歩いていったのですが、氷河の終わるところで集中力が切れていくのを感じました。それからはだんだん歩くのも困難になってきました。小さな岩がいくつもありましたが、距離を判断しかねて何回か転びましたよ。

氷河が終わるところでモレーンの上まで百メートルほど登らなければならなかったのですが、十メートルごとに座り込んでしまいました。私は装備を自分で全部運んでいたので、とても重いルックサックを担いでいました。どうしてだかわかりませんが、仲間たちに運んでもらいたくなかったのです。自分のものは全部自分で運びたかったのです。もうルックサックはそこに置いて手ぶらでいこうか、どうしようかと考えていました。しかし装備を全部、何もかもルックサックに入れてベースキャンプに着きたいんだ、自分で運びたいんだと心に決めました。全部を自分で終えたかったのです。思い残すことなく終えたかったのです。

そしてベースキャンプで私は完全にのびてしまいました。疲れすぎて眠ることもできませんでした。医者が静脈注射をしようと言いましたが、本当に必要としているのでなかったら注射をするのはよくないので、私はやらないですませたいと答えました。翌日は何をするのも大儀でした。荷造りをしようとしたのですが、十分もするとやめて休まなければならないほどでした。ベースキャンプから二百メール離れたトイレへ歩いていくのも難しいくらいでした。それで注射をしてもらいましたが、同時に医者は眠れるようにと何か薬をくれました。それからは二十時間ぶっつづけに眠りました。私がまだ生きているかどうか、ときどきだれかがテントをのぞきにきたそうです。私は昼食だか夕食だかに起きて——どちらか覚えていないのです——それからまた十五時間ほど眠りました。その後は気分がよくなりましたよ。

**——ヤルン・カン遠征で学んだ最も重要なことは何ですか。**

ヤルン・カンではたくさんのことを学びましたが、いちばん重要なのは自分の限界を知ったことです。自分はどのくらいのことに耐えられて、しかもなお生きていられるかを知りました。これはほかの方法では知り得ないことです。この種のことは経験しなければわかりません。そのためにヤルン・カンは私の高所クライミングの経歴では最も重要なものです。ヤルン・カンのあとは、自分はどこまでできるかを知りました。自分が処理できるのは何かを知りました。でももちろん、そんな限界は避けるように心がけていますよ。

**――K2でのようにですか。**

そうです。一九八六年に行ったのですが、その直前にブロード・ピークを登っていました。だから高所順応は十分にできていたし、コンディションはとてもよかったのです。でも〔アブルッツィ稜の〕肩に着いたとき、天候に嫌な感じがしたのです。それで私は下りたのですが、天候は悪くなる一方でした。この天候の激変で、もっと上方にいたクライマーたちは下山ルートを絶たれてしまったのです。

あとでクルト・ディームベルガーと話をしたのですが、彼らは五メートル先も見えなかったそうです。霧と雲と雪ですからね。もちろん彼らは第四キャンプから下の斜面で迷ってしまいかねないことがわかっていたので、一日待つことにしたのです。これは正当です。それから、もう一日待ちました。そして、もう一日です。四日か五日たって、天候が悪くてもどうにかしなければならない、さもないとみんな死んでしまう、と思ったのです。その先はご存じでしょう〔一三九ページ参照〕。

**――一九八七年のローツェ・シャールも、あなたにとって重要な遠征でしたか。**

そうです。ローツェ・シャールは成功しなかったけれど、重要な遠征でした。遠征中に、私にはゆっくり登って途中で泊まったりするより、つづけて登るほうが向いていることを発見した点で重要です。休みなしで連続して登ってしまったほうがずっと気分がよいのです。そのほうが高度による害が少ないのです。

初日にベースキャンプに着き、翌日は六五〇〇メートル地点までロープを固定してベースキャンプに戻りました。それから二日休み、七二〇〇メートルまで登りました。私の体は何の問題もありませんでした。もしあの高所にとどまっていたら大きな影響を受けたでしょうが、そうせずにすぐベースキャンプに戻ったのです。一日のうちに登って下りてくれば危険はありません。

それで私はこのことについて考えはじめ、高所順応を分析してみました。そして、これができたのであれば、七三〇〇メートルの高山を一気に登り、下りてくることは可能だと思いました。従来のヒマラヤ登山家は高所順応には少なくとも三週間はかけるべきだと考えていましたが、私はローツェ・シャールでそれは必ずしも正しくないことを発見したのです。そして伝統的な遠征隊に加わるのはこれを最後にしようと決めたのです。これからはパートナーと二人、あるいは自分ひとりで行くことにしようと自らに約束しました。

**――ほかにも伝統的な遠征隊からの招待はありましたか。**

ありました。一九八八年にＫ２遠征隊に招かれました。一九八六年には頂上まで行けなかったので、もう一度行くことは自分にとって大切なことだろうと考えたのですが、そのあと、いやそうではないと決断しました。頂上に到達するためにだけ行くのは無意味だと考えたのです。大きなチームで行くことになるからです。

それにもうひとつの理由がありました。当時私は鳶の仕事をしていました。あの仕事は夏は稼ぎどきなのですが、遠征も夏の間です。一九八六年にＫ２から帰ってきたとき、私の一家にはまったくお金がありませんでした。まさに危機を迎えていました。あまりいい気持ちのものではありませんでしたよ。クライミング用具をいくつか売って生活費を得たくらいです。私は自分がクライミングに行ってしまったために家族が苦しまなければならないことに罪悪感を抱きました。もちろん、だれも私たちの実状を見ていません。だれも知りませんでした。でも私はこういうことは二度と繰り返すまいと自分に約束しました。まずお金に不自由しないように家族の面倒を見よう、それからクライミングに行こうと誓ったのです。

これは同時に、行かないことの言い訳にもなりました。いずれにしろ大きなチームのクラシックな遠征には行きたくなかったのですが、これは現実的で嘘偽りのない言い訳になってくれたのです。私は、「仕事をくださって、私が家族への義務を果たせるようにしてくださるなら行きましょう。さもなければご相談にはのれません」と言いました。私はこのことを遠征の組織委員会に説明して、こういう理由で招待は断るほかないと告げました。これをあまり快く思わず、私を批判した人もいましたが、あとで謝ってきましたよ。

というわけで一九八八年は家にいました。仕事をし、ロッククライミングにいっそう集中していました。ヒマラヤで何か革新的なことをしたければロッククライミングとアイスクライミングの能力を向上させなければと考えたのです。それから一年たって、私の判断が正しかったことがはっきりしました。ソロで難しい登攀がいくつかできたのです――ユリアン・アルプスで冬季登攀を数回、マルモラーダのテンピ・モデルニ、モン・ブランの赤い岩稜のガバルー＝ロン・ルート、それに岩場でいくつかのよいルートを登りました。だから正しい選択だったと思います。

**――ジャヌー北壁を登るアイデアを思いついたのはいつですか。**

あの北壁は一九八五年、ヤルン・カンに行く途中で初めて見ました。見たとたんに「うわぁ」と言って、登ることを考えはじめたのです。あとになって、もっと真剣に考えてみました。それから、やってみようと決心しました。論理的な進展ですね。でもジャヌーに関しては実行する決心をするまで容易ではありませんでした。長いこと考えていました。ジャヌーへ行く決心がつくまでは、ローツェより長くかかりました。ジャヌーは新しい一歩だったからです。

**――あの登攀にはどういう準備をしたのですか。**

主に難しいルートを登り、次にどのような状況が待っているか想像できるようになるまで、このフェイスについて考えをめぐらしました。このように考える時間をとらなければいけません。頭の中で計画を立て、すべてを正確に計算し、それから行動して完結する――こういう具合です。実際にルートを登っている時間は、行為全体から見れば小さな割合しか占めていません。

**――ルートの写真は持っていたのですか。**

ええ。でも写真から想像していたルートは実際にフェイスにあったラインとは違っていました。私はよい写真を持っていましたが、太陽が西にある午後に撮影されたものでした。それによるとフェイスにはオーバーハングした庇がいくつかありましたが、私はこの庇の後ろの影には氷のガリーがあるだろうと思いました。写真では当然ランペかガリーがあるように見えるのです。でも錯覚でした。実際は垂直な花崗岩のフェイスで、ガリーはないし、登れるところは何もないのです。

そこに着いたとき、私はこのルートを登るのは不可能と見てとり、計画を変更しました。フェイスは急峻で、小さなアイス・ガリーがたくさんあるので、ときどきどちらへ行くかを決めるのがとても難しく、どのガリーをとったらいいのか決めかねていました。一度はとるべきではないガリーをとってしまいました。氷は岩の半ばで終わり、私は振り子トラバースで隣のアイス・ガリーに移らなければなりませんでした。

**——どんな装備を持っていきましたか。**

何よりも懸垂下降用に六ミリのロープを六十メートル、アイスピトン、ロックピトン、クランポン、アイスアックス、水三リットル、食糧少々、スリーピングバッグ、テントはなし——アルプスで登るのと同じです。ところどころにとても急な斜面があって、アイスアックスにすがって休まなければならないことがありました——あまり嬉しい状況ではありませんよ——それで、「今要らない装備は捨てたほうがいいかな」とも考えました。でも捨てませんでした。それでよかったのです。下るときになってスリーピングバッグやなんかが必要になりましたからね。

**——ルートの難所はどこでしたか。**

難所は5・10ぐらいで約五十メートルの長さのクラックでした。チョークとロック・シューズを使って登るのなら易しいクラックですが、あの標高でプラスチック靴と手袋で登るのは実にたいへんなことです。幸い、ときどき幅の広いところがあって、片脚全体を中に入れて休むことができました。それにクラックのエッジはとても鋭く、手袋をしていなければ登れないほどでした。それはそれでよかったのです。寒いところで手袋を脱ぎたくはなかったですからね。

**——高所でそのようなロッククライミングをするのはとても難しかったでしょうね。**

もちろんです。ルートが5・9と等級づけられたら、この平地だろうと七〇〇〇メートルの高さだろうと常に5・9です。でも七〇〇〇メートルのところではそれが5・11にも5・12にも感じられるのです。海面高度では登れても、同じグレードを七〇〇〇メートルの高さでは登ることができません。ここで5・9が登れても、あちらでは5・9は登れません。だから標高の高いところで難しいクライミングができるように、低地で自分の限界を広げておかなければならないのです。

**――北壁を登り切ってどんな感じがしましたか。**

稜線に着いて雪の上に立ったときの感じは実に幻想的でした。振り返ってものすごく切り立った壁を見て、終わったんだと思うと大きな安堵感を覚えました。あの種のルートは年に一、二回以上は登れませんよ。心理的に負担が重すぎます。こういうことをやろうと自分を説得するのにたいへんな準備が要ります。

**――ジャヌー登攀はあなたにとって意義深い一歩でしたか。**

ええ、私はジャヌーを登ったことにとても満足しました。それまでに私が登ったどれよりも険しく、技術的にも難しかったのですが、ヒマラヤでの経験とアルプスでのソロの経験を合わせることができたのです。ジャヌーはあまり高くありません――ローツェの八五〇〇メートルに対して七七〇〇メートルです――でも私にとってはローツェよりずっと価値がありました。ジャヌーではクライミングだけに集中できたからです。確かにある程度は客観的な危険がありました。でもローツェにくらべると壁はとても静かでした。ローツェでは雪崩や落石といった客観的な危険を考えなければなりませんでしたからね。

**――次の目標にローツェを選んだのはどうしてですか。**

挑戦のしがいがあるし、とても有名な壁でもあるからです。たくさんの遠征隊がこの壁に挑み、不幸にして命を落とした人たちもいます。あのころ数年は、大勢の人がこの壁を話題にしていました。

**――ヒマラヤの「最後の大きな課題」というところですか。**

そうです。でも今は新しいのが出てこなければいけませんね。

**――ローツェのための準備はジャヌーのときと同じでしたか。**

ええ。一九八一年のユーゴスラヴィア遠征隊の隊長・故アレシュ・クナヴェル〔一九八四年に死去〕の未亡人から多くの情報をもらいました。彼はこの壁をとても注意深く十年近くも研究していました。写真もたくさん持っていたし、ノートもたくさんたまっていました。彼は前年、クライマーを二人ベースキャンプに派遣して、二カ月の間壁を観察させ、一枚の大きな写真に雪崩をひとつ残さず記録させていました。私はこれを見て大量の情報を手に入れました。

そして私は一九八一年遠征隊の隊員たちと話をして、いろいろな説やさまざまな情報を比較検討しました。一九八七年にはローツェ・シャールで側面から壁をよく見る機会がありました。一日のどの時間帯に雪崩の危険が最大になるかがわかりました。このように私には利用できる情報や経験がたくさんあったのです。私は全部を書き留め、最も安全なルートが見つけられるまで考え抜きました。

また、重んじなければならないことは重んじました。たとえば毎日、午後になると天気が悪くなるとします。それならば午後は安全なところにいなければなりません。この登攀でいちばん重要なのは作戦だったと思います——どう登るか、いつ登るか、どこでとどまるか、どこで休むかなどです。私はその点、百パーセント準備ができていました。あの壁について私ほど理論的に準備のできていた者はかつていなかったと思います。

**——ローツェのルートはジャヌーより難しかったのですか。**

もっと危険でした。標高に大きな差があるので二つの山を直接比較することはできません。七七〇〇メートルと八五〇〇メートルとでは実質的に大きな差があります。ローツェで特に難しいのは八〇〇〇メートルあたりです。難所が八〇〇〇メートルにあるのと七〇〇〇メートルにあるのとでは大違いです。

加えてローツェ南壁の問題は複雑です。岩質も天候もよくないし、雪崩や落石がありま す。これに標高の高さを考え合わせれば問題は単純ではありません。この壁の状態がいつもよくて天候もよかったら、何年も前に登られていたでしょう。

**——よい天気に恵まれましたか。**

比較的よかったですね。でも完璧によい天気は一度もありませんでした。午前中はたいてい陽が射しているのですが、午後になると雲が出てきて風が吹きはじめ、雪が降ります

**――ときにはたかが十センチぐらいですが、それでも雪崩を起こすには十分です。午後は悪天候になるのが普通です。これがローツェのパターンです。**

ですから夜の間に登るのなら大丈夫です。次の朝も大丈夫です。しかし午前八時に壁に陽が射すと、雪崩と落石がはじまります。それは主として午前九時から正午までです。このときは安全な場所にいなければなりません。

**――ルートの一部を夜に登りましたね。**

ええ、最初のところです。いちばん危険な部分です。

**――夜登るのは難しかったですか。**

いいえ、夜アルプスを登るのとまったく同じです。ただ私は疲れていたので難しかっただけです。初日は夜登り、二日目に上部の雪田に着いたときは暗くなりかかっていたし、その上は岩で夜は登れないのでビバークしました。夜は見えないので、氷は登れても岩は登れないのです。

**――あのルートではビバークを何回しましたか。**

三回です。登りで二回、戻ってくるときに一回です。

**――そして下山ルートについては一九八一年のユーゴスラヴィア遠征隊の隊長から聞いて**

**いたのですね。**

ええ。彼らは南壁に支点を全部残してきたのです。ウェスタン・クウムの通常ルートを下ってエヴェレストのベースキャンプに達することも考えられました。通常ルートは技術的にはあまり難しくはないのですが、とても長くて、天候が悪くなりでもしたら迷ってしまいます。私は自分がどこにいるのかわからないというのは好きでありません。ルートが難しくても、自分がどこへ向かっているかがわかっていればそちらを選びます。自分がどこにいるかを自分で確認できる、そしてどちらに進んでいるかわかっているという気持ちの問題です。

**――ローツェを登って魂の一部を吸い取られたと著書に書いていますね。**

ええ。ローツェ南壁は世界で最も危険な壁のひとつですから、あの危険に注意を集中するのにたいへんなエネルギーが要りました。雪崩がいつ襲ってくるかわからない、自分は危険なところにいるのだから速く進まなければ、ということだけをずっと考えていました。すべてがうまくいくようにただ望むだけでした。

ローツェのあとは、しばらく休む必要がありました。ヒマラヤのクライミングは、私には年に一回で十分です。こうした仕事をしたあとは休む必要があります。エネルギーをもう一度貯えなければなりません。私はエネルギーを使い果たして、からっぽになった感じがしました。ローツェのあとは完全にからっぽになったような感じでしたよ。

**――登る途中で写真を撮りましたか。**

はい、写真は全部公表しました。この遠征ではほかの遠征よりたくさん写真を撮りました。どこから写したかわかるようにマカルーも撮っておきました。エヴェレストと下のウエスタン・クウムが見える頂上でも撮りました。[2] 私が頂上に登っていないなんて、どうして言えるのでしょう。あれは本物の写真じゃないなんてギラルディニ〔イヴァン・ギラルディニ、フランス人クライマー〕はよく言えたものです。証拠もなしにあんな言いがかりをつけるものではありません。もちろん彼には証拠なんてないのです。あそこに行ったことがないのだし、高所登山の経験もぜんぜんないのですから。

**――あの非難にはどう答えたのですか。**

初めは「気にしないさ」と言っていたのですが、だんだん腹が立ってきました。友人たちが、「理由もなしに攻撃してくるのなら何かしなければいけないよ」と言うので、私はインタビューを受け、記者会見をし、写真を公表したのです。

**――ローツェをはじめヒマラヤの難しいルートで成功をおさめることができたのは、あなたが非常に難しいグレードの岩を登る能力を持っていたからですか。**

ええ、間違いなくそうです。このあたりでレベルの高いクライミングができるのなら、同じことは大きな山でもできます。ほかの登山家には難しいグレードでも私には簡単です。

**――どのくらいのグレードの岩を登れますか。**

昨年はヴェルドンのブレイヴ・メンを登りました。5・13dです。今年は5・14を登る予定です。

**――難しいグレードの岩を登れて、ヒマラヤの困難なルートも登れる人は珍しいですよ。**

そうですね。でも、そうしたことを全部やってはいけないという理由が見つからないのです。人工壁のクライミング・コンペティションに出たこともありますが、あれも好きでしたよ。クライマーがいろいろ議論しているのが私には理解できません。フリークライマーはフリークライミングが最高だと言い、登山家は高山こそ最高だと言う。何が本物で、何が最高だ、何がいちばん難しいかという議論はどれもこれもばかげています。

今のところ八千メートル峰の難しい新ルートと岩場の5・14ルートの両方を登った人はひとりもいません。それが私の今年の夢です。一番乗りをしたいからではなく、こうしたことが可能なこと、あらゆるタイプのクライミングを練習することが大切なことを人々に示すためです。

**――どうしてあなたは登るのですか。**

好きだからです。これが本当に好きなのです――クライミングそのものだけでなく、クライミングの記事を書いたり、講演をしたり、本を執筆したり、クライミングスクールや山岳会で仕事をしたり――クライミングにかかわることなら何でも好きです。

ほかのスポーツでは二十五歳か三十歳になるともう年寄りです。クライミングではそんなことはありません。十分にトレーニングを積めば四十歳、五十歳でも極限に近いことができます。

**——あなたのクライミングには間違いが起きたときの余裕がたっぷりとってありますか。**

ありません。何か起これば私に勝算はありません。論理的にそうなります。

**——クライミングに伴う危険を喜んで受け入れるのですね。**

まあ、そうですね。でも私は、はなはだしく危険を冒しているとは思いません。ときどきある程度の危険を冒していることはわかっていますが、それもめったにありません。自分は危険を冒しているなと感じることはほとんどありません。私は危険を避けるようにしています。技術的トレーニング、心理的トレーニングなど、毎日トレーニングをすることで危険を避けることができると思っています。経験豊富なクライマーが死ぬのは、たいていつまらない間違いか、易しいルートを登っているときです。私たちはいつも少し怖がっているほうがいいと思います。そうすれば、どんなクライミングでもまじめにやることになります。私はクライミングは全部真剣にやっています。モン・ブランの一般ルートを歩いているときでも真剣です。

**——奥さんは心配しますか。**

ええ。遠征に出かけている間、彼女が心配するのは当然です。でも、ほかのクライミングなら——たとえばスポーツクライミングなら安全で心配は要らないことを知っています。

**——でも、あなたはクライミングに行けないと面白くないのでしょう。**

そりゃね。私にとってクライミングと家庭生活は生きるために必要なもので、どちらかでも欠けたら生きている感じがしないでしょう。

**——あなたが登ったジャヌーとローツェのルートはクライミングゲームを変えましたか。**

いいえ。私の登攀はひとつの例にすぎないのであって、だれでもやりたいことをやればいいのです。私はロシア人が登ったローツェ南壁のルート〔一九九〇年秋〕に反対はしませんが、あのクライミングスタイルは二十年遅れていますね。優秀なクライマーを二十人、三十人そろえて、装備も十分で、酸素ボンベがあればできないことはありませんよ。ローツェの横っ腹に穴をあけることだってできます。でも、それでは面白くないのです。今はヨーロッパから合衆国までジェット機を飛ばしても面白くもなんともありませんが、百年前だったら事情はまったく違っていたでしょう。大勢のチームで登る時代は終わったのです。大遠征隊は十年前に終わっているべきでした。

**——どういう結果になるかわからないルートを探すのですか。**

そうです。でも、いちばん重要なことは登り方です。クライミングは大部分が自分と自分の能力次第であるべきです。技術的な補助用具はあまり使うべきではないと思います。そういう用具を使わなければ登れない岩壁があったら、その壁はよいスタイルで登れる人にまかせるべきです。岩場にホールドを刻むのも同じことです。ホールドを刻まなければ登れないのなら、ほかの人に譲りなさいと。よいスイルでやれるならいいけれど、そうでないのなら、やらずにおいたほうがいいのです。どんな代償を払っても登らなければならないということはないのです。

**――将来登るルートにはどんなものがありますか。**

考えているのはマカルーの西壁と南壁です。西壁のダイレクト・ルートは未登です。標高はローツェと同じくらいですが、技術的な難しさでは上で、ローツェほど危険ではありません。南壁にはユーゴスラヴィア・ルートと〔ピエール・〕ベジャンのルートがありますが、ほかに新しいルートを開ける可能性もあります。ヒマラヤはアルプスと同じ方向に進むと思いますよ。最初にいちばん易しいルート、次にもっと難しいルート、そしてその次というようにです。

そして高所クライミングの将来は小さいチーム、アルパインスタイル、無酸素――必要な装備だけで余計なものはなし、となるのは明白です。将来はこれです。

（1）最初の疑惑はチェセンの成功から半年後、九〇年秋に別のラインからローツェ南壁を登った大人数の旧ソ連隊によって表明された。頂上からウェスタン・クウムが見えた、というチェセンのコメントに対して、実際の頂上からクウムは見えなかったことを指摘、さらに「あの困難な壁をひとりで登り切ったのは信じられない」と、下山後カトマンズで述べたのである。

また、イヴァン・ギラルディニは、チェセンがその壮挙によってグループ・ド・オート・モンターニュ会員に推薦された際に反対票を投じ、ローツェ以前のものも含めてチェセンのソロはすべて信用できないと語った。彼はその理由として、アルプス三大北壁のときの天候状況がチェセンの報告とくいちがうこと、K2のときにアブルッツィ稜に出てからほかのクライマーと出会っていないことなど細かい矛盾点をあげている。

（2）チェセンのいう「頂上の写真」は、ウェスタン・クウムを俯瞰したもので、彼自身の報告とともにフランスの山岳雑誌『ヴェルティカル』二八号に発表された。ところが九三年春にスロヴェニアのクライマー、ヴィキ・グロシェリが、これは自分が八九年にローツェ西面通常ルートの八三五〇メートル地点から撮ったもので、自分の不在中にチェセンが妻から借りだしていった、と告発した。これに対してチェセンは、グロシェリの写真を借りだした事実は認めながらも、キャプションとクレジットは編集部が間違ったのだと説明している。グロシェリの写真を渡したのは、別の企画で頼まれたためで、それを編集部のほうでチェセンの写真とまぜてしまったのだという。

これと同じころ、ラインホルト・メスナーも、九二年にウィーンで行われたスライドショウに同席したとき、チェセンの講演内容に納得できない点がある、と指摘した。最大の疑問は高所順応期間の驚くべき短さであるという。また、登攀後に撮られた写真を見ると、チェセンの顔色が高所で困難なことを成し遂げたクライマーのそれではなく、「そこらの丘を散歩してきたように」生き生きしているとも言う。世紀の快挙として登山界に衝撃を与えたローツェ南壁のソロも一転して灰色に塗りつぶされた感があるが、チェセンの説明を補強する証拠がないわけではない。アメリカのウォーリー・バーグは九〇年五月、チェセンが下山後カトマンズで語った頂上付近の描写が自分が見たものと細部まで一致したとして、チェセンを擁護する手紙を『アメリカン・アルパイン・ジャーナル』に発表した。

いずれにせよ、チェセンがローツェ南壁を登らなかった、あるいはローツェの頂上に達しなかったことは何びとにも証明できない。ただ登山界は、チェセンがもっと納得できる証拠を見せてくれるように望んでいるのである。クライマー自身が「登った」と言えば、それはそのまま真実として受け入れられるというよき伝統が登山界にはあった。にもかかわらずブールにしろメスナーにしろ、これまでの単独登攀者は神経質なくらい写真を撮って証拠に残すことに腐心してきた。ジャヌーもローツェも、ルートの上部で撮った写真がまったくないチェセンのソロは、その意味できわめて異例ではある（このインタビュー中の発言に反して、チェセンは最近、頂上の写真はいっさい撮らなかったという立場に立っている）。

（3）　本書の冒頭に序文を寄せたグレッグ・チャイルドは、一九九四年初め、米誌『クライミング』の二月／三月号に「筋の通った疑惑」と題する長文の記事を発表した。ヨーロッパの山岳雑誌が告発と反論を交互に掲載しては読者をやきもきさせるなか、この論争と距離を置いてきた米誌が満を持して放った、ローツェ南壁問題に対する最も包括的なリポートである。チャイルドは、チェセン本人への電話インタビューを含む多くの関係者に取材してこれを書いた。記事では、それまで明らかになっていた以外にも、いくつかの矛盾点が的確に指摘されており、チェセン神話にとどめを刺すかたちとなった。

# あとがき

本を書くという仕事は、大勢の人が協力して最大の努力をするという点で、ヒマラヤを登るときの攻囲法によく似ている。そのなかには、かなりの重責を担って仕事をしたのに、目的達成のあかつきには当然認められてよい功績にあずかれずに終わってしまう人たちがいる。そこで私はここに名前を記して、この本の完成に重要な役割を果たしてくれた人々に感謝の意を表したいと思う。

ダナ・ディシャヅウ、マーガレット・フォスター、それにマウンテニアズ・ブックス社のスタッフは早くから本書に興味を示し、長い編集過程の間も忍耐強く支えてくれた。

英国のダイアデム・プレス社のケン・ウィルスンはこの上なく貴重な存在だった。その百科事典的知識と登山に対する恥じらいもない愛情は、この本の質を高めるのに計り知れない貢献をしてくれた。

リンダ・ガナースンは編集者のプラトン的理想像そのもので、私の努力に熱心に応えてくれたうえ、さらによい仕事になるよう励ましてくれた。

ミレッラ・テンデリーニはカシンとボナッティのインタビューを手配し、通訳をしてくれた。おまけに彼女と夫のルチアーノはグリーニャ山麓の、コモ湖を見渡す素敵な自宅に私を泊めてくれた。

ジョージ・ブラックシークはインタビューのいくつかを『ロック・アンド・アイス』誌に載せてくれ、必要なときには惜しみなく助言や電話番号、住所、貴重なバックナンバーを提供してくれた。

『クライミング』誌の編集者たちもクライマーたちの電話番号、住所、詳細な経歴情報を提供してくれた。

レヴァント・アンド・ウェールズ社のダン・レヴァントは執筆中から出版にいたるまで貴重な助言を与えてくれた。

ヴァージニア・ベイカーとカトリーナ・リードはマウンテニアズ社のすばらしい山岳図書館から本を借りだすのを特別に許可してくれた。この図書館は本書執筆に欠かせない資源であった。

ジム・ウィックワイア、スティーヴ・スウェンスン、グレッグ・チャイルド、スティーヴ・ロウパー、グレッグ・マーフィーほかのクライマーたちは、原稿のいろいろな段階で専門家としての助言や批評を与えてくれた。

マイク・バートン、ブラッド・テイラー、ケン・ジョンスン、リー・ギボン、スティーヴ・マッコーリー、エド・キム、ジャン・カリンスキーほかの登山パートナーは、私をワープロの前から引っ張りだして本物の山に登るよう誘ってくれ、このスポーツにはデスクで執筆しているだけでは味わえないものがあることを証明してくれた。

私の両親、家族、友人たちはいつ果てるともしれない執筆の間、私を支えてくれた。特に感謝したいのは、クララ・メニューイン＝ハウザーがおかしなことを言っては笑わせてくれたこと、リサ・ソウダーが屈託のない話で楽しませてくれたこと、弟のリチャードとデニス・ショーが次第によっては大惨事になったかもしれないコンピューター・ソフトウエアのトラブルを解決する手助けをしてくれたことだ。

最後に、本書に登場するクライマーたちに心の底からお礼を申し上げたい。インタビューの際も執筆・編集の間も、たいへんな寛大さをもって時間を割き、話をしてくださった。

## 引用文献一覧


ラインホルト・メスナー Überlebt: Alle 14 Achttausender, BLV, München, 1987. 邦訳『生きた、還った、8000m峰14座完登』横川文雄訳，東京新聞出版局，1987年

リカルド・カシン Cinquant'Anni di Alpinismo, dall'Oglio, 1977. 邦訳『大岩壁の五十年』水野勉訳，白水社，1983年

エドマンド・ヒラリー卿 Nothing Venture, Nothing Win, Hodder & Stoughton, London, 1975. 邦訳『ヒラリー自伝』吉沢一郎訳，草思社，1977年

クルト・ディームベルガー The Endless Knot-K2: Mountain of Dreams and Destiny, Grafton Books, London, 1991.

ヴァルテル・ボナッティ Le mie Montagne, Zanichelli, Bologna, 1963. 邦訳『わが山々へ』近藤等訳，白水社，1966年

ロイヤル・ロビンズ Basic Rockcraft, La Siesta Press, Glendale, 1971. 邦訳『クリーン・クライミング入門』新島義昭訳，森林書房，1977年

ウォレン・ハーディング Downward Bound: A Mad! Guide to Rock Climbing, Prentice-Hall, Englewood Cliffs, 1975. 邦訳『墜落のしかた教えます』新島義昭訳，森林書房，1976年

クリス・ボニントン The Next Horizon, Victor Gollancz, London, 1973. 邦訳『地の果ての山々』山崎安治訳，時事通信社，1976年

ダグ・スコット Big Wall Climbing, Kaye & Ward, London, 1974. 邦訳『ビッグ・ウォール・クライミング』岡本信義訳，山と溪谷社，1977年

ヴォイテク・クルティカ The Path of the Mountain, Alpinism, Canada.

ジャン＝クロード・ドロワイエ Free Climbing: Some Ideas for a More Rigorous Conception, La Montagnes, Paris.

ジェフ・ロウ The Ice Experience, Contemporary Books, Chicago, 1979.

ヴォルフガング・ギュリッヒ Wolfgang Güllich: An Interview by Beth Wald, Climbing No.102, 1987.

カトリーヌ・デスティヴェル Danseuse de Roc, Denoël, Paris, 1987.

リン・ヒル Lynn Hill: An Interview by John Steiger, Climbing No.103, 1987.

ピーター・クロフト Bat Wings and Puppet Strings, Climbing, Denver.

トモ・チェセン Sam, Didakta, Radovljica, 1991.

# ［解説］　冒険者がそれぞれに語る本音のインパクト

池田常道

「なぜ山へ登るのか？」

クライミングの部外者が等しく抱く（であろう）疑問である。常人には理解しがたい危険な行為に、なぜ、それほどのめり込むのか。一九二〇年代にエヴェレストに挑んだジョージ・リー・マロリーは「それが、そこにあるから（Because it is there）」と答えてみせた。この、深い意味があるように思わされる箴言は、わが国では「山がそこにあるから」と訳され、高尾山からヒマラヤまで、地上の突起物に登ろうとする人の動機を説明する名言として流布され、さまざまな文献に引用されてきた。しかし、考えてみよう。彼の、一見深遠に聞こえる答えは、危険をはらんだ登山という行為に身を投じることへの免罪符として受け入れられるものなのか。この言葉が発せられたのは、エヴェレストに挑戦する資金稼ぎのためにマロリーが米国で講演したおりに、新聞記者の質問をはぐらかすために発した当意即妙の答えだったとも、新聞の捏造だったとも言われている。

残念ながら、日本ではこのひとことが金科玉条のように扱われ、多くの登山愛好者を惑わせてきた。マロリーがこの翌年、エヴェレスト山上に杳として消えてしまったことも影響したと言えるだろう。米国のクライマー、ジャック・ロバーツは、『岩と雪』六九号（一九七九年八月）に寄せた論文で、マロリーの言は答えになっていないと指摘した。酒飲みが飲む理由を「そこに酒瓶があるから」と言うのと同じくらい無意味だと。また、作家ノーマン・メイラーの例を引いて、彼が一時プロボクシングの試合に出た動機を「リングに上がって、赤の他人の顔を殴る人間の気持ちを理解したかったからだ」（Motorland Magazine, May-Jun 1971）と述べたことを紹介している。マロリーのそれよりも「質問の真意をとらえた答え」になっているとして。

本書の著者ニコラス・オコネルは、マロリーにぶつけられたような単純な質問を梃子にして世界中を飛び回り、一九三〇年代から九〇年代までに活躍した十七人のクライマーにインタビューした。自分の見解を慎重に抑えた彼の率直な質問に、クライマーたちは驚くほど真摯に向き合って、「なぜ登るのか」をさまざまな表現で答えている。それは、彼らが成し遂げたクライミングの内容やルートの難しさばかりでなく、その人生観にまで及んで、結果的にそれぞれの人物像を浮き彫りにしてくれた。

ヒマラヤ登山に革命をもたらしたメスナーは言う。「死の危険がなかったら、もはやクライミングではありません……クライミングとは死の危険をはらんだきわめて困難な状況のもとで生き延びる術です」。そして、これまでの登攀でどのように生き延びてこられたのか、という質問には「豊富な経験、万全の準備、大量のエネルギー、山に対するすぐれた直観」を挙げてみせる。

インタビュー時八十五歳になっていたカシンは、第二次大戦中のパルチザン活動について生き生きと語り、チマ・オヴェスト、ウォーカー稜、ピッツ・バディレ、マッキンリー（カシン・リッジ）の体験を述べる。「私のルールは一回の挑戦で成功することだった」として、生涯唯一の敗退は七五年の「ローツェ南壁だけだった」と述懐する。

ボナッティの「なぜ登るのか」は、ほかの人々とはいささか異なる。彼は「登山は手段であって目的ではなかった」と断定、「クライミングを人生の目的とせず、手段として使うことだ。自分自身を山に閉じ込めずに、山を使うことだ」ときっぱり言い切る。六五年に冬のマッターホルン北壁直登を最後に、クライミングの前線からさっさと引退してしまったことを思うと、その心境もうなずけると言うべきか。

ロビンズとハーディング、ヨセミテのビッグウォール黄金時代を牽引したこの二人の対比もおもしろい。前者は、エル・キャピタンのノーズ初登攀を持っていかれたことを、悔しく思っていると吐露し、後者は、なにがなんでも終了点まで這い上がるためにあらゆる手段を投入して成功した。ハーディングはロビンズを「頭がよすぎて、まじめすぎるように思える」と告白している。当初、ハーフ・ドーム北西壁を一緒に手がけた二人だったが、ロビンズがほかの仲間と登ってしまった。ハーディングは「もっとでかいヤツ」を狙って、なりふりかまわず一年半（正味三十七日間）を費やして完登したのだった。

アンナプルナ南壁やエヴェレスト南西壁を成功に導いたボニントンは、「ベースキャンプから指揮するようなことはしたくないな」と、登らない隊長を批判し、スコットは日本式大遠征を、「組織の中にいるのが好きなのですね」と皮肉っている。どこにでも固定ロープをはってしまうやり方が批判されていたころのことだ。

いわゆる著名登山家のほかに、ギュリッヒをはじめとするフリークライマーが見解を述べているのも本書の特長だろう。八〇年代のクライミング・コンペ草創期にリン・ヒルとデスティヴェルの間で繰り広げられた女王争いも興味深いが、二人ともその後は、より大きな世界へと飛躍していった。東京２０２０でフリークライミングがオリンピックの正式種目に採用されたいま、5・14、5・15の世界でしのぎを削っている現代のアスリートたちは、クライミングの未来にどんな夢を描いているのだろうか。

最後に登場するトモ・チェセンは、当時ローツェ南壁を単独登攀して一躍登山界の寵児となった。しかし、いまとなってはローツェばかりでなく、彼の行なったソロ全体が疑いの目で見られることになってしまった。確たる証拠がなくてもクライマーが「登った」と言えば、登山界はそれを信じてきた。しかし、脚注に書いたように、チェセンは、クライマーの言葉を信じるという登山界の黄金律を逆手に取って、みごとに世界を欺いてみせたというのが真実だったようだ。彼を英雄として支持したスロヴェニア国民には酷な結果であろうが、もはや彼はいっさいの反論をやめて閉じこもってしまった。

＊

この本に登場する十七人のうちヴォルフガング・ギュリッヒは、原書が世に出る一年前の一九九二年八月二十九日に自動車事故で亡くなった。ミュンヘンでラジオの早朝インタビューに応じた後、ニュルンベルクに通じるアウトバーンで帰宅途中に運転を誤って立木に激突、重傷を負い、病院に収容されたものの、四十八時間後に亡くなった。享年三十一、惜しまれる死であったというほかはない。著者は原書の冒頭に「亡きヴォルフガング・ギュリッヒに」と献辞している。

それから四半世紀、日本語版刊行の九六年から二十二年が経過したいま、五人のクライマーが世を去った。山で亡くなった人はなく、いずれも天寿を全うした。順に挙げると、

ウォレン・ハーディング（二〇〇二年二月二十七日、七十七歳）
ヒラリー卿（二〇〇八年一月十一日、八十八歳）
リカルド・カシン（二〇〇九年八月六日、百歳）
ヴァルテル・ボナッティ（二〇一一年九月十三日、八十一歳）
ロイヤル・ロビンズ（二〇一七年三月十四日、八十二歳）

そしてもうひとり、翻訳に携わった手塚勲さんも二〇一四年に、滞在先のポルトガルで

亡くなった。一九九五年から九六年にかけて日本語版の編集に携わった筆者は、訳文のチェックや地名・人名の表記法、脚注の挿入などで意見をたたかわせた。手塚さんとはこのほかにも、『ピークス・オブ・グローリー』や『ヒマラヤ・アルパイン・スタイル』でも一緒に仕事した。本書に登場する十七人のうち鬼籍に入った六人に加え、この場を借りて彼のご冥福も祈りたい。

（いけだ・つねみち　山岳ジャーナリスト）

二〇一八年六月

# ビヨンド・リスク　世界のクライマー17人が語る冒険の思想

二〇一八年九月一日　初版第一刷発行

著者　ニコラス・オコネル
訳者　手塚勲
発行人　川崎深雪
発行所　株式会社　山と溪谷社
郵便番号　一〇一―〇〇五一
東京都千代田区神田神保町一丁目一〇五番地
http://www.yamakei.co.jp/

■乱丁・落丁のお問合せ先
山と溪谷社自動応答サービス　電話〇三―六八三七―五〇一八
受付時間／十時～十二時、十三時～十七時三十分(土日、祝祭日を除く)
■内容に関するお問合せ先
山と溪谷社　電話〇三―六七四四―一九〇〇（代表）
■書店・取次様からのお問合せ先
山と溪谷社受注センター　電話〇三―六七四四―一九一九
ファクス〇三―六七四四―一九二七

フォーマット・デザイン　岡本一宣デザイン事務所
印刷・製本　株式会社　暁印刷
＊定価はカバーに表示してあります。


Printed in Japan ISBN978-4-635-04856-9